北京大学考古学丛书

舊石器時代考古研究

王幼平 著

上海古籍出版社

自　　序

　　自 1920 年算起,中国旧石器时代考古已经整整有 100 年的历史。从田野考古发掘规模、研究成果与研究者数量等条件来看,这 100 年的发展可以明显划分为两大阶段。20 世纪 20 年代至 70 年代末的前 60 年,从事旧石器考古的学者数量少,虽然有北京猿人及其文化在世界史前史上占有重要位置等大发现,但发掘工作仅分布在局部地区与少数遗址,研究成果亦有限。而 1980 年代以来的 40 年,从事旧石器考古的学者日益增多,发掘工作遍及全国各地,研究成果丰硕,成为中国旧石器时代考古大发展的新阶段。我于 1970 年代末进入大学学习考古学,入学后接触的第一门专业课就是旧石器考古。从学习旧石器时代考古开始到毕业后从事旧石器考古教学与研究,正好赶上中国旧石器考古大发展的新时代。在选编这本文集的篇目之时,重新翻看早年写下的文字,按照年代排开,不仅看到个人的学术成长经历,也更深切地感受到时代的影响。

　　与哲学、文学和历史等相比,考古学是小众学科。尤其是 40 年前,在全国仅有 10 所左右的高校设立有考古专业。和很多那个时代进入考古专业的同事一样,我也是在对这个专业并没有多少了解的情况下开始学习考古学的。相较于中国考古学其他分支来说,旧石器考古则更处于边缘。1979 年秋季吕遵谔先生主讲我们这一届的旧石器考古课。吕先生等老一代学者对旧石器考古执着追求,对青年学生谆谆教诲,不仅为我们这些刚进入高校的新生打开考古学之门,更培养了我对旧石器时代考古的兴趣。还记得很清楚,除了课堂讲授,吕先生常常利用晚上等课余时间到文史楼标本室指导学生熟悉旧石器与化石标本,帮助我们更扎实地掌握所学内容。刚开始接触专业课内容的同学们也都非常努力,甚至课下在文史楼前还围绕着先生,请教课堂疑问,也聆听先生介绍前辈学者在旧石器考古野外调查与发掘中的各种趣闻故事。正是这段学习经历促使我选择旧石器时代考古作为继续学习和研究的方向。

真正开启旧石器考古学习与研究之门还是在进入研究生阶段以后，特别是经历了1984年第一次参加田野考古实习，发掘金牛山遗址，目睹距今20多万年的金牛山人化石、石制品及用火遗迹等揭露出土的重要场景，也更深刻地体会到旧石器时代考古在复原远古人类发展史，探索中国人之由来课题的关键作用。1987年秋季和几位研究生同学在河南南召小空山遗址的发掘，以及随后在南召、西峡与淅川三县的旧石器考古调查，是留校工作后第一次负责组织野外工作。这次发掘的成果发表在《华夏考古》1988年第4期。承该刊主编约稿，同期还刊载了我写的第一篇旧石器时代考古论文，即本文集收录的《南召小空山上洞与房县樟脑洞——汉水流域两个晚期旧石器洞穴遗址的比较》。

较早发表的论文还有《试论环境与华北晚期旧石器文化》《中国早期原始文化的相对独立性及其成因》与《中国南方与东南亚旧石器工业的比较》等。这些文字，也记录了我在旧石器考古研究领域学习与探索的历程。在此过程中，我深受北大考古专业师长注重田野考古传统的影响，也不断感受到前辈学者对年轻教师成长的关心培养。毕业工作伊始，即能够参加金牛山、小空山、鸡公山、于家沟与马鞍山等多个重要遗址的发掘，还有机会到美国哈佛大学人类学系与英国南安普顿大学考古系进修学习。也正是这些田野考古发掘经历与国外交流学习机会，为我提供了在旧大陆视角下来观察中国境内远古人类演化历程的机会，促使我这一阶段的研究更关注影响中国旧石器文化发展的相关因素。

人类起源与农业起源一直是史前考古的核心课题。自20世纪80年代中期以来，围绕着现代人起源问题的争论尤为突出。进入新世纪，北大旧石器考古的教学实习与科研也紧密围绕上述课题，选择在中原地区展开。北京大学考古文博学院与郑州市文物考古研究院已经持续合作近20年，先后发掘了荥阳织机洞、新密李家沟、新郑赵庄、黄帝口、登封西施、东施、方家沟以及郑州市二七区老奶奶庙等遗址，为探讨嵩山东麓地区从现代人出现到农业起源的历史进程及影响机制，提供了非常重要的新证据。在此过程中，旧石器考古教研室师生与郑州市文物考古研究院的同事密切合作,尽心尽力地完成教学实习任务与两单位的科研规划。文集收录的篇目有更多是完成于这一阶段,既包括区域与个案研究,也有关于旧石器时代文化发展成因与影响机制的探索。

最近几年,随着嵩山东麓晚更新世旧石器文化发展序列的建立、现代人及其行为出现证据的确认,以及旧、新石器时代过渡问题研究的新进展,我们又将田野考古调查与发掘工作进一步推展至岭南地区的广东英德青塘遗址,以及新疆阿勒泰地区的吉木乃通天洞遗址,以期对以嵩山东麓为核心的中国及东亚大陆主体部分的古人类与旧石器文化在晚更新世期间的发展与迁徙扩散历程,获得更完整的认识和更系统的资料证据。虽然这些工作近期仍在继续进行中,但参与这些工作的师生也已陆续完成相关的学位论文及发掘报告。这些旧石器考古发掘与调查工作的新成果也对我近期工作产生重要影响,展示给我们更完整地观察中国旧石器文化发展的新视角。

非常感谢李伯谦先生和上海古籍出版社的安排,为我提供重新审视自己所走过的学术历程,并总结这些年工作的难得机会。虽然选定的这些篇目并没有完全按照年代顺序排列,而是按研究内容归类为"区域及个案研究""跨地区的比较"与"源流与成因探讨"三部分,但仍可从中看到我这些年来在旧石器时代考古教学与科研路上一路走来的印记。抚今追昔,首先要特别感谢将我带入考古学之门,特别是旧石器考古研究方向的诸位前辈,他们在课堂讲授、学术研讨乃至日常聊天等不同场合的教诲,还有先生们敬业执着、将毕生精力投入到考古事业的精神,更是鼓舞我能够长期坚持参加野外考古发掘与调查工作的动力;也要特别感谢这些年来合作过的众多文物考古单位,尤其是郑州市文物考古研究院领导与同事,长达 20 年的合作与支持;还要特别感谢的是工作在全国各地的旧石器考古同行,虽然我们这个群体规模相对较小,但无论是在何时何处,都能深切感受到各位的真诚友谊和鼎力相助。值此之际,再道最诚挚的谢意!

王幼平

2020 年 7 月

目　录

自　序 / 1

壹　区域及个案研究

南召小空山上洞与房县樟脑洞
——汉水流域两个晚期旧石器洞穴遗址的比较 / 3

织机洞的石器工业与古人类活动 / 11

李家沟、大岗与柿子滩9地点的地层及相关问题 / 30

李家沟遗址的石器工业 / 42

新密李家沟遗址研究进展及相关问题 / 57

嵩山东南麓MIS3阶段古人类的栖居形态及相关问题 / 67

MIS3阶段嵩山东麓旧石器发现与问题 / 80

中原地区现代人类行为的出现及相关问题 / 96

嵩山东麓晚更新世古人类文化的发展 / 106

泥河湾盆地细石器技术、年代及相关问题 / 122

华北旧石器埋藏特点的初步观察 / 140

华北南部旧、新石器时代的过渡 / 158

华北南部旧石器晚期文化的发展 / 169

华北细石器技术的出现与发展 / 183

华北晚更新世的石片石器 / 201

华南晚更新世晚期人类行为复杂化的个案
　　——江西万年吊桶环遗址的发现 / 218

贰　跨地区的比较

华南与旧大陆西侧旧石器时代早期文化关系的讨论 / 235

中国南方与东南亚旧石器工业的比较 / 246

中国与西亚旧石器时代早、中期文化关系 / 273

中国直立人与早期智人适应性的比较 / 285

叁　源流与成因探讨

试论环境与华北晚期旧石器文化 / 299

试论石器原料对华北旧石器工业的影响 / 313

中国早期原始文化的相对独立性及其成因 / 326

中国旧石器时代早期的文化类型及成因 / 345

青藏高原隆起与东亚旧石器文化的发展 / 361

关于中国旧石器的工艺类型 / 372

简谈华北旧石器年代学研究的进展与影响 / 387

华北旧石器晚期环境变化与人类迁徙扩散 / 397

人类起源的考古发现与探索 / 413

旧石器时代考古回顾与展望 / 428

壹 区域及个案研究

南召小空山上洞与房县樟脑洞
——汉水流域两个晚期旧石器洞穴遗址的比较

织机洞的石器工业与古人类活动

李家沟、大岗与柿子滩9地点的地层及相关问题

李家沟遗址的石器工业

新密李家沟遗址研究进展及相关问题

嵩山东南麓MIS3阶段古人类的栖居形态及相关问题

MIS3阶段嵩山东麓旧石器发现与问题

中原地区现代人类行为的出现及相关问题

嵩山东麓晚更新世古人类文化的发展

泥河湾盆地细石器技术、年代及相关问题

华北旧石器埋藏特点的初步观察

华北南部旧、新石器时代的过渡

华北南部旧石器晚期文化的发展

华北细石器技术的出现与发展

华北晚更新世的石片石器

华南晚更新世晚期人类行为复杂化的个案
——江西万年吊桶环遗址的发现

南召小空山上洞与房县樟脑洞

——汉水流域两个晚期旧石器洞穴遗址的比较

汉水流域地处我国南、北方之间,这里的自然地理环境与旧石器文化都具有明显的过渡性质。了解这一地区旧石器文化的特点,对于认识我国南、北方旧石器文化之间的关系,具有很重要的意义。最近中国科学院古脊椎动物与古人类研究所、湖北省博物馆发掘了湖北房县樟脑洞晚期旧石器洞穴遗址。河南省文物研究所、北京大学考古系发掘了河南南召县小空山上洞晚期旧石器洞穴遗址。这两个遗址的发掘为我们认识这一地区晚期旧石器文化提供了新的材料。

一

小空山上洞遗址位于南召县境内,在伏牛山脉的东南侧,属于秦岭与伏牛山脉向南阳盆地过渡的低山区。空山河流经遗址西侧,向南注入白河、汉水。樟脑洞遗址位于湖北省房县境内,在大巴山脉的东北侧。汉水支流樟脑河流经遗址侧旁。两个遗址的垂直距离不到 300 千米,地理纬度约差 1 度。同处于秦岭—伏牛山脉与大巴山脉所夹汉水中游地区,属于同一大的自然地理单元。两者的现代自然地理环境比较接近,属于暖温带—亚热带气候类型。最近两个遗址的发掘,提供了当时这一地区自然环境的资料,反映了晚期旧石器时代这一地区原始居民的生活背景。

在小空山上洞发现 8 种哺乳动物化石,包括有牛、鹿、野猪、犀牛、普氏野马、棕熊、最后鬣狗、方氏鼢鼠等。这一化石动物群所显示的特点是食草类与食肉类均有。上述的棕熊、野猪、最后鬣狗等喜欢在山间丛林中活动,而普氏野马、牛、鹿类则较适宜在开阔的草地上生活。普氏野马是华北地区晚更新世动物群中的典型种类,适合生存在较干寒的草原环境。在同一时期的华北地区的萨拉乌苏、[1]峙峪[2]与刘家岔[3]等遗址均有较多的发现。它出现在这一地区,说明当时小空山一带的气候可能较干凉。但是就整个动物群与华北地区晚更新世典型动物群来比较,两者则有明显的区别。在小空山上洞的动物种类中,适合在干寒条件下生存的种类所占的比例远远小于同一时期华北地区的动物群。而多数则是适合在气候较温湿、林木繁茂地区生活的种类。从整体来看,这里的自然环境仍较温湿,与华北地区在最后冰期寒冷气候影响下出现的干冷草原环境有很大区别。

樟脑洞发现的哺乳动物化石种类与小空山上洞有较大的区别,包括有大熊猫、獾、狐、东方剑齿象、基什贝尔格犀牛、巨獏、水牛、水鹿、青羊、苏门羚等。这些种类很多是华南地区中、晚更新世常见的大熊猫-剑齿象动物群的成员,具有很浓厚的南方色彩。但仍然可以看到最后冰期寒冷气候的影响,如基什贝尔格犀牛、青羊、苏门羚等的存在。[4]

小空山与樟脑洞动物群的区别与两者的地理位置有关,因为小空山的地理位置更靠近华北地区,而樟脑洞则较接近南方。但最主要的原因还是与晚更新世最后冰期的气候有关。小空山上洞的时代据动物群性质及年代测定的初步结果约与最后冰期的最盛期相当,是晚更新世以来全球性气候变冷的高峰。在最后冰期寒冷气候的影响下,华北地区的哺乳动物群南迁,因而小空山上洞的动物群带有华北地区晚更新世动物群的特色。而樟脑洞的绝对年代测定为距今 13000 年左右,此时最后冰期的最盛期已经过去,气候转暖,因而这里多喜暖动物,具有较浓的南方色彩。比较两个哺乳动物群可以看出,樟脑洞的环境应比小空山上洞更为暖湿。但从整体来看,两者处于同一大的自然地理单元,两哺乳动物群所指示的生态环境也均是森林-草原型。两个遗址均处于相对高程差距不大的山区,水源充足,草木

---

[1] 祁国琴:《内蒙古萨拉乌苏河流域第四纪哺乳动物化石》,《古脊椎动物与古人类》1975 年第 13 卷第 4 期。
[2] 贾兰坡等:《山西峙峪旧石器时代遗址发掘报告》,《考古学报》1972 年第 1 期。
[3] 甘肃省博物馆:《甘肃环县刘家岔旧石器时代遗址》,《考古学报》1982 年第 1 期。
[4] 黄万波等:《湖北房县樟脑洞旧石器时代遗址发掘报告》,《人类学学报》1987 年第 6 卷第 4 期。李天元等:《房县樟脑洞发现的旧石器》,《江汉考古》1986 年第 3 期。

葱郁,为这里的原始居民提供了良好的生存条件。

二

小空山上洞共发现石制品一百余件,樟脑洞发现二千余件,两者均包括石器及大量的石核、石片等。这些材料反映了这两个遗址的原始工艺水平。

小空山上洞的石制品主要以采自空山河滩的石英砾石为原料,而附近山坡上劣质的石英块则很少使用。樟脑洞的石器原料也与小空山上洞相近,大部分石料是来自河滩的砾石,但岩性与前者略有出入,石英与黑色硅质岩各占40%左右。此外还有少量的砂岩材料,主要用以制作大型的砾石制品。而石英与黑色硅质岩则主要用于制作中、小型制品。这种情况在小空山上洞也有反映,中小型标本基本为石英所制,而石质较粗的石英岩、岩浆岩则多用于制作大型石器。这种情况说明两地选择石料的习惯是一致的。虽然两地各种岩性的石料的比例并不一致,但这并不代表选料的能力及技术水平,而主要是由当地基岩的岩性所决定的。在樟脑洞石英与黑色硅质岩并存,而在小空山则只有石英及少量的石英岩宜于用来加工石制品,所以石料的岩性并不完全一致。

小空山上洞的石核均呈不规则形,形状各异,大小相差较大。有的仅是在砾石上打下一两个石片即放弃;也有的连续剥片多次,利用率比较高。石核上所保留的石片疤也较规整。按照石核上台面的数量来划分,可以分出单台面、双台面与多台面等几类。多选用较平坦的天然面或剥片后所遗石片疤为台面进行剥片。樟脑洞石核的情况与小空山上洞相近,也是大小相差悬殊,形状多不规则。有单台面、双台面与多台面等几种类型。天然台面与打击台面者约占石核总数的80%。两者略有区别的是在小空山上洞具有少量的球状石核。这是由于剥片时有意选择石核上的棱脊做台面而形成的。从石核上的石片疤与剥取的石片来观察,球状石核所产生的石片多为点状台面,并且往往沿打击点处纵向断裂,形成两个半边石片。半边石片在小空山上洞的石片中占有一定的比例,大、中、小型皆有,很有可能是有意加工。球状石核就是剥取这类石片的产物。这种剥片习惯是小空山上洞石器工艺的一个特点。类似的情况在时代较早的洛阳凯旋路旧石器地点曾有发现,两者或许有某种文化上的联系。[1]

两个遗址石片的情况也较一致。石片大、中、小型皆有,大型的石片长与宽均在100毫米以上,重达千克以上;最厚者可达50毫米;最小的石片长不过10余毫米,重仅数克。石片的形状主要是不规则形的,长大于宽者居多。石片大小的差别是加工不同类型工具的要求所致。在两地的石制品中,均是大、中、小型皆有,其中大型的石片砍砸器,长度近200毫米,而小型工具的长度还不足20毫米。石片大小的差别,正是为了适应这种需要。石片大小差异之大,在同一时期华北旧石器遗址中很少见到,仅存在于南方的某些地点,如四川涪江流域的铜梁文化。[2] 除了石片的大小外,两地还分别选用形状不同的石片加工不同类型的工具,如选用带脊的三角形石片加工尖状器,选用较规整的长石片加工双刃刮削器,按照石片的不同形状加工出各种类型的小刮削器、尖状器。上述情况说明,两地在制作石器的初级阶段具有比较一致的工艺水平。

从石核与石片的特征来观察,两地均是以锤击法为主来剥取石片。绝大部分不规则形石片,均是这种技术的产物。除此之外,也见有少量的砸击石核、石片,这种技术在两地均不占重要地位。虽然两地的石英材料均较多,但均没有如华北某些地点那样广泛地应用砸击技术。这一方面与文化传统有关,另一方面也受当地石英质量的影响。两个遗址所选用的石英砾石形状均较大,石质较均匀,使用锤击法剥取各种形状的石片比较方便,因而砸击技术在当地的应用并不广泛。

在石器的第二步加工方面,两个遗址也表现出较大的一致性。均使用石锤直接打击加工各种类型的石器。较大型的石片均用来加工砍砸器,也用砾石直接加工砾石砍砸器。小空山上洞的一件岩浆岩砾石砍砸器,沿着一扁平的砾面向另一侧修理,构成一个平齐的单面刃口,这种类型的砍砸器在晚期旧石器阶段,只在南方的某些地点曾有发现。如果按照刃口的数量与形状,还可以分出单、双、多刃砍

---

[1] 张森水等:《洛阳首次发现旧石器》,《人类学学报》1982年第1卷第2期。
[2] 李宣民、张森水:《铜梁旧石器文化之研究》,《古脊椎动物与古人类》1981年第19卷第4期。

砸器等多种类型。各种类型的砍砸器均以单面加工的比例为高，两面加工的较少。在小空山上洞还有一种预制石核加工砍砸器的技术，这在其他地点尚未发现。这种方法是先将石核预先修理，然后再进行剥片，使剥下的大石片的边缘与预先修出的石片疤构成平齐的刃口。这种技术与典型的勒瓦娄哇技术有相似之处，反映了小空山上洞原始居民的石器工艺的进步。

两地的中、小型工具的第二步加工，既有一致性，又有一定的差别。单面加工的出现率很高，是两地的共同特点。但在小空山上洞，以正向加工者居多；而在樟脑洞，则比较多样，尤其是多边、多刃器物的加工方法呈现出明显的多样化特点。小空山上洞的尖状器主要采用错向加工方法，这一点也明显不同于樟脑洞。

上述特点说明，小空山上洞与樟脑洞的原始技术具有相当多的一致性。在石器加工的基本技术与总体面貌方面，两地表现出更多的相同点。而在石器的第二步加工阶段，两者则既有一致性，又有显著的差异性。

三

小空山上洞的石器类型包括了砍砸器、刮削器、尖状器、雕刻器几类。这一工具组合反映了小空山上洞原始居民的经济活动类型。在整个石器组合中，砍砸器占据了突出的地位，为石器总数的22%。这种情况在已发现的晚期旧石器文化中，只有南方的某些地点可以相比，如在铜梁文化中砍砸器的比例高达30%。而在华北地区的晚期旧石器文化中砍砸器则占很次要的地位，有些遗址已不见其存在。小空山上洞的石器组合的另一突出特点是石器的形体较大，最大的石器长度近200毫米，重量超过2000克。在全部石器中，长度超过50毫米者占一半以上。除了砍砸器以外，还有一些大型的刮削器。

樟脑洞的石器组合与上述小空山上洞的特点一致。砍砸器的数量很多，约占整个石器的10%。石器的形体也较大，长度超过50毫米者占很高的比例。

从目前已发现的材料看，在我国晚期旧石器文化中，有两种比较明显的类型：一种是以各类刮削器、尖状器为主体的小石器类型；另一种是砍砸器占据重要地位的大石器类型。前者主要分布在华北地区,与这种文化相联系的是较干寒的草原环境。后者则主要分布于南方地区,均与气候湿热、植被繁盛的环境相关。史前考古学的研究结果说明,在干寒的草原环境中的小石器类型,其居民主要是从事狩猎或狩猎-采集的经济活动,小型工具适合于这种经济类型。而在南方暖湿的自然环境中,原始居民的经济活动则较复杂,需要大型的工具砍伐树木,加工竹木工具以适合于各种生产活动的需要。小空山上洞与樟脑洞所发现的石器组合,很显然应属于后一种类型。

具体分析两个遗址的石器组合,可以更详细地说明其经济活动类型。如前所述,在小空山上洞的石器组合中砍砸器占据重要地位。砍砸器的功能部位是其刃缘。在小空山上洞的砍砸器中既有刃缘锋利的石片砍砸器,也有刃缘较钝厚的砾石、石核砍砸器。砍砸器的重量与体积也有较大差异,重量从300克一直到2000克以上,长度从100毫米到200毫米以上。这种情况说明在砍砸器类型中,也具有不同的功能层次。其形体巨大者,很明显是适用于砍伐树木,实验考古学工作验证了这一推断,从小空山上洞发现的石器的使用痕迹也说明这种功能的存在。一件楔状大石核砍砸器的刃口保留有清楚阶状崩痕,这种痕迹及其分布位置的特点说明是用于砍伐坚硬的木质材料所致。较小型的石片砍砸器则刃口锋利,它们与各种类型的刮削器、尖状器等一起来加工制造各种竹木工具显然更为合适。

发掘结果还告诉我们,在小空山上洞的堆积中,除了数量较多的各类石制品,只有极少量的碎骨片、零星的动物牙齿化石,既缺乏如华北地区晚期旧石器狩猎遗址中那样大量的哺乳动物化石,也无灰烬等用火痕迹。这种情况说明这个洞穴的居住者的主要经济活动并不是狩猎,因而没存留数量较多的哺乳动物化石。史前考古学与民族学的资料告诉我们,只有以采集经济为主的原始居民才会留下这种类型的文化遗存。所以小空山上洞的原始居民的主要经济活动应该是采集。暖湿的气候、繁茂的植被为他们提供了丰富的食物来源,他们的石器组合正是适应这种环境与经济活动的需要而产生的。

在樟脑洞内所发现的也只有大量的石制品,哺乳动物化石也很少见。只有少量的碎骨与牙齿,不见长骨,也没有灰烬等。这种情况与小空山上洞一样,反映两个遗址有着大致相同的经济活动类型。

在小空山上洞除了上述石器组合外,还有一些形体较小加工精致的小尖状器、雕刻器等。从出现的数量以及加工情况来看,并非偶然产生,而确实是有意加工出的工具类型。而樟脑洞则不见雕刻器,尖状器的形体多较大,不见有如小空山上洞那样加工精致的类型。这种情况说明两者的经济活动与文化传统又有一定的差别。从形状与加工方式来看,小空山上洞的尖状器、雕刻器与华北晚期旧石器遗址中的同类制品很接近。这种情况与小空山上洞的地理位置及其自然环境相联系。小空山位于秦岭—伏牛山的南坡,北与华北平原相邻。在最后冰期最盛期的寒冷气候的影响下,大批生存在华北地区的哺乳动物南迁,一些种类曾出现在小空山附近,如在小空山上洞发现的普氏野马等。华北地区的原始狩猎者很可能会追逐这些哺乳动物到此。在小空山上洞发现具有华北晚期旧石器文化特点的石器正反映了这种情况。这些小型石器与以砍砸器为主体的石器组合共存,充分反映了华北地区晚期旧石器文化对这一地区的影响。而在地理位置更近南方,气候更湿热的樟脑洞则不见这种情况。

四

综上所述,小空山上洞与樟脑洞处于同一大的自然地理单元,尽管受晚更新世最后冰期气候变化与地理位置差异的影响,两者的自然环境仍较接近,因而两地的文化面貌表现出较多的一致性。两地的原始技术风格比较接近,使用相同的技术加工石器,石核、石片的种类与大小均较一致。砍砸器在石器组合中占重要地位,大、中型石器占较高的比例是另一突出特点。两地的原始居民均择洞而居,在洞穴内留下了大量的石制品,但动物化石很少,也不见用火痕迹。这些均与当地自然地理环境密切相关,反映了汉水流域晚期旧石器文化的共同特点。

两地虽然具有上述的共同特点,但其时代并不一致,地理位置也有差别,特别是最后冰期的气候变化使两地的自然环境也发生变化。所以两者的文化面貌又有一定的差异。首先是两者的工具组合并不完全一致,小空山上洞的精致的小石器明显受到华北晚期旧石器文化的影响,而樟脑洞则不具备这种类型。其次,表现在石器工艺方面,小空山上洞的球状石核与半边石片也均不见于樟脑洞,这种特点可能是受时代稍早的华北地区旧石器文化的影响。小空山上洞预制石核加工砍砸器的技术也不见于樟脑洞。在石器的第二步加工方面,两地也表现出一定的差异。从上述差异来看,小空山上洞应是这一地区内时代较早、受到华北地区影响较多的一种文化类型。樟脑洞则代表了时代较晚、具有更多地方特色的另一类型。对这两种文化类型进行深入研究,不仅可以进一步了解汉水流域晚期旧石器文化特征,也会增加对我国南北方晚期旧石器关系的认识。

(原刊《华夏考古》1988年第4期)

织机洞的石器工业与古人类活动[*]

一、前言

20世纪80年代中期以来,关于现代人类起源的两种假说一直存在着激烈的争论。根据遗传学的分析以及非洲、西亚与欧洲等地的考古学资料,一些学者主张现代人类应当起源于非洲。不过从中国与东亚其他地区考古学发现的情况来看则很难支持上述观点,所以也有许多学者主张现代人类应该起源于包括东亚在内的多地区。现代人类的起源与发展是更新世晚期,也就是距今十几万年以来到距今一万年期间最主要的事件。探讨晚更新世古人类及其文化的演化发展则成为当今世界史前考古学界最主要的课题之一。近年来两种假说的争论日趋尖锐,并且争论的焦点也主要集中到东亚地区。系统认识晚更新世以来东亚地区尤其是中国境内古人类的活动特点及其生存年代及古环境背景,已经成为解决上述课题的关键。

自从1990年以来,织机洞遗址已经过前后多次发掘。[1] 基于上述情况,从2001年开始,北京大学考古文博学院与郑州市文物考古研究所先后三次对河南荥阳织机洞遗址进行发掘。我们希望通过对这处堆积巨厚的晚更新世遗址进行重新发掘,进一步获得关于北方地区晚更新世古人类生活的环境背景与年代学框架的有关资料,了解该地区旧石器文化发展的进程与特点,进而认识该遗址旧石器工业的发展及其与中国境内及东亚地区已经发现的不同类型的旧石器文化之间的关系。织机洞遗址发掘的收获很大,已经发现的石制品多达上万件,还揭露出当时人类的居住面以及大量有关当时人类生存环境与年代学的信息。对这个遗址所发现

---

[*] 本文承国家文物局文物保护科学与技术研究课题(课题号:2001003)资助。
[1] 张松林、刘彦锋:《织机洞旧石器时代遗址发掘报告》,《人类学学报》2003年第22卷第1期,1~17页。

资料的初步整理与研究显示,织机洞遗址所发现的旧石器文化遗存及相关资料,对于认识本地区晚更新世的环境,古人类与旧石器文化发展的年代框架,尤其是石器工业反映的古人类活动与行为特点的变化等有关现代人类起源与发展研究的信息都十分重要。

二、织机洞遗址的发现

(一) 地层与时代

织机洞遗址位于河南省郑州市郊区荥阳崔庙乡的王宗店村,地理坐标为东经113°13′,北纬34°38′。这里是嵩山余脉所形成的低山丘陵区,植被繁盛,郁郁葱葱。附近的山体为石灰岩。织机洞本身是沿石灰岩裂隙发育的岩厦式溶洞,洞口高达20余米,宽10余米,进深20余米(图版四,1)。

织机洞遗址的堆积总厚达20米以上,详细的地层划分可以多达20层以上。这些堆积的来源比较复杂,但多数是洞顶的坍塌或由洞顶天窗漏入,也有洞外流水作用冲入。堆积形成的时间相对较短,但堆积形成速度却相对较快,不过在有人类活动时期则相对较为稳定。

根据最近的观察,可以将织机洞的堆积划分为四部分。最上为全新世,含新石器时代及更晚阶段的文化遗存。第二部分是总厚5米左右的棕红至黄褐色的砂质黏土夹角砾层。第三部分的总厚度亦有5米以上,为灰白色与浅黄色黏土、砂质黏土互层,局部夹厚层泥炭层。最下部是褐色、黄褐色及红色的砂质黏土层,已经发掘部分厚度近10米,局部达洞底基岩。

从织机洞堆积的岩性、包含物、年代测定数据以及古环境等特点来综合考虑,现已初步看出早期人类使用这个洞穴遗址的过程与特点。最上层的全新世堆积主要是洞顶天窗的塌漏下来形成的倒石堆,显然不是人类居住留下的原生堆积,其时代也不在本文讨论的范围。

第二部分堆积的主色调为浅黄至灰黄,与洞外的马兰黄土堆积可以对比。

堆积中多夹洞顶崩落的灰岩角砾也说明当时的气温较低,物理风化较为强烈。结合其下第三部分上部泥炭层的初步测年数据来看,第二部分堆积主体形成的时代应该在距今 3 万年以后,与最后冰期最盛期的时间相当。这一阶段洞穴内有古人类的文化遗存发现,主要是石制品,也有动物骨骼碎片及灰烬等。

第三部分堆积的岩性特点很清楚说明其形成与流水作用的关系非常密切,主要是洞外流水倒灌入洞内形成的静水沉积物,局部地方还形成厚层泥炭层。这部分堆积形成的时间显然相对较短,其环境也不利于古人类活动,无文化遗存的发现。

第四部分的堆积较厚,形成的时代最早,延续的时代可能也较长。堆积形成的原因较为复杂,但明显可见与古人类活动的关系密切。该层可以再详细划分为多个文化层。据在已经发掘的洞口部分的观察,不同文化层所含遗物的情况不同,其中的第 7 层最为丰富。已经发现的情况显示该层是人类在洞穴内活动的主要时期,所揭露部分应该是当时人类加工石器的工作区。

上述堆积特点说明,更新世人类使用这个巨大岩厦遗址主要有两个阶段:一个是第二部分所代表的晚期,从古环境与年代学特点来看,应该属于晚更新世的较晚阶段,属于旧石器时代晚期;另一个是第四部分,根据 ^{14}C 与光释光等测年结果来看,这部分堆积主体应该形成于距今 4 万年以前,是本次工作的重点。在洞口部分,这部分堆积可以划分出 9 层,地层描述如下。

第 1 层:表土层,棕黄色黏土质粉砂,含有灰岩碎屑。深 0~0.60 米。

第 2 层:土黄色黏土质粉砂,含有少量 3~5 厘米灰岩角砾。本层有光释光年代数据(37.4±3.51)kaBP。深 0.60~1.60 米。

第 3 层:钙板层,上部为灰白色,下部为砖红色,风化强烈,呈团块状,顶部起伏不平,厚度变化较大。含有少量石制品。深 1.60~3.00 米。

第 4 层:褐灰色钙质粉砂质黏土,含极少量灰岩碎屑,夹灰黑色锰质条带。含有少量的石制品。深 3.00~3.65 米。

第 5 层:褐灰色钙质粉砂质黏土,底部含薄层灰岩碎屑。含有少量石制品。本层有光释光年代数据(46.5±4.12)kaBP。深 3.65~3.82 米。

第 6 层：砖红色钙质黏土，含较多灰岩碎屑，砾径在 3~5 厘米左右，扁平状，含有大量的钙结核。本层底部颜色变深，出现灰黑色锰质条带。含有较多的石制品。本层有光释光年代数据(48.1±11.1)kaBP。深 3.82~4.30 米。

第 7 层：灰黑色砂质黏土，含有少量灰岩碎屑，发育钙质条带，西侧钙质条带较多。含有丰富的石制品。本层有光释光年代数据(49.7±5.76)kaBP。深 4.30~4.59 米。

第 8 层：灰褐色粉砂质黏土，夹灰白色钙板团块，夹有较多的灰黑色锰质条带，分布不均。含有少量的石制品。深 4.59~5.26 米。

第 9 层：褐灰色砂质黏土，混杂有大量的灰黑色锰质条带和灰白色钙质条带，条带弯曲，产状多变，但基本上与洞壁保持一致，为洞底落水洞充填物。本层中含有少量的石制品。深 5.26~9.00 米。

(二) 石器工业概况

织机洞遗址下部地层所发现的遗物，无论是石制品标本，还是化石标本，其长轴方向、倾向、倾角在各个等级的标本中所占比例差别不大，未发现有特别明显的分布规律。从地层剖面观察，虽然后来发生过沉降，但是其埋藏遗存等并未受到明显破坏，仍应属于原生的连续堆积。从风化和磨蚀程度看，绝大部分标本保存状况较完好，没有受到明显的自然风化和外力磨蚀。结合地层、遗存的埋藏特征、遗物的种类以及可能是用火遗迹的遗存等情况来看，发掘区的埋藏过程应连续地发生于当时的洞内，是古人类活动遗存的原地埋藏。[1]

发掘区的上部堆积已于 20 世纪 90 年代发掘时移走。本次发掘的主体部分是保留的第 5 层以下部分，第 3、4 层仅在发掘区南部保留，是原来发掘所保留的探方隔梁。堆积均较薄，受地层塌陷的影响，与整个堆积一同向东北方向倾斜。第 3、4 层仅有少量石制品发现，从第 5 层开始，石制品数量增多(表一至表五)。

---

[1] 邵文斌：《织机洞遗址 2001 年的发现与初步研究》，北京大学硕士学位论文，2003 年。

表一 第 5 层石制品分类与岩性统计

	石 英	燧 石	石英砂岩	石英岩	其 他	合计(%)
石料		1				1(1)
石核	6	1				7(6.7)
单台面	3					3
双台面	2	1				3
多台面	1					1
完整石片	16	5	2	4	1	28(27)
Ⅰ型石片				1		1
Ⅱ型石片		1	1			2
Ⅲ型石片		1				1
Ⅳ型石片				1		1
Ⅴ型石片	4					4
Ⅵ型石片	12	3	1	2	1	19
不完整石片	5					5(4.8)
远端断片	3					3
左裂片	1					1
右裂片	1					1
废品	40	4		1	1	46(44.2)
断块	32	4		1	1	38
碎屑	8					8
工具	11	5		1		17(16.3)
边刮器	8	5		1		14
雕刻器	1					1
钻	2					2
合计(%)	78(75)	16(15.4)	2(1.9)	6(5.8)	2(1.9)	104(100)

表二　第 6 层石制品分类与岩性统计

	石英	燧石	石英砂岩	石英岩	其他	合计(%)
石料					2	2(0.5)
石核	8	6	3	1		18(4.4)
单台面	4	1	1	1		7
双台面	1	2	1			4
多台面	3	3	1			7
完整石片	38	23	7	5	3	76(18.8)
Ⅰ型石片				1		1
Ⅱ型石片	3	3	3	1		10
Ⅲ型石片	3	1		1		5
Ⅳ型石片	1					1
Ⅴ型石片	2	7	2			11
Ⅵ型石片	29	12	2	1	3	47
不完整石片	11	5	7	1		24(5.9)
近端断片	4	1		1		6
远端断片	5		2			7
中间断片	2					2
左裂片		1	2			3
右裂片		3	3			6
废品	119	68	9	7		203(50.1)
断块	93	47	6	6		152
碎屑	26	21	3	1		51
工具	41	36	3	1	1	82(20.2)
砍砸器	1					1
边刮器	30	32	3	1	1	67

(续表)

	石英	燧石	石英砂岩	石英岩	其他	合计(%)
尖状器	1	1				2
端刮器	2	3				5
雕刻器	2					2
凹缺刮器	1					1
钻	3					3
齿刮器	1					1
合计(%)	217(53.6)	138(34)	29(7.2)	15(3.7)	6(1.5)	405(100)

表三 第7层石制品分类与岩性统计

	石英	燧石	石英砂岩	石英岩	其他	合计(%)
石料	1	19		3	6	29(0.8)
石核	84	50	14	8	6	162(4.5)
单台面	26	16	5	3	4	54
双台面	29	20	5	2	2	58
多台面	27	13	4	3		47
砸击石核	2	1				3
完整石片	118	87	43	18	24	290(8.1)
Ⅰ型石片			1			1
Ⅱ型石片	1	2	6	2	3	14
Ⅲ型石片	10	6	7	1	1	25
Ⅴ型石片	21	16	10	3	3	53
Ⅵ型石片	80	63	20	11	15	189
砸击石片	5					5
台面缺失	1					1

(续表)

	石英	燧石	石英砂岩	石英岩	其他	合计(%)
不完整石片	63	62	49	7	2	183(5.1)
近端断片	10	17	13	1	1	42
远端断片	26	18	10	3	1	58
中间断片	7	7	5	1		20
左裂片	10	10	14			34
右裂片	10	10	7	2		29
废品	896	730	113	60	46	1845(51.6)
断块	691	586	76	47	34	1434
碎屑	205	144	37	13	12	411
工具	381	541	81	17	45	1065(29.8)
石锤			1			1
砍砸器			2			2
边刮器	306	434	65	14	34	853
尖状器	24	32	3		1	60
端刮器	16	44	7	2	3	72
凹缺刮器	10	18	3	1	6	38
齿刮器	4	3				7
雕刻器	8	5				13
钻	13	5			1	18
合计(%)	1543(43.2)	1489(41.7)	300(8.4)	113(3.2)	129(3.6)	3574(100)

表四 第8层石制品分类与岩性统计

	石英	燧石	石英砂岩	石英岩	其他	合计(%)
石料					1	1(1.3)
石核	2		2			4(5.3)

(续表)

	石英	燧石	石英砂岩	石英岩	其他	合计(%)
单台面			1			1
双台面	2					2
多台面			1			1
完整石片	1	1	7	1		10(13.3)
Ⅰ型石片			2			2
Ⅱ型石片			1			1
Ⅲ型石片			1			1
Ⅴ型石片			1			1
Ⅵ型石片	1	1	2	1		5
不完整石片	1	1	4			6(8)
近端断片			2			2
远端断片			1			1
左裂片						
右裂片	1	1	1			3
废品	6	6	10		2	24(32)
断块	4	6	9		1	20
碎屑	2		1		1	4
工具	17	7	5	1		30(40)
石锤			2			2
边刮器	13	6	3	1		23
尖状器	1	1				2
端刮器	2					2
齿刮器	1					1
合计(%)	27(36)	15(20)	28(37.3)	2(2.7)	3(4)	75(100)

表五　第9层石制品分类与岩性统计

	石英	石英砂岩	石英岩	其他	合计(%)
石料		2			2(7.4)
石核	1	2			3(11.1)
单台面		2			2
多台面	1				1
完整石片	1	2			3(11.1)
Ⅴ型石片		2			2
Ⅵ型石片	1				1
不完整石片		2			2(7.4)
远端断片		1			1
左裂片		1			1
废品		5	1	1	7(25.9)
断块		3	1	1	5
碎屑		2			2
工具	1	9			10(37)
石锤		3			3
砍砸器		1			1
边刮器	1	4			5
端刮器		1			1
合计(%)	3(11.1)	22(81.5)	1(3.7)	1(3.7)	27(100)

比较表一至表五可以看出，无论是石料的选择，还是工具组合，第5~7层的情况与第8、9层的发现都有比较明显的区别。

第5~7层经过初步整理的石制品有数千件。这些石制品的原料主要为石英，其次为燧石，还有少量的石英砂岩与石英岩。这些原料除了石英砂岩与石英岩系来自洞前河滩的砾石，其余均系采自数千米以外出露的基岩岩脉或风化的岩块与结核。

从石制品发现的特点来看,燧石的质量较差,多是片状小块,很难见到形体较大者。石英的质量较好,原料的体积也较大。这可能是石英原料占比例较高的主要原因。

这一阶段所发现的石核主要是不规则形者。石核绝大部分是锤击技术的产品。台面形状不规则,亦不经过修理,仅利用原料的自然面或打击产生的石片疤直接打片,故利用率很低,一般只剥下几片即废弃。石片的数量很多,但多数的形体也不规则,很少见到三角形或较规则的长石片。除锤击技术外,少数标本可能是砸击技术的产品。

经过修理的工具的数量多达千件,可以分为边刮器、端刮器、凹缺刮器、尖状器、石锥、雕刻器与砍砸器等。其中边刮器、尖状器与石锥等还可以分出不同的类型。这些工具的修理也多比较简单,较少经过仔细加工、形体规整的精制品。加工主要也应是硬锤技术,并且以正向加工为主,反向加工者数量不多,没有见到两面加工技术的存在。

织机洞遗址第 8、9 层所发现石制品的数量明显不如前者,经过整理者仅有 100 多件。这一阶段石器原料的使用情况与早期相比,种类发生很大变化,石英岩与砂岩的比例明显增高,占绝对优势,石英与燧石等则明显减少。原料的来源也明显不同,主要系来自洞前河滩的砾石,形体较前明显增大。

从发现的石核与石片来观察,两者剥取石片的技术并没有发生明显变化,都是以锤击技术直接生产石片为主,也不见预制石核与修理台面的情况出现。砸击技术的使用迹象也很少见到。不过从经过修理的工具类型来看,两者则有明显的变化。第 8、9 层的工具中,砍砸器等重型工具的比例逐渐增多,石器的体积与重量明显增加。

三、文化发展与人类活动的变化

织机洞遗址所保存的更新世的堆积巨厚,主要部分属于晚更新世中、晚阶段,在时代上跨越了从旧石器时代中期到晚期的发展。该遗址最丰富的文化遗存是石制品。数以万计的石制品,给我们认识这个洞穴的晚更新世居民的行为特点以及中原地区旧石器文化的发展进程提供了新资料。在其堆积连续的剖面上的多个层位中都有石制品等早期人类的文化遗存发现,清楚地反映了早期人类曾连续使用该洞穴。织机洞石器工业持续的时代较长,从旧石器时代中期一直到晚期,其文化特点也发生明显变化。这些变化主要反映在石器原料的选择、石制品形体的大小以及工具组合等方面。这些变化显然与当时人类活动的变化密切相关,是人类行为特点发展演变反映在其文化遗存上的结果。

(一) 石器原料与人类活动的变化

石器原料的选择是更新世人类一项非常重要的活动,石器原料对于早期人类的生产与生活有着非常重要的影响作用。[1] 就已经观察整理过的资料来看,织机洞早期居民在石器原料的选择方面也有其特点,并且随着时代的发展而发生明显的变化。就表一至表五所统计的情况来看,最直观的变化是石料岩性的变化。表五是最早在这个洞穴遗址活动的人类所留下的石制品,这一阶段的石器原料以石英砂岩为最多,占到80%以上,其他岩性的原料则都较少使用。到时代稍晚的第8层的石制品中(参见表四)石器原料的使用开始有所变化,除原有几种原料,最显著的是出现燧石的使用,另外石英的比例也明显增加,而石英砂岩则减少。到第7层,也是早期人类在洞口部位活动最频繁阶段,石器原料的变化尤为明显。燧石与石英的比例继续增加,两者之和占整个石料的80%以上。而石英砂岩与石英岩等则很少使用(参见表三),时代更晚的这种趋势更为明显(图一)。

上述变化并非偶然,其出现应与这个洞穴居民的生活方式的变化密切相关。如前所述,石英砂岩与石英岩等原料,在洞前河滩上很容易找到。根据对附近河滩砾石构成的调查与抽样统计可知,不论是石料岩性特点及大小与形状等,两者均很一致,说明洞前河滩就是织机洞早期居民的石料来源地。到第7层以后,这种情况则明显改变,占石料总量80%以上的燧石与石英,从其岩性特点与原形来观察,都与附近的砾石无关,而应该直接来自原生基岩附近。原料产地的调查工作已发现

---

[1] Andrefsky W. *Lithics: Macroscopic Approaches to Analysis*, Cambridge: Cambridge University Press, 1998.

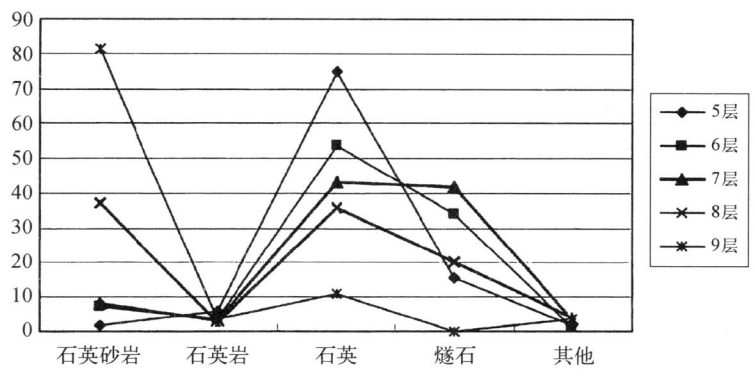

图一 织机洞遗址第 5~9 层石料比较

块状与结核状的燧石原料应来自距织机洞遗址 6~7 千米之遥的山区。石英原料的来源地可能更远，在目前已经调查的范围内尚无发现。

舍近求远，放弃洞前丰富的石料资源不用，而跋山涉水转至 1~2 个小时路程之遥或更远的山区去采集搬运石料，从经济学的角度来看这种行为显然是与常理相悖的。因此推测促使织机洞远古居民改变石料的选择应该有其原因。石英砂岩与石英岩虽然丰富易得，但其特点是易于剥取较大的石片，只适合加工形体较大的重型工具。而石英和燧石，尤其是优质的燧石，则更是易于剥取刃缘锋利的小石片，很方便加工出精致的小型工具，石料的变化更可能与石料的上述特点有关。从出自不同层位的工具组合以及工具形体大小变化的特点来看，也可以直接证明这种情况。早期居民就地取材，使用石英砂岩以及石英岩等加工重型工具。自第 7 层开始，经过较多加工的轻型工具则成为工具组合的主体部分，远距离运输石料也占主导地位。石料选择与工具组合变化的相关性说明，织机洞远古居民舍近求远的行为实际上应该是为了生产更适用的利刃轻型工具。

（二）石器工业与原始技术的发展

从表一至表五的统计情况来看，织机洞遗址早期居民的石器工业也发生了很明显的变化。石器工业的变化不仅反映在前述的石器原料的变化，另外也很突出地表现在加工技术的改进与工具组合以及石器工业的整体面貌等方面。

如前所述,尽管从最早的第9层开始,织机洞早期居民打制石器的技术都是采用简单的剥片方法,没有预制石核技术采用,但早期第9、8层发现的石制品中,工具的修理相对简单(图版四,2)。第7层以上时代较晚者,则多修理较细致的小型工具。早期的工具多形体较重大的砍砸类重型工具。即使是石片加工的刮削器类,也形体很大,修理简单。而到第7层及更晚的发现,则以小型的利刃工具占据主导地位(图二;图版五)。

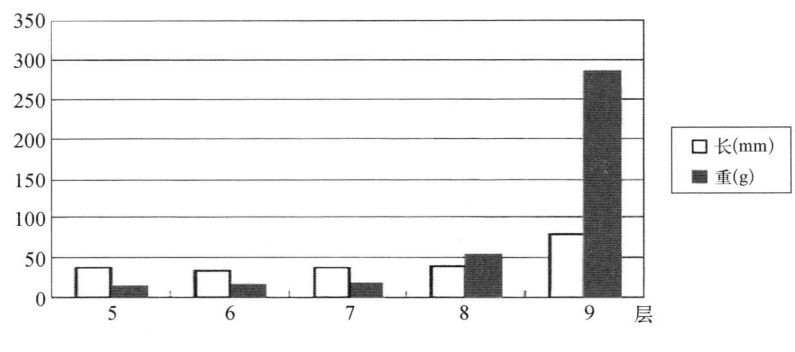

图二　织机洞遗址第5~9层石器平均长度与重量

对比图表的统计分析和对石制品的整体观察可以看出,出自5~7层的石制品,原料以块状的石英与燧石为主,石器组合以边刮器等小型工具为主,与北方地区旧石器时代晚期常见的小型石片石器工业的文化面貌一致;出自第8、9层的石制品与前者则有明显不同,石器原料以石英砂岩与石英岩砾石为主,石器组合中形体较大的砍砸器等重型工具的比重明显增多,其文化特点与本地区时代较早的砾石石器工业更为接近(参见图版四,2)。

在同一个遗址的同一剖面上所反映的石器工业面貌发生的明显变化,是一个值得关注的现象。对于该遗址的综合研究已经奠定了这个变化的确切年代框架,说明两种不同面貌石器工业的转变,或者说是从以砾石为原料的大型石器工业到以燧石和石英等块状原料加工的小型石片石器工业的演变很清楚地发生在距今5万~4万年期间。

1. 织机洞洞口及部分堆积

2. 织机洞第9层的砾石石器

图版四　河南织机洞遗址及其石制品

1. 第 7 层的燧石石器

2. 第 7 层的石英石器

图版五　河南织机洞遗址出土的石制品

(三) 织机洞远古居民行为演变及成因

无论是石料经济的变化,或是石器工业的演变,这些远古文化现象折射的实际上还是早期人类行为的变化。[1] 透过织机洞遗址的发现,我们可以观察到这个遗址的早期居民更偏重于就近选取石器原料,就地加工出石质工具。这些工具加工简单,多为权宜型石器。大型的砍砸工具在他们的生产生活中扮演着更重要的角色。从居住地到石器原料产地以及加工和使用石器的场所均在相对较小的范围内。从史前考古学研究的实例来看,大型权宜型工具的制作与使用,多发生在原料产地的附近。[2] 这种情况暗示,织机洞遗址早期居民可能更多在遗址附近活动,砍砸等重型工具在他们的生活中承担着主要任务。

上述情况到第7层以后发生急剧变化。如上讨论,此时织机洞的居民开始放弃附近河滩丰富的石英砂岩与石英岩原料,转而到远处山区去寻找燧石与石英等适合加工小型利刃工具的石料。就已经找到的燧石产地可知,此时人类采集石料活动的半径至少已有六七千米之遥,而石英的产地可能更为遥远。从织机洞遗址内大量的燧石与石英等石料及石制品来看,此时织机洞居民经常性活动的半径至少在距居住地六七千米外。精致的轻型工具便于携带到远距离的工作地。无论是到远距离的原料产地去搬运石料的行为本身,还是应用这种原料所生产出的石制品的便携性与适用功能,都明确说明此时织机洞居民的活动范围更为广泛,他们更多的活动则是应用小型利刃工具完成。

更大的活动范围,更复杂工具的应用等新出现的情况,都说明此时织机洞居民的行为较早期更为复杂化。这一转变发生在距今5万~4万年之间,此时正值最后冰期最盛期之前的间冰阶。[3] 对织机洞遗址以及周围古环境的综合研究显示,当时人类生活在温暖湿润的气候条件下,周围的植被以森林草原为主。近年来晚更

---

[1] Binford L R. Willow smoke and dog's tails: hunter-gatherer settlement systems and archaeological site formation. *American Antiquity*, 1980, 45: 2~20.
[2] Gamble C. *The Palaeolithic Societies of Europe*. Cambridge: Cambridge University Press, 1999.
[3] 夏正楷、郑公望、陈福友等:《洛阳黄土地层中发现旧石器》,《第四纪研究》1999年第3期,286页。

新世环境变迁研究的详细成果说明,在气候环境整体变干冷的发展趋势之下,中间也有转暖湿的阶段,距今 5 万~3 万年,也就是织机洞早期居民生活阶段正是在此大的暖期环境背景之下。[1] 旧石器考古研究结果显示,通常情况下在暖湿的森林或森林草原环境中生活的早期人类,其石器组合多以大型的砍砸工具为主;生活在干凉的草原环境条件下的人群则多依靠小型利刃工具来维持生存。然而织机洞遗址早期居民在总体是温暖湿润的环境条件下,石器工业却发生显著变化,从大型的砾石石器工业转变为小型石片石器工业,这一变化显然难以用环境适应的因素来解释,而应当另有其更深层次的原因。

联系人类演化的整体背景来看,织机洞早期居民生活时期正是现代人类出现并迅速发展的关键阶段。[2] 虽然没有人类化石等直接证据的发现,但织机洞遗址内丰富的古人类文化遗存却清楚地显示了这个阶段人类行为的演变特点。第 8、9 层的石器工业及相关材料显示,早期的居民就近选取石器原料,生产权宜型工具,主要是适应小范围并相对简单的活动。第 7 层则开始远距离运输石料,仔细修理数量众多的精制工具,更适应大范围的复杂活动。生产与生活等活动的复杂化,生存领域的扩大等特点正是现代人所特有的行为特点。在织机洞遗址所发生的这一转化,显然不会是简单地对环境适应,而应该是与现代人及其行为的出现密切相关。

四、结语

织机洞遗址的发现,尤其是其丰富的石器工业遗存所反映的早期人类行为方面的信息为我们认识本区现代人类的起源与发展等重大学术课题提供了非常难得的新资料。多学科综合研究所确立的年代学框架与古环境背景,为织机洞遗址的深入研究奠定了非常坚实的基础。根据对织机洞遗址近几年发掘资料的整理可以

---

[1] 夏正楷:《第四纪环境学》,北京大学出版社,1997 年。
[2] 王幼平:《中国远古人类文化的源流》,科学出版社,2005 年。

看出，出自下部堆积（第四部分）的石制品可分为两组，具有明显不同的技术特点。两组不同技术特点的石器工业的交替变化，直接反映了织机洞早期居民行为的演变：早期就地取材，加工权宜型工具，活动范围有限；晚期远距离运输石料，工具精致复杂化，活动范围明显扩大。发现于织机洞遗址的这种现象，对于认识这一地区现代人类的起源与发展等课题显然十分重要。

类似织机洞最下层的以砾石为原料的形体较大的石器工业，在织机洞遗址邻近及华北南部地区的晚更新世较早阶段分布很广泛，到晚更新世的晚期都很明显地被类似织机洞晚期的形体较小的石片石器工业取代。这种现象在近年来中国南方甚至朝鲜半岛的旧石器考古发现中也很常见。很显然，织机洞遗址巨厚的地层堆积与多层石器文化的发现，尤其是两种不同类型石器工业的演化特点，为认识中原乃至整个东亚地区晚更新世旧石器文化发展提供了一个非常重要的窗口。透过这个窗口，我们可以更清楚地审视近些年来在我国各地乃至整个东亚地区新发现的晚更新世旧石器文化材料及其所反映的晚更新世人类行为的发展特点。

[原刊《考古学研究》（七），科学出版社，2008年]

李家沟、大岗与柿子滩9地点的地层及相关问题[*]

自20世纪70年代裴李岗文化与磁山文化发现以来,考古同行一直希望找到时代更早,可以将本地区旧、新石器时代连接起来的考古遗存。[1] 经过30多年的工作,在逐渐积累起来的田野考古资料中,有几处发现尤其值得关注,包括较早发现的河南舞阳大岗、[2] 山西吉县柿子滩、[3] 以及刚刚发现的河南新密李家沟。[4] 这几处遗址都有比较清楚的地层关系与典型的文化遗存,为讨论该地区与旧、新石器时代过渡相关的课题提供了很重要的资料。本文拟对这几处发现的地层与相关问题进行初步探讨。

一、新密李家沟

在上述几处发现之中,当属李家沟遗址的地层堆积延续的时代长,文化特征变化明显。该遗址位于河南省新密市岳村镇岗坡村所属的李家沟村西,椿板河左岸的2级阶地。经近两年的发掘,已揭露遗址面积近百平方米。其已发表的南区剖面最为完整,自上向下可分为7层(图一、二)。

第1层,表土层,褐色砂质黏土,只发现陶、瓷片等近现代遗物。

第2层,棕褐色的含碳酸钙胶结物层,以褐色粗砂为主,包含大量料礓,有少量属于裴李岗文化的陶片,类似的堆积可见于本区新石器时代遗址,如新郑唐户遗

---

[*] 本文是教育部人文社会科学研究重大项目(项目编号:2009JJD780002)成果。
[1] 陈星灿:《黄河流域的农业起源:现象和假设》,《中原文物》2001年第4期。
[2] 张居中、李占扬:《河南舞阳大岗细石器地点发掘报告》,《人类学学报》1996年第15卷第2期。
[3] 柿子滩考古队:《山西吉县柿子滩遗址第九地点发掘简报》,《考古》2010年第10期。
[4] 郑州市文物考古研究院、北京大学考古文博学院:《新密李家沟遗址发掘的主要收获》,《中原文物》2011年第1期。

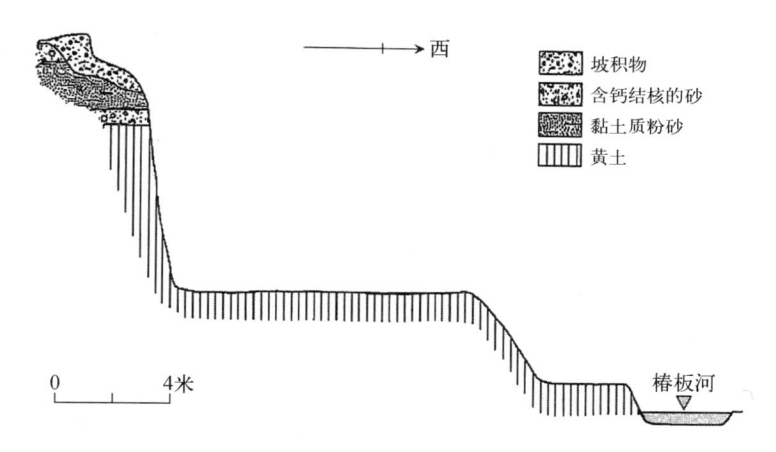

图一　李家沟遗址附近椿板河谷剖面示意图

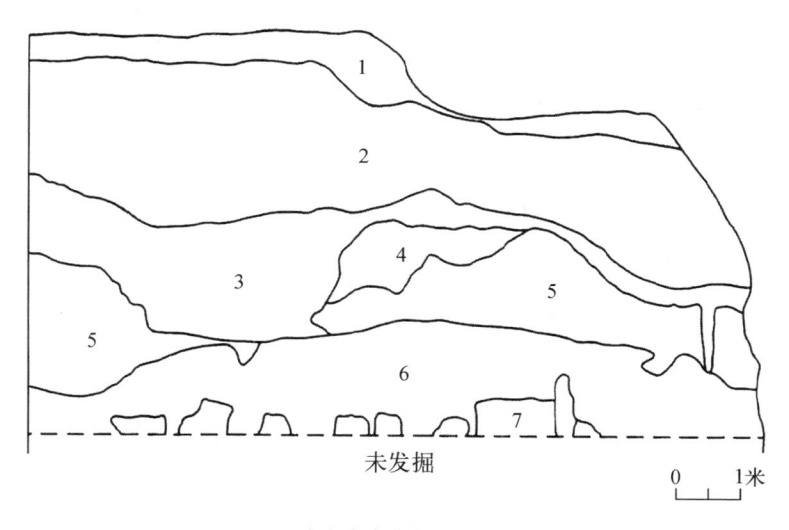

图二　李家沟遗址南区南壁剖面图

址，在裴李岗文化层之下即可见到巨厚的棕褐色的含碳酸钙胶结物层。

第3层，灰白色的砂砾层，含零星裴李岗文化陶片。

第4层，棕黄色砂质黏土，基本不见文化遗物。

第5层，上部为灰黑色砂质黏土，向下渐变为棕黄色，岩性特点与北区5、6层相同，应与马兰黄土上的黑垆土层相当，含夹砂压印纹陶片与石磨盘等。

第6层，褐色砂砾层，含大量料礓砾石，发现有船形与柱状细石核与细石叶等典型的细石器文化遗存,同时亦见人工搬运的石块及粗大石制品,最新又发现局部磨光的石锛与素面夹砂陶片。

第7层,棕褐色黏土质粉砂,次生马兰黄土层,未见底。[1]

与南区隔一条人工沟相望的北区的文化层厚度也超过3米,从上向下共分7层。其第1~3层为近代堆积。第4~6层为新石器时代早期的堆积,发现了数量较多的陶片、石制品与动物骨骼碎片等。第7层则是仅含打制石器的旧石器文化层。按岩性与包含物的特点,北区的第4层当与南区的第3层属同期堆积,第5、6层与南区的第5层相当。北区第7层应与南区的第7层相当,其所含石制品的时代也应早于南区第6层的细石器工业。

比较南北两区的地层堆积情况,南区的地层更为连续,可以清楚见到本地区从旧石器时代晚期向新石器时代过渡的地层关系。加速器^{14}C等年代测定结果进一步提供了过渡阶段的年代数据。采自南区第6层(细石器文化层)木炭样品的测定结果,为距今10500~10300年期间。南区第5层和4层的时代,比照北区^{14}C测定结果,应分布在距今10000~9000年之间。南区第3层和2层的年代则不会早于距今8600年。[2]

结合地层堆积与所含文化遗存的性质来看,南区第2、3层当属裴李岗文化无疑。在发掘区内,已发现属于裴李岗文化的陶片有数十件,包括小口双耳壶等裴李岗文化典型器物的残片。南区第3层灰白色细砂砾层中虽含裴李岗文化陶片,但该层并非原地埋藏,应该是裴李岗阶段流水作用的产物。而其上叠压的棕褐色的含碳酸钙胶结物层,在本区全新世早期地层堆积中则较常见,如新郑的唐户遗址即有类似棕褐色的含碳酸钙胶结物层,且被叠压在典型的裴李岗文化层之下。所以,南区第2、3层的发现显然应归入裴李岗文化。

南区第5层和北区的第5、6层,无论是地层关系还是年代测定结果,都早于前述的裴李岗文化。其文化特点也明显有别于前者。这一阶段的文化层较厚,

---

[1] 北京大学考古文博学院、郑州市文物考古研究院:《河南新密市李家沟遗址发掘简报》,《考古》2011年第4期。

[2] 同上注。

显示当时人类在该遗址停留的时间更长,使用规模较大且较稳定。东西长约 3 米、南北宽约 2 米的石块聚集区遗迹显然应与人类的居住活动有关。本阶段所发现的文化遗物包括石制品、陶制品、带有人工痕迹的动物骨骼以及人工搬运石块等。

这一阶段的石制品包括打制石器与磨制石器两类。前者有细石器与简单剥片技术生产的石制品。细石核数量不多,且以宽台面者为主;细石叶数量也很有限。普通石器的数量则较多,但多为权宜工具,主要是边刮器与砍砸器。均较随意,没有固定的形态标准。原料多为石英砂岩与石英等。磨制石器则仅见石磨盘,矩形、板状、无支脚,简单修成直边、圆角。上表面是磨平面,局部已经形成磨光面。体积较大,长达 30 余厘米,重量超过 15 公斤。

已发现的陶制品均为陶片,两次发掘所获已超过 200 件,均为夹粗砂陶。大部分陶片的质地较坚硬,显示其烧成火候较高,已不是最原始制陶技术的特点。颜色有浅灰黄色、黄褐至红褐色等。虽可见多件不同陶器的口沿部分,但器形却很单一,均为直口筒形类器物,仍保留着早期陶器的特点。与前述裴李岗文化明显的区别是,绝大部分陶片的外表都有纹饰,包括间断似绳纹、似绳纹与间断似绳纹的组合纹与刻划纹等。

上述陶器以及石磨盘等特点,均与典型的裴李岗文化有显著区别。其时代与地层关系也明显早于裴李岗文化。虽然尚不见其他磨制工具,但其打制石器技术与工具组合也与更早细石器文化阶段的发现不同。这些情况说明,李家沟遗址发现的早于裴李岗文化的新型文化遗存,或有可能命名为"李家沟文化"。

比前裴李岗文化或称"李家沟文化"时代更早的是细石器文化遗存的发现,包括数以千计的打制石器,以及人工搬运石块、动物骨骼残片等。尤其重要的是,还有磨制石锛与陶片的发现。

打制石器也包括简单剥片技术生产的石制品与典型的细石器。前者的种类与数量均不多,加工技术也简单粗放,不见刻意加工的精制品。细石器的数量多,技术特征明显,有细石核、细石叶以及精细加工的工具,代表了本阶段的石器技术水平与文化发展特点。细石核主要是船形与扁柱形两大类,属于这两种类型不同剥片阶段的细石核均可见到。细石叶的数量不多,且多是剥片初期阶段产品,或形状不太适宜用作加工复合工具者。石锛扁平、长条形,灰色石英砂岩砾石,仅在一端磨制出锛形刃口,前后两面只做轻微磨制处理,然后在两侧打出对称的缺口,与磨刃面相对的一面亦保留有清楚的打琢痕迹,明显是为捆绑装柄所用。石锛的刃口有明显的使用痕迹,并已严重偏向一侧,不便再继续使用。

本阶段值得关注的还有数量较多的人工搬运石块。这些石块多呈扁平块状,岩性为砂岩或石英砂岩,当来自遗址附近的原生岩层。其具体用途尚不十分明确,但显然应与当时人类的居住活动相关。另一项新发现是陶器遗存,先后发现 2 片陶片,均为夹砂陶,素面,烧制火候较低,器形亦简单。虽然很少,但却可以说明陶器已开始应用于本阶段。

上述三个不同的文化类型,即从典型的细石器、前裴李岗(或称李家沟文化)到裴李岗文化在同一剖面依次出现,清楚地反映了本地区从旧石器时代晚期到新石器时代过渡的历史进程。

二、舞阳大岗

20 世纪 80 年代后期发掘的舞阳大岗遗址,也发现细石器与裴李岗文化叠压关系的地层。大岗遗址位于河南舞阳侯集乡大岗村北的一处岗地之上。东临沙河故道,西南距现代沙河有 5 千米之遥。文化层不厚,从地表向下,有汉代、裴李岗及细石器三个文化层,总厚度只有 1.2 米左右,自上而下分为 5 层(图三)。

第 1 层,表土层,黄褐色砂质黏土,含近晚期文化遗物。

第 2 层,浅黄褐色亚黏土,含汉代及裴李岗文化陶片。

第 3 层,灰褐色黏土,含裴李岗文化陶片。

第 4 层,褐色亚黏土,较坚硬,层表有"V"形小冲沟,细石器文化层。

第 5 层,浅黄色粉砂质亚黏土,质地坚硬,不见文化遗物。[1]

---

[1] 张居中、李占扬:《河南舞阳大岗细石器地点发掘报告》,《人类学学报》1996 年第 15 卷第 2 期。

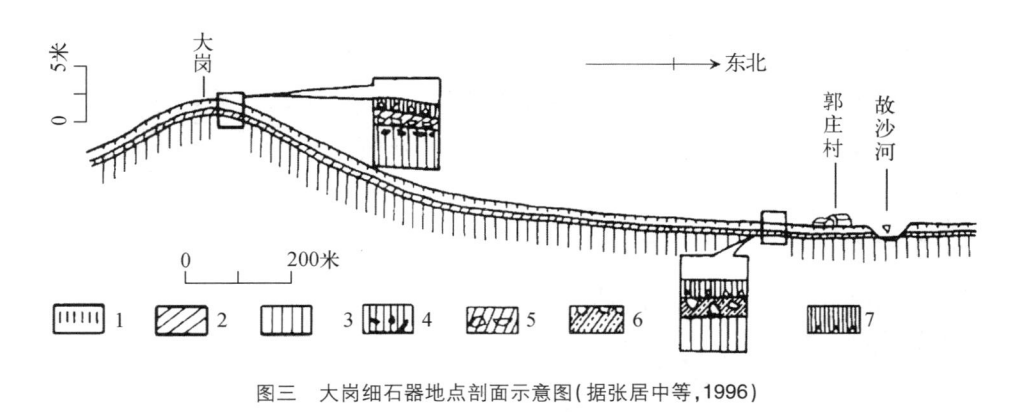

图三 大岗细石器地点剖面示意图（据张居中等，1996）

1. 顶层黄土 2. 顶层埋藏土 3. 马兰黄土 4. 细石器 5. 裴李岗文化陶片 6. 仰韶文化陶片 7. 汉代陶片

大岗遗址在裴李岗文化层之下发现典型细石器遗存。该地的发掘已发现石制品有 300 余件。石制品的原料大部分为燧石，其次是脉石英等，均为小型的块状原料。从发表的资料看，大岗的细石器技术是使用船形、半锥形等细石核剥取细石叶。虽然这里也有楔形细石核的报道，但其可能并不是两面技术预制的产品。精制工具的种类较多，包括端刮器、边刮器、凹缺刮器、尖状器与琢背石刀等。另外还发现 1 件磨刃的残片。

关于大岗遗址裴李岗文化的情况，已发表的报告只笼统提及属于裴李岗文化晚期。在裴李岗与细石器文化层间有明显的侵蚀面，存在着沉积间断。所以，在大岗遗址从裴李岗文化的晚期到细石器文化之间还有明显的文化缺环。尽管大岗遗址的发掘面积很大，但发现的文化遗存并不十分丰富。这可能与该地点的性质有关，只是临时活动留下的零星遗物，还没有找到居址等主要活动场所。遗憾的是在大岗的细石器文化遗存之中，除上述磨制石器的残片之外，还没有见到陶器制品以及石磨盘等。[1]

三、吉县柿子滩 9 地点

柿子滩 9 地点是近年来在山西吉县境内清水河流域发掘的柿子滩遗址群之中

---

[1] 王幼平：《中国远古人类文化的源流》，科学出版社，2005 年。

年代较晚的一处。该地点坐落在清水河北岸的 2 级阶地上,南距柏山寺乡高楼河村约 150 米。海拔为 680 余米,高出清水河河面约 38 米。[1]

9 地点所处二级阶地为典型基座阶地,位于二级阶地面的后缘(图四)。

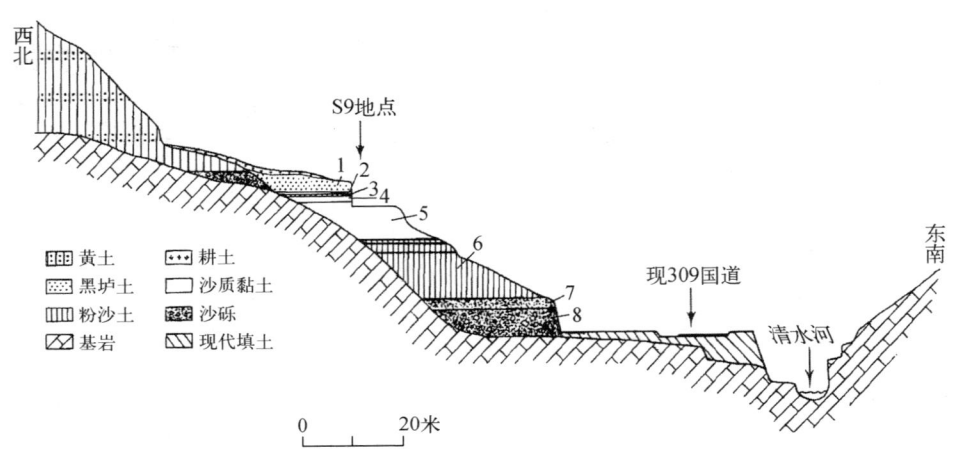

图四 柿子滩 9 地点地层剖面示意图(据柿子滩考古队,2010)

地层从上至下依次如下:

第 1 层,灰褐色黑垆土层,厚达 170 厘米,出土少量石制品。

第 2 层,黄褐色砂质黏土层,厚 30～36 厘米,无文化遗物。

第 3 层,灰褐色黑垆土层,厚 26～36 厘米,土质同第 1 层,有保存较好的用火遗迹,及石制品、烧骨、化石、烧石、烧土块、炭屑、蚌片等。

第 4 层,黄褐色砂质黏土层,厚约 120 厘米,土硬且致密,含石制品、烧骨、化石、蚌片及蚌壳或鸵鸟蛋壳穿孔饰品等。

第 5 层,黄褐色砂质黏土层,总厚度约 8 米,已发掘厚度约 1 米。文化遗物包含石制品和化石,以及比例不小的烧骨等。

第 6 层,粉砂土层,厚 10 米。

第 7 层,砂砾层,出露厚度约 80 厘米,灰黄、灰绿色砂岩或泥岩砾石,磨圆度

---

[1] 柿子滩考古队:《山西吉县柿子滩遗址第九地点发掘简报》,《考古》2010 年第 10 期。

中等。

第 8 层,砾石层,平均厚 4 米,砾石磨圆不好,源于当地基岩。

第 9 层,基岩。[1]

文化遗物发现于第 1、3、4、5 层。文化层呈北高南低,东西近水平。堆积较厚,3 个年度的发掘总厚达 4.5 米以上。在第 3 层灰黑色黑垆土层及其下的两层黄褐色砂质黏土层中均有文化遗物发现。文化遗物以石制品为主,占 70% 以上,其余主要是动物骨骼碎片,还有十多件蚌制品等。石制品主要是打制石器,典型的细石器遗存占很大比重。磨制石器仅见石磨盘与磨棒。

柿子滩 9 地点的文化遗物虽出自 3 个不同的地层单位,但在文化面貌方面却还难以明确区别开来。在最上的黑垆土层(第 3 层),虽有用火遗迹的发现,但该层的石制品数量却远不及后两者(第 4、5 层),仅有 50 余件。不过从其细石叶所占比例之高来看,该阶段与本遗址较早阶段居民的石器技术并无明显区别,可能还是同一人群的延续。在文化遗存相对丰富的第 4、5 层之间,除石制品的组合之间有所差别,在石器技术与整体文化面貌方面亦不见显著不同。因而,在发掘报告的讨论部分,研究者也还是将其视为一体。[2]

石器工业最突出特点是锥形和柱形细石核技术居主导地位。细石叶在整个石片类制品中所占份额亦超出两成。这种情况在上、下不同层位之间没有显著变化。精制品类,也以端刮器、边刮器等细石器组合中常见类型为主。这些都是典型细石器工业的基本特征。不过缺少两面加工技术预制细石核,而主要使用锥形和柱形等宽台面细石核则与本地更早的细石器技术传统有关。

柿子滩 9 地点出土的石磨盘虽然也只有 2 件,但其原料与打制技术均与李家沟遗址的发现没有明显区别。所不同者是其出自黑垆土层之下的黄褐色土堆积之中,时代可能要更早些。另外,这里出土的蚌制饰品,也不见于李家沟遗址。

---

[1] 柿子滩考古队:《山西吉县柿子滩遗址第九地点发掘简报》,《考古》2010 年第 10 期。
[2] 同上注。

四、讨论

比较上述3个遗址的地层堆积可以看出，这几者均坐落在2级阶地或相当于2级阶地的地貌部位。从黄土地层的发育过程来看，几者都含有大致相当于马兰黄土（L1）上部至黑垆土（S0）堆积，可以和同一阶段的典型黄土地层对比（图五）。[1] 从已有的测年数据来看，亦都处于晚更新世之末到全新世之初。尤其值得关注的是，在李家沟遗址的剖面上，还可以清楚看到，在相当于马兰黄土堆积顶部，是距今10500年左右的细石器文化层，其上则直接被含压印纹粗夹砂陶的新石器时代早期文化层叠压。该层的^{14}C年代为距今10000~9000年，堆积以灰黑色调为主，无论是地层堆积的序列或是岩性特点，均可与黑垆土层对比。再上则直接被含典型的裴李岗文化的红褐色堆积叠压。这一地层序列清楚地展示了该地区从旧石器时代晚期向新石器时代过渡的过程。

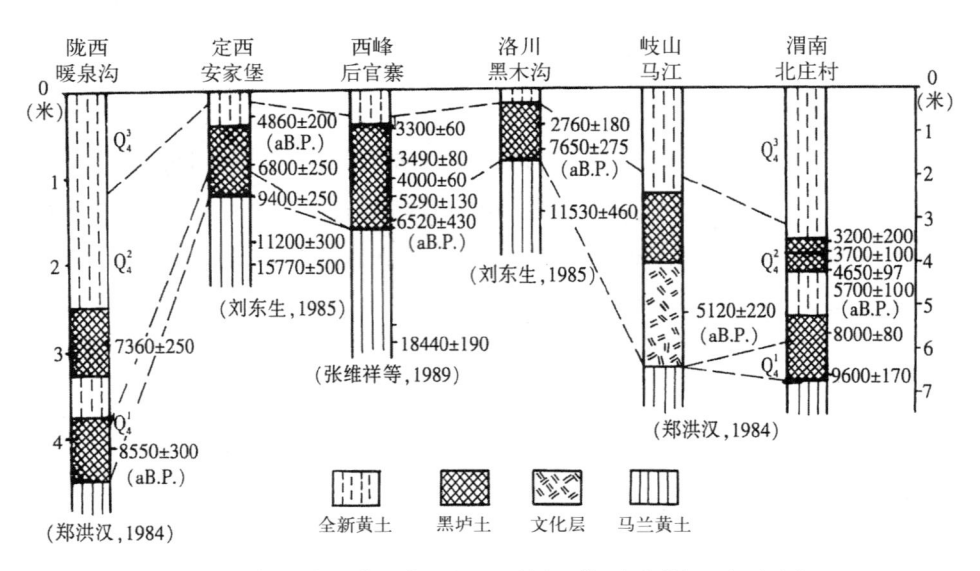

图五 晚更新世末至全新世黄土地层对比图（数字为^{14}C年代数据）（据孙建中，1991）

---

[1] 孙建中：《黄土高原第四纪地层之划分对比》，《黄土高原第四纪》，科学出版社，1991年，77页。

在柿子滩9地点以及先期发表的1地点剖面,也可以清楚看到从晚更新世末至全新世之初的发展过程。如图四所示,在其2级阶地的砂砾层之上的黄褐色堆积,显然可与晚期的马兰黄土堆积对比。向上渐变过渡为黑垆土。典型的细石器文化从下向上连续分布,显然是同一人群所遗。而该遗址含细石器的黑垆土层的 ^{14}C 年代为距今9000多年(校正后),显然已进入全新世。不过遗憾的是,不仅在9地点和1地点,而且在柿子滩遗址群的10多处地点,已发掘揭露的数千平方米的范围内,均还没有见到晚于细石器文化的新石器遗存。[1]

舞阳大岗的地层亦记录了中原地区晚更新世之末到全新世之初的堆积过程与文化发展情况。从整体来看,大岗地层虽不及前两者巨厚,但保存的地层层序则很齐全。最下部也是马兰黄土堆积,向上渐变过渡为黑垆土,再上则是晚期的裴李岗文化堆积。虽然在黑垆土层与裴李岗层之间存在着较明显的沉积间断,但仍大致反映了该地区从晚更新世之末到全新世之初的变化过程。[2]

上述三处遗址在地层堆积方面所显示的共性十分重要,这也当是中原及邻近地区晚更新世之末到全新世之初考古遗址地层堆积的普遍特点。类似情况在邻近河南的河北南部磁山遗址出露的剖面上,也可以很清楚地观察到,上层的红褐色砂质土是典型的磁山文化层;其下的灰褐色砂质土是黑垆土层;再下的灰黄色砂质土即是马兰黄土堆积。只是比较遗憾,在磁山文化层之下的黑垆土与马兰黄土堆积中,都还没有发现文化遗存。尽管如此,也还是可以看出,在中原及邻近地区,马兰黄土上部到黑垆土堆积的形成过程,正处于该地区旧、新石器时代过渡阶段。

几个遗址所发现的文化遗存,也清楚地记录了中原及邻近地区从旧石器时代晚期向新石器时代过渡的历史进程。李家沟遗址细石器文化层所发现的典型船形与扁柱形细石核及其所代表的细石器技术,在中原及邻近地区的旧石器时代晚期有较广泛的分布,如舞阳大岗遗址与吉县柿子滩遗址等,都是类似的发现。这几处细石器文化遗存,从地层堆积到石器技术与工具组合都与典型的细石器工业比较

---

[1] 山西省临汾行署文化局:《山西吉县柿子滩中石器文化遗址》,《考古学报》1989年第3期;柿子滩考古队:《山西吉县柿子滩旧石器时代遗址S14地点》,《考古》2002年第4期。
[2] 张居中、李占扬:《河南舞阳大岗细石器地点发掘报告》,《人类学学报》1996年第15卷第2期。

一致，仍属于典型的细石器文化类型。

然而值得关注的是，在李家沟遗址的细石器文化层却出现了磨制石器技术与制陶技术。尽管只有一件局部磨制的石锛与两件陶片的发现，但却反映此时已孕育着划时代的变化。还有数量较多的与加工石器无关的人工搬运石块的出现，这一现象亦不见于时代较早的旧石器时代文化，而与稍晚的具有较稳定的栖居形态的新石器时代早期遗存更为接近。这些情况说明，李家沟遗址新发现的细石器文化具有更明显的承前启后的特点。[1]

与大岗及柿子滩不同的是，李家沟遗址新发现有早于裴李岗阶段的早期新石器文化。从这一阶段的 200 多件陶片观察，李家沟早期新石器的制陶技术与细石器阶段发现的两件陶片的技法明显不同。从细石核观察，两者的细石器技术也有所区别，当属于不同技术系统。如果将李家沟早期新石器的发展与华南地区及华北北部同一阶段的情况相比较，也清楚可见，无论是石器或是陶器技术的发展模式均不相同。华南与华北北部地区在旧、新石器时代过渡阶段的文化发展，都很清楚地呈现着连续渐变的态势；而在李家沟所见到的细石器与陶器技术演进过程则存在着明显的断层。这种间断发展态势或许暗示，与前两者发展模式不同的原因，更可能是非本地技术因素在中原地区的旧、新石器时代过渡进程中发挥过重要作用。

五、小结

综合审视李家沟等几处遗址的地层堆积与文化发展特点，可以很清楚地看到中原及邻近地区从旧石器时代之末向新石器时代发展的历史进程。从记录这一演进过程的几处黄土地层剖面来看，李家沟遗址新发现的三叠层，即裴李岗、前裴李岗与细石器等文化层尤为重要。细石器遗存从马兰黄土上部一直延续到黑垆土层，是几处遗址的共同特点。不过在李家沟的黑垆土层却出现典型的新石器文化

---

[1] 北京大学考古文博学院、郑州市文物考古研究院：《河南新密市李家沟遗址发掘简报》，《考古》2011 年第 4 期。

遗存。在黑垆土层之上,还直接被裴李岗文化叠压。这一地层关系说明,尤其是马兰黄土之上,裴李岗文化层之下的黑垆土层,应成为在中原及邻近地区寻找更多的旧、新石器时代过渡阶段遗存的工作重点。

这几处遗址的发现也揭示了本地区旧、新石器时代交替过程的特点,即典型的细石器文化伴随着更新世的结束而逐渐退出历史舞台,以磨制石器、陶器以及反映相对稳定栖居形态的人工搬运石块等出现为标志的新石器时代,则开始在黑垆土堆积形成的时代正式登场。中原地区的新石器时代早期文化并非突然出现,而是孕育在本区更早的细石器文化阶段。李家沟细石器文化层新发现局部磨制石器与陶片,以及数量较多的人工搬运石块,正是新石器文化因素出现的萌芽,也成为联结中原及邻近地区旧、新石器两个时代的重要纽带。

黑垆土层出土的压印纹夹砂陶器与板状无支脚的石磨盘等文化遗存,可称为前裴李岗或"李家沟文化"的新发现,在一定程度上填补了中原及邻近地区从裴李岗文化(阶段)到旧石器晚期文化之间的空白。不过如前所述,这一新型文化的制陶与石器工艺等与其前后的发展并不协调,还存在着明显的文化断层。另一方面,同属黑垆土堆积形成期的柿子滩9地点与大岗等仍然流行典型的细石器文化,并没有与李家沟遗址同步进入早期新石器阶段。这些问题的认识,还亟待更多的工作和更努力的探索。

[原刊《考古学研究》(九),文物出版社,2012年]

李家沟遗址的石器工业*

一、概述

李家沟遗址位于河南省新密市岳村镇李家沟村（隶属岗坡行政村）西约200米处，该遗址是郑州市文物考古研究院在2005年的旧石器考古专项调查中发现的。2009年8月至10月，2010年4月至7月，北京大学考古文博学院与郑州市文物考古研究院两度联合对该遗址进行发掘。发掘出土大量石制品、动物遗存和陶片等珍贵的文化遗物，并揭露出包含更新世晚期较晚阶段至全新世早期的连续堆积剖面，为认识该地区旧石器时代晚期向新石器时代过渡等课题提供了非常重要的新资料。[1]

李家沟遗址两次发掘出土数量最多的是石制品。这些石制品出自晚更新世晚期到全新世之初的不同时代形成的地层堆积，地层关系清楚，石器组合之间的文化特点有明显区别。本文综合介绍李家沟遗址所发现的石器工业，并讨论属于不同时代、具有不同文化特点的石器组合之间的关系，认识该地区以及华北南部旧、新石器时代过渡阶段石器工业的发展演变与人类行为及经济形态变化的历史进程。

二、地理环境、地层与时代

（一）地理环境

李家沟遗址位于椿板河东岸，地理坐标北纬34°33′55″，东经113°31′25″（图一）。地处低山丘陵区，黄土堆积发育。椿板河由西北向东南流经遗址西侧。这一地

---

* 本文承国家社科基金重大项目（项目编号：11&ZD120）、科技部科技基础性工作专项（项目编号：2007FY110200）资助。
[1] 北京大学考古文博学院等：《新密李家沟遗址发掘简报》，《考古》2011年第4期，3~9页。

区河谷狭窄,遗址附近的河流可见二级阶地,系以马兰黄土为基座的基座阶地。李家沟遗址位于河流东岸二级阶地的前缘,海拔203米,高出河面约12米(图二)。由于平整土地、农业耕作以及煤矿开采等活动,遗址所在的阶地已受到较严重破坏。20世纪50年代由于修建水库,人工开掘的东西向引水沟横穿遗址。经多年的自然风化和人为破坏,引水沟两侧以及靠近椿板河一侧的断壁剖面遭显著破坏,垮塌严重。

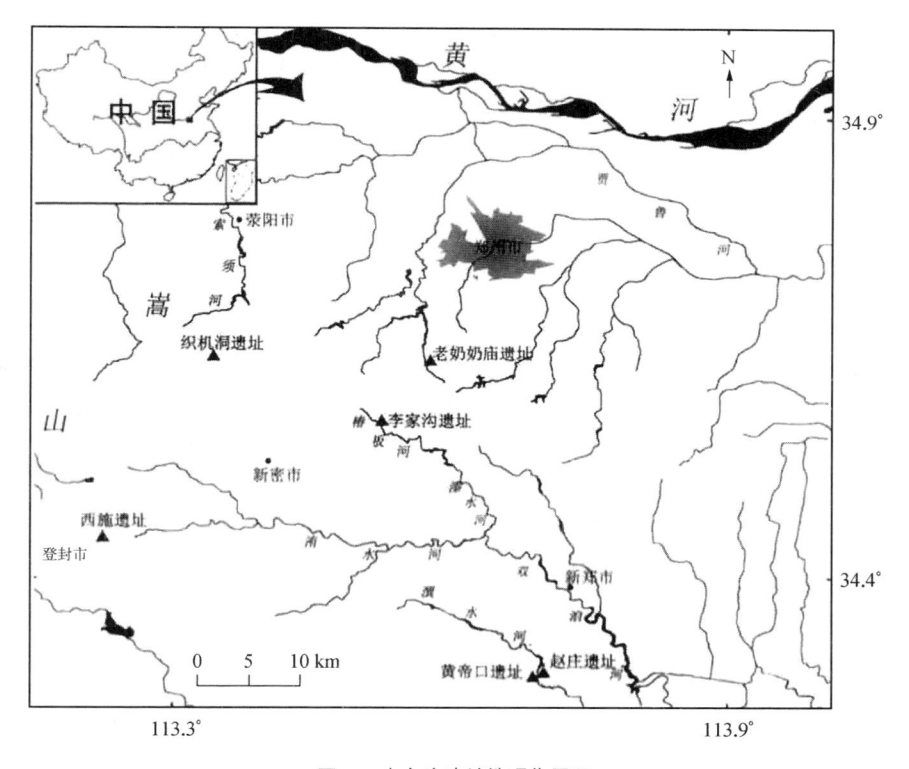

图一　李家沟遗址地理位置图

(二) 地层堆积

李家沟遗址经过2009年秋季和2020年春季两次发掘,揭露面积共100平方米。发掘的探方分布在一条沿断层破碎带开掘的人工取土沟两侧,形成南北两个发掘区。发掘揭露的南北两区剖面均包括了从旧石器时代晚期至新石器时代早期

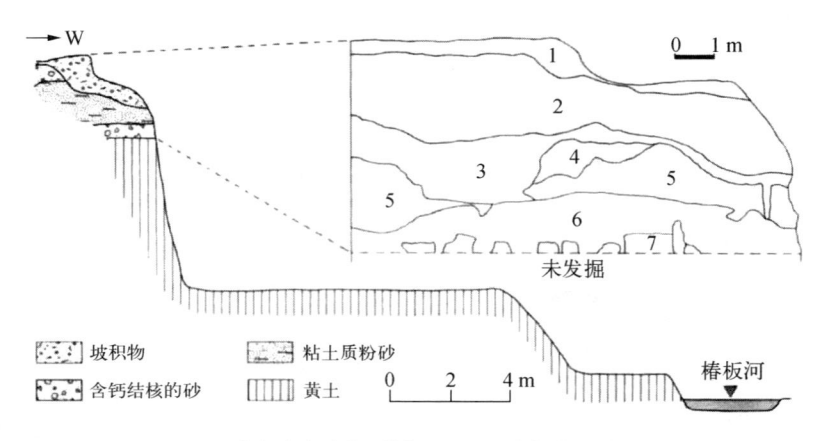

图二　李家沟遗址附近椿板河河谷及发掘南区剖面图

的地层堆积。南区的地层堆积自上向下可分为7层（图二）：

第1层：褐色砂质黏土，系扰土层，4~34厘米。

第2层：棕褐色的含碳酸钙胶结物层，含少量裴李岗陶片，此层可见于本区新石器时代遗址，如新郑唐户遗址，即被叠压在裴李岗文化层之下，94~176厘米。

第3层：为灰白色的砂砾层，含零星陶片、石制品，18~134厘米。

第4层：为棕黄色砂质黏土，含少量石制品，14~78厘米。

第5层：上部为灰黑色砂质黏土，向下渐变为棕黄色，含与北区第5、6层相同的夹砂压印纹陶片、少量石制品，50~156厘米。

第6层：褐色砂砾层，含大量料礓石，含船形、柱状等类型的细石核与细石叶等典型的细石器文化遗存，亦见局部磨光的石锛与素面夹砂陶片，40~182厘米。

第7层：次生马兰黄土层，亦含少量石制品，未见底。

北区的文化层厚约3米，从上向下共分7层。第1~3层为近代堆积；第4~6层发现数量较多的陶片、石制品与动物骨骼碎片等，应为新石器时代较早期堆积。其中，按岩性特点来看，北区的第4层当与南区的第3层属同期堆积，第5、6层与南区的第5层相当。第7层与南区的第7层相当。

（三）年代测定结果与遗址时代

李家沟遗址南北两区的剖面均可见到本地区从旧石器时代晚期向新石器时代过渡地层关系。加速器 ^{14}C 等年代测定结果也反映了这种情况。采自南区第 6 层（细石器文化层）的木炭样品的测定结果，为距今 10500~10300 年期间。北区新石器时代文化层木炭样品的测定结果，分别为距今 10000 年（第 6 层）、9000 年（第 5 层）和 8600 年（第 4 层）。

根据出土陶片等新石器文化特点，南区的第 2~4 层当属裴李岗文化阶段；南区的第 5 层与北区第 5、6 层的文化特点一致，系一早于裴李岗文化的新石器早期文化，有学者建议称为李家沟文化；南区第 6 层是典型的细石器文化层；位于南北两区侵蚀面之下的第 7 层则是时代更早的旧石器文化层。

三、主要发现

李家沟遗址的主要发现是石制品，共有编号的石制品 2000 多件。还有更多加工石器过程中产生的碎屑、断块，以及人工搬运的石块。这些石制品出自不同层位，按照前述划分，分别属于裴李岗文化阶段、李家沟文化阶段、细石器文化阶段以及更早的石片石器文化阶段。另外还有动物骨骼化石与陶片等。

（一）裴李岗文化层的石制品

发现于本阶段的石制品，出自南区第 2~4 层。这几层沉积物均受到较明显流水作用影响，并非原地埋藏。但以各层发现陶片来看，均属裴李岗文化阶段。虽然此时已经进入成熟的新石器文化阶段，石制品应以磨制石器占主导地位，但与陶片共存的石制品并未见到磨制石器，只发现 26 件打制石器。种类包括工具以及石核、石片、断裂片和断块。石制品原料以石英和燧石为主。由于这几层堆积物均经过流水搬运作用，这些石制品是属于裴李岗文化阶段或是更早期还有待更多发现来确认。

石核　2件。1件为锤击石核,石英砂岩石料,体型较大,2个台面,均为自然面。重212.5克,长50毫米,宽73.4毫米,厚41.7毫米。

砸击石核系燧石原料,形体较小,仅重1.7 g,长16毫米,宽7.9毫米,厚13.4毫米。

石片　7件,均为简单剥片的产品。其中锤击石片6件,2件为石英原料,4件为燧石。锤击石片重6.8克,最大的长×宽×厚为31.7×26.2×13.7(毫米);最小仅重0.4克,长14.9×宽11.7×厚2.7毫米。

砸击石片1件,石英原料,重6.7克,长23.4×宽31.9×厚7.6毫米。

断裂片共3件,包括左裂片和近端断片。不完整石片中2件为石英,1件为燧石。3件标本上均未发现使用痕迹。

工具　3件,其中边刮器2件,分别以燧石和石英为原料;端刮器1件,燧石原料。皆为小型工具,重量分布在6.2~1.3克之间,均为片状毛坯。其中2件有使用痕迹。

断块　11件,石英者占63.6%,燧石者占27.3%,硅质灰岩者占9.1%。

(二) 李家沟文化阶段的石制品

属于本阶段的堆积是南区的第5层,北区第5、6层。其中南区出土石制品共不足30件。北区则超过700件。结合陶片及其他遗物遗迹现象来看,北区应该是李家沟文化阶段人类活动的主要区域,因而留下更丰富的遗物与遗迹。南区则可能是该阶段人类活动的边缘区。

本阶段的石制品包括石核、石片、细石叶、工具、不完整石片与断块碎屑等。其中数量最多的是大块的人工搬运石块与断块(图三)。原料以石英砂岩为大宗,占64.8%,燧石占17.3%,石英占12.9%,石灰岩占5%。人工搬运石块以及断块主要是产自遗址附近的石英砂岩,而工具则主要系外来燧石以及石英等加工。

锤击石核　共31件,原料以石英砂岩占多数,其次为石英及石灰岩。石英砂岩和灰岩石核的体型较大,石英石核是所有石核中体型最小的。台面形状多不规则,自然台面者约占2/3,打击台面约1/3。

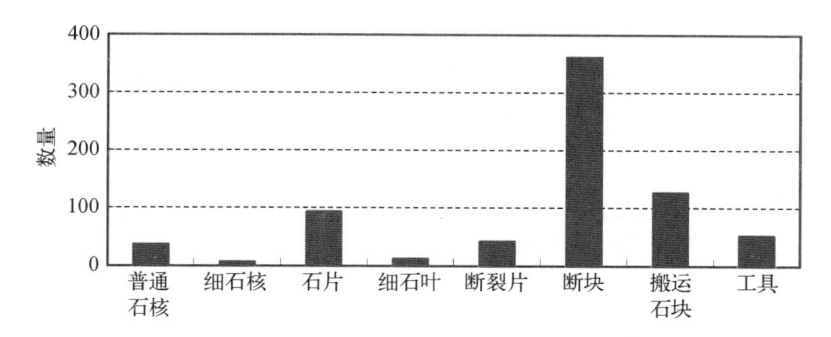

图三 李家沟文化阶段石制品的分类统计

表一 北区李家沟阶段石核测量统计

	锤击石核							砸击石核					
	重量(g)	长(mm)	宽(mm)	厚(mm)	台面长(mm)	台面宽(mm)	台面角	重量(g)	长(mm)	宽(mm)	厚(mm)	台面长(mm)	台面宽(mm)
均值	232.1	48.5	63.6	55.6	52.7	55.3	77.9	2.8	22.6	12.5	8.2	8.4	0.0
n	23	23	23	23	23	23	23	3	3	3	3	2	2
SD	269.63	20.01	23.62	24.05	26.54	23.60	12.27	1.89	5.37	2.04	4.39	0.42	0.00
max	1102.0	92.2	103.6	110.3	108.7	104.3	98.0	5.0	28.7	14.0	13.2	8.7	0.0
min	9.9	17.3	26.6	18.0	14.5	22.8	55.0	1.5	18.6	10.2	5.0	8.1	0.0

砸击石核 6件,系燧石或石英原料,体型均较小(表一)。

本阶段可归入细石核的标本有7件,均以燧石为原料。除一件锥形和船形细石核,其他的形状均不太规整。细石核的测量统计见表二。

锤击石片 86件,原料以石英砂岩为多,其次是燧石、石英,还有少量石灰岩。石英和燧石石片小,石英砂岩石片较大。自然台面和打击台面者数量最多。

砸击石片 7件,绝大多数以石英为原料,只有一件为燧石。

细石叶 12件,其中一件较大者,宽度已超过12毫米,可归入石叶。绝大部分原料是燧石,仅一件为石英。

断、裂片 42件,差不多占完整石片的一半,多是石英原料。

表二 李家沟北区细石核测量数据统计

	重量(g)	长(mm)	宽(mm)	厚(mm)	台面长(mm)	台面宽(mm)	台面角
均值	5.5	15.1	35.5	14.2	17	12.5	83.4
n	5	5	5	5	5	5	5
SD	3.4	4.3	4.1	4.7	1.9	3.8	5.3
max	10.3	21.9	22.4	22.2	18.9	19.1	90
min	2	10.7	11.2	10	13.9	9.2	78

断块 361件,是石制品中数量最多的一类,占整个石器组合的一半。主要是石英砂岩原料,形体多很大。

搬运石块 126件,多是形体巨大者,无打片或使用痕迹。

工具 52件。其中边刮器25件,端刮器2件,凹缺刮器3件,尖状器(石镞)2件,砍砸器3件,磨盘2件,磨盘残块7件,石锤5件,石砧2件(图四)。小型工具如边刮器、端刮器及尖状器的原料以燧石为主;大型工具如砍砸器、磨盘、石锤、石砧等的原料均为石英砂岩。

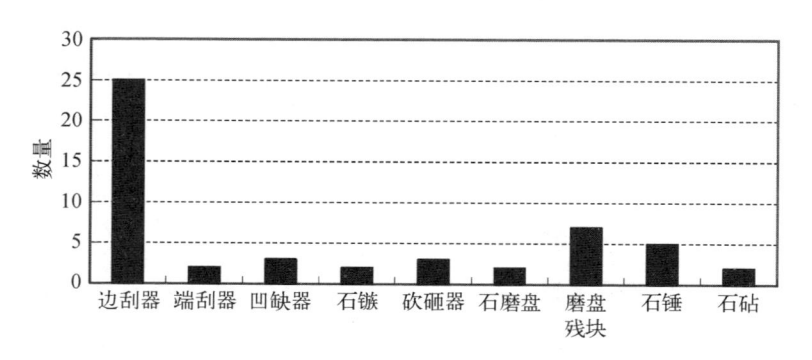

图四 李家沟文化阶段工具分类统计

陶片 270多片。

动物骨骼 共发现400多件,其中近200件可以鉴定种类,有鹿、羊、马、牛、猪及鸟类。从数量上看,以鹿类的标本最多,其他种类动物的比例均不高。在鹿类中，以中、小型鹿比例较高。骨骼的保存的部位以肢骨碎片和牙齿最多；鸟类的标本则主要为鸵鸟蛋皮。

（三）细石器阶段的石制品

属于本阶段的石制品仅分布在南区第6层。两个年度共发现石制品1600多件，占全部编号标本的2/3以上，是本遗址石制品发现最多的层位。发掘区的西部是石制品与人工搬运石块等遗物的密集区，大致构成一椭圆形的石圈。东部则主要是动物骨骼遗存的密集区。两者均分布在同一平面上，应是当时人类临时营地遗迹。[1]

石制品的种类有石核、石片、细石核、细石叶、工具以及数量众多的断块。断块中也包括了少量的人工搬运石块（图五）。石料有燧石33.5%，石英26.2%，石英砂岩31.5%，石灰岩8.7%。

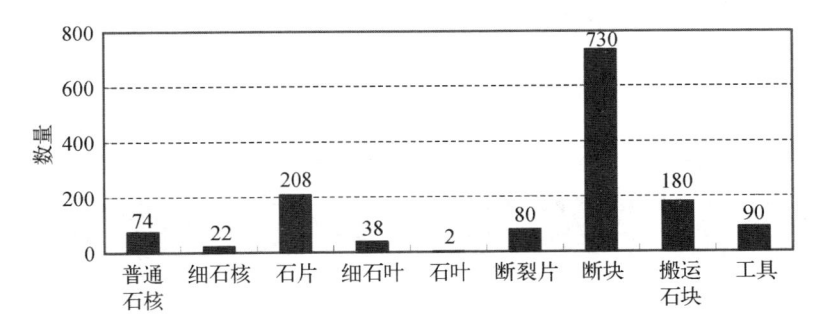

图五　细石器阶段石制品分类统计

石核　数量较多，74件，占5.6%。石核中半数以上是石英原料，其次是石英砂岩与燧石，仅有零星石英岩与石灰岩原料。各类石核测量数据见表三。

锤击石核　50件，以单台面为主，双台面次之，仅有个别多台面者。单台面石核绝大部分为自然台面，双台面者则以打击台面为主。各类石核的剥片率都较高，多数石核的片疤延展度大，但片疤深度中等或浅。

---

[1] 北京大学考古文博学院等：《新密李家沟遗址发掘简报》，《考古》2011年第4期，3~9页。

表三　李家沟南区第 6 层石核测量数据统计

	锤击石核							砸击石核				
	重量(g)	长(mm)	宽(mm)	厚(mm)	台面长(mm)	台面宽(mm)	台面角	重量(g)	长(mm)	宽(mm)	厚(mm)	台面长(mm)	台面宽(mm)
均值	137.7	33.8	53.8	31.2	48.2	30.3	77.9	8.4	27.6	18.9	12.8	8.4	27.6
n	26	26	26	26	26	26	26	19	19	19	19	19	19
SD	297.2	19.7	39.8	21.1	38.7	21.6	10.9	9.5	9.3	7.2	6.3	9.5	9.3
max	1250	99.3	209.4	101.8	160.1	111.8	93	36	46.6	37.1	30.4	36	46.6
min	2.9	11.5	16.1	11.3	12.4	9.9	57	1.1	11.1	11.5	6.9	1.1	11.1

砸击石核　24 件,砸击石核中石英占绝大多数,其次为燧石。

细石核　22 件,除个别石英外,均为燧石原料。按照技术特点划分,主要是船形和锥形(包括锥柱形)两大类。由于所处剥片阶段不同,具体标本形态仍有较大区别(图六)。细石核的具体测量数据见表四。

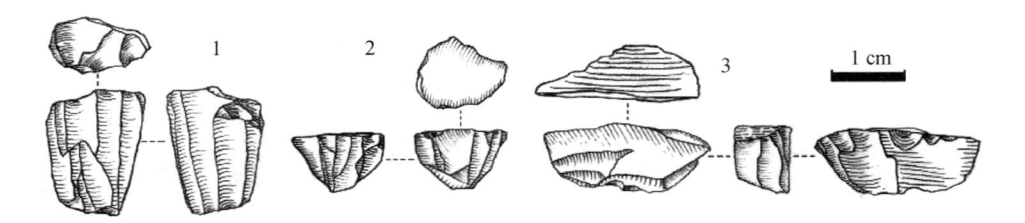

图六　南区 6 层的细石核

1. 09XLS‒491；2. 09XLS‒153　3. 09XLS‒105

石片　208 件,占 15.8%。

锤击石片　193 件,多为燧石原料,其次为石英,也有少量的石英砂岩及灰岩原料。台面性质以打击台面为主,其次为自然台面,修理台面者很少见。从背面情况观察,Ⅴ、Ⅵ型石片数量较多。

砸击石片　15 件。台面端呈刃状或不规则状。打击点不清楚,形体多数较小。

细石叶　38 件。除个别为石英,均为燧石原料,大部分形状不甚规则,不宜继续加工复合工具。少数标本刃缘有较明显使用痕迹。

表四　李家沟南区第 6 层细石核测量数据统计

	重量（g）	长（mm）	宽（mm）	厚（mm）	台面长（mm）	台面宽（mm）	台面角
均值	5	15.8	18.4	14.9	19.3	12.4	72.3
n	14	14	14	14	14	14	14
SD	3.9	5.7	7.4	6.7	6.8	5	12.3
max	12.9	24.4	30.3	28.3	28.8	23.8	89
min	0.6	7.2	6	6.7	9.8	5.5	48

石叶　2 件。均为燧石原料。

断裂片　数量也较多,近 80 件。其中远端断片数量最多,近、中断片很少,可能与制作复合工具有关。裂片的数量不多,左右裂片的数量也无明显区别,可能是打片过程中产生破裂。

断块与搬运石块　形体大小不等的断块数量最多,有 730 件。人工搬运石块 180 件。其中大块的石英砂岩者最多,有些标本上的人工痕迹不甚清楚。

工具　共 90 件,占整个石制品数量的 6.8%。其中边刮器多达 69 件,但多数加工较简单,形态亦不固定。端刮器仅 5 件。具有雕刻器技法的工具有 4 件,可以归入尖状器或钻具类者 4 件。石镞(尖状器)也只有 4 件,但均经过两面加工仔细修整,形态对称规整。仅 1 件可以归入砍砸器类的大型工具(图七)。

磨制石器　系 1 件刃缘经过磨制,两侧缘敲琢成两排对称分布凹口的石锛。

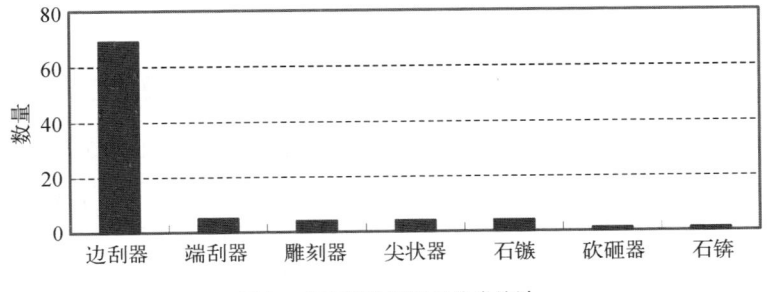

图七　细石器阶段工具分类统计

工具中端刮器的修理较精致,形态典型。雕刻器类的加工则较随意,只在刃口部位可见较明确的雕刻器小面(图八)

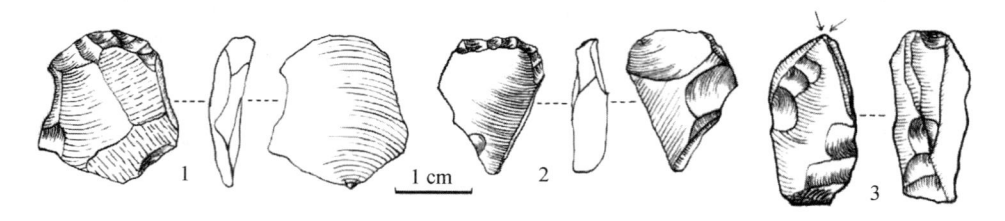

图八 南区6层的工具

1. 端刮器(09XLS·510);2. 端刮器(09XLS·346);3. 雕刻器(09XLS·416)

陶片 2件。

动物骨骼 近400件。种类有鹿、马、牛、猪及鸟类。大型鹿类居多,其次是马、牛、中型鹿,小型鹿、猪及鸟类较少。

(四) 石片石器文化层的发现

南区与北区的第7层均仅见少量石片石器,两区共发现17件,其中石核2件,石片3件,断、裂片4件,断块6件,工具2件。其中石英原料为8件,占近一半;石英砂岩者4件,燧石5件。

锤击石核 1件,系单台面,石英砂岩,长43毫米,宽80.4毫米,厚72.7毫米,重251.1克。自然台面呈三角形。工作面可见2个片疤,深度较浅,剥片面的面积占整个石核表面积比例约40%。

砸击石核 1件,原料为石英,长22.3毫米,宽14毫米,厚8.3毫米,重2.4克。台面呈点状,可见1个片疤,片疤浅平。

石片 3件,锤击石片2件,均为石英。砸击石片1件,为燧石。石片形体小且轻,平均重量为1.6克,平均长19.2毫米,平均宽15.8毫米,平均厚5.7毫米。

工具 2件,均为边刮器。09XLL:367为单直刃边刮器,原料为灰色玛瑙,长29.7毫米,宽19.3毫米,厚6.8毫米,重3.5克,原型为石片,右侧近端边缘可见一系列修理微疤,形成直刃,刃缘长度16.5毫米,刃角40~55°;在右侧和远端可见微小疤痕,可能为使用所致。

四、讨论

李家沟遗址保存了从旧石器时代晚期到新石器时代早期的连续剖面。在此剖面上可以见到属于旧石器晚期到新石器早期几个不同时代与文化性质的遗存。这个遗址发现的早期陶片以及石锛、石磨盘等已做过报道,并有简要讨论。但对出自该遗址不同层位、数量众多的打制石器及相关遗存却尚未论及。就发现的数量来看,各类石制品及人工搬运石块,是李家沟遗址文化遗存的主体。透过石器工业的变化情况,可以更好地了解李家沟遗址以及中原地区旧石器时代晚期向新石器时代过渡的路径。如上所述,李家沟遗址从下向上包含了石片石器组合、细石器组合以及与新石器早期文化共存的细石器与石片石器。

(一)石片石器组合

在南北两区的最下层(第7层)均为次生的马兰黄土堆积。该层发现的文化遗物不多,仅见少量石制品。石制品的原料主要是石英与石英砂岩。从石核的剥片程序来看均为简单剥片技术。石片也均是锤击或砸击技术的产品。可见到的工具类型也只有边刮器。这些技术特点与本地区广泛分布的旧石器时代晚期之初或更早的石片石器工业很相似。从区域地层对比情况来看,李家沟遗址最下层含石片石器的堆积,可与区内上部马兰黄土之下的红色古土壤层对比,当属同一阶段,即深海氧同位素3阶段。[1] 所以,李家沟遗址石片石器组合的时代也应属于旧石器晚期较早阶段或稍早。

(二)细石器组合

李家沟遗址的典型细石器遗存主要发现于南区的第6层。虽然分布面积较为

---

[1] 王幼平:《李家沟、大岗与柿子滩9地点的地层及相关问题》,《考古学研究》(九),文物出版社,2012年,1~10页。

有限,但揭露出比较清楚的人类活动遗迹,石制品、动物骨骼与遗迹的共存关系更清楚地反映了此阶段人类的生计方式与行为特点。

该阶段的细石器组合与邻近地区的发现,如本省的舞阳大岗、[1]山西吉县柿子滩等遗址[2]发现的细石器非常相似。从细石核反映的技术特点来看,李家沟细石器也是主要应用船形与锥形细石核技术。细石核与细石叶的尺寸普遍偏小。但剥片痕迹十分规整,反映出高超成熟的技术特点。与此共存的工具组合,有端刮器、边刮器与石镞等,也均是典型细石器工具组合的特点。这些特点当与其所处时代有关。据采自本层的炭屑标本的加速器^{14}C测定结果显示,该层的绝对年代为距今10500~10300年期间。这一年代结果也与大岗、柿子滩9地点等细石器遗存的时代大致相当。

李家沟遗址细石器文化阶段的动物骨骼遗存以及遗迹现象所显示的人类活动与行为特点,也说明本阶段李家沟居民的流动性仍较强、更多依靠狩猎大型动物为生。这些情况与本区以往发现的细石器文化并无区别。但与其他细石器工业明显不同之处是,李家沟遗址还出现与典型的细石器组合共存的陶片以及磨刃石锛。陶器与磨制石器是新石器时代的典型文化特征。在中原地区距今10000年以前的细石器文化遗存中,发现有陶片以及局部磨制的石器的新情况,很清楚地说明本地区新石器文化的发生并非偶然,而应是根植于旧石器时代晚期的细石器文化。

(三)新石器早期的石器组合

在细石器文化层之上,即北区的第5、6层及南区的5层,发现有数量较多的陶片、石磨盘以及大量的人工搬运石块。陶片等显示李家沟所发现的是一新型的新石器早期文化。应该重视的是本地区的新石器早期阶段,打制石器也还占据着很重要的地位。如前所述,单就石制品的种类与数量来看,本阶段石器组合与更早的

---

[1] 张居中,李占扬:《河南舞阳大岗细石器遗址发掘报告》,《人类学学报》1996年第15卷第2期,105~113页。
[2] 柿子滩考古队:《山西吉县柿子滩遗址第九地点发掘简报》,《考古》2010年第10期,7~17页。山西省临汾行署文化局:《山西吉县柿子滩中石器文化遗址》,《考古学报》1989年第3期,305~323页。

细石器文化并无明显区别。仍是简单剥片技术生产的石制品与细石器共存,且是石器组合的主体,磨制石器除磨盘外,石斧、石锛等尚未发现。但仔细观察细石器在石器组合中所占的比例,以及细石器技术的水平,均显示本阶段细石器已处于衰落状态。其在石器组合中所占分量已明显不如早前阶段。大量人工搬运石块的存在以及厚层的文化堆积与遗迹现象等,也说明相较于前一阶段,此时李家沟居民已是比较稳定的定居者。动物骨骼遗存也反映,本阶段的猎物更多只是小型动物。大量陶器与石磨盘的应用,则说明植物性的食物在本阶段可能占有更重要的地位。

(四) 发现于裴李岗文化阶段的石制品

本遗址属于裴李岗文化阶段的遗存保留得并不多,且经过水流搬运,并未发现原地埋藏的遗迹现象等。但与典型的裴李岗文化陶片共存的打制石器仍然值得关注。需要有更多的工作检验这些石制品是否与裴李岗文化的陶片等属于同一时代。因为裴李岗文化是中原地区新石器较早阶段的代表性文化遗存,其发现与研究已有 30 多年的历史。但以往的研究,更多关注的是陶器、磨制石器等,打制石器尚未引起注意。本次在李家沟遗址的发现提示我们,应该特别注意的是,到新石器文化已发展至比较成熟阶段,打制石器在石器工业中是否仍然占有一定地位。

五、小结

本文介绍了河南新密李家沟遗址发现的石制品,并对李家沟遗址不同文化阶段的石器组合情况进行简要讨论。通过上述讨论可知,李家沟遗址包含了从旧石器时代晚期一直到新石器时代多个文化。石器组合在不同文化阶段表现出不同的特点。石片石器与该地区深海氧同位素 3 阶段广泛分布的石片石器工业一致,应属同一文化系统。细石器阶段存在的船形与锥柱形细石核技术,可与大岗及柿子滩的发现对比,也反映了本区更新世末至全新世初的区域性石器工业特点。这一阶段的发现最为丰富。除了数量较多的细石器制品,还有磨刃石锛及两件陶片,以及动物化石等。这些发现为认识本地区旧、新石器时代的过渡提供了非常重要的新证据。

值得关注的是,除了旧石器晚期较早阶段的石片石器工业和旧石器时代晚期之末的细石器工业之外,还在新石器早期文化乃至裴李岗文化阶段的文化遗存中发现数量较多的打制石器。通过对这些石制品的初步观察可知,打制石器并不只存在于旧石器时代,到新石器早期甚至可能裴李岗文化时期,打制石器仍然在继续使用。这种情况说明,仅就打制石器存在与否,尚无法截然划分开旧、新石器时代。这是透过对李家沟石制品观察可以得到的一点认识。李家沟石器工业的发展特点恰好反映旧、新石器时代过渡的连续性。早期人类在更新世末至全新世之初,逐渐从狩猎采集向农业社会发展。这期间,石器工业包括技术、原料与组合等,也发生着变化。但是,简单剥片技术从早到晚一直在应用,细石器技术的出现与消逝,也不是突然的变化。这种特点说明李家沟以及中原地区旧、新石器时代的石器工具的变化过渡,是一种逐渐变化的过程。打制石器在新石器文化出现之后的很长时间,仍然在继续使用。这也是李家沟石制品观察带给我们的启示。

(原刊《人类学学报》2013 年第 32 卷第 4 期)

新密李家沟遗址研究进展及相关问题*

河南新密李家沟遗址是2004年郑州市文物考古研究院进行旧石器考古专题调查时发现。2009年秋季和2010年春季,北京大学考古文博学院与郑州市文物考古研究所合作,对该遗址进行系统发掘。两度发掘共揭露遗址面积100平方米,发现数量众多的石制品、动物化石遗存,为中原地区旧石器时代晚期到新石器时代早期的考古学研究增加了一批新资料。[1] 这一新发现受到史前考古学及相关领域学者的关注。很多业内同行还亲临现场考察,在相关学术研讨会上也展开讨论。自第一阶段的田野考古发掘工作结束以来,整理与研究工作进展顺利,并有相关成果陆续发表。

由于前期研究工作繁多,成果发表的周期较长,速度较慢,已发表的关于李家沟遗址发掘收获的介绍不够全面,研究及相关认识尚未深入,给关心这个遗址的学界同仁带来不便。为此,本文作者希望在李家沟遗址的发掘与研究报告正式出版之前,先简要介绍李家沟遗址的地层剖面、动物化石遗存、石器工业等发现与研究的进展情况,为关心这个遗址的同行提供新信息。

一、地层剖面

自遗址发现与发掘工作开展以来,考古界与相关专业同行对李家沟遗址的地层剖面都很重视。在第一阶段发掘工作结束以后,又多次组织多学科研究者到遗址现场考察取样,详细讨论遗址堆积的形成过程与年代及古环境背景。研究确认,

---

* 本文承国家社科基金重大项目(项目编号:11&ZD120)资助。
[1] 郑州市文物考古研究院等:《新密李家沟遗址发掘的主要收获》,《中原文物》2011年第1期,4~6、39页;北京大学考古文博学院等:《新密李家沟遗址发掘简报》,《考古》2011年第4期,3~9页。

该遗址坐落在属于淮河水系的椿板河左岸的二级阶地之上。其下是马兰黄土基座。文化遗存埋藏在阶地堆积中。文化层由上向下由裴李岗、李家沟、细石器与石片石器等四个文化发展阶段形成的堆积构成。[1] 以发掘区南区的南壁剖面为例，可以分为7层(图一)，最上面是褐色砂质黏土扰土层。第2层为棕褐色的含碳酸钙胶结物层，含少量裴李岗陶片，此层可见于本区新石器时代遗址，如新郑唐户遗址，即被叠压在裴李岗文化层之下。第3层为灰白色的砂砾层，含零星陶片、石制品，也是裴李岗文化层。第4层为棕黄色砂质黏土，含少量石制品，从所含的零星陶片看，亦属于裴李岗阶段的遗存。第5层上部为灰黑色砂质黏土，向下渐变为棕黄色，含与北区5、6层相同的夹砂压印纹陶片、少量石制品，是典型的李家沟文化遗存。第6层褐色砂砾层，含大量料礓石，含船形、柱状等类型的细石核与细石叶等典型的细石器文化遗存，亦见局部磨光的石锛与素面夹砂陶片，系细石器文化遗存。第7层为次生马兰黄土层，亦含少量的石制品，系以石英、燧石等原料为主体的小型石片石器。

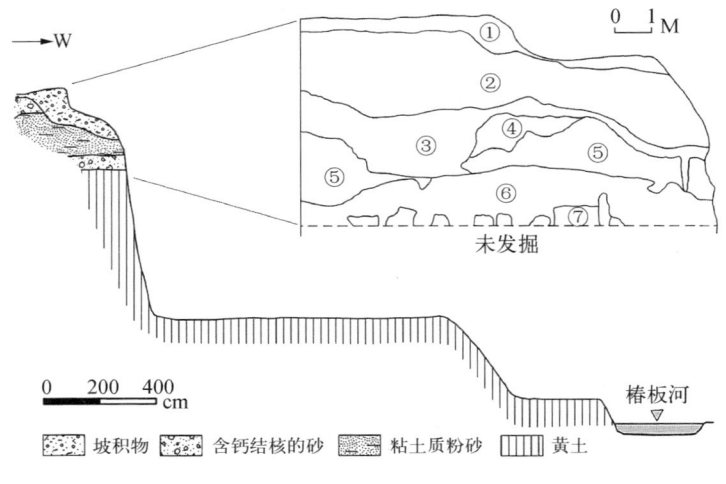

图一 李家沟遗址附近椿板河河谷及发掘南区剖面图

---

[1] 王幼平：《李家沟、大岗与柿子滩9地点的地层及相关问题》，《考古学研究》(九)，文物出版社，2012年，1~10页。

上述地层关系在发掘区北区的剖面同样存在。类似的地层关系在本省的舞阳大岗、山西的吉县柿子滩等地也可以看到。[1] 这样的地层关系反映了本地区从旧石器时代晚期到新石器时代早期过渡的基本情况，即从旧石器时代晚期的石片石器阶段、细石器阶段再到新石器时代早期的李家沟文化、裴李岗文化的连续发展。从这个角度来观察，李家沟遗址的地层剖面所显示的地层关系恰好反映了中原地区旧、新石器时代的过渡。

二、动物遗存

动物骨骼遗存是旧石器时代至新石器时代早期遗址文化遗存的重要组成部分，对于认识史前时代人类的经济形态、社会生活以及行为特点都有着非常重要的参考价值。李家沟遗址也有数量较多的动物遗存的发现。这些发现对于分析遗址的文化特点，认识该遗址不同阶段居民的生产、生活以及行为特点等方面的情况都很重要。经过近几年的工作，对于李家沟遗址不同文化阶段发现的动物遗存都已经进行整理鉴定，在此基础上也进行统计分析，详细的研究报告将陆续发表。这里仅先就不同文化阶段的动物遗存的可鉴定到种属的标本数量与种类情况，予以介绍，并进行简单说明。

动物化石遗存在最早的石片石器文化层与最晚的裴李岗文化层均很少见，主要是发现在细石器文化层与李家沟文化层。这两层也正是本遗址最主要，也是新、旧石器时代过渡阶段最关键的发现。细石器文化层总计发现动物骨骼近 400 件，可鉴定的标本数量也超过百件。种类有鹿、马、牛、猪及鸟类。大型鹿类居多，其次是马、牛、中型鹿，小型鹿、猪及鸟类较少（见表一）。

李家沟文化层发现的动物骨骼遗存超过 400 件，其中有 100 多件可以鉴定种类，也有鹿、马、牛、猪及鸟类。从数量上看，以鹿类的标本最多，其他种类动物的比

---

[1] 张居中、李占扬：《河南舞阳大岗细石器遗址发掘报告》，《人类学学报》1996 年第 15 卷第 2 期，105～113 页；柿子滩考古队：《山西吉县柿子滩遗址第九地点发掘简报》，《考古》2010 年第 10 期，7～17 页。

表一　李家沟遗址可鉴定动物骨骼统计

种　类	细石器文化		李家沟文化	
	数　量	%	数　量	%
鹿类	54	47.0	85	62.5
马	17	14.8	3	2.2
牛	13	11.3	7	5.1
猪	3	2.6	5	3.7
兔	—		1	0.7
食肉类	11	9.6	15	11.0
啮齿类	5	4.3	4	2.9
鸟类	11	9.6	14	10.3
贝类	1	0.9	2	1.5
总计	115		136	

例均不高。与细石器文化阶段明显不同的是,马、牛等形体较大的动物数量剧减;在鹿类中,也以中、小型鹿类为主。骨骼的保存的部位以肢骨碎片和牙齿最多;鸟类的标本则主要为蛋皮。

如表一所示,两个不同文化发展阶段的动物群的种类基本一致的信息说明,中原地区距今万年前后的旧、新石器时代过渡阶段的自然环境并没有特别明显的变化。然而两个动物群不同种类数量方面的此消彼长,却反映了两个阶段人类狩猎与利用动物资源的行为有明显不同。两个动物群均以食草类动物为主,但在细石器文化阶段,却是以形体较大的马、牛以及大型鹿类占主导地位。但到新石器早期阶段,马和牛的数量骤减,鹿类动物中也以形体较小者为主。形体较大动物的减少,小型动物的比例增加,说明人类狩猎对象的变化。同时也意味着,到新石器时代早期,可以提供给人类食用动物类资源总量在减少。所以,可能是为了尽量增加肉类资源,小型动物,甚至形体较小兔类也进入当时人类利用的范围。肉类资源的减少所带来的另一项变化,应该是增加植物资源的开发利用。随着这些生计活动方面的变化,自然会影响到当时居民的栖居方式,乃至社会组织方面的变化。这些变化也是构成旧、新石器时代过渡历史进程的重要组成部分。

已有的考古证据显示,史前人类制作骨器主要是使用食草类等形体较大动物的管状骨等特定部位。这种活动不会显著影响到古人类遗址内可鉴定标本的数量与种类的统计。由此看来,李家沟遗址不同阶段动物群组成发生变化的情况,不大可能是受到骨器加工活动的影响,而更可能是晚更新世末至全新世之初发生的广谱革命的反映。[1]

三、石器工业

李家沟遗址不同文化阶段的石器组合及其变化也是研究者们所关注的焦点。最近这方面的研究也有进展。[2] 总体来看,虽然有石片石器、细石器、李家沟文化与裴李岗文化等4个时期的石器组合,但和动物遗存的保存情况相似,石片石器与裴李岗文化阶段的石制品数量都很有限。也只有细石器和李家沟文化阶段发现的石制品具有统计意义,并可供对比研究(见表二、三)。

表二 李家沟遗址石制品分类统计

类 别	细石器文化		李家沟文化	
	数 量	%	数 量	%
普通石核	74	5.2	37	5.1
细石核	22	1.5	7	1.0
石片	208	14.6	93	12.6
断裂片	80	5.6	42	5.8
细石叶	38	2.7	12	1.6
石叶	2	0.1	—	

---

[1] 潘艳、陈淳:《农业起源与"广谱革命"理论的变迁》,《东南文化》2011年第4期,26~34页。
[2] 王幼平等:《李家沟遗址的石器工业》,《人类学学报》2013年第32卷第4期,411~420页。

（续表）

类别	细石器文化		李家沟文化	
	数量	%	数量	%
断块	730	51.3	361	49.5
搬运石块	180	12.7	126	17.3
工具	88	6.2	51	7.0
总计	1422		729	

表三 李家沟遗址工具分类统计

类别	细石器文化		李家沟文化	
	数量	%	数量	%
边刮器	69	78.4	25	49.0
端刮器	5	5.7	2	3.9
雕刻器	4	4.5	—	
凹缺器	—		3	5.9
尖状器	4	4.5	—	
石镞	4	4.5	2	3.9
砍砸器	1	1.1	3	5.9
石锛	1	1.1	—	
石磨盘	—		2	3.9
石磨盘残块	—		7	13.7
石锤	—		5	9.8
石砧	—		2	3.9
合计	88		51	

以上表二、三的统计说明，李家沟遗址旧、新石器过渡关键阶段的石器组合与工具类型的变化，也不是特别明显的巨变，而是一种逐渐过渡，此消彼长的渐进状

态。在石制品的基本构成方面，两者没有重要区别。但值得注意的是断块与人工搬运石块之比例，在两个阶段有所不同。李家沟遗址发现的断块与搬运石块皆是来自遗址附近的石英岩，结构粗糙，不太适宜加工石器。细石器阶段较高比例的断块存在，说明此阶段，这类石料进入遗址的目的更多还是与加工石器有关。到新石器早期阶段有人工痕迹的断块减少，而不经加工的搬运石块的比例增高，说明石英岩原料进入遗址的功能，可能并非加工石制品，而是用于建筑或其他与定居相关的目的。大量非加工石器的石料进入遗址，应该看作是旧石器时代之末到新石器时代早期遗存的一项重要特征。

进一步观察两个阶段工具组合的情况，也有类似的变化。两者基本的工具类型也没有太大的变化。只是新石器时代早期阶段明显有较多的石磨盘出现。石磨盘的存在一般多与加工植物类资源有关，其出现在此时，也显示这一阶段有更多植物类资源利用的表现。

时代更早的石片石器阶段，只有 20 余件石制品的发现。这些石制品的原料主要是外来的石英或燧石，很少见到本地的石英岩使用。同时也没有见到人工搬运石块的存在情况。这些表现说明，石片石器阶段的李家沟遗址居民是流动性很强，只是临时停留在遗址短暂活动。

石器工业的情况也说明，从细石器阶段开始，李家沟遗址才逐渐成为史前居民较长时间的居住地。不过，从石器组合以及前述的动物遗存等情况来看，此时的李家沟遗址居住者，仍应该是流动性较强，尚不能长期定居。因而这一阶段所形成的地层堆积以及文化遗存，均还比较有限。李家沟文化阶段的石器组合，则已说明此时应该有较长时间定居活动的存在。形体较大的石磨盘、数量众多的人工搬运石块与陶器残片，以及较厚的文化堆积，都显示李家沟遗址此时应该是被较长时间居住利用。

四、相关问题

旧新石器时代过渡以及农业起源问题，是世界史前史的最主要课题之一。近半个多世纪以来，世界各地围绕此课题展开的田野考古发掘不胜枚举。已取得的、并发表的研究成果也可谓汗牛充栋。然而,随着发现与研究的深入,研究者们越来越认识到,旧石器时代的结束,可能并不是由于突然发生的"新石器革命"。农业起源亦不是一朝一夕出现的突然事件。中原及邻近地区是中华文明起源的核心区,这一地区的农业起源问题,也是学界同仁长期关注的课题。[1] 尤其是20个世纪70年代在河南新郑发现裴李岗文化以来,寻找更早的新石器文化,填补该地区旧新石器时代之间的发现的空白,一直是考古同行努力的方向。正是由于这一学术背景,李家沟遗址的发现才受的学界同行的特别关注。[2]

李家沟遗址受到关注的首要原因是其连续堆积的地层剖面。李家沟遗址地处我国黄土分布的东南边缘区。这一地区的黄土地层发育,遗址所在附近清楚可见晚更新世的马兰黄土到全新世黑垆土及以上的连续堆积。[3] 遗址所在部位为椿板河二级阶地,其下是马兰黄土基座,向上砂砾石层、粉砂至砂质黏土类堆积。无论是阶地堆积或是黄土地层,均是晚更新世以来的连续堆积,完整地保存了晚更新世以来气候变迁与古人类活动的相关信息。如前所述,李家沟遗址的地层剖面也保存了晚更新世晚期从石片石器、细石器到全新世早期的李家沟文化与裴李岗文化遗存,清楚地记录了早期人类在这个遗址上的各类活动信息。

类似的剖面与文化遗存的地层关系在李家沟遗址周边的同期遗址也有发现,如河南舞阳大岗细石器遗址、山西吉县柿子滩细石器遗址以及河北武安磁山新石器遗址(图二)。在这几处遗址所揭露的地层剖面上,均可见到晚更新世以来的马兰黄土或与之相当的堆积至全新世的黑垆土层的完整序列。遗憾的是除李家沟遗址以外,另外几处遗址均未见到李家沟文化遗存。所以,尽管这些遗址的发现与发掘工作均早于李家沟,但李家沟文化却一直没有面世。李家沟遗址,尤其是其地层剖面与文化序列的发现,不但增添了一个前所未见的新石器早期文化,同时也揭示了本地区新石器时代早期文化的埋藏特点与分布规律。[4]

---

[1] 陈星灿:《黄河流域农业的起源:现象和假设》,《中原文物》2001年第4期,24~29页。
[2] 秦洪源,周书灿:《对新密李家沟遗址的几点认识》,《中原文物》2013年第5期,17~19、98页。
[3] 孙建中,景波:《黄土高原第四纪》,科学出版社,1991年,77页。
[4] 张居中,李占扬:《河南舞阳大岗细石器遗址发掘报告》,《人类学学报》1996年第15卷第2期,105~113页;柿子滩考古队:《山西吉县柿子滩遗址第九地点发掘简报》,《考古》2010年第10期,7~17页。

年代(BP)	地层	李家沟	磁山	大岗	柿子滩
8000	黑垆土	裴李岗文化	磁山文化	裴李岗文化	9地点(细石器)
10000		李家沟文化 细石器文化		细石器文化	↑
20000	马兰黄土	------ 石片石器			14地点(细石器)

图二　李家沟及相关遗址的年代、地层与文化发展

另一深受关注的原因是其丰富的文化内涵。除了前述动物遗存与石器工业的发现，李家沟遗址的细石器文化层发现2件陶片与1件局部磨制的石锛。李家沟文化层发现数量多达200余件，烧制技术、形制与装饰风格均不见于本地已经发现的新石器文化的陶片。前者的发现将制陶技术与磨制石器技术在中原地区出现的时间提早到距今万年以前，并且与典型的细石器文化共存。后者则清楚说明在距今10000至9000年期间，中原地区还存在着一种有别于裴李岗文化的新石器早期文化。与这些重要的文化遗物共存的还有石圈或石堆等遗迹现象。这些文化遗存清楚地记录了从旧石器晚期时代向新石器时代早期的过渡期间，李家沟史前居民的栖居形态的变化，即从流动性较强的临时性营地到较长时间居住的固定居址的演变过程。

对李家沟遗址认识的最核心问题，当是如何整合遗址的地层堆积、文化遗存、年代学与古环境背景等多学科的研究成果，系统认识该地区旧新石器时代的过渡历程。通过前述李家沟遗址发现材料的综合研究，已经可以看到这一过程大致的脉络，即从石片石器、细石器到李家沟文化和裴李岗文化的发展过程。伴随着文化的演进，李家沟遗址居住者的生计方式与栖居形态也发生了明显的变化。这一变化也应该反映了该地区古人类在晚更新世之末到全新世之初，从流动性较强的狩猎采集者向更多利用植物资源较稳定生活的定居者的演化过程。

五、小结

　　尽管李家沟遗址已经发掘的面积有限，所发现的文化遗存及相关信息也有其局限性，然而，这个遗址的发现与发掘所获，还是为认识中原地区史前历史发展的关键阶段打开了一扇窗口。透过这扇窗户，首先看到的是一个包含从晚更新世末到全新世之初期间连续堆积的剖面。这个剖面完整地记录了旧新石器时代过渡期间文化发展与环境变迁等多方面信息。同时也可以看到，在大家已经熟悉的裴李岗文化之前，到旧石器晚期文化之间，还存在着有别于前者的李家沟文化。李家沟文化已有很发达的制陶工艺，较稳定的定居生活，然而其石器工业与生计方式，却与更早的细石器文化有着密切关系。这些情况显示，中原及其邻近地区的旧、新石器时代的过渡，以及农业起源，都并非一次突变，而是经历了很漫长的发展历程。作为新石器时代的重要文化特点，即陶器与磨制石器的应用，早在更新世之末的细石器文化阶段就已见端倪。而旧石器时代的打制石器技术与工具组合，也并没有随着新石器时代的到来而马上退出历史舞台，而延续到李家沟甚至是裴李岗文化阶段。更重要的是作为农业经济存在的重要基础，即定居形式，也应萌芽于旧石器晚期之末的细石器文化。所有这些，都是新密李家沟遗址的发现与经过科学发掘所带给我们的信息。

（原刊《中原文物》2014年第1期）

嵩山东南麓 MIS3 阶段古人类的栖居形态及相关问题*

2011年春季至2012年夏季，北京大学考古文博学院与郑州市文物考古研究院合作发掘位于嵩山东麓的郑州西南郊老奶奶庙遗址。这次发掘揭露面积近50平方米，有多达数千件的石制品和数以万计的动物骨骼及碎片发现。尤其重要的是数十处用火遗迹，以及多层迭压、连续分布的古人类居住面的发现。这些新发现非常清楚地展示了当时人类以老奶奶庙遗址中心营地，在较长时期内连续居住的活动细节。老奶奶庙中心营地遗址的发现，也将近年来在嵩山东南麓新发现的300多处旧石器地点完整地连接起来，系统地再现了郑州地区深海氧同位素3阶段（MIS3 Stage）古人类的栖居形态（见图一）。同时发掘出土一系列与现代人行为密切相关的文化遗存，也为探讨我国及东亚地区现代人类出现与发展等史前考古学核心课题提供了非常重要的新证据。[1]

区域地层对比显示，老奶奶庙遗址与郑州地区新发现的大量旧石器地点，主要埋藏在马兰黄土上部堆积之下的河漫滩相堆积或红褐色古土壤层，属于深海氧同位素3阶段的气候较暖湿时期。加速器^{14}C与光释光等测年数据也显示旧石器地点的时代主要分布在距今3~5万年期间。[2] 这些情况说明老奶奶庙遗址及嵩山东南麓旧石器遗址群正处于现代人类及其行为出现与发展的关键时段。另一方面，位于中国与东亚大陆核心地区的嵩山东南麓，也是晚更新世人类与文化向南北与东西方向迁徙与交流的中心。该地区旧石器时代考古的新发现，对于深入探讨

---

* 本文是国家社科基金重大项目（项目编号：11&ZD120）成果。

[1] 郑州市文物考古研究院等：《郑州老奶奶庙遗址暨嵩山东南麓旧石器地点群》，《中国文物报》2012年1月13日4版。

[2] 王幼平：《华北南部旧石器晚期文化的发展》，《中国考古学会第十四次年会论文集》，文物出版社，2012年。

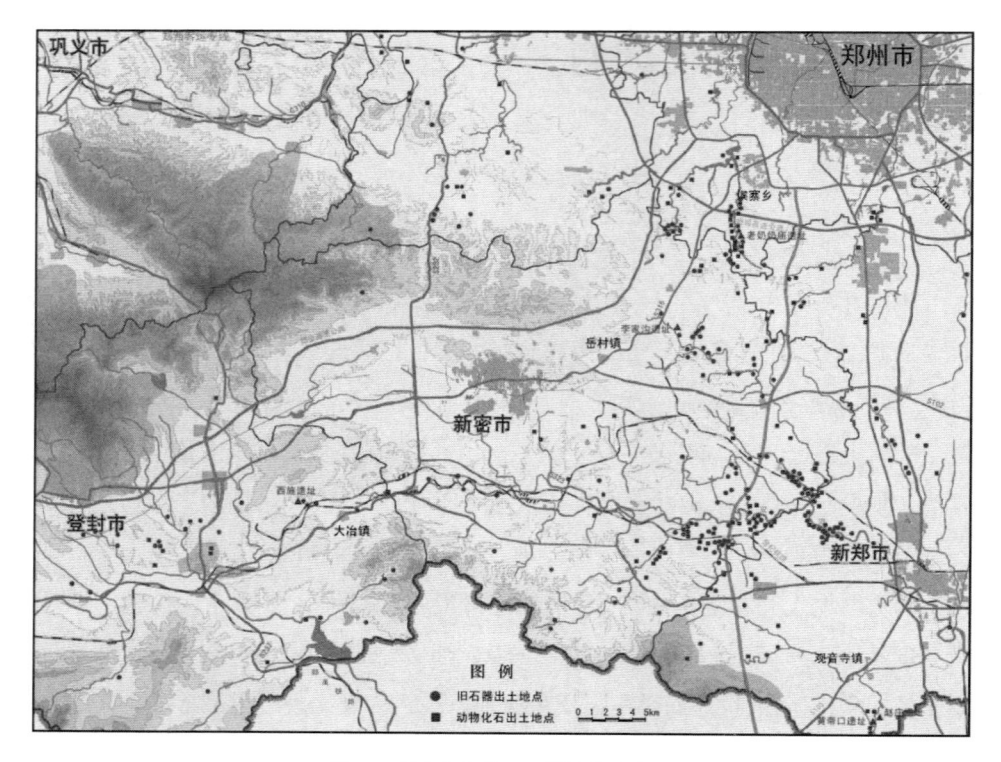

图一　嵩山东南麓旧石器地点分布图

当前世界史前考古学与古人类学界关于现代人类起源与发展问题的歧见尤为重要。[1]

一、老奶奶庙遗址及贾鲁河上游的发现

老奶奶庙旧石器时代遗址位于河南省郑州市西南郊二七区侯寨乡樱桃沟景区内,东南距代家门村约500米,西邻贾鲁河上游九娘庙河,坐落在河旁二级阶地之

---

[1] 郑州市文物考古研究院等:《郑州老奶奶庙遗址暨嵩山东南麓旧石器地点群》,《中国文物报》2012年1月13日4版。

上。遗址地处郑州西南部的嵩山余脉向东延伸地带,属低山丘陵区,地势呈东高西低,区内黄土堆积发育。

1. 地层堆积

遗址东侧的马兰黄土断崖剖面高近 20 米,马兰黄土之上还迭压着新石器至历史时期的文化层。发掘区内,仅局部尚保留有 1~3 米不等的残余堆积。发掘区中部的东剖面的地层堆积如下:[1]

1 层:表土层。

2 层:扰土层,含陶片、汉砖,以及动物化石与打制石器等。

3 层:黄褐至灰褐色黏质粉,砂旧石器文化层,可进一步划分为 6 个亚层:

A 层:黄褐色黏质粉砂,含少量石制品和动物化石。

B 层:灰褐色黏质粉砂,石制品和动物化石非常丰富,并有多处灰堆遗迹。

C 层:灰褐色黏质粉砂,含石制品和动物化石等遗物,有零星用火遗迹。

D 层:灰褐色黏质粉砂,含石制品、动物化石及用火遗迹。

E 层:灰褐色黏质粉砂,石制品和动物化石较丰富,也有用火遗迹。

F 层:灰褐色黏质粉砂,含数量众多的石制品和动物化石,亦发现数量较多且面积较大的用火遗迹。

4 层以下的试掘面积很小,平面布局情况尚不清楚。从剖面观察可见,该层为灰褐色、灰黄色至黄褐色粉砂,局部有较清楚的水平层理。亦可分为多个亚层。除最下层为较纯净、水平层理明显的灰黄色粉砂外,其余 6 个亚层均含有石制品、动物化石以及炭屑等文化遗存。

老奶奶庙主要文化层的加速器 ^{14}C 的年代测定结果为距今 40000 年前后(未校正),结合附近遗址光释光测年数据来看,该遗址 ^{14}C 测定结果校正后的实际年代应早于距今 45000 年。

---

[1] 郑州市文物考古研究院等:《郑州老奶奶庙遗址暨嵩山东南麓旧石器地点群》,《中国文物报》2012 年 1 月 13 日 4 版。

2. 主要发现

老奶奶庙遗址的主要发现是以灰烬堆积为中心的居住遗迹，以及数量众多的石制品与动物化石遗存。

（1）用火与居住遗迹

遗址地层堆积与遗物分布特点显示，除表土层与 2 层的较晚阶段堆积外，3、4 层皆为旧石器时代遗存。多个文化层连续分布，显示古人类曾经较长时间重复占用该遗址。在本年度发掘揭露的区域内，除 3A 层的遗物相对较少外，其他各层均有用火遗迹与石制品、动物骨骼及其碎片构成的居住遗迹。尤为引人瞩目的是 3B 与 3F 层的发现，大量的石制品、动物骨骼等遗物与多个用火遗迹共存，清楚地反映了当时人类的居址结构复杂化的发展趋势。

其中 3B 层共发现用火遗迹 10 处。这些灰烬主要分布于发掘区的中部和中南部区域，面积上有大有小。较大者如 H9 分布范围南北长约 20 厘米，东西长约 30 厘米，最厚处厚约 3 厘米，剖面观察则呈浅锅底状。周围发现大量动物骨骼碎片与石制品等遗物。另外在发掘区北部至中部的不同区域，也有大量动物骨骼残片与石制品、炭屑等遗物密集分布现象，是一个当时人类集中居住活动留下的活动面遗迹。

另一处比较清楚的活动面遗迹保留在 3F 层（见图二）。其原始地面呈北高北低的缓坡状分布。遗迹、遗物非常丰富，共发现灰烬堆积 6 处，面积分布均较大。如分布在发掘区西南部的灰烬堆积平面形状呈近椭圆形，其分布范围南北最长处长约 126 厘米，东西最宽处宽约 100 厘米，从剖面上观察，其剖面最厚处可见厚度约 8 厘米，含有大量炭屑和灰白色斑块状物质。灰烬周围散布着较多的动物骨骼碎片与石制品等遗物。发掘区中部发现的灰烬堆积，平面形状亦近圆形，直径约 160 厘米。灰烬内包含大量炭屑，其周围也散布着大量密集分布的文化遗物。在中北部区域还有另外几处面积稍小的灰烬堆积。灰烬堆积周边亦分布有大量的动物化石及石制品等。在离灰堆稍远处，还可见到明显的石器加工区，有数量较多、属于同一原料来源的石核、石片及断块与碎屑等生产石器的副产品。

图例
◇ 石英
◇ 砂岩
◇ 骨
◇ 鸵鸟蛋皮

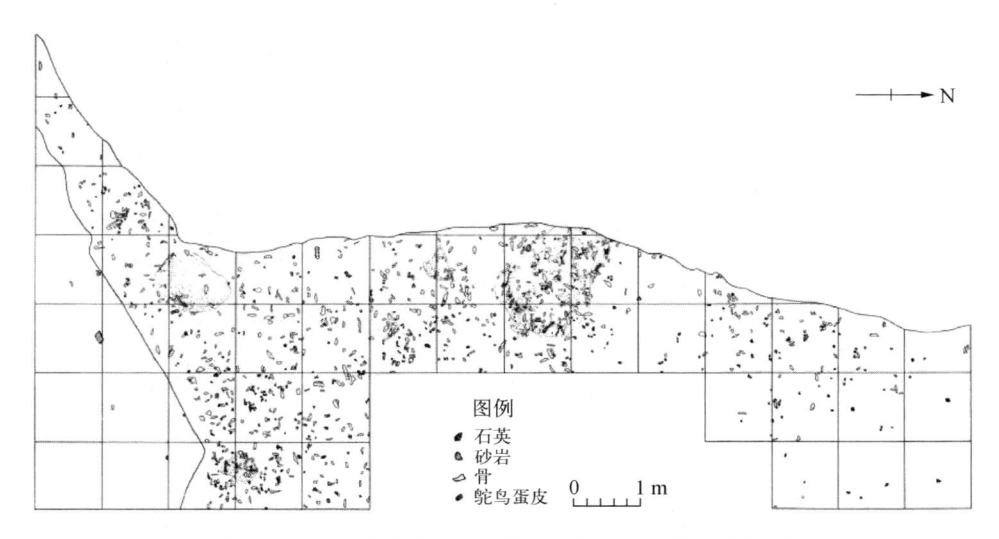

图二 老奶奶庙遗址2011年发掘区3F层古人类活动面平面图

（2）石器工业

老奶奶庙遗址所发现的石制品有3000多件。种类包括石核、石片、断块及各类工具等。石制品的原料以灰白色石英砂岩和白色石英为主，亦有少量的石灰岩、火成岩及燧石等原料使用。在石英砂岩制品中，石片与石核的数量较多。石核多为多台面石核，均为简单剥片技术的产品，尚不见预制石核的迹象。石英原料则体积较小，亦采用锤击技术或砸击技术直接剥取石片。经过仔细加工的工具多系石英原料，数量不多，可见到的类型有边刮器、尖状器等。形体多较细小（见图三、四）。

（3）动物化石与骨制品

动物骨骼数以万计，包括数量较多的较完整的下颌骨、肢骨、牙齿等，以及大量骨骼碎片。其中下颌骨与牙齿等来自食草类动物头骨的骨骼比例要远远高于其他部位。多数动物骨骼的石化程度较深。可鉴定种类主要是马、牛、鹿、羊与猪等。还有数量较多的鸵鸟蛋皮碎片。动物骨骼上完全不见食肉类或啮齿类动物啃咬痕迹，显示大量骨骼在遗址上出现完全是人类狩猎与消费猎物活动的结果。另一引人瞩目的现象是其中较多骨片的大小比较相近，很多骨片长度集中在10厘米上下，刚好方便手握使用。有些残片上有比较清楚的打击修理痕迹。个别还可见到

图三　老奶奶庙出土石英砂岩石核

图四　老奶奶庙出土石器组合

明确的使用磨痕。这些迹象显示,该遗址的居民除了使用石制品以外,还大量使用骨质工具。

(4) 贾鲁河上游其他发现

在老奶奶庙遗址附近,沿贾鲁河上游近 10 千米长的范围内,还分布着 20 余处旧石器地点。这些地点也埋藏在马兰黄土上部堆积之下的河漫滩相堆积或与其同期异相的红褐色古土壤层中，其时代也当与老奶奶庙遗址相当，只是多数地点的堆积较薄，文化遗存也较少，应只是临时活动的场所。从分布位置、地层堆积与文化遗存的保存等情况看，老奶奶庙遗址位于这个遗址群的中心，当是一处中心营地（或称基本营地），并与前述临时活动地点共同构成一个遗址群。

二、溱水河的旧石器遗址群

自2004年冬季以来，郑州市文物考古研究院连续组织多次旧石器考古专项调查，有计划地对郑州地区含更新世堆积的地区展开系统调查工作，已经发现300多处旧石器及动物化石地点。这些地点西起颍河上游，向东到溱水河与双洎河流域均有分布。其中溱水河流域的新郑赵庄的发现尤为重要。[1]

赵庄旧石器遗址位于新郑市赵庄村北，溱水河东岸三级阶地。最重要的发现是置放象头的石堆与石器加工场。两者位于同一活动面，是同一时期活动的遗存。活动面由南向北分布着古棱齿象头骨、大块的紫红色石英砂岩块和乳白色碎小的石英制品。象头骨呈竖立状，臼齿嚼面朝南；由于长期的挤压作用已明显变形，但仍保存完整。大多数石英砂岩块位于象头骨的下部和周围，互相叠压，形成堆状。调查发现，这些紫红色石英砂岩是直接采自距遗址5千米以外的陉山基岩原生岩层。其搬运至此的主要功能并非加工工具，而是围成石头基座，在上面摆置象头。石英制品则主要分布于象头骨的北侧，绝大部分是加工石器产生的石核、石片、断块与碎屑等副产品，很少见到加工完成的精制品，说明当时人类在这一区域的主要活动是石器生产。

与赵庄遗址隔河相望，直线距离不足1千米的皇帝口遗址，[2]文化层厚度仅10厘米左右。发掘所获各类文化遗物也仅有100多件。遗物与堆积状况表明黄帝

---

[1] 张松林、王幼平、汪松枝等：《河南新郑赵庄和登封西施旧石器时代遗址》，《2010中国考古重要发现》，文物出版社，2011年，10~14页。

[2] 王佳音等：《河南新郑黄帝口遗址2009年发掘简报》，《人类学学报》2012年第31卷第2期。

口遗址为一处人类短暂活动的场所。当时人类曾在这里进行处理猎物等活动。加速器 ^{14}C 的年代结果说明皇帝口与赵庄遗址当属同一时代,均为距今 35000 前后(校正后)。

在赵庄与皇帝口附近,还有另外 10 多处调查发现的旧石器地点。这些地点沿溱水河两岸分布,出露地层与埋藏状况与前两者相同,显然同属溱水河流域的同一遗址群。

溱水河流域的发现与贾鲁河上游的情况不尽一致。这里两个经过正式发掘的遗址,均不同于老奶奶庙。无论是赵庄或是黄帝口遗址,均未发现有火塘等遗迹。赵庄遗址的发现很清楚地说明,当时人类在遗址北区的主要活动是加工以石英为原料的各类石制品;南区则是垒砌紫红色石英砂岩石堆,并在其上摆放古棱齿象头。换言之,赵庄遗址的功能应是石器加工场兼类似祈祭或头骨崇拜等具有象征意义的特殊活动场所。

黄帝口遗址所发现的遗存相对简单,反映的是当时人类狩猎等临时活动的情况。虽然在本区内经过正式发掘的遗址中尚不见类似老奶奶庙的中心营地,但区域调查发现的丰富资料则证明,在该遗址群内亦存在着属于中心营地类型的遗址。如经过旧石器专题调查发现的溱水寨第四地点,[1] 所发现的地层堆积序列与文化性质与前两者完全一致,当属与前两者同一时期的文化遗存。该地点在发现有丰富的石制品、动物骨骼碎片的同时,也有较多的碳屑等与火塘相关的遗存。这些均与老奶奶庙遗址类似,说明当时人类也曾在此有较长时间的居住,是一处中心营地性质的遗址。所以,从上述几处遗址来看,溱水河流域的旧石器遗址群的结构也与贾鲁河上游的发现相同,由中心营地与各类临时活动地点所构成。

三、洞穴遗址的发现

在 MIS3 阶段或更早时期,嵩山东南麓的古人类不仅选择露天地点居住,同时

---

[1] 见郑州市文物考古研究院编:《新郑旧石器时代专题调查资料汇编》(未正式发表资料)。

也会利用合适的天然洞穴作为长期居住、并从事多种活动的场所。早在20世纪80年代发现的荥阳织机洞遗址就很清楚地说明这类情况。[1]

织机洞遗址位于郑州市区以西的荥阳市王宗店村,是沿石灰岩裂隙发育的岩厦式溶洞。遗址地处嵩山余脉所形成的低山丘陵区。堆积总厚达20米以上,可以分为20层。新近发掘的洞口部位堆积可分9层。根据^{14}C年代与光释光等测年结果来看,洞口部位的主要堆积应该形成于距今4000~50000年以前。织机洞内堆积与洞外黄土-古土壤剖面的对比研究也表明,与各文化层人类活动时期在洞外黄土堆积区所发现的数量众多的露天地点相同,也当处于MIS3阶段。近些年来黄土研究表明,这一阶段形成的古土壤(L_{1S})不仅见于郑州-洛阳一带,而且见于整个黄土高原。[2] 这意味着织机洞与露天遗址所在区同我国北方广大地区一样,当时都处于比较温暖湿润的间冰阶气候。适宜的气候环境不仅有利于古土壤的形成,而且也为人类活动提供了良好的生态环境和广阔的生存空间。[3]

织机洞遗址最主要的发现是其石器工业。已发现的石制品数以万计。从不同层位发现的文化遗存情况来看,最早的洞穴居民还习惯使用砾石石器。他们主要使用洞前河滩上的石英岩和砂岩砾石做为原料,简单加工出砍砸器或重型刮削器等形体粗大的工具直接使用。织机洞遗址洞口发掘区8、9层所发现的100多件石制品就反映了织机洞遗址最初的居住者的文化面貌与行为特点。石器原料的来源显示他们主要是就近取材,喜欢使用权宜型的重型工具。这类工具更适合在林木繁育的环境下从事采集或狩猎活动。

但到距今4~50000年期间,织机洞的居民选择石料与加工石器的习惯突然发生变化。从1~7层经过初步整理的数千件石制品来看,石片石器成为这个时期的主要成分。这些石制品的原料主要为石英,其次为燧石,还有少量的石英砂岩与石英岩等原料的使用。这些原料除了石英砂岩与石英岩系来自洞前河滩的砾石,其

---

[1] 张松林、刘彦峰:《织机洞旧石器时代遗址发掘报告》,《人类学学报》2003年第22卷第1期。
[2] 夏正楷等:《郑州织机洞遗址MIS3阶段古人类活动的环境背景》,《第四纪研究》2008年第28卷第1期。
[3] 王幼平:《织机洞的石器工业与古人类活动》,《考古学研究》(七),科学出版社,2008年。

余均系采自数千米以外的出露的基岩岩脉或风化的岩块与结核。石核主要是不规则形者,绝大部分是锤击技术的产品。少数标本可能是砸击技术的产品。经过修理的工具的数量多达千件,可以分为边刮器、端刮器、凹缺刮器、尖状器、石锥、雕刻器与砍砸器等。

这些工具的修理也多比较简单,较少经过仔细加工、形体规整的精制品。与前述露天遗址群发现的石器工业面貌完全一样。除了这些石制品,在织机洞遗址的发掘过程中,也有数量众多的灰烬遗存的发现。多个文化层的发现,数量众多与种类繁杂的石器组合以及灰烬等用火遗存的情况,也可以同露天遗址中的中心营地的情况对比,两者的功能显然是异曲同工。这种情况说明,MIS3阶段的古人类不仅居住在露天遗址,合适的天然洞穴也是他们的理想的居住地。织机洞遗址显然也如同老奶奶庙遗址,是当时人类在较长时间内,重复居住的中心营地。他们在洞穴内居住,在洞前的河谷平原上从事狩猎采集等多种活动,构成如前露天遗址群同样的栖居系统。[1]

四、嵩山东南麓 MIS3 阶段的栖居形态及相关问题

北起贾鲁河上游的老奶奶庙,南到溱水河流域的赵庄-皇帝口遗址,郑州地区嵩山东南麓广泛分布着距今3~5万年的旧石器地点。这些地点既有临时活动场所,也有长期居住的中心营地,还有专门的石器加工场所,以及摆放石堆与大象头骨的特殊活动遗迹。其分布明显成群组聚集,构成多个以基本营地为中心,各类临时活动地点成放射状分布的遗址群,这是本地区 MIS3 阶段古人类栖居形态的第一个特点。

结合荥阳织机洞遗址的发现来看,当时人类并不仅仅生活居住在露天地点,合适的洞穴也可以用来作为长期居住的中心营地。无论是露天地点或是洞穴遗址,

---

[1] Wang, YP. 2008. Pleistocene human activity in the Zhijidong site, China, and its chronological and environmental context. In Matsufuji Kazuto ed. Loess-paleosol and Paleolithic Chronology in East Asia. Tokyo: Yuzakaku. pp. 173~182.

最显著的特点是这些地点或遗址群都是沿古代河流两侧分布，有各自相对独立的活动领域。将这些发现放在一起观察，可以非常系统地展示郑州地区旧石器时代中、晚期之交阶段的聚落与栖居形态。沿不同的河流水系分布，形成相对独立的遗址群，是其栖居形态的另一显著特点。

这一阶段古人类栖居形态最突出的特点是多个用火遗迹所组成的半环状复杂居住面的中心营地出现。如前所述的老奶奶庙遗址数量众多用火遗迹与多个活动面的发现，是这一新特点出现的集中表现。虽然早期人类用火的活动出现的历史非常久远，但用火遗迹有一定分布规律地出现在同一活动面之上的记录，也只有在现代人行为出现的旧石器时代晚期才开始出现。如在东欧的俄罗斯平原的科斯廷基遗址的呈直线状成排的火塘分布，[1]以及东亚地区日本旧石器时代晚期之初的环状分布居址结构，[2]都反映了与老奶奶庙遗址居住面结构复杂化发展相类似的状况。

老奶奶庙及嵩山东南麓旧石器遗址群的发现，尤其是所反映的该地区深海氧同位素3阶段的古人类栖居形态，具有非常重要的学术意义。首先，数百处旧石器遗址与数以万计文化遗物在距今3~5万年的嵩山东麓的广泛分布与发现，不仅填补了过去中原地区以及东亚大陆这一阶段旧石器文化发现的空白，同时更确切证明，有关晚更新世中国与东亚地区的古人类在最后冰期寒冷气候中灭绝的认识并不符合历史实际。与此相反，这一时期该地区的人类与旧石器文化已发展至更为繁荣的新阶段。

老奶奶庙及嵩山东南麓旧石器遗址群所展示的居址复杂化的发展趋势，以及偏好收集并带入居址内的大量狩猎对象的下颌骨，还有远距离搬运紫红色石英砂岩堆砌石堆，并摆放古棱齿象头等明显具有象征意义的非功利性行为的存在等，均是史前学界判断现代人行为的典型标志。这些行为特征是迄今为止，首次在中原

[1] Wymer, J., The Palaeolithic Age. 1982, London: Croom Helm Ltd.
[2] Ono A. Recent studies of the Late Paleolithic industries in the Japanese islands. 2004, In: Yajima K, editor. *Recent Paleolithic studies in Japan*. Tokyo: The Ministry of Education, Culture, Sports, Science and Technology of Japan.

地区以及东亚大陆距今3~5万年的旧石器遗址中被发现。

老奶奶庙遗址等新发现的旧石器工业展示出更鲜明的区域性文化特征,无论是石料选择与石器加工,或是工具组合等技术特征与类型学特点,均可以找出与本地区更早期文化的密切联系,却看不到来自旧大陆西方同时代人类或文化影响的迹象。

另一方面,老奶奶庙遗址大量使用骨质工具的发现,也应与现代人类在本地区的出现密切相关。虽然旧大陆西方同一阶段也开始大量使用骨质工具,并被视为旧石器晚期文化与现代人的重要的主要特征,但后者的骨制品加工技术与老奶奶庙却明显不同,老奶奶庙遗址所发现的骨制品基本不见磨制技术的应用,而主要是通过打制加工的特征,与本地区更早的发现一脉相承。

五、结束语

如前所述,老奶奶庙遗址及嵩山东麓旧石器遗址群的新发现确切证明,早在距今3~5万年在中原地区已有繁荣的旧石器文化与复杂的栖居形态。其栖居形态具有非常鲜明的时空特点:老奶奶庙遗址的半环状用火遗迹所展示的中心营地结构复杂化的发展趋势是最突出的时代特点;在不同河流水系的地理单元内分布着相对独立遗址群,同一遗址群内的中心营地与临时活动地点呈放射状分布,则是嵩山东南麓本阶段古人类栖居形态的显著空间特点。

嵩山东南麓MIS3阶段复杂的栖居形态与繁荣的旧石器文化的新发现,非常清楚地记录了晚更新世人类在这一地区繁衍生存的辉煌历史。这些新发现不但是探讨中华文明之源的重要资料,而且更进一步展示出多项与现代人行为密切相关的新文化特征。这些出自东亚大陆中心地带的新发现,与中国及东亚现代人起源于非洲的论断明显相悖,而更清楚地展示着我国境内更新世人类发展的连续性特点。透过这些发现重新审视现代人类及其行为在东亚地区的出现与发展,应该是嵩山东南麓地区旧石器时代考古工作的重点。

说明：

本文是在《中国文物报》2012 年 1 月 13 日考古专题版发表的《郑州老奶奶庙遗址暨嵩山东南麓旧石器地点群》专题报导的基础上进行补充修改，并展开讨论。郑州地区的旧石器考古新发现是郑州市文物考古研究院与北京大学考古文博学院长期合作的结果。在此过程中，张松林、顾万发、汪松枝、夏正楷、吴小红、何嘉宁等先生尤其关心，并辛勤工作，才有近年来的新收获。作者向以上各位，还有参加历年考古发掘工作的北京大学考古文博学院及郑州大学历史文化学院的研究生同学，表示最诚挚感谢！

［原刊《考古学研究》(十)，科学出版社，2012 年］

MIS3 阶段嵩山东麓旧石器发现与问题*

一、概述

20 世纪 90 年代开始,郑州市文物考古研究院等单位即在该地区开展旧石器考古工作,发掘了荥阳织机洞等遗址。[1] 自 2004 年冬季以来,郑州市文物考古研究院又连续组织多次旧石器考古专项调查,对郑州地区分布有更新世堆积的区域展开系统调查工作,到目前已经发现 300 多处旧石器及动物化石地点。这些发现的时代主要集中深海氧同位素 3 阶段[2](即 MIS3)。新发现的地点分布在西起登封,向东到新密、新郑等地的嵩山东麓地区。其中属于淮河水系的贾鲁河、溱水河以及洧水河等河流上游河谷地区的发现尤为丰富[3](图一)。在系统调查工作基础上,近年来已有多个遗址经过正式发掘,如新郑赵庄与黄帝口、登封西施及郑州西南郊二七区老奶奶庙等。[4] 本文拟介绍并简要讨论近年来在贾鲁河、溱水河以及洧水上游等地旧石器考古的新进展及相关问题。

二、贾鲁河流域

贾鲁河是淮河上游的一条支流,发源于郑州市西南郊。该地带马兰黄土堆积

---

* 本文承国家社科基金重大项目(项目编号:11&ZD120)资助。
[1] 张松林、刘彦峰:《织机洞旧石器时代遗址发掘报告》,《人类学学报》2003 年第 22 卷第 1 期,1~17 页。
[2] 夏正楷:《第四纪环境学》,北京大学出版社,1997 年。
[3] 郑州市文物考古研究院等:《郑州老奶奶庙遗址暨嵩山东南麓旧石器地点群》,《中国文物报》2012 年 1 月 13 日 4 版。
[4] 王幼平:《华北南部旧石器晚期文化的发展》,见《中国考古学会第十四次年会论文集》,文物出版社,2012 年,294~304 页。

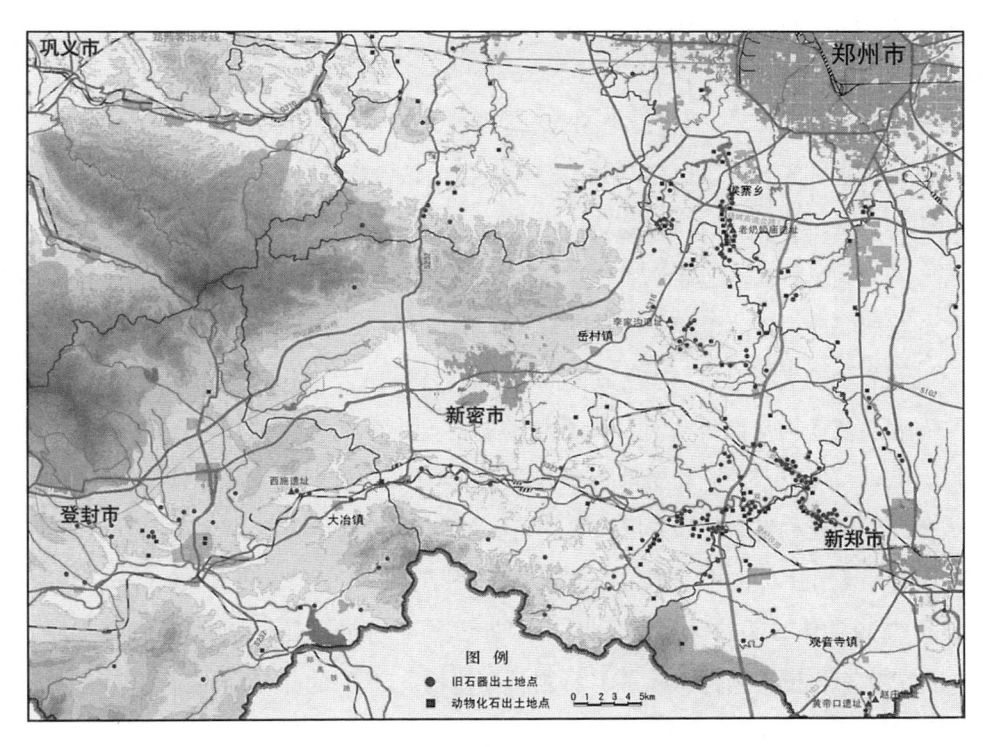

图一　嵩山东麓旧石器地点分布图

巨厚，沿河两岸晚更新世堆积系由马兰黄土及下伏的河流相堆积或棕红色古土壤层构成。属于 MIS3 阶段的旧石器地点在该地的分布尤为密集。其中老奶奶庙遗址已经过 2011—2013 年的 3 次正式发掘，收获非常丰富。

（一）老奶奶庙遗址

老奶奶庙遗址位于郑州二七区的侯寨镇樱桃沟景区内，东南距离代家门村约 500 米，西邻贾鲁河上游九娘庙河，坐落在河旁二级阶地之上。遗址地处嵩山余脉向东延伸的低山丘陵区，区内黄土堆积发育。[1]

遗址东侧由马兰黄土及下伏的河漫滩相堆积形成断崖剖面高近 20 米，马兰黄

---

[1] 郑州市文物考古研究院等：《郑州老奶奶庙遗址暨嵩山东南麓旧石器地点群》，《中国文物报》2012 年 1 月 13 日 4 版。

土之上，还叠压着新石器至历史时期的文化层。旧石器文化遗存埋藏在河漫滩相堆积中，已经发掘揭露的地层堆积显示，老奶奶庙遗址的旧石器遗存可分上下两大部分：上部为黄褐至灰褐色黏质粉砂，含丰富的石制品、动物骨骼碎片及灰烬等，可进一步划分为 6 个小层；下部是灰黄、灰白色黏质粉砂或粉砂，亦可进一步划分出 7 个小层，也都可见石制品、动物化石及灰烬等文化遗存。堆积显示，当时人类曾较长时间反复在水边居住活动，因而留下多层富含各类旧石器遗存的文化堆积。

老奶奶庙遗址的主要发现是以灰烬堆积为中心的居住遗迹，以及数量众多的石制品与动物化石遗存。在已发掘揭露的区域内，13 个文化层多可见到用火遗迹与石制品及动物骨骼碎片构成的居住遗迹。尤为引人瞩目的是上部的 3B 与 3F 层，均有大量的石制品、动物骨骼等遗物与多个用火遗迹共存，清楚地反映了当时人类的居址结构复杂化的发展趋势。如在 3B 层共发现用火遗迹 10 处。这些灰烬主要分布于发掘区的中部和中南部区域，面积有大有小。较大者如 H9 分布范围南北长约 20 厘米，东西长约 30 厘米，最厚处厚约 3 厘米，剖面观察则呈浅锅底状。周围分布有大量动物骨骼碎片与石制品等遗物。3F 层的原始地面呈现南高北低的缓坡状分布。遗迹、遗物非常丰富，共发现灰烬堆积 6 处，面积分布均较大。如分布在发掘区西南部的灰烬堆积平面形状呈近椭圆形，其分布范围南北最长处长约 126 厘米，东西最宽处宽约 100 厘米，从剖面上观察，其剖面最厚处可见厚度约 8 厘米，含有大量炭屑和灰白色斑块状物质。灰烬周围散布着较多的动物骨骼碎片与石制品等遗物。中北部区域还有另外几处面积稍小的灰烬堆积。灰烬堆积周边亦分布有大量的动物化石及石制品等。在离灰堆稍远处，还可见到明显石器加工区，有数量较多、属于同一原料来源的石核、石片及断块与碎屑等生产石器的副产品。经过浮选，在大部分灰烬中也都有较多的碳化草本植物籽实颗粒的发现。

老奶奶庙遗址经三个年度发掘，发现石制品的数量已超过 5000 件。种类包括石核、石片、断块及各类工具等。石制品的原料以灰白色石英砂岩和白色石英为主，亦有少量的石灰岩、火成岩及燧石等原料使用。在石英砂岩制品中，石片与石核的数量较多。石核多为多台面石核，均为简单剥片技术的产品，尚不见预制石核的迹象。石英原料则体积较小，亦采用锤击技术或砸击技术直接剥取石片。经过仔细加工的工具多系石英原料,数量不多,可见到的类型有边刮器、尖状器等。形体多较细小(图二)。

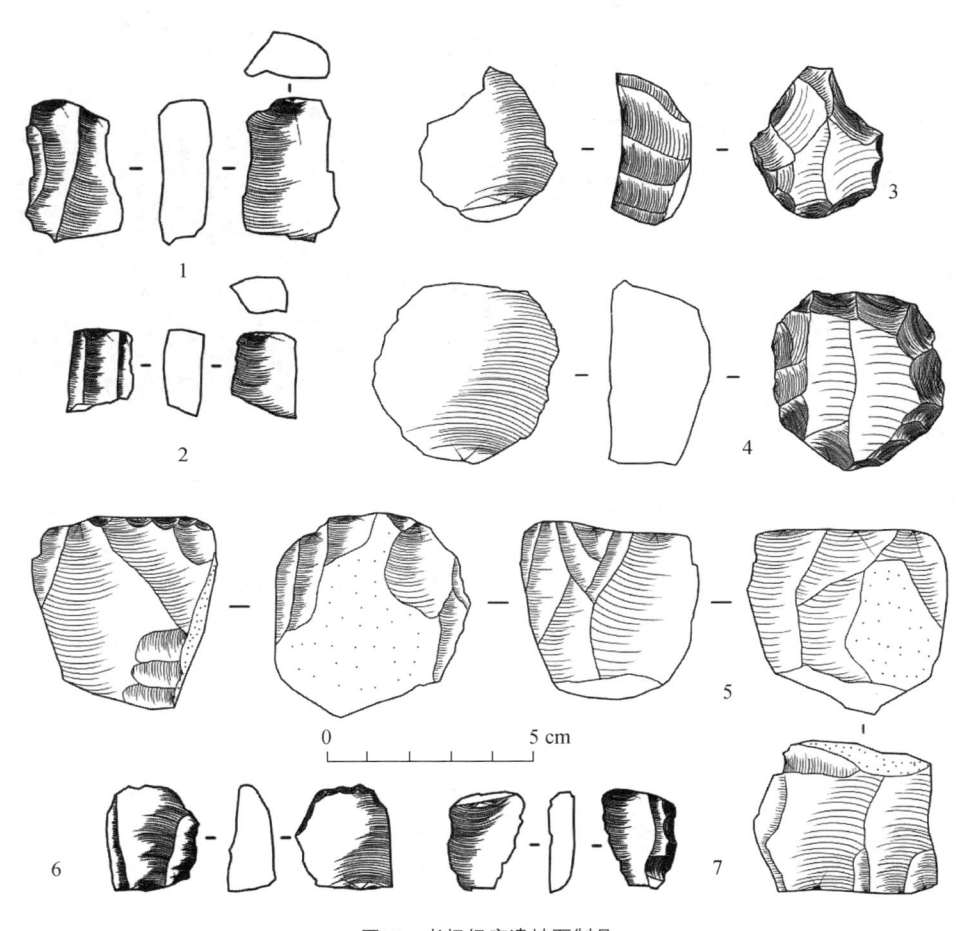

图二　老奶奶庙遗址石制品

1. 13EL：0527,石片；2. 13EL：0514,石片；3. 11EL：0669,石核；4. 12EL：1811,石核；5. 11EL：1825,石核；6. 13EL：0453,边刮器；7. 13EL：0502,边刮器

已发现的动物骨骼数以万计,包括数量较多的较完整的下颌骨、肢骨、牙齿等,以及大量骨骼碎片。其中下颌骨与牙齿等食草类动物头骨的骨骼比例要远远高于其他部位。多数动物骨骼石化程度较深。可鉴定种类主要是马、牛、鹿、羊与猪等。还有数量较多的鸵鸟蛋皮碎片。动物骨骼上完全不见食肉类或啮齿类动物啃咬痕

迹,显示大量骨骼在遗址上出现完全是人类狩猎与消费猎物活动的结果。另一引人瞩目的现象是其中较多骨片的大小比较相近,很多骨片长度集中在 10 厘米上下,刚好方便手握使用。有些残片上有比较清楚的打击修理痕迹。个别还可见到明确的使用磨痕。这些迹象显示,该遗址的居民除了使用石制品以外,还大量使用骨质工具,如图三所示,即是直接使用的食草类动物长骨片。

图三　老奶奶庙遗址使用骨片

(二) 贾鲁河上游其他发现

在老奶奶庙遗址附近,沿贾鲁河上游近 10 千米长的范围内,还分布着 20 余处的旧石器地点。[1] 这些地点也埋藏在马兰黄土上部堆积之下的河漫滩相堆积,或是与其同期异相的红褐色古土壤层中。这些地点的时代也当与老奶奶庙遗址相同。只是多数地点的堆积较薄,文化遗存也较少,只是临时活动的场所。从分布位置、地层堆积与文化遗存的保存等情况看,老奶奶庙遗址位于这个遗址群的中心,应是一处基本营地,并与这些临时活动地点共同构成一个遗址群。

三、溧水河流域

溧水河也是淮河上游的一条小支流,发源自嵩山东麓的低山丘陵区。其流经新郑至长葛县交界附近,将晚更新世沉积的黄土及河流相地层切割出露高达十余

---

[1] 王幼平:《嵩山东南麓 MIS3 阶段古人类的栖居形态及相关问题》,见《考古学研究》(十),科学出版社,2012 年,287~296 页。

米的剖面，上部为马兰黄土状堆积，其下多是河流相堆积或棕红色古土壤层。在新郑赵庄附近的调查已发现10多处旧石器地点，这些地点沿溱水河两岸分布，均埋藏在马兰黄土下伏的河漫滩相堆积中。[1] 其中赵庄与皇帝口两遗址已经过正式发掘。

赵庄旧石器遗址位于新郑市赵庄村北，溱水河东岸三级阶地。2009年发掘最主要的收获是置放象头的石堆与石器加工场。两遗迹位于同一活动面，显然是同一时期活动的遗存。活动面南北向分布，其西侧被河水侧蚀及当地村民取土破坏。现存活动面南部发现有一具完整的古棱齿象头骨，数量众多的大块紫红色石英砂岩块，以及乳白色碎小的石英制品。象头骨呈竖立状，朝南；由于长期的挤压作用已明显变形。绝大多数石英砂岩块位于象头骨的下部和周围，互相叠压，形成堆状。调查发现，大块的石英砂岩是直接采自距遗址西南5千米以外的陉山原生岩层。其搬运至此的主要功能并非加工工具，而是围成石头基座，在上面摆置象头。石英制品则主要分布于活动面北侧，绝大部分是加工石器产生的石核、石片、断块与碎屑等副产品，也有少量加工完成的工具，说明当时人类在这一区域的主要活动应是石器生产。[2]

皇帝口遗址东北与赵庄遗址隔河相望，直线距离不足1千米。文化层厚度仅10厘米左右。2009年发掘所获石制品、动物骨骼等遗物也仅100余件。文化遗存与堆积状况显示该遗址应是古人类较短暂的活动场所。小型利刃的石英制品与动物骨骼残片等保存状况说明，当时人类在这里的主要活动应是进行处理猎物等。加速器^{14}C等年代测定结果说明皇帝口与赵庄遗址当属同一时代，均为距今35000年前后。[3]

---

[1] 郑州市文物考古研究院等：《郑州老奶奶庙遗址暨嵩山东南麓旧石器地点群》，《中国文物报》2012年1月13日4版。
[2] 张松林、王幼平、汪松枝等：《河南新郑赵庄和登封西施旧石器时代遗址》，见《2010中国重要考古发现》，文物出版社，2011年，10~14页。
[3] 王佳音、张松林、汪松枝等：《河南新郑黄帝口遗址2009年发掘简报》，《人类学学报》2012年第31卷第2期，127~136页。

四、洧水上游

洧水上游地区也有较多的旧石器发现，其中最重要的是西施遗址。该遗址位于登封市大冶镇西施村村南，系嵩山东麓的低山丘陵区。该遗址是 2004 年底郑州市文物考古研究院进行旧石器考古专项调查所发现。2010 年 5~7 月发掘，揭露遗址面积近 50 平方米，出土各类石制品 8000 余件，并发现生产石叶的加工场遗迹。该遗址地层清楚、文化遗物典型丰富，史前人类生产石叶各环节的遗存均有发现，完整保留了旧石器时代居民在此地处理燧石原料、预制石核、剥片直至废弃等打制石叶的生产线或称操作链。[1] 在对西施发掘资料进行初步观察整理后，2010 年下半年，2013 年秋季与 2014 年春季，又前后几次以西施遗址为中心，对周围面积多达数百平方千米的区域进行系统调查。调查重点是了解区内地貌、典型剖面的地层堆积及石器原料产地，寻找相关旧石器文化遗址空间分布的信息等。

（一）西施遗址地层、时代与埋藏状况

西施遗址地处低山丘陵地带，区域地势整体上呈北高南低。海拔高度约 270 米，遗址附近黄土堆积发育。遗址北边出露的基岩为石英砂岩，南边则系石灰岩，部分石灰岩基岩中夹杂有燧石团块，是西施遗址生产石叶的原料产地。遗址位于两座低山之间的平缓谷地上。属于淮河水系的洧水河发源于遗址附近的石板道，由西北向东南流经遗址的南侧。上西施旧石器遗址就坐落在洧水河左岸的二级阶地之上。

遗址地层剖面由上至下为：表土层，系灰黑色现代耕土，土质较疏松，包含有陶、瓷片等近现代遗物。第 2 层为粉砂质黏土，靠上部颜色偏棕红，不见文化遗物；中部为灰黄色粉砂质黏土，仅见零星燧石制品；靠下部也是灰黄色粉砂质黏土，距

---

[1] 张松林、王幼平、汪松枝等：《河南新郑赵庄和登封西施旧石器时代遗址》，见《2010 中国重要考古发现》，文物出版社，2011 年，10~14 页。

地表250~280厘米的深度范围内集中分布着大量石制品；其下是灰黄色黏质粉砂，不见文化遗物。

上述地层关系在邻近地区分布较广泛，可与全新世至晚更新世晚期的上部马兰黄土至黑垆土的地层序列对比。整体看来，西施第2层的偏黄至灰黄色的粉砂质黏土应与马兰黄土上部堆积相当。中部发现的个别燧石片应是古人类偶然活动所遗。下部集中出土燧石制品的层位，当属西施遗址主要占用期。该层20厘米左右的深度范围内出土大量石制品，反映当时人类在较短时间内集中打制加工石器的活动。[1]

石制品出土产状和风化磨蚀程度的统计分析说明，下文化层出土石制品的长轴分布非常平均，倾向分布则比较分散。可拼合的几组石制品在水平深度上的差异普遍较小。除零星的几件石制品外，绝大部分石制品都没有风化或磨蚀迹象。因此，西施旧石器遗址的下文化层属典型的原地埋藏类型，当是该遗址的使用者在此进行生产石叶的活动的原地保存，所留下的遗物包括石屑、碎片等均未受到流水等自然因素的明显作用。

采自西施遗址下文化层的3个碳样的加速器^{14}C年代数据均分布在距今22000年左右。经过校正后该遗址石叶加工场的实际年龄应为距今26000年前后。同层的光释光测年数据也与此相近。

（二）西施遗址主要发现

西施遗址最主要的收获是石叶加工场遗迹，由各类石制品及人类搬运石料构成。主要分布在发掘区的东北部，集中在南北长约6米、东西宽近4米的范围内。大部分标本在剖面分布集中在上下20厘米左右的范围内。石制品种类包括石锤、石核、石片、石叶、细石叶、工具，以及人工搬运的燧石原料等。数量更多的则是石器生产的副产品，即断片、裂片、断块、残片与碎屑等。这些石制品及其分布状况，

---

[1] 王幼平、张松林、汪松枝等：《河南登封西施旧石器时代遗址》，见《中国考古新发现·年度记录·2010》（《中国文化遗产》增刊），2011年，280~283页。

也较清楚地展示出该遗址石器加工的技术特点,完整地保留着石叶生产操作链。

石制品中大者如石料,为长度近 100 毫米的燧石石块;小者则是仅有数毫米长短的剥片碎屑。石制品大小混杂且以生产石器的副产品占主导地位的情况,清楚地说明西施遗址的主要功能区应该是石器加工场所。部分石制品包括石核与石片等可以拼合,主要文化层堆积厚度有限等特点,则说明该遗址的占用时间很有限。综合这些情况可以看出,西施遗址的主要功能应是利用附近富集的燧石原料,专门生产石叶石核及石叶。从保留在遗址的石叶石核的数量与片疤等情况看,适用的石叶石核以及石叶应已被带往其他地点使用。

西施遗址出土石制品种类虽然庞杂,但石叶或生产石叶相关产品的特点尤为明显。石器原料的岩性以燧石为主,只有极少的几件石英、石英砂岩和玛瑙制品等。该遗址出土各类石片总数有近千件之多,而其中石叶类所占比例高达 2 成以上。这些保留在遗址的石叶多属小或中型。其形态多不甚规整,或系带有厚背脊、曲度较大者,多不宜再进一步用作加工工具的毛坯或复合工具。如果考虑可能已被带出遗址的石叶数量,该遗址石叶所占比例显然会更高(见图四)。

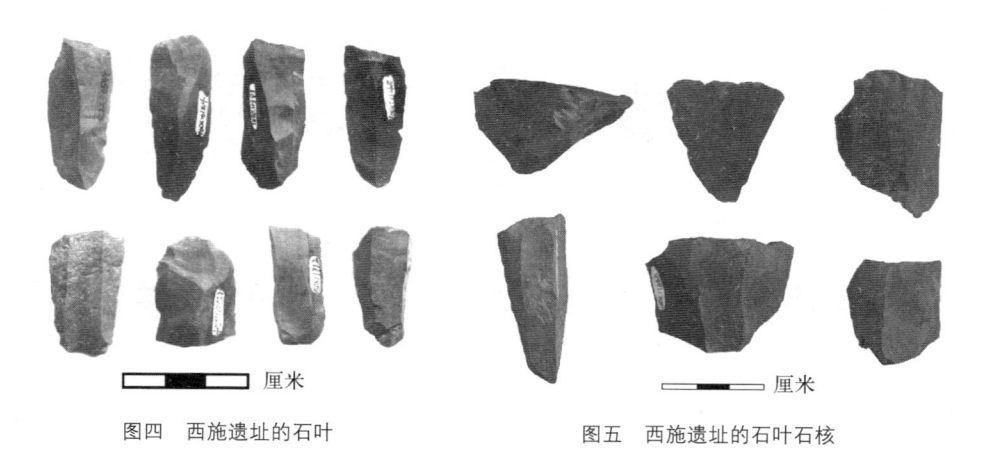

图四　西施遗址的石叶　　　　图五　西施遗址的石叶石核

遗址出土的数量众多的石核类标本中,石叶石核或石叶石核的断块两者占绝大部分。而普通石核则很少见。石叶石核多呈柱状或板状,以一个固定的台面连续向下剥离石叶,石核工作面上多可看到连续的石叶片疤(见图五)。部分原料质地较好的石核已被非常充分地利用,多数已处于剥片的最后阶段,无法继续生产石叶。

石片之中有数量较多的生产或再生台面石片。这类石片是为产生或更新石叶石核台面而打下的石片,也是石叶技术具有的标志性产品。更直接的证据是很多带背脊的鸡冠状或羽状石叶的发现。西施遗址这类石叶的特点是先在石核的一个侧边上修出一条直脊,然后在与这条脊垂直相交的平面打制修整出台面,进而沿着修脊方向,垂直向下剥离出第一片石叶。这类石叶的背面留有修脊的片疤,断面往往呈三角形,弧度通常较大,从侧面上看形似鸡冠或羽状。

该遗址出土的成品工具数量很少,可能也与遗址是石叶加工场的功能有关。工具类型包括端刮器、边刮器、雕刻器、尖状器等,且以端刮器为主。工具多以石片、石叶或残片为毛坯,修理方式以正向加工为主。

还有很引人关注的是数件细石核及一些细石叶的发现。细石核呈柱状,表面留有连续剥取细石叶的多个片疤。细石叶也很典型,只是与石叶保存状况相同,多是带厚背脊或曲度较大,不宜继续加工用作复合工具者。

(三) 其他发现

近年来的调查试掘发现,西施发现石叶遗存并不是孤立偶然现象。在东距西施不足 1 千米处的东施村也有类似的石叶遗存。另外在东施与西施两村之间,分布着大面积早年的砖窑取土场。在沿取土场挖掘遗留的断壁剖面调查,也发现多处含石叶遗存的地点。这些情况说明,晚更新世晚期,熟练掌握石叶技术的人群,在西施村附近曾有较频繁的活动,因而能够留下这些石叶遗存。

五、相关问题

(一) 年代与环境

年代与古环境是讨论旧石器时代考古新发现首先要考虑的问题。得益于区内黄土地层学研究的进展，为本区旧石器文化研究提供了非常可靠的相对年代框架。特别是与考古发掘和研究同步进行的年代学样品采集与分析，更直接为认识前述几个遗址的时代提供了确切的绝对年代数据。如前所述，老奶奶庙遗址等郑州地区新发现的数量众多的旧石器地点，主要埋藏在马兰黄土上部堆积之下的河漫滩相堆积或红褐色古土壤层。根据区域地层对比可知，应属深海氧同位素3阶段气候较暖湿时期。[1] 加速器 ^{14}C 与光释光等测年数据也显示旧石器地点的时代主要分布在距今 50000~20000 多年期间。[2] 已经获得的老奶奶庙遗址的多个 ^{14}C 年代数据集中分布在距今 40000~41000 年之间，校正后应为 45000 年前后。来自赵庄及附近的黄帝口遗址的 ^{14}C 数据则为距今 30000 年前后，校正后的绝对年代则是距今 35000 年前后。来自西施遗址的 3 个数据集中在距今 22000 前后，校正后为距今 25000~26000 年之间。黄土地层学的比较结果与 ^{14}C 年代数据等情况均说明老奶奶庙、赵庄、黄帝口及西施等遗址的新发现均属于深海氧同位素 3 阶段，正处于现代人类及其行为出现与发展的关键时段。

从地理环境来看，位于嵩山东麓的郑州地区，是中国及东亚大陆南北与东西的交通要道。该区是暖温带至北亚热带气候的过渡带，同时也是中国东西向阶梯状地形的第 2 阶梯向第 3 阶梯的过渡地带。温暖的气候，平原、低山丘陵等地貌环境为远古人类及其文化的发展提供了良好的条件。考古发现显示，更新世期间古人类曾长期在该地区生活，因而留下了丰富的旧石器文化遗存。特别是 MIS3 阶段以来的发现尤为丰富的情况，也当与其时的古环境条件密切相关。已有的古环境研究资料显示，虽然处于末次冰期大时段，但郑州地区 MIS3 阶段却是一个气候条件转暖的间冰阶，温湿条件应与当代的情况类似，属于暖温带的森林草原环境，[3] 为当时人类的生存演化提供了良好的生态条件。因而能够有众多的古人类长期生活

---

[1] 夏正楷、刘德成、王幼平等：《郑州织机洞遗址 MIS3 阶段古人类活动的环境背景》，《第四纪研究》2008 年第 28 卷第 1 期，96~102 页。

[2] 王幼平：《华北南部旧石器晚期文化的发展》，见《中国考古学会第十四次年会论文集》，文物出版社，2012 年，294~304 页。

[3] 刘德成、夏正楷、王幼平等：《河南织机洞旧石器遗址的洞穴堆积与沉积环境分析》，《人类学学报》2008 年第 27 卷第 1 期，71~78 页。

于此,留下非常丰富的旧石器文化遗存。[1]

(二)栖居形态与文化发展

从空间分布来看,位于中国与东亚大陆核心地区的嵩山东麓,应该也是晚更新世人类与文化向南北与东西方向迁徙与交流的中心。数百处旧石器遗址与数以万计文化遗物在 MIS3 阶段的嵩山东麓的广泛分布与发现,显然与该区的地理区位密切相关。这些旧石器地点成群、组聚集分布在相对独立的古代河谷地带构成多个遗址群。[2] 如前述的贾鲁河上游、溱水河以及洧水流域等发现,均反映了这种情况。通过前面介绍可见,不同的遗址群组内,又有长期居住地、临时活动以及石器加工场等区别。这些不同类型遗址的组合作为一个整体,则集中地反映了嵩山东麓旧石器时代中、晚期之交时期古人类的栖居形态。[3]

日渐复杂的栖居形态除了反映当时人类在本区生活的繁荣景象,同时也可以说明其行为与活动特点。尤其是在一些较长时期居住的遗址内,此时开始有多个用火遗迹所组成的复杂居住面出现等现象,还有当时人类偏好收集并带入居址内大量狩猎对象的头骨或下颌骨,也有远距离搬运紫红色石英砂岩堆砌石堆,再摆放古棱齿象头的遗迹现象,这些都是很明显的具有象征意义的非功利性行为,是这一阶段新出现的文化特点,当与现代人在本区的出现与发展密切相关。

就文化特点而言,老奶奶庙遗址等发现旧石器工业还保留着很鲜明的区域性文化传统,无论是石料选择与石器加工技术,或是工具组合等文化性质或类型学特点,均可以找出与本地区更早期文化的密切联系。[4] 例如时代较早的几个遗址仍

---

[1] Wang, YP., Pleistocene human activity in the Zhijidong site, China, and its chronological and environmental context, In Matsufuji Kazuto ed. Loess-paleosol and Paleolithic Chronology in East Asia, Tokyo:Yuzakaku,2008:173~182.
[2] 郑州市文物考古研究院等:《郑州老奶奶庙遗址暨嵩山东南麓旧石器地点群》,《中国文物报》2012年1月13日4版.
[3] 王幼平:《嵩山东南麓 MIS3 阶段古人类的栖居形态及相关问题》,见《考古学研究》(十),科学出版社,2012 年,287~296 页.
[4] 王幼平:《中国远古人类文化的源流》,科学出版社,2005 年.

然喜欢使用石英原料加工石制品,继续沿用简单剥片技术来剥取石片。工具多以片状毛坯加工。工具类型主要是各种边刮器、小尖状器或钻具。多是加工比较简单随意的权宜工具,很少见到精制品。这些情况与北方地区长期流行的石片石器工业传统都没有明显不同。

另一特点是骨质材料的应用情况,这在发现大量动物骨骼及残片的老奶奶庙遗址表现得很明显。如前所述,该遗址有大量长短在10厘米左右的食草类动物管状骨片的发现,其中一些带有明显的打击修理或直接使用的痕迹。这些应该是作为工具来修理或使用的。这样对骨质材料加工或使用的特点,与同时代的旧大陆西侧明显不同,基本不见磨制技术,主要通过打制加工的处理骨质材料的特征,与中原地区更早的发现,如许昌灵井遗址等,很可能是一脉相承。[1] 这些新发现比较清楚地展示了区内旧石器文化发展的连续性特点,也是研究现代人类及行为的出现与发展的重要线索。

(三) 石叶技术的发现

距今26000年前后的西施遗址的石叶技术的发现尤其引人注目。因为以往中国旧石器考古发现这类遗存很少,以至于有学者提出石器技术模式1在中国从早一直延续到晚期,仅晚期在局部地区有模式5流行。而属于模式4的石叶技术,则不见或基本不见。[2] 石叶工业是旧大陆大部分地区旧石器时代晚期文化最具代表性的文化因素,甚至成为这些地区旧石器时代晚期文化的代名词。[3] 石叶技术的广泛应用也被视作现代人行为出现的重要标志。[4] 然而在中国境内,典型的石叶工业仅见于地处西北地区的宁夏灵武水洞沟遗址一处。近些年来虽然陆续有石

---

[1] 李占扬、沈辰:《微痕观察初步确认灵井许昌人遗址旧石器时代骨制工具》,《科学通报》2010年第55卷第10期,895~903页。

[2] 加藤真二:《中国的石叶技术》,《人类学学报》2006年第25卷第4期,343~351页。

[3] Bae, KD., Origin and patterns of the Upper Paleolithic industries in the Korean Peninsula and movement of modern humans in East Asia. *Quaternary International*, 2009, 211: 307~325.

[4] Klein, RG., The Human Career: Human Biological and Cultural Origins. Chicago: The University of Chicago Press, 1999.

叶发现报道,但均是与其他石器技术共存且不占主导地位的情况。在地理分布上也多处于西北、华北至东北等边疆地区。因而石叶技术往往被视为外来因素,与中国旧石器文化发展主流无关。[1] 地处中国及东亚大陆腹心地带的西施遗址典型的石叶技术的发现,特别是以中、小型石叶占主导地位的技术特点,与水洞沟等发现明显不同。这一发现显然有助于追溯石叶技术之源流,并且可以进一步认识中国及东亚地区旧石器时代晚期文化发展特点。[2]

西施遗址发现有各类典型的石叶技术的产品、石叶生产加工场遗迹以及可以完整复原的石叶生产操作链。这些发现显示,西施遗址的史前居民业已熟练地掌握了石叶技术。联系中原及邻近地区同一时期其他旧石器考古发现来考虑,如河南安阳小南海[3]与山西灵川塔水河[4]等石器工业,应该都有石叶技术存在的踪迹可寻。[5] 所以石叶技术在中原腹地的存在和应用,应不是孤立或偶然的事件。与此同时,西施还有与石叶工业共存的细石器的发现,这些细石器的年代早,技术特征也典型,也为探讨邻近地区与西施年代相近的一些细石器遗存的技术特点及文化关系等课题提供了新线索。[6]

从生态适应的角度观察,西施遗址新发现的石叶工业,以其典型的技术特征、丰富的文化内涵及清楚的年代学与古环境证据,也为了解古人类在最后冰期的最盛期来临之际,如何适应中原地区,特别是开发遗址附近丰富的燧石资源,系统生产石叶的行为与活动特点等诸多课题,提供了非常重要的信息,进一步展示了中原腹地及东亚大陆旧石器时代晚期文化发展的复杂与多样性。

---

[1] 王幼平:《中国远古人类文化的源流》,科学出版社,2005年。
[2] 王幼平:《青藏高原隆起与东亚旧石器文化的发展》,《人类学学报》2003年第22卷第3期,192~200页。
[3] 安志敏:《河南安阳小南海旧石器时代洞穴堆积的试掘》,《考古学报》1965年第1期,1~27页。
[4] 陈哲英:《陵川塔水河的旧石器》,《文物季刊》1989年第2期,1~12页。
[5] 陈淳、安家瑗、陈虹:《小南海遗址1978年发掘石制品研究》,见《考古学研究》(七),科学出版社,2008年,149~166页。
[6] 王建、王向前、陈哲英:《下川文化——山西下川遗址调查报告》,《考古学报》1978年第3期,259~288页。

六、小结

综上所述,近年来嵩山东麓的旧石器考古进展很快,调查发现数量众多的遗址与地点,其中一些关键遗址也得以系统发掘。这些新发现显示,在距今50000年前后至20000多年的嵩山东麓地区,经历了一个古人类发展的繁荣时期。数以百计的旧石器遗址或地点成群、成组地聚集分布在古代河流两岸,清楚地展示了当时人类的聚落与栖居形态。这些新证据说明中原地区的古人类及其文化在经历过末次冰期早期的寒冷阶段之后并没有消失,而是更为繁荣地发展。已有的考古学文化证据则进一步说明,嵩山东麓MIS3阶段早期的旧石器文化与技术特点,仍然与本区更早的旧石器文化一脉相承。就已有的发现来看,无论是石器技术、类型学特点,还是应用骨质材料的习惯,都很清楚地表现出与中国北方常见的石片石器工业传统的密切关系,看不出明显的外来因素,如莫斯特或是石叶技术等影响的痕迹。虽然目前还没有人类化石证据的发现,但此时长期营地的结构布局、象征性行为的出现等,则显示现代人类应该也已经出现在MIS3阶段早期的嵩山东麓。

在时代稍晚的登封西施遗址发现石叶生产操作链,则确切证明在中国与东亚大陆的腹地也有石叶技术的系统应用,但其出现的时间要明显晚于旧大陆西侧石叶工业,也晚于前述的本区现代人及其行为的出现。不过,结合邻近地区已有的类似发现来看,嵩山东麓及华北南部地区的石叶工业的存在应该不是偶然现象。已有的地层关系与年代测定数据显示,石叶工业技术是出现在MIS3阶段晚期,在繁荣的石片石器工业之后。石叶工业的遗址分布、石器原料的选择等主要文化特点或适应策略,也均与MIS3阶段早期不同。

通过上述发现与研究,已经可以初步在嵩山东麓及中原地区建立起旧石器时代中至晚期文化发展的编年框架。这一阶段石器技术发展特点,从石片石器、石叶与细石器技术的发展历程,应该是本区,也是中国北方旧石器时代晚期文化发展的普遍特点。同时,这些新发现也初步揭示了MIS3阶段以来,该地区古人类栖居形态的特点与演化历程,以及现代人类及其行为的出现与发展路径。

致谢：本文是近年来郑州市文物考古研究院与北京大学考古文博学院旧石器时代考古合作发掘与研究的部分成果概述。感谢项目实施过程中两单位参与工作的众多同事，以及参加发掘实习的北京大学、郑州大学等校的多位研究生、本科生同学。陈宥成绘制老奶奶庙遗址石制品线图，高霄旭拍摄西施遗址石制品照片。

（原刊《人类学学报》2014 年第 33 卷第 3 期）

中原地区现代人类行为的出现及相关问题*

一、概述

晚更新世现代人类及其行为在东亚地区的出现一直是史前学者关心的课题。很多学者曾对此进行讨论。然而由于该地区有关现代人类及其行为的考古资料所限,以往讨论很难深入展开。鉴于此,从2001年开始,北京大学考古文博学院与郑州市文物考古研究院合作先后发掘了河南荥阳织机洞、新郑赵庄、登封西施与郑州二七区老奶奶庙等多个旧石器时代遗址。这些遗址多处于现代人类出现与发展的关键阶段。发掘收获也很丰富,有数量众多的石制品,以及大量与古人类活动有关的动物骨骼碎片。还发现以火塘为中心的居住营地、专门的石器制作场所以及放置古棱齿象头的石堆等重要遗迹现象。这些发现为认识现代人类及其行为在该地区的出现与发展等课题提供了非常重要的新资料。[1] 本文将简要介绍近年来中原地区的旧石器考古新发现,并就相关问题进行初步探讨。

二、地理环境与年代

上述几个遗址,均位于河南省会郑州及其所辖的几个县级市境内。这里是传统所称中原地区的核心部位(见图一)。中原地区位于中国南北方过渡地带,是现代中国及东亚大陆南北与东西交通的枢纽,也是更新世期间古人类迁徙与

---

* 本文承郑州中华之源与嵩山文明研究会重大课题研究经费(项目编号:ZD-3)、国家社科基金重大项目(项目编号11& ZD120)资助。
[1] 王幼平:《华北南部旧石器晚期文化的发展》,《中国考古学会第十四次年会论文集》,文物出版社,2012年。

文化交流的必经之地。与此同时，这里也是中国自然地理区划南北方的交汇地带，南接江淮的亚热带，北连华北平原温带地区。在地形地貌方面，中原地区的东部是黄淮海平原，向西则逐渐过渡到嵩山山脉及黄土高原区。亚热带与暖温带的过渡气候，加上平原、山区以及黄土高原交替变化的地貌条件，两者共同铸就了中原地区多样性的生态环境。尤其是受到更新世期间的冰期与间冰期交替出现、古气候频繁变化的影响，更为这一地区的早期人类创造了复杂的生存条件。近年来在该区域内调查发现的数量众多的旧石器时代遗址，也充分反映了更新世期间，尤其是晚更新世的中、晚期，有数量众多的古人类在此生活的繁荣景象。

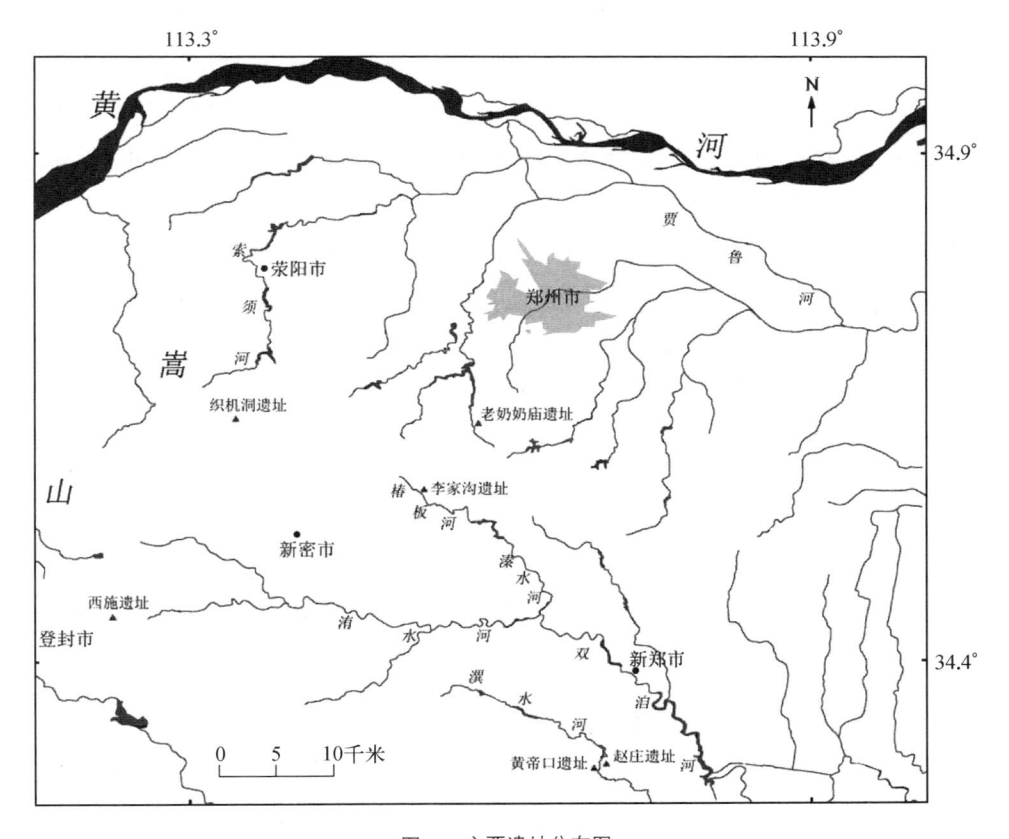

图一　主要遗址分布图

中原地区的中西部,更新世期间形成了巨厚的黄土堆积。[1] 本文所讨论的几处遗址,除织机洞属洞穴堆积以外,其他几处都是露天遗址。几个遗址所在地区均可见到典型黄土堆积。各遗址的文化层也都可以和典型的黄土地层序列进行详细对比。

其中新近发掘的郑州市西南郊的老奶奶庙遗址的堆积与黄土地层的关系最为清楚。在该遗址北面断崖剖面上清楚可见 1~2 米厚的全新世堆积,其下则是 10 余米厚的典型马兰黄土。马兰黄土之下的河漫滩相堆积即是该遗址的文化层。上述堆积序列刚好与典型黄土堆积的黑垆土(S0)、马兰黄土上部(L1)及古土壤层(L_{1S})相吻合。这一序列也正好与深海氧同位素 MIS1~3 的三个阶段相当。[2] 新郑赵庄遗址的地层也与老奶奶庙遗址相同。文化层位于相当于马兰黄土上部堆积之下的河漫滩相堆积。另一处露天遗址登封西施的文化层则与前两者稍有不同,大致是相当于马兰黄土上部堆积偏下的黄土状堆积。[3]

几个遗址的年代测定数据也与上述地层关系相吻合。加速器 ^{14}C 与光释光的年代测定的初步结果显示,老奶奶庙为距今 40000 年以上,赵庄遗址为距今 35000 年左右。西施遗址则为距今 25000 年前后。织机洞遗址的洞穴堆积虽然不能与黄土地层直接对比。但该遗址有比较详细的加速器 ^{14}C 与光释光方法的测年结果,可以看出早期人类居住在织机洞的时间大致是从距今 50000 年前后到距今 30000 多年。上述测年数据显示,这几处遗址的主要居住时间都处于 MIS3 阶段,只有西施遗址稍晚,大致处于 MIS3 到 MIS2 的过渡时期。

三、主要发现

(一)织机洞遗址

织机洞遗址位于郑州市区以西的荥阳市崔庙镇王宗店村北,是沿石灰岩裂隙

---

[1] 孙建中:《黄土高原第四纪》,科学出版社,1991 年。
[2] 王幼平:《嵩山东南麓 MIS3 阶段古人类的栖居形态及相关问题》,《考古学研究》(十),科学出版社,2012 年。
[3] 张松林、王幼平、汪松枝等:《河南新郑赵庄和登封西施旧石器时代遗址》,《2010 中国考古重要发现》,文物出版社,2011 年。

发育的岩厦式溶洞。遗址位于嵩山余脉所形成的低山丘陵区。[1] 堆积总厚达 20 米以上。新近发掘的洞口部位堆积共分 9 层。根据 ^{14}C 与光释光等测年结果来看，其堆积主体应该形成于距今 40000 年以前。织机洞内堆积与洞外黄土—古土壤剖面的对比研究也表明，各文化层人类活动时期在洞外黄土堆积区所发现的几处露天遗址相同，是古土壤（L_{1S}）发育时期。[2] 我国黄土研究表明，这一阶段形成的古土壤不仅见于郑州—洛阳一带，而且见于整个黄土高原。[3] 这意味着织机洞与另外几处露天遗址所在区同我国北方广大地区一样，当时都处于比较温暖湿润的间冰阶气候。适宜的气候环境不仅有利于古土壤的形成，而且也为人类活动提供了良好的生态环境和广阔的生存空间。

织机洞遗址最主要的发现是其石器工业。洞口部分新发现的石器工业明显可以分为两种类型：即以 1~7 层为代表的晚期的石片工业，以 8、9 层为代表的早期的砾石工业。

1~7 层经过初步整理的石制品有数千件。这些石制品的原料主要为石英，其次为燧石，还有少量的石英砂岩与石英岩等原料的使用。这些原料除了石英砂岩与石英岩系来自洞前河滩的砾石，其余均系采自数千米以外的出露的基岩岩脉或风化的岩块与结核。石核主要是不规则形者，绝大部分是锤击技术的产品。少数标本可能是砸击技术的产品。经过修理的工具的数量多达千件，可以分为边刮器、端刮器、凹缺刮器、尖状器、石锥、雕刻器与砍砸器等。这些工具的修理也多比较简单，较少见到经过仔细加工、形体规整的精制品。

织机洞遗址 8、9 层所发现石制品的数量明显不如前者，经过整理者仅有 100 多件。这一阶段石器原料的使用情况与晚期相比，种类发生很大变化，石英岩与砂岩的比例明显增高，占绝对优势，石英与燧石等则明显较少。原料的来源也明显不同，主要系来自洞前河滩的砾石，形体明显较大。

---

[1] 王幼平：《织机洞的石器工业与古人类活动》，《考古学研究》（七），科学出版社，2008 年。
[2] 夏正楷、刘德成、王幼平等：《郑州织机洞遗址 MIS3 阶段古人类活动的环境背景》，《第四纪研究》2008 年第 28 卷第 1 期。
[3] 孙建中：《黄土高原第四纪》，科学出版社，1991 年。

从发现的石核与石片来观察,早晚两期剥取石片的技术并没有发生明显变化。都是以锤击技术直接生产石片为主,也不见预制石核与修理台面的情况出现。砸击技术的使用迹象也很少见到。不过从经过修理的工具类型来看,两者则有明显的变化。8、9层的工具中,砍砸器等重型工具的比例逐渐增多,石器的体积与重量明显增加。

(二) 赵庄遗址

赵庄旧石器遗址位于郑州市区以南的新郑市赵庄村北,溱水河东岸第三阶地。遗址西部是具茨山,西南距陉山5千米余,东临黄淮大平原,属丘陵区向平原区过渡地形。该遗址2009年10～12月首次进行发掘,出土遗物有数量众多的石制品及少量动物化石。[1]

遗址地层从上至下分为七层,分别为全新世堆积,含钙质结核的马兰黄土,以及其下的漫滩相堆积即旧石器时代文化层。旧石器文化层的主体部分为灰白色粘质砂土,有锈黄色斑点,土质略硬,含砂量较大,局部可见黄灰相间的水平层理。大量石制品及动物化石主要分布在厚约10~30厘米的范围内。

发掘所获石制品数量超过5000件。原料有石英和石英砂岩两种。石英制品数量占绝对多数,但个体较小,多在5厘米以下。种类主要有石料、石核、石片、断块、碎屑。还有少量经过修理的工具,类型有刮削器、尖状器与砍砸器等。引人瞩目的是个体较大的紫红色石英砂岩块,长径平均在15厘米左右,大者超过了20厘米,小的也在5厘米左右。大部分石块上可见有人工打击痕迹,但却少有刻意加工的工具。

哺乳动物化石主要是一具古棱齿象的头骨及一段门齿,还有少量象肢骨片,以及零星的羊、鹿化石等。

该遗址最重要的发现是石器加工场与置放象头的石堆等遗迹现象。两者位于同一活动面,显然是同一时期活动的遗存。活动面由南向北由象头骨、石英砂岩块

---

[1] 张松林、王幼平、汪松枝等:《河南新郑赵庄和登封西施旧石器时代遗址》,《2010中国考古重要发现》,文物出版社,2011年。

和石英制品组成。象头骨呈竖立状,由于长期的挤压或受石块的砸击变形较为严重,但保存完整。大多数石英砂岩块位于象头骨的下部和周围,互相叠压,形成堆状。调查显示,大块的紫红色石英砂岩则明显是直接采自距遗址 5 千米以外的陉山基岩原生岩层。石块被搬运至此,其主要功能并非加工工具,而是围成石头基座,在上面摆置象头。

石英制品则主要分布于象头骨的北侧,构成石器加工区。调查发现,石英原料产地为遗址西部 20 多千米的具茨山区。来自山区的石英碎块沿溱水顺河而下,可以冲到遗址附近。而在该遗址内发现的部分石英制品的表面尚保留有砾石面,也说明赵庄的古代居民可能是就地取材,采用石英原料在该遗址生产石器。

(三) 老奶奶庙遗址

老奶奶庙遗址位于郑州市西南郊的樱桃沟景区内,附近有属于淮河水系的贾鲁河流过。遗址坐落在贾鲁河东岸的黄土台地上。2011~2013 年连续 3 年进行发掘。该遗址最主要的发现是多个文化层的连续堆积,并有保存完好的多个火塘成组分布,火塘周围是数量众多的石制品与动物骨骼残片。[1]

该遗址的文化层自上而下可分为 13 个亚层。其中第 2 与第 6 亚层,均应是当时人类居住活动的遗存。第 2 层中部为一个含大量炭屑与黑色灰烬的火塘,其周围是动物骨骼残片与石制品。第 6 层的堆积更厚,在平面上可见 4 处火塘呈半环状分布。在火塘周围也明显分布有丰富的动物骨骼残片与石制品。同时还有石制品明显聚集区,是石器加工场所的遗迹。

老奶奶庙遗址所发现的文化遗物非常丰富,包括数千件石制品与上万件动物骨骼残片。石制品主要以灰白色石英砂岩和石英制品为主,石英砂岩石制品中,石片数量较多,石核多为多台面石核,均为简单剥片技术的产品,尚不见预制石核的迹象。经过仔细加工的工具不多,可见到的类型有边刮器、尖状器等。形体多较细小。

---

[1] 郑州市文物考古研究院等:《郑州老奶奶庙遗址暨嵩山东南麓旧石器地点群》,《中国文物报》2012 年 1 月 13 日 3 版。

动物骨骼残片的比例远远高过石制品。其大小尺寸也比较相近,多在10厘米上下,方便手握使用。有些残片上有比较清楚的打击修理痕迹。个别还可见到较明显的使用磨痕。这些迹象显示,该遗址的居民除了使用石制品以外,还大量使用骨质工具。多数动物骨骼的石化程度较深。可鉴定种类主要是马、牛、鹿、羊等食草类。还有数量较多的鸵鸟蛋皮碎片。动物骨骼上均不见食肉类或啮齿类动物啃咬痕迹,显示其主要是人类活动的结果。另外该遗址发现的用火遗迹已超过20处。这些遗物和遗迹的分布情况也说明早期人类曾较长时间居住在此遗址。

(四) 西施遗址

西施旧石器遗址位于河南省郑州市辖的登封市西施村南,嵩山东麓的低山丘陵区,埋藏在属于淮河水系的洧水河上游左岸2级阶地上马兰黄土堆积中。2010年发掘,出土各类石制品8500余件,并发现生产石叶的加工场遗迹。[1] 遗址堆积分为两大层,上层为表土层;下层为马兰黄土堆积,马兰黄土层厚达3米以上,在其下部发现厚度约30厘米的密集的旧石器文化遗存。地层堆积中没有发现显著的水流作用的迹象。石制品本身也没有明显的磨蚀痕迹,应为原地埋藏。遗址附近黄土堆积分布广泛,但局部可见到燧石条带出露,为当时人类生产石叶提供了原料来源。

石叶加工的主要空间位于发掘区的东北部,石制品密集分布在南北长约6米、东西宽近4米的范围内。大部分标本在剖面上也很集中,主要分布在上下20厘米左右的范围内。石制品种类包括石锤、石核、石片、石叶、细石叶、工具,以及人工搬运的燧石原料等。数量更多的是石器生产的副产品,即断片、裂片、断块、残片与碎屑等。这些石制品及其分布状况,清楚地展示出该遗址石器加工的技术特点,完整地保留了石叶生产的操作链。出土石制品的组合,包括石核与石片等可以拼合,以及石制品主要堆积的厚度有限等特点,均说明该遗址的占用时间比较短暂。当时人类利用附近富集的燧石原料,集中生产石叶与石叶石核,并将适用的石叶以及石

---

[1] 张松林、王幼平、汪松枝等:《河南新郑赵庄和登封西施旧石器时代遗址》,《2010中国考古重要发现》,文物出版社,2011年。

叶石核带离遗址去其他地点使用。

该遗址出土的各类石片总数有近千件之多,而其中典型石叶所占比例高达二成以上。石叶石核或石叶石核的断块两者占绝大部分。普通石核则很少见。还有数量较多的再生台面石片,以及带背脊的冠状石叶的发现。成品工具数量很少,类型包括端刮器、边刮器、雕刻器、尖状器等,并以端刮器为主。

除了大量的石叶石核与石叶,该遗址还出土了数件细石核和一些细石叶。细石核呈柱状,表面留有连续剥取细石叶的多个片疤。细石叶也很典型,只是与石叶保存状况相同,多是带有厚背脊或曲度较大者,不宜继续加工用作复合工具。

四、讨论

在上述发现中,织机洞遗址时代最早,所保存的文化堆积巨厚,在时代上跨越了从旧石器时代中期到晚期的发展,清楚地反映了早期人类曾连续使用该洞穴。从旧石器时代中期一直到晚期,其文化特点也发生明显变化。这些变化主要反映在石器原料的选择、石制品形体的大小以及工具组合等方面。这个遗址的早期居民更偏重于就近选取石器原料,就地加工出石质工具。大型砍砸工具在他们的生产生活中扮演着更重要的角色。这些工具加工简单,多为权宜型。从居住地到石器原料产地以及加工和使用石器的场所均在相对较小的范围内。这种情况暗示,织机洞遗址早期居民可能更多在遗址附近活动,砍砸等重型工具在他们的生活中承担着主要任务。[1]

上述情况到第7层以后发生急剧变化。此时织机洞的居民开始放弃附近河滩丰富的石英砂岩与石英岩原料,转而到远处山区去寻找燧石与石英等适合加工小型利刃工具的石料。这一阶段织机洞居民经常性活动的半径至少在距居住地6、7千米外。他们更多的活动则是应用小型利刃工具完成。扩大活动范围与工具小型化、多样化等新情况,都说明此时织机洞居民的行为较早期更为复杂化。这一转变

---

[1] 王幼平:《织机洞的石器工业与古人类活动》,《考古学研究》(七),科学出版社,2008年。

发生在距今 4~5 万年之间,此时正值最后冰期的最盛期之前的间冰阶。织机洞遗址以及周围古环境的综合研究显示,周围的植被以森林草原为主。[1] 织机洞遗址晚期居民在总体未变的温暖湿润环境条件下,石器工业却发生显著变化,从大型的砾石石器工业转变为小型石片石器工业。这一变化显然难以用环境适应的因素来解释。而远距离运输石料,仔细修理数量众多的精制工具,更适应大范围的复杂活动。生产与生活等活动的复杂化,生存领域的扩大等特点都是现代人所特有的行为特点。在织机洞遗址所发生的这一转化,显然不会是简单的对环境适应,而更可能与现代人及其行为的出现密切相关。

类似织机洞最下层的以砾石为原料的形体较大的石器工业,在织机洞遗址邻近及华北南部地区的晚更新世较早阶段分布很广泛,到晚更新世的晚期,都很明显地被类似织机洞晚期的形体较小的石片石器工业取代。这种现象在近年来中国南方甚至朝鲜半岛的旧石器考古发现中也很常见,反映了东亚地区晚更新世人类行为的发展共同特点。

西施遗址所发现的石叶工业,以其丰富的文化内涵及清楚的年代学与古环境材料与证据,为了解最后冰期的最盛期来临之前的古人类适应中原地区,特别是开发遗址附近地区丰富的燧石资源,系统生产石叶的行为与活动历史提供了十分重要的新信息。石叶技术的出现与发展是现代人行为出现的重要标志之一。然而在目前已有的中国旧石器时代考古发现之中,典型的石叶工业仅发现于西北地区的宁夏灵武水洞沟遗址一处。近些年来虽然陆续有石叶发现的报道,但均是与其他石器技术共存,且不占主导地位;地理分布上也多处西北、华北至东北等边疆地区。[2] 地处中国及东亚大陆腹心地带的西施遗址,新发现典型的石叶工业,显然具有改写已有的对中国及东亚地区旧石器时代晚期文化发展的传统认识的重要意义,同时也为研究这一地区现代人类行为的出现等课题提供了新视角。

除了上述石器工业方面的证据,在赵庄与老奶奶庙遗址所发现的石堆与火塘

---

[1] 夏正楷、刘德成、王幼平等:《郑州织机洞遗址 MIS3 阶段古人类活动的环境背景》,《第四纪研究》2008 年第 28 卷第 1 期。
[2] 加藤真二:《中国的石叶技术》,《人类学学报》2006 年第 25 卷第 4 期。

等遗迹现象更直接反映了现代人类行为在中原地区的出现与发展。如前所述，在新郑赵庄遗址出现的远距离搬运红色石英砂岩石块，集中摆放成堆并在其上放置古棱齿象头骨，这种非功利性的活动，显然是现代人所独具的象征性行为特点。同样，在郑州西南郊二七区老奶奶庙遗址所发现的多个火塘半环状分布的居住面遗迹，也显示了当时人类群体内部结构复杂化的趋势，应与现代人类行为的发展密切相关。

五、结语

在中原地区新发现的考古证据显示，该地区现代人类行为应该出现在深海氧同位素3阶段。大致在距今5万年前后，首先是在荥阳织机洞遗址，已经可以清楚地看到，石器工业小型化、复杂化，人类活动领地扩大发展的趋势。登封西施典型石叶工业的发现，则更明确地证明现代人类行为在这一地区的存在。尤其是赵庄遗址摆放象头的石堆与老奶奶庙遗址多个火塘的居住面等遗迹现象，更直接地反映了该地区现代人类行为的特点。

对上述新发现的初步观察显示，中原地区现代人类行为的出现与东亚及旧大陆大部分地区大致类似，在差不多同时，也出现象征性行为、居址结构复杂化，以及石叶与骨质工具的应用等现代人类行为的共同特点。然而，系统应用石叶技术的时代明显偏晚以及骨质工具主要是打制生产等特点，又与旧大陆其他地区有比较清楚的区别。对上述发现的继续研究，在该区展开更多的考古发掘与调查，则是深入认识该中原以及东亚地区现代人类行为的出现与发展课题的关键。

（原刊《中华之源与嵩山文明研究》第2辑，科学出版社，2015年）

嵩山东麓晚更新世古人类文化的发展*

嵩山周边地区不仅是中华文明起源的核心地区,也是更新世人类的生存演化的重要舞台。近十多年来在该地区特别是嵩山东麓,陆续有越来越多的晚更新世以来的旧石器时代考古新发现。其中尤为引人瞩目的是时代属于深海氧同位素3阶段和2阶段的古人类文化遗存,如河南荥阳织机洞、[1]新郑赵庄、[2]郑州市二七区老奶奶庙、[3]登封西施、[4]新密李家沟等。[5] 这些发现的共同特点是都有丰富的旧石器文化遗存,清楚的年代测定数据与古环境背景资料,为认识本地区旧石器时代文化发展提供了非常重要的材料。

以上提到的几处遗址均是最近几年北京大学考古文博学院与郑州市文物考古研究院合作发掘,详细的田野考古发掘报告尚未发表。这里仅介绍几处新发现的简单情况,并将其与邻近地区已有的考古资料一并观察,初步认识嵩山东麓地区晚更新世以来旧石器文化发展的情况,并对相关问题进行简要探讨。

一、古环境与年代学研究进展

上述几处新发现的遗址,均位于河南省会郑州及其所辖的几个县级市境内。

---

* 本文承郑州中华之源与嵩山文明研究会重大课题项目(项目编号:DZ-3)资助。
[1] 王幼平:《织机洞的石器工业与古人类活动》,《考古学研究》(七),科学出版社,2008年,136~148页。
[2] 张松林、王幼平、汪松枝等:《河南新郑赵庄和登封西施旧石器时代遗址》,《2010中国考古重要发现》,文物出版社,2011年,10~14页。
[3] 郑州市文物考古研究院等:《郑州老奶奶庙遗址暨嵩山东南麓旧石器地点群》,《中国文物报》2012年1月13日第4版。
[4] 王幼平、张松林、汪松枝等:《河南登封西施旧石器时代遗址》,《中国考古新发现·年度记录·2010》(《中国文化遗产》增刊),2011年,280~283页。
[5] 北京大学考古文博学院等:《河南新密市李家沟遗址发掘简报》,《考古》2010年第4期,3~9页。

这里是传统所称中原地区的核心部位。中原地区位于中国南北方过渡地带，是现代中国及东亚大陆南北与东西交通的枢纽，也是更新世期间早期人类迁徙与文化交流的必经之地。与此同时，这里也是中国自然地理区划南北方的交汇地带，南接江淮以南的亚热带，北连华北平原温带地区。在地形地貌方面，中原地区的东部是黄淮平原，向西则逐渐过渡到嵩山山脉及黄土高原区。亚热带与暖温带的过渡气候，加上平原、山区以及黄土高原交替变化的地貌条件，两者共同铸就中原地区多样性的生态环境。尤其是受到更新世冰期间冰期交替出现、古气候频繁变化的影响，更为这一地区的早期人类创造了复杂的生存条件。近年来在该区域内调查发现的数量众多的旧石器时代遗址，也充分反映了更新世期间，尤其是晚更新世的中、晚期，有数量众多的古人类在此生活的繁荣景象。[1]

中原地区的中西部，更新世期间形成了巨厚的黄土堆积。本文所讨论的几处遗址，除织机洞是洞穴堆积以外，其他几处都是露天遗址。几个遗址所在地区均可见到典型黄土堆积。各遗址的文化层也都可以和典型黄土地层序列进行详细对比。

其中新近发掘的郑州市西南郊的老奶奶庙遗址的堆积与黄土地层的关系最为清楚。在该遗址东面断崖剖面上清楚可见 1~2 米厚的全新世堆积，其下则是 10 余米厚的典型马兰黄土。马兰黄土之下的河漫滩相堆积即是该遗址的文化层。上述堆积序列刚好与典型黄土堆积的黑垆土（S_0）、马兰黄土上部（L_1）及古土壤层（L_{1s}）相吻合。这一序列也正好与深海氧同位素 MIS1~3 的三个阶段相当。新郑赵庄遗址的地层也与老奶奶庙遗址相同。文化层位于相当于马兰黄土上部堆积之下的河漫滩相堆积。另一处露天遗址登封西施的文化层则与前两者稍有不同，大致是相当于马兰黄土上部堆积偏下的黄土状堆积。

几个遗址的年代测定数据也与上述地层关系相吻合。加速器^{14}C 与光释光年代测定的初步结果显示，老奶奶庙遗址带时代最早，为距今 4 万年左右。赵庄遗址

---

[1] 王幼平等：《MIS3 阶段嵩山东麓旧石器发现与问题》，《人类学学报》2014 年第 33 卷第 3 期，304~314 页。

为距今 35000 年左右。西施遗址则为距今 26000 年前后。李家沟遗址的时代最晚,从距今 10500 年前后一直持续到距今 8000 多年的新石器时代。织机洞遗址的洞穴堆积虽然不能与黄土地层直接对比,但该遗址有比较详细的加速器 ^{14}C 与光释光测年结果,可以看出早期人类居住在织机洞的时间大致是从距今 50000 年前后到距今 30000 多年。[1]

上述测年数据显示,这几处遗址的主要居住时间都处于 MIS3 阶段,只有西施与李家沟遗址属于 MIS2 阶段。后者延续的时代更长,已经进入全新世。清楚的古环境背景与地层关系,以及详细的年代测定数据等资料,为探讨区域内旧石器时代晚期文化的发展进程奠定了坚实的基础。[2]

二、旧石器时代中、晚期的过渡

在上述遗址中,织机洞遗址的时代最早,从 20 世纪 90 年代即开始发掘。几次发掘都取得非常丰富的成果。织机洞位于郑州市区以西的荥阳市崔庙镇王宗店村,是沿石灰岩裂隙发育的岩厦式溶洞。遗址地处嵩山余脉所形成的低山丘陵区。堆积总厚达 20 米以上。新近发掘的洞口部位堆积共分 9 层。根据 ^{14}C 年代和光释光等测年结果来看,洞口堆积的主体应该形成于距今 40000 年以前。

织机洞遗址最主要的发现是其石器工业。已发现的石制品数以万计。2001 年以来在洞口部分新发现的石器工业,明显可以分为两种类型:即以 1~7 层为代表的晚期的石片工业,以 8、9 层为代表的早期的砾石工业。[3]

织机洞遗址 8、9 层发现石制品,经过整理者有 100 多件。这一阶段的石器原

---

[1] Wang, YP. 2008. Pleistocene human activity in the Zhijidong site, China, and its chronological and environmental context. In Matsufuji Kazuto ed. Loess-paleosol and Paleolithic Chronology in East Asia. Tokyo:Yuzakaku. pp. 173~182.

[2] 夏正楷、刘德成、王幼平等:《郑州织机洞遗址 MIS3 阶段古人类活动的环境背景》,《第四纪研究》2008 年第 28 卷第 1 期,96~102 页。

[3] 王幼平:《织机洞的石器工业与古人类活动》,《考古学研究》(七),科学出版社,2008 年,136~148 页。

料,主要系来自洞前河滩的砾石,形体普遍较大。石器原料的岩性主要是石英岩及砂岩,石英与燧石等则较少见到。石器加工主要是锤击技术。工具类型也是重型工具居多,如石锤、砍砸器与形体较大的刮削器。整体情况可与沿黄河中游向西的同一阶段的发现相比,如洛阳北郊的北窑遗址[1]以及再向西的陕西秦岭主峰南侧的洛南盆地等,近些年来都发现一系列晚更新世的砾石石器工业。[2] 这些发现的时代可以早到中更新世甚至更早,但一直延续晚更新世,到距今5万年前后。织机洞下层的石器工业与这些发现的石器原料的选择、加工技术与石器组合都没有明显区别,当属于同一文化传统。

与下文化层不同,上部的1~7层经过初步整理的石制品已有数千件之多。这些石制品的原料主要为石英,其次为燧石,还有少量的石英砂岩与石英岩等原料的使用。这些原料除了石英砂岩与石英岩系来自洞前河滩的砾石,其余均系采自数千米至数十千米以外山区风化的岩块与结核。从石核观察,主要是不规则形者,绝大部分应是锤击技术的产品。少数标本带有砸击技术的痕迹。经过修理的工具的数量多达千件,可以分为边刮器、端刮器、凹缺刮器、尖状器、石锥、雕刻器与砍砸器等。这些工具的修理也多比较简单。经过仔细加工、形体规整的精制品并不多见。

从发现的石核与石片来观察,上下文化层剥取石片的技术并没有发生明显变化。两者都是以锤击技术直接生产石片为主,也不见预制石核与修理台面的情况出现。砸击技术的使用迹象也很少见到。这些特点仍属于石器技术模式一,或称石核-砍砸器技术的范畴。然而就经过修理的工具类型来看,两者则有明显的变化。8、9层的工具中,砍砸器等重型工具多,石器的体积与重量明显大于上文化层的发现。就原料来源与工具组合的功能来看,织机洞遗址显然是就地取材,活动范围较小,更多使用重型工具的活动。到上文化层以后,则主要是便携的轻型工具,原料的来源范围广,人类活动领地明显增大。结合该遗址的年代学与古环境研究

---

[1] 刘富良、杜水生:《洛阳北窑黄土旧石器遗址1998年发掘报告》,《人类学学报》2011年第30卷第1期,13~21页。
[2] 鹿化煜、张红艳、孙雪峰等:《中国中部南洛河流域地貌、黄土堆积与更新世人类的生存环境》,《第四纪研究》2012年第32卷第2期,166~177页。

成果来看,这一转折发生在 MIS3 阶段,距今 4~5 万年期间。其时的环境并没有发生明显的变化,仍是比较湿润温和的森林草原环境。因而这一变化的原因不大可能是生态适应所致,而更有可能是发生了具有不同文化传统的人群的迁徙更替。就古人类文化发展来看,这一更替则可以视作本地区旧石器时代中、晚期文化过渡的标志。

三、石片石器的发展

与织机洞上文化层同期的石片石器在露天遗址或地点发现更为广泛。近些年的专项旧石器考古调查发现的数以百计的露天遗址,分布在古代河湖岸边。位于郑州市西南郊的樱桃沟景区内的老奶奶庙遗址,旧石器中最重要的发现。遗址坐落在贾鲁河东岸的黄土台地上。2011~2015 年期间先后已进行了 4 次发掘。该遗址最主要的发现是多个文化层的连续堆积,保存了完好的古人类居住面,由多个火塘成组分布,火塘周围是数量众多的石制品与动物骨骼残片。[1]

老奶奶庙遗址自上而下可分为多个文化层,代表 10 多个古人类活动时期。其中第 2 和第 6 亚层,均是当时人类的居住区遗存。第 2 亚层中部为一个含大量炭屑与黑色灰烬的火塘,其周围是动物骨骼残片与石制品。第 6 亚层的堆积更厚,在平面上可见 4 处火塘呈半环分布。在火塘周围也明显分布有丰富的动物骨骼残片与石制品。同时还有石制品明显聚集区,是石器加工场所遗迹。

老奶奶庙遗址所发现的文化遗物非常丰富,包括数千件石制品与万件以上的动物骨骼遗存。石制品主要以灰白色石英砂岩制品和石英制品为主,石英砂岩石制品中,石片数量较多,石核多为多台面石核,均为简单剥片技术的产品,尚不见预制石核的迹象。经过仔细加工的工具不多,可见到的类型有边刮器、尖状器等。形体多较细小。

---

[1] 王幼平:《嵩山东南麓 MIS3 阶段古人类的栖居形态及相关问题》,《考古学研究》(十),科学出版社,2012 年,287~296 页。

动物骨骼残片的数量远远超过石制品。其大小尺寸也比较相近,多在 10 厘米左右,方便手握使用。有些残片上有比较清楚的打击修理痕迹。个别还可见到明确的使用磨痕。这些迹象显示,该遗址的居民除了使用石制品以外,还大量使用骨质工具。多数动物骨骼的石化程度较深。可鉴定种类主要是马、牛、鹿、羊等食草类。还有数量较多的鸵鸟蛋皮碎片。动物骨骼上全然不见食肉类或啮齿类动物啃咬痕迹,显示其均应是人类活动的结果。另外该遗址发现的用火遗迹已超过 20 处。这些遗物和遗迹的分布情况均说明早期人类曾较长时间居住在此遗址。

与老奶奶庙代表的中心营地遗址不同,还有保留如石器加工、处理动物遗存等各类临时活动遗迹的发现。这些发现中的中心营地与临时活动地点构成了旧石器时代晚期之初的栖居形态,反映了当时人类活动与社会的发展情况。位于郑州市区以南的新郑市赵庄村附近的赵庄遗址即是特殊活动类型的代表。遗址位于溱水河东岸第三阶地。遗址西南距陉山 5 千米余,向西约 15 千米是具茨山,东临黄淮平原。2009 年 10～12 月进行发掘,出土遗物有数量众多的石制品及少量动物化石。[1]

遗址地层从上至下分为七层,分别为全新世堆积,含钙质结核的马兰黄土,以及其下的漫滩相堆积即旧石器时代文化层。旧石器文化层的主体部分为灰白色黏质砂土,有锈黄色斑点,土质略硬,含砂量较大,局部可见黄灰相间的水平层理。大量石制品及动物化石主要分布在厚约 10~30 厘米的范围内。

该遗址最重要的发现是置放象头石堆的遗迹现象与石器加工场。两者位于同一活动面,显然是同一时期活动的遗存。活动面由南向北由象头骨、石英砂岩制品和石英制品组成。象头骨呈竖立状,由于长期的挤压或受石块的砸击较为破碎。大多数石英砂岩制品位于象头骨的下部和周围,互相叠压,形成堆状。而大块的紫红色石英砂岩则明显是直接采自距遗址 5 千米以外的陉山基岩原生岩层,搬运至此,主要功能并非加工工具,而是围成石头基座,在上面摆置象头。

---

[1] 张松林、王幼平、汪松枝等:《河南新郑赵庄和登封西施旧石器时代遗址》,《2010 中国考古重要发现》,文物出版社,2011 年,10~14 页。

石英制品则主要分布于象头骨的北侧，构成石器加工区。调查发现，石英原料产地为遗址西部20多千米的具茨山区。来自山区的石英碎块沿溱水顺河而下，可以冲到遗址附近。而在该遗址内发现的部分石英制品的表面尚保留有砾石面，也说明赵庄的古代居民可能是就地取材，采用石英原料在该遗址生产石器。

发掘所获石制品数量超过5000件。原料有石英和石英砂岩两种。石英制品数量占绝对多数，但个体较小，多在5厘米以下。种类主要有石料、石核、石片、断块、碎屑。还有少量经过修理的工具，类型有刮削器、尖状器和砍砸器等。这些还是典型的石片石器工业的特点。引人瞩目的是个体较大的石英砂岩制品，长平均在15厘米左右，大者超过了20厘米，小的也在5厘米左右。主要是有打击痕迹的石块，极少有刻意加工的工具。这些石英砂岩制品的特点显示，它们被带入遗址的主要功能并不是制作工具，而是用于堆砌成石堆基座，再摆放巨大的古棱齿象头。

另外，除了象头，赵庄遗址只有少量象肢骨片，以及零星的羊、鹿化石等。也没有见到用火遗迹现象。这些情况也都说明，当时人类在这里只有两项专门活动，一是北区的石器加工，另一是南边的象头摆放活动。

在距赵庄遗址西南方向不足千米的黄帝口遗址，发掘揭露的10多平方米的活动面上，仅发现数十件刃口锋利的石英制品及一些破碎的动物骨骼。石器的功能特点及动物骨骼的破碎方式与痕迹也都说明这里只是当时人类狩猎屠宰的临时活动场所。[1]

从老奶奶庙遗址的中心营地遗址到黄帝口的临时活动地点，还有赵庄遗址的特殊活动类型的遗迹现象，数以百计的旧石器遗址地点分布在嵩山东麓，再现了旧石器时代晚期之初这一地区的栖居形态。尽管这些地点的功能有别，但其石器工业的特点却很一致，均是以石英原料为主体的石片石器居于主导地位，明显有别于更早的砾石工业传统。

---

[1] 王佳音、张松林、汪松枝等：《河南新郑黄帝口遗址2009年发掘简报》，《人类学学报》2012年第31卷第2期，127~136页。

四、石叶技术的出现

石叶技术是旧大陆西侧旧石器时代晚期应用广泛的石器技术,以至于在部分地区已成为旧石器时代晚期文化的代名词。然而典型的石叶技术在中国境内的旧石器时代晚期遗存中却鲜少发现。长期以来,只有地处西北的宁夏灵武水洞沟遗址一处石叶工业发现的报道。2010 年夏季,由北京大学考古文博学院与郑州市文物考古研究院合作,在河南省郑州市辖的登封市大冶镇西施遗址进行为期 2 个月的发掘,出土各类石制品 8500 余件,并发现生产石叶的加工场遗迹。[1]

西施旧石器遗址位于嵩山东麓的低山丘陵区,埋藏在洧水河上游左岸的二级阶地上马兰黄土堆积中。遗址堆积分为两大层,上层为表土层;下层为马兰黄土堆积,马兰黄土层厚达 3 米以上,在其下部发现厚度约 30 厘米的密集的旧石器文化遗存。地层堆积中未发现显著的水流作用遗留的痕迹。石制品本身也没有明显的磨蚀痕迹,应为原地埋藏。遗址附近黄土堆积发育,局部有燧石条带出露,为当时人类生产石叶提供了原料来源。

石叶加工的主要空间位于发掘区的东北部,石制品密集分布在南北长约 6 米、东西宽近 4 米的范围内。大部分标本在剖面上也很集中,主要分布在上下 20 厘米左右的范围内。石制品种类包括石锤、石核、石片、石叶、细石叶、工具,以及人工搬运的燧石原料等。数量更多的是石器生产的副产品,即断片、裂片、断块、残片与碎屑等。这些石制品及其分布状况,清楚地展示出该遗址石器加工的技术特点,完整地保留了石叶生产的操作链。出土石制品的组合,包括可以拼合石核与石片等,以及石制品主要堆积的厚度有限等特点,均说明该遗址的占用时间比较短暂。应该是当时人类利用附近富集的燧石原料,集中生产石叶与石叶石核,并将适用的石叶以及石叶石核带离遗址去其他地点使用。

---

[1] 王幼平、张松林、汪松枝等:《河南登封西施旧石器时代遗址》,《中国考古新发现·年度记录·2010》(《中国文化遗产》增刊),2011 年,280~283 页。

该遗址出土的各类石片总数有近千件之多,其中典型的石叶所占比例高达二成以上。石叶石核或石叶石核的断块两者占绝大部分。普通石核则很少见。还有数量较多的再生台面石片,以及带背脊的冠状石叶的发现。成品工具数量很少,类型包括端刮器、边刮器、雕刻器、尖状器等,并以端刮器为主。

除了大量的石叶石核与石叶,该遗址还出土了数件细石核和一些细石叶。细石核呈柱状,表面留有连续剥取细石叶的多个片疤。细石叶也很典型,只是与石叶保存状况相近,多是带厚背脊或曲度较大,不宜继续加工用作复合工具者。

五、旧、新石器时代的过渡

与前述几个遗址不同,李家沟遗址的发现更为丰富,不仅有旧石器时代之末的细石器遗存,其上还迭压着新石器时代早期文化层,完整地反映了该地区从旧石器向新石器时代过渡的历史进程。

李家沟遗址位于河南新密岳村镇李家沟村西。该处地形为低山丘陵区,海拔高约 200 米。地势由东北向西南部倾斜,黄土堆积发育。属于淮河水系溱水河上游的椿板河自北向南流经遗址西侧。李家沟遗址即坐落在椿板河左岸以马兰黄土为基座的二级阶地堆积的上部。经过 2009 年秋季与 2010 年春季为期 4 个多月的发掘,李家沟遗址目前已揭露面积近 100 平方米。发掘探方分南北两区。其主剖面均包括了从旧石器时代晚期至新石器时代早期的地层堆积。[1]

北区的文化层厚约 3 米,从上向下共分 7 层。第 1 至 3 层为近代堆积;第 4 至 6 层为新石器时代早期堆积,发现数量较多的陶片、石制品与动物骨骼碎片等;第 7 层是仅含打制石器的旧石器文化层。南区的地层堆积自上向下亦可分为 7 层,第 1 层为扰土层;第 2、3 层为裴李岗文化层;第 4 层为棕黄色砂质黏土,未见文化遗物;第 5 层与北区 5、6 层相同,为新石器早期文化层;第 6 层的发现最为丰富,含船形、

---

[1] 郑州市文物考古研究院等:《新密李家沟遗址发掘的主要收获》,《中原文物》2011 年第 1 期,4~6 页。

柱状等类型的细石核与细石叶等典型的细石器文化遗存;第7层为次生马兰黄土层。综合观察南北两区剖面的层位序列,清楚可见本地区从旧石器时代晚期向新石器时代过渡地层关系。

李家沟遗址旧石器文化遗存主要发现在南区第6层,北区7层也有少量旧石器发现。李家沟细石器的发现显示该遗址早期居民拥有十分精湛的石器加工技术。他们应用船形和柱状细石器技术剥取细石叶。少量以石叶为毛坯的工具的存在,说明李家沟早期居民也掌握并应用石叶技术制作石器。成熟的石器工艺技术加工出典型的端刮器、琢背刀、石镞、雕刻器等。这些精致石器刃口锋利,轻巧便携,是便于长途奔袭狩猎使用的工具组合。这些工具所使用的原料也多是不见于本地的优质燧石,是远距离采集运输所得。以上特点显然还是典型的旧石器文化形态。[1]

在典型的细石器以外,尤其重要的是在李家沟遗址南区6层还发现仅经过简单磨制加工的石锛,以及烧制火候较低,表面无装饰的夹粗砂陶片。典型细石器与局部磨制石器及陶片共存现象说明,本地区较晚阶段的新文化因素并不是突然出现,而是已经孕育在旧石器时代晚期之末。

李家沟遗址新石器文化遗存主要发现在北区4至6层。这一阶段的文化层明显增厚,说明遗址使用规模与稳定性远大于南区发现的细石器文化阶段。除了数量众多的文化遗物,北区还发现有很清楚的人类活动遗迹。其中最具特色的是石块聚集区。遗迹中心由磨盘、石砧与多块扁平石块构成。间或夹杂着数量较多的烧石碎块、陶片以及动物骨骼碎片等。带有明显人工切割痕迹的食草类动物长骨断口,清楚显示遗迹区进行过加工动物骨骼的活动。大量烧石的存在则说明这里亦具有烧火的功能。虽然尚未发现柱洞等建筑遗迹的迹象,但石块聚集区显然应与当时人类相对稳定的居住活动有关。

北区属于新石器时代早期地层已发现200多片陶片。陶片出土的情况说明当时人类就在发掘区原地或附近使用陶器。已发现的陶片均为夹粗砂陶。陶片颜色

---

[1]北京大学考古文博学院等:《河南新密市李家沟遗址发掘简报》,《考古》2011年第4期,3~9页。

有浅灰黄色、红褐色等。部分陶片的质地较坚硬,显示其烧成火候较高。这批陶片虽然包括多件不同陶器的口沿部分,但器形却很单一,均为直口筒形类器物,保留有早期陶器的特点。尤为突出的是绝大部分陶片的外表都有纹饰,以压印纹为主,还有类绳纹与刻划纹等。

与早期的石器工业不同,本阶段仅见个别的宽台面柱状细石核,细石器的应用明显衰落,技术特点也与早期明显不同。虽然还有少量的燧石与石英类石制品的发现,但基本不见刻意修整的精制品。砂岩或石英砂岩加工的权宜型石制品的数量则较多。这类石制品的形体多较粗大。与早期的细石器工业的精制品组合完全不同,应是适应不同生计活动的结果。

六、相关问题

嵩山东麓新发现的这些旧石器遗存,地层关系清楚,也有比较可靠的年代测定结果。与此同时,遗址本身及周边的古环境研究也提供了当时人类生存环境的详细资料。这些有着清晰时空背景的新资料,为深入认识本地区旧石器时代晚期文化的发展历程,探讨其来龙去脉与成因奠定了基础。

(一)文化发展序列

如前所述,得益于近年来第四纪环境、年代学与旧石器时代考古等多学科研究者的努力,中原地区晚更新世,尤其是几个遗址所处的晚更新世中、晚期环境变化特点,以及在此期间黄土沉积过程都越来越清晰。[1] 从遗址所处的地貌部位与地层特点来看,老奶奶庙与赵庄等遗址显然都是河漫滩相堆积,应属气候相对温湿的MIS3阶段。当时人类就生活在河边漫滩之上,所留下的文化遗存被洪水期的泥沙所迅速埋藏掩盖,因而得以较好的保存。区域调查结果显示,当时的遗址数量众多,成群组沿古代河流分布。这一阶段的石器工业以小型石片石器为主,石器原料主要是

---

[1] 柿子滩考古队:《山西吉县柿子滩旧石器时代遗址 S14 地点》,《考古》2002 年第 4 期,1~28 页。

石英、燧石等容易加工小型利刃石器的原料。砂岩或石英砂岩等加工的大型工具则相对少见。时代大致同期或稍早的织机洞上文化层的石器组合也反映出相同特点。

随着气候变冷 MIS2 阶段的来临，本区的遗址数量明显减少。到目前为止，明确属于本阶段的发现，还只有西施遗址及附近的几处发现。从文化面貌与测年数据等特点来看，早前发现的安阳小南海[1]与陵川塔水河[2]等遗址也可能与西施遗址的发现有类似之处，至少是石器原料的选用方面出现趋同现象。这几处遗址的时代均在距今 25000 年前后。此时中原及邻近地区开始进入末次冰期的最盛期。遗址数量的剧减反映了人类活动的频率与数量的减少。与此相应，石器工业的面貌也发生显著的变化。这几处发现皆选用燧石原料，并且开始系统应用石叶技术，出现典型的石叶工业。如西施遗址所发现的石叶工业，包括了从原料、石核、石叶等完整的石叶生产操作链。高比例的石叶及石叶石核说明典型的石叶工业也曾出现并流行于中原地区。[3]

虽然中原到华北南部地区在旧石器时代晚期开始阶段并不见石叶技术，而仍然流行着简单剥片技术生产的石片石器工业。[4] 但西施等遗址的发现说明，到深海氧同位素 3 阶段与 2 阶段之交，石叶工业也出现在本地区。结合与中原地区及邻近区域已有的发现来看，大致在距今 25000 年前后，以石叶技术为标志，中原及华北南部地区进入新的文化发展阶段。

西施遗址新发现还显示，在典型的石叶技术出现的同时，细石器技术也已经开始出现端倪。在西施遗址大量发现石叶石核与石叶的同时，也开始见到细石器技术的出现，只是所占的比例与绝对数量远远不及石叶。不过随着末次冰期的最盛期来临，细石器技术则越来越发展，并逐渐成为主导力量。这种情况一直持续到临近更新世结束之际甚至更晚。如李家沟遗址的新发现，即很清楚反映了这种发展

---

[1] 安志敏：《河南安阳小南海旧石器时代洞穴堆积的试掘》，《考古学报》1965 年第 1 期，1~27 页。
[2] 陈哲英：《陵川塔水河的旧石器》，《文物季刊》1989 年第 2 期，1~12 页。
[3] 王幼平、张松林、汪松枝等：《河南登封西施旧石器时代遗址》，《中国考古新发现·年度记录·2010》（《中国文化遗产》增刊），2011 年，280~283 页。
[4] 王建、王向前、陈哲英：《下川文化——山西下川遗址调查报告》，《考古学报》1978 年第 3 期，59~88 页。

趋势与历史进程。

上述发展过程显示,中原及邻近地区的旧石器时代晚期文化经历了很明显的三阶段:小型石片工业为主阶段为早期,始于距今40000年前后,一直延续到距今25000年前后;石叶工业阶段出现并流行在距今25000~20000年前后;细石器工业阶段流行于距今20000~10000年前后,最早几乎与石叶技术同时出现,但随着最后冰期最盛期的来临,细石器技术才逐渐取代石叶技术,成为旧石器时代晚期之末的典型细石器文化。[1]

(二) 区域性文化特点及成因

从石片石器到石叶与细石器,中原及邻近地区的旧石器时代晚期文化走过与旧大陆大部分地区不同的发展道路,形成独具特色的区域性文化发展的特点。这一文化特点及其形成的原因是一个值得探讨的课题。

在前述发现之中,织机洞遗址时代最早,所保存的文化堆积巨厚,在时代上跨越了从旧石器时代中期到晚期的发展,清楚地反映了早期人类曾连续使用该洞穴。时代与其相近或稍晚的还有老奶奶庙与赵庄遗址的发现。这几处遗址的旧石器文化遗存的特点反映了该地区从旧石器时代中期一直到晚期的发展变化。

这些变化在织机洞遗址表现得尤为清楚,主要反映在石器原料的选择、石制品形体的大小以及工具组合等方面。织机洞的早期居民更偏重于就近选取石器原料,就地加工出石质工具。大型砍砸工具在他们的生产生活中扮演着更重要的角色。这些工具加工简单,多为权宜型石器。从居住地到石器原料产地以及加工和使用石器的场所均在相对较小的范围内。这种情况暗示,织机洞遗址早期居民可能更多在遗址附近活动,砍砸等重型工具在他们的生活中承担着主要任务。上述情况到第7层以后发生急剧变化。此时织机洞的居民开始放弃附近河滩丰富的石英砂岩与石英岩原料,转而到远处山区去寻找燧石与石英等适合加工小型利刃工

---

[1] 王幼平:《华北南部旧石器晚期文化的发展》,《中国考古学会第十四次年会论文集》,文物出版社,2012年,294~304页。

具的石料。此时织机洞居民经常性活动的半径至少在距居住地数千米到数十千米。他们更多的活动则是应用小型利刃工具完成。扩大活动范围与工具小型化、多样化等新情况,都说明此时织机洞居民的行为较早期更为复杂化。[1]

老奶奶庙与赵庄的发现也都与织机洞上文化层的发现相同。远距离运输石料,更多地使用小型利刃工具。后两者还有大量食草类动物化石的发现,更直接地证明此阶段的人类已经更多地依靠肉类资源,出现专业化狩猎的迹象。

上述转变发生在距今 4~5 万年之间,此时正值末次冰期的最盛期之前的间冰阶。织机洞等遗址以及周围古环境的综合研究显示,当时植被以森林草原为主。[2] 织机洞遗址早期居民在总体未变的温暖湿润环境条件下,石器工业却发生显著变化,从大型的砾石石器工业转变为小型石片石器工业。这一变化显然难以用环境适应的因素来解释。而远距离运输石料,仔细修理数量众多的精制工具,更适应大范围的复杂活动。生产与生活等活动的复杂化,生存领域的扩大等特点都是现代人所特有的行为特点。在织机洞遗址所发生的这一转化,显然不会是简单的对环境适应,而更可能与现代人及其行为的出现密切相关。

类似织机洞最下层的以砾石为原料的形体较大的石器工业,在织机洞遗址邻近及华北南部地区的晚更新世较早阶段分布很广泛,到晚更新世的晚期都很明显地被类似织机洞晚期的形体较小的石片石器工业取代。[3] 这种现象在近年来中国南方甚至朝鲜半岛[4]及日本列岛的旧石器考古发现中也很常见,反映了东亚地区旧石器时代中、晚期的过渡以及旧石器时代晚期文化出现的区域性特点,[5]与

---

[1] 王幼平:《织机洞的石器工业与古人类活动》,《考古学研究》(七),科学出版社,2008 年,136~148 页。

[2] 刘德成、夏正楷、王幼平等:《河南织机洞旧石器遗址的洞穴堆积与沉积环境分析》,《人类学学报》2008 年第 27 卷第 1 期,71~78 页。

[3] Wang, YP. 1998. Human adaptations and Pleistocene environment in South China. *Anthropogie*, 36: 165~175.

[4] Bae, KD.2009. Origin and patterns of the Upper Paleolithic industries in the Korean Peninsula and movement of modern humans in East Asia. *Quaternary International*, 211: 307~325.

[5] Ono A. 2004. Recent studies of the Late Paleolithic industries in the Japanese islands. In: Yajima K, editor. Recent Paleolithic studies in Japan. Tokyo: The Ministry of Education, Culture, Sports, Science and Technology of Japan. pp.28~46.

旧大陆西方从莫斯特到石叶文化的发展路径截然不同。[1]

除了上述石器工业方面的证据,在赵庄与老奶奶庙遗址所发现的石堆与火塘等遗迹现象更直接反映了现代人类行为在中原地区的出现与发展。如前所述,在新郑赵庄遗址出现的远距离搬运红色石英砂岩石块,集中摆放成堆并在其上放置古棱齿象头骨,这种非功利性的活动,显然也是现代人所独具的象征性行为特点。同样,在郑州西南郊老奶奶庙遗址所发现的多个火塘半环状分布的居住面遗迹,也显示了当时人类群体内部结构复杂化的趋势,应与现代人类行为的发展密切相关。

如上所述,中原地区丰富的旧石器时代晚期文化及其发展特点,显然与现代人类在该地区出现与发展历程密切相关。该地区现代人类行为出现在深海氧同位素3阶段。大致在距今5万年前后,首先是在荥阳织机洞遗址,已经可以清楚地看到,石器工业小型化、复杂化,人类活动领地扩大发展的趋势。登封西施典型石叶工业的发现,则更明确地证明现代人类行为在这一地区的存在。从西施到李家沟的细石器文化的发展,则反映现代人类的继续发展并为新石器时代的到来准备了充分的条件。中原地区旧石器时代晚期文化所走过的是一条与旧大陆大部分地区不太一样的发展道路。这一独具特色的发展历程显然是现代人类在该区出现,并且不断适应该地区环境所采取的适应策略与生存方式的结果。

七、小结

综上所述,将嵩山东麓旧石器考古新发现放在华北南部早期人类发展的历史进程中观察,可以清楚地看到,该地区的旧石器时代文化在进入深海氧同位素3阶段即出现较明显的变化,如织机洞遗址在石器原料与组合变化以及人类活动范围的扩展等。本区旧石器时代晚期文化的初始阶段具有明显的承前启后特点,仍以石英等原料为主,应用简单剥片技术生产石片石器,与华北地区石片石器工业传统

---

[1] 王幼平:《青藏高原隆起与东亚旧石器文化的发展》,《人类学学报》2003年第21卷第3期,192~200页。

没有特别明显的区别。但到 3 阶段与 2 阶段交替之际,以西施遗址为代表的石叶技术开始出现,同时细石器技术也初见端倪。随着末次冰期的最盛期来临,细石器逐渐成为该地区主导文化,并一直持续到更新世结束。从简单的石片石器到石叶工业,再到典型的细石器工业的历史轨迹,清楚地展示了华北南部地区旧石器时代晚期文化的发展特点。而这一特点的形成,显然则应该是现代人类在该地区出现与发展过程中,应对该地区生态与社会环境所采取的生存策略的表现与结果。

(原刊《李下蹊华集——庆祝李伯谦先生八十华诞论文集》,科学出版社,2017 年)

泥河湾盆地细石器技术、年代及相关问题*

泥河湾盆地自早更新世以来就是远古人类活动频繁的地区。[1] 1965年,王择义先生等在盆地中部虎头梁村附近发现细石器,随后几年,盖培、卫奇先生等在该地区进行连续数年的调查与发掘,发现虎头梁遗址群并进行研究。[2] 1980年以后,谢飞先生等继续在盆地内进行工作,又发现油坊、籍箕滩、马鞍山、瓜地梁、二道梁、黑土坡等一系列含细石器遗存的遗址。[3]

泥河湾盆地丰富的细石器文化遗存一直受到中国旧石器考古学者关注。自其发现以来,就不断有学者对盆地内细石器技术与文化特点、时代、人类行为以及社会发展等相关课题进行讨论。[4] 围绕着这些课题进行的田野考古发掘工作也在持续进行并不断有新发现。这些发现与研究成果为认识晚更新世末期人类在泥河湾盆地的活动历史与行为特点奠定了坚实的基础,尤其是近些年来一系列新资料的发现为我们探讨上述课题提供了新契机。本文拟简要介绍泥河湾盆地已发现的主要细石器遗存,并进一步探讨细石器技术、年代及相关问题。

---

* 本文得到国家社会科学基金(项目号:08BKG004)资助。
[1] 卫奇:《泥河湾盆地旧石器遗址地质序列》,《中国科学院古脊椎动物与古人类研究所参加第十三届国际第四纪大会论文选》,北京科学技术出版社,1991年,61~73页。谢飞、李珺、刘连强:《泥河湾旧石器文化》,花山文艺出版社,2006年,1~222页。
[2] 盖培等:《虎头梁旧石器时代晚期遗址的发现》,《古脊椎动物与古人类》1977年第15卷第4期,287~300页。盖培:《阳原石核的动态类型学研究及其工艺思想分析》,《人类学学报》1984年第3卷第3期,244~252页。Tang, C. & Cai, P., 1986. Upper Palaeolithic Cultural Traditions in North China. *Advances in World Archaeology*, Vol. 5, eds. F. Wendorf & A. E. Close. London:Academic Press, 339~364.
[3] 谢飞:《泥河湾盆地旧石器文化研究新进展》,《人类学学报》1991年第10卷第4期,324~332页。谢飞、李珺、刘连强:《泥河湾旧石器文化》,花山文艺出版社,2006年,1~222页。
[4] 谢飞:《泥河湾》,文物出版社,2006年,1~329页。梅惠杰:《泥河湾盆地旧、新石器时代的过渡:阳原于家沟遗址的发现与研究》,北京大学博士学位论文,2007年,1~131页。

一、细石器工业的发现

泥河湾盆地位于北京西北约 150 千米,是一个东西走向的狭长山间盆地。西接大同盆地,南连蔚县盆地。也有学者将几者放在一起,统称广义的泥河湾盆地。[1] 盆地北倚熊耳山,南为恒山余脉。盆地东西长 80 多千米,南北宽 20 多千米。桑干河自西向东,纵贯盆地。沿河两岸发育着不同高度的河流阶地,盆地中央的阶地面上及两侧近山的洪积扇上也有黄土状堆积。与泥河湾盆地古地理变化情况有关,盆地内时代较早的旧石器遗存主要发现在盆地边缘的古湖滨地带。到晚更新世,随着泥河湾古湖的消失与桑干河的形成,盆地中部桑干河两岸的阶地上也开始出现人类活动的踪迹。已经发现的细石器遗址主要分布在桑干河或其支流的阶地或黄土状堆积中。其中,盆地中部的桑干河两岸阶地上的分布最为集中,先后发现有虎头梁遗址群、籍箕滩遗址群,向西已达山西境内的尉家小堡。盆地东部的黄土台地上也有油坊、二道梁以及黑土坡等遗址发现(图一)。

(一) 虎头梁遗址群

20 世纪 60～70 年代在泥河湾盆地中部的虎头梁村附近,曾先后发现 9 个细石器工业地点。这些地点的编号分别为 65039、65040、72117、73101、73102、73103、73104、73105 以及 73107。近些年来,在这一地区又有一些新地点发现,如西水地村西南的马鞍山遗址与虎头梁村西南的瓜地梁遗址等。这些地点的文化遗物大多发现于桑干河 2 级阶地的砂质黄土层中,仅有个别出自砾石层。总体来看,砂质黄土的上部呈黄褐色,胶结坚硬,含小砾石;下部则呈棕黄色,且具大量的棕色斑点,胶结也较坚硬,垂直节理发育,含丰富的石制品及动物化石等。[2] 近年来先后发

---

[1] 卫奇:《泥河湾盆地旧石器遗址地质序列》,《中国科学院古脊椎动物与古人类研究所参加第十三届国际第四纪大会论文选》,北京科学技术出版社,1991 年,61~73 页。
[2] 盖培:《虎头梁旧石器时代晚期遗址的发现》,《古脊椎动物与古人类》1977 年第 15 卷第 4 期,287~300 页。

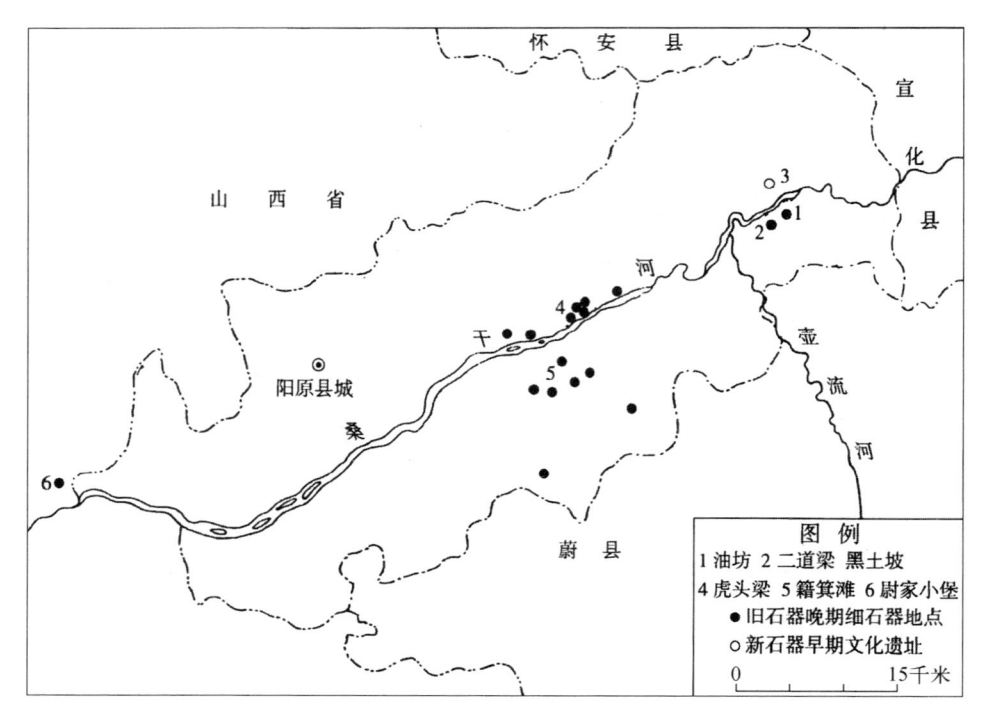

图一 泥河湾盆地细石器遗址分布图（据谢飞，1991改绘）

掘的马鞍山、于家沟与瓜地梁等遗址的地层堆积情况显示了虎头梁地区不同遗址的功能有比较明显的差别，其埋藏条件也有所不同。[1]

于家沟遗址（即原65039地点）位于泥河湾湖积层形成的陡坡前缘，附近又紧邻长年不断的泉流。坡积物以及泉水的影响，使得当时人类活动的遗迹没有能够清楚地保存下来。但遗址的地层堆积却可以清楚地划分出7层：从最下部直接叠压在泥河湾湖相层的基座上的砂砾石层开始就有较丰富的楔形石核等细石器文化遗物发现；向上依次为灰绿色粉砂质土与棕黄色中粗砂层、棕黄色砂质土层、灰黄色黏质粉砂层、黄褐色黏土质粉砂层、黑褐色粉砂层以及表土层。地层堆积的变化以及所含的文化遗存的内容，很清楚地显示了本地区晚更新世末至全新世的环境

---

[1] 谢飞、李珺、刘连强：《泥河湾旧石器文化》，花山文艺出版社，2006年，1~222页。

变迁与文化发展。[1]

马鞍山遗址的堆积属于典型的阶地堆积,最下部是黄褐色砂砾石层,其上为灰黄色砂质土层,厚达3米以上,含丰富的细石器文化遗存。除数量众多的文化遗物外,还有30余处火塘遗迹发现。该遗址位于桑干河与其一条较大支流的交汇处。遗址背靠马鞍型小山包,前临桑干河谷,是一处背风向阳,适于早期人类居住的好地方。马鞍山遗址由多层火塘为代表的居住面叠加而成的巨厚文化堆积,清楚地显示当时人类曾经在此长期居住。[2]

与前两者不同,瓜地梁遗址的堆积则较为单纯,在表土层下即是由砂砾石层与砂质土构成的阶地堆积。文化层为浅黄色的砂质土,在剖面上可见两个文化遗物较为集中的分布带,被砂砾石透镜体所分隔。石制品、动物骨骼碎片围绕着红烧土与灰烬遗存构成的火塘遗存分布。数量不多,堆积也较薄的文化层说明当时人类只是在此临时居住。[3]

无论是早期发现和发掘的遗址,还是上述几处新近的发掘,都有与文化遗物共存的哺乳动物化石发现,包括野马、野驴、鹿、羚羊、鸵鸟等10多种动物。虽然化石的数量较多,但大多数已经相当破碎,还有的带有明显被火烧过的痕迹。动物群的生态特点说明当时应该是草原环境。

虎头梁遗址群所发现的石制品非常丰富,仅在20世纪60~70年代发掘的9个地点所发现的各类石制品就多达4万件。近些年来再次发掘出土的石制品则更为丰富。其中于家沟与马鞍山两处新发现的石制品数量各自均达到3万件以上。无论早期还是新近的发现,石器原料均以石英岩(亦有学者鉴定为火山角砾岩、硅质岩等)为主,[4]少数为燧石和流纹岩。石英岩的质地硬而脆,多呈鲜艳的粉红色,主要应采自泥河湾盆地南侧的山区,遗址距石料产地的距离在十至数十千米以上。

---

[1] 梅惠杰:《泥河湾盆地旧、新石器时代的过渡:阳原于家沟遗址的发现与研究》,北京大学博士学位论文,2007年,1~131页。
[2] 孙秀丽:《马鞍山遗址石制品初步研究》,北京大学硕士学位论文,1999年,1~66页。
[3] 刘利红:《瓜地梁细石器遗址的发掘和初步研究》,北京大学硕士学位论文,1999年,1~41页。
[4] 卫奇:《泥河湾盆地旧石器遗址地质序列》,《中国科学院古脊椎动物与古人类研究所参加第十三届国际第四纪大会论文选》,北京科学技术出版社,1991年,61~73页。

遗址附近桑干河滩的砾石中则很少有合适的石料可用,仅个别石料可以确定是来自河滩的砾石。

石器组合以端刮器为主体,长身端刮器和短身端刮器的数量比较接近。其次是各类尖状器,也有各种不同的类型。引人注目的还有底部修理者,明显是为了加柄所用。再次为各类边刮器,有半月、盘状、双边等,但数量都很有限,远不及端刮器在石器组合中的分量。雕刻器也有一定数量,也可以分为修边与双面两式。

虎头梁石器工业最突出的特色应是其以楔形石核为主体的细石器技术。在已经报道的 279 件石核中,楔形石核的数量高达 236 件。虎头梁遗址楔形石核经盖培先生等研究,还可以划分出几种不同技术类型,即河套技术、桑干技术与虎头梁技术。这些技术总体特点是应用两面加工方法首先预制出楔形石核的毛坯,然后分别打制出台面与剥片面。采用两面加工方法预制出细石核毛坯,是本地区与华北其他地区细石器技术最明显的区别。类似的楔形石核在北方其他地区也尚很少见到。[1]

虎头梁细石器文化的技术发展也表现在精致的装饰品加工方面。在虎头梁早期的发掘曾发现装饰品 13 件。这些装饰品是采用贝壳、鸵鸟蛋皮、鸟的管状骨及石块等穿孔制成。透过这些产品清楚可见,虎头梁居民也已经采用了穿孔和磨制技术。在虎头梁的好几个地点还都发现过赤铁矿,其中最大的一块长 35 毫米。另外还有红色的泥岩遗存,估计这些也是用来染色的材料。

(二) 籍箕滩遗址群

20 世纪 80 年代以来,在阳原盆地的中部,有更多与虎头梁类似的细石器遗存发现。最重要的发现之一是桑干河南岸,东北距虎头梁不足 10 千米的籍箕滩遗址群。遗址所在的区域是高出桑干河面约 150 米的台地,台地的中、下部是河湖相的泥河湾层,上部为马兰黄土。一些季节性的河流由南向北,切割台地,注入桑干河。同虎头梁的发现一样,籍箕滩遗址群也埋藏在桑干河支流的 2 级阶地堆积中。由

---

[1] 朱之勇、高星:《虎头梁遗址楔形细石核研究》,《人类学学报》2006 年第 25 卷第 2 期,129~142 页。

籍箕滩向东至马家窑、向南至保伸观与平顶村、向西至槽村一带,面积10余平方千米的范围,都有同样的细石器发现。[1]

籍箕滩遗址群的发掘区位于籍箕滩村北约100米处,共发掘了3个探方。探方之间远者相距超过百米。从发掘探方的剖面观察,籍箕滩地层在表土层下为约2米的灰黑色砂质黏土;第3层即为约1.5米的灰黄色砂质黏土层,含石制品与动物化石;第4层是约半米的杂色砂砾石层,局部也有文化遗物发现;最下是深度不详的灰白色砂层。地层的堆积层序与虎头梁一带很相似,只是厚度不及后者。

籍箕滩3个探方中出土的石制品数以万计,不过其中也是断块与碎屑占据了很大部分。石器原料的主体部分与虎头梁完全一样,也是粉红色石英岩,很显然应该是拥有共同的石料产地。少量的玛瑙与燧石的使用情况也与虎头梁遗址群一样,但黑色角岩使用的频率则高于虎头梁。

籍箕滩发现的细石核也有多达上百件,绝大部分也是典型的楔型石核。石核从选料、预制毛坯到剥片均都与虎头梁相近。船底形与锥形石核等没有发现。石制品中为了调整台面而从楔形石核上剥下的雪橇状削片,在这里亦有较多的发现。这些特点说明籍箕滩所使用的细石器技术与虎头梁是很一致的。也正因为如此,有研究者称其为同一时期分布在桑干河两岸的姊妹文化(图二)。[2]

不过籍箕滩在石器组合方面却与虎头梁有一些差别。虽然虎头梁发现的各种石器类型在籍箕滩也都可以看到,但出现的频率却有所不同。籍箕滩最多的石器类型是凹缺刮器,占整个石器组合的差不多6成。这些凹缺刮器有一击而成的凹缺刃口,也有打出凹口后再经仔细修理者。这与虎头梁等其他同时期遗址的石器组合以端刮器为主的情况有非常明显的区别,当有其特殊的功能。另一与虎头梁有所区别的是锛状器发现的数量也较多。

---

[1] 谢飞、李珺:《籍箕滩旧石器时代晚期细石器遗址》,《文物春秋》1993年第2期,1~22页。谢飞、李珺、刘连强:《泥河湾旧石器文化》,花山文艺出版社,2006年,1~222页。
[2] 谢飞:《河北旧石器时代晚期细石器遗存的分布及在华北马鞍形分布带中的位置》,《文物春秋》2002年第2期,15~25页。

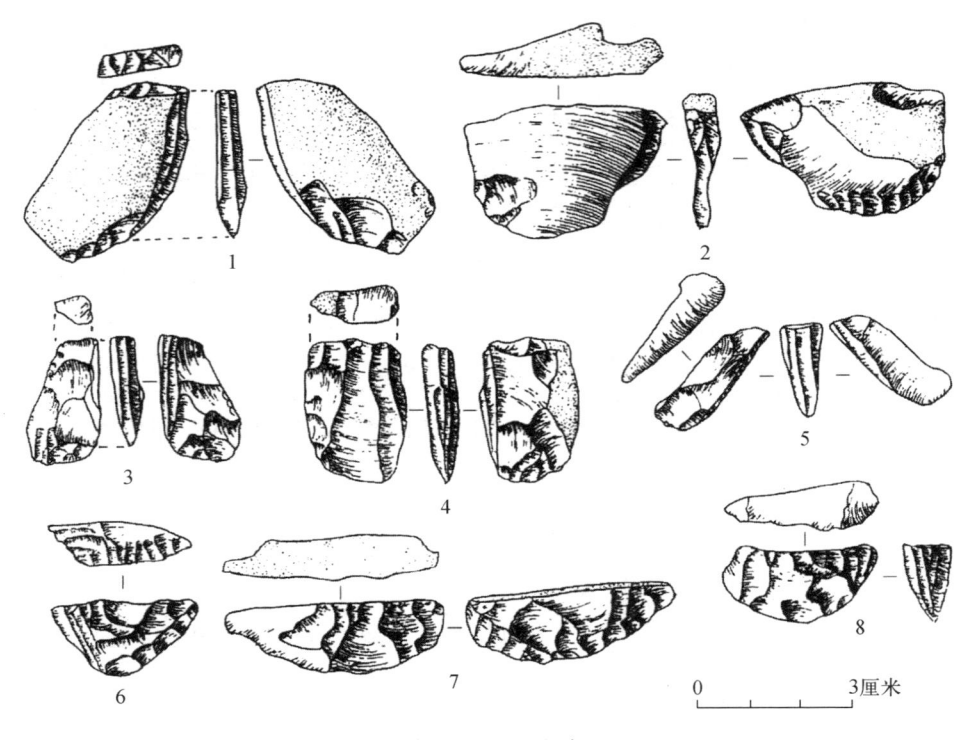

图二　籍箕滩遗址的楔形石核(据谢飞,2002)

(三) 尉家小堡遗址

近年来类似虎头梁细石器工业的发现更多,分布也更广泛,在距离虎头梁村以西 60 千米远的山西省的阳高县境内也有发现。紧邻阳原县的阳高县东小村镇的尉家小堡遗址是 1996 年由山西省考古研究所调查发现并发掘的细石器遗址。该遗址也埋藏于桑干河支流的 2 级阶地堆积中。其地层堆积比较简单,在灰黄相间的泥河湾层之上,即不整合叠压着浅褐色砂质黏土层,该层厚约 1.1 米,其下部约 15 厘米为细石器遗存集中分布带。该层之上为 0.5 米厚的浅褐色砂质黄土(表土层)。[1]

---

[1] 宋艳花等:《尉家小堡遗址石制品初步研究》,《人类学学报》2008 年第 27 卷第 3 期,200~209 页。

尉家小堡遗址出土的石制品也十分丰富。集中在近 2 平方米的范围内有多达数百件石制品的发现。石制品的原料主要是硅质岩与火山角砾岩。石制品上均不见自然石皮，尤其是硅质岩类的节理发育，很多石片等石制品带有明显的节理面，说明石料的来源是原生岩层，而非砾石或风化剥落、暴露时间较长的岩块。这种情况在虎头梁地区也有发现，应是当时人类在原生岩层中开采石料的表现。

石制品的种类包括了石核、石片、细石核、细石叶、石器、断块及碎屑等。普通石核与细石核的数量接近，前者 12 件，后者 13 件。细石核均为楔形石核。普通石片与细石叶的比例则相差悬殊，普通石片的数量高达 250 多件，几乎占全部石制品的半数，而细石叶则只有 17 件，不足全部石制品的 3%。石器以边刮器为主，亦可见到端刮器。

（四）油坊遗址

油坊遗址位于泥河湾盆地的东部，桑干河南岸，距现代桑干河床约 2 千米左右。当地是大田洼台地北缘的斜坡区。其地层堆积的最上层为现代耕土层，厚约 0.3 米；第 2 层即为文化层，浅黄色粉砂质黄土，较松散，具垂直节理，中上部含石制品、灰烬层，以及动物化石等，厚约 6.5 米；第 3 层为侏罗系角砾岩，厚约 4 米；最下为前古生界火山角砾岩，出露部分厚约 5 米。油坊遗址尚未有绝对年代测定数据。根据泥河湾盆地内晚更新世黄土地层以及阶地的形成时代的比较，大致可以推断，也应属于旧石器时代晚期较晚阶段，但要早于桑干河 2 级阶地上比较广泛分布的虎头梁细石器工业。文化性质也明显有别于后者。

油坊遗址发现的石制品总数多达 3000 多件。其原料主要是就地取材，在附近的冲沟和山坡上均可采集到这种硅质火山角砾岩或燧石。但从对石料选择的情况看，当时人类对各类岩石的性质有较清楚的认识。

从石制品观察，一些单台面石核呈锥状或扁锥状，台面多经过修整，石片疤窄长规整。在经第二步加工的石器中，有非常典型的石叶坯材存在，可以肯定有石叶技术的存在。细石器技术在油坊遗址更为明确，在经过统计的近 700 件石制品中，细石叶的比例高达 13.2%。细石核的数量虽然不多，但类型丰富，包括楔形（锥形）、柱形与船底形等不同类型。油坊的石器组合，也以端刮器为主，其次为边刮器、尖状器等,雕刻器、琢背刀等亦可见到[1](图三)。

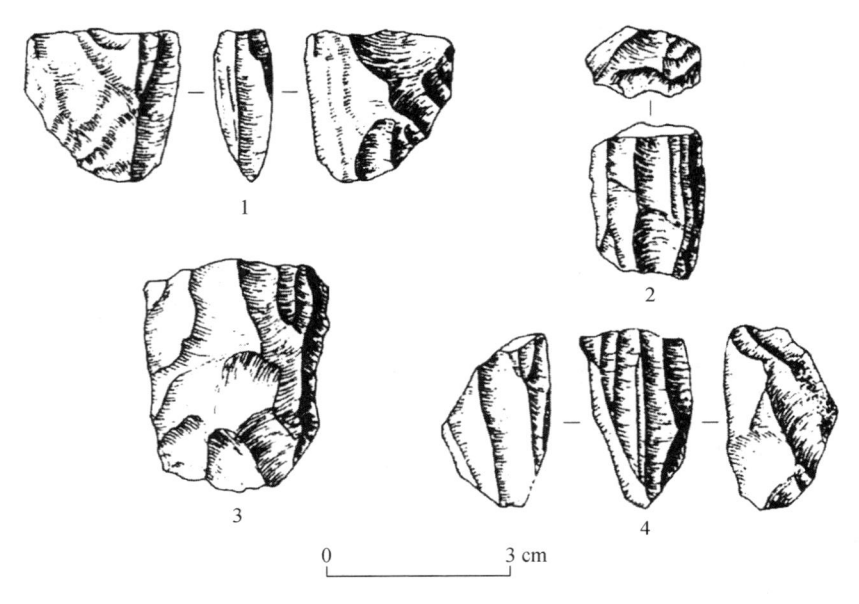

图三　油坊遗址的细石核(据谢飞等,1989)

(五) 二道梁遗址

二道梁遗址是近年来泥河湾盆地细石器的一项非常重要的新发现。遗址位于盆地东侧大田洼台地的北缘,在相当于桑干河3级阶地的冲沟阶地堆积中。最下层为泥河湾层,其上即为黄灰色粉砂层,厚度仅为18~20厘米,含大量细石器文化遗存,再上为浅黄色砂质土,厚度达1.6米,最上为3米厚的黄土堆积。[2]

在近20平方米的发掘区,有一处直径约70厘米的红烧土。其间有石制品、炭屑与烧过的动物骨骼碎片等。在红烧土周围,还散布着也经过火烧,但还可以拼合的石块与石片。这里发现的石制品原料几乎都是燧石。在多达上千件的石制品中,石片(包括断片与裂片)的数量多达800余件。断块也有170多件。石器则有

---

[1] 谢飞、成胜泉:《河北阳原油坊细石器发掘报告》,《人类学学报》1989年第8卷第1期,59~68页。
[2] 谢飞、李珺、刘连强:《泥河湾旧石器文化》,花山文艺出版社,2006年,1~222页。

边刮器、凹缺刮器、端刮器与雕刻器等。修理精良,数量也较多,是二道梁石器组合的一个特点。尤其突出的是船底形细石核的发现。与盆地内其他细石器遗址完全不同,二道梁遗址发现的细石核均为船底形。

(六) 黑土坡遗址

黑土坡遗址位于盆地东侧的头马坊村附近。早在 20 世纪 80 年代中期即经过发掘(谢飞,1989)。文化遗存埋藏在桑干河北岸的 2 级阶地的顶部较黏的灰黑黄绿色的堆积中。文化层厚度为 70~90 厘米,直接叠压在表土层下。文化层的 ^{14}C 年代数据为距今 7530±100 年。已经属于新石器时代。但这里的两次发掘仅见零星的夹砂红褐色陶片,却有较丰富的石制品与动物骨骼碎片等文化遗存。[1]

石制品中磨制石器很少,仅见砺石、杵与石环等。打制石器却十分丰富,包括普通石核、石片、细石核、细石叶以及石器等。石器原料以褐色的燧石为主。尤其引人注目的是细石核的数量虽多,但类型却很单一,主要为锥形。细石叶也很多且典型,其中还有相当数量经过加工者。工具则主要是修理精致的端刮器,以及锛状器。

黑土坡遗址的发现与于家沟遗址 2 层细石器的文化特点十分接近,无论是石器原料选择,还是细石核加工技术都具有高度一致性(图四)。

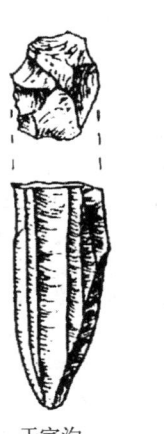

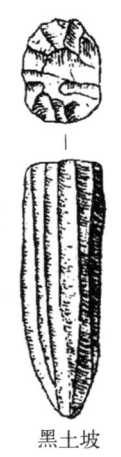

图四 于家沟与黑土坡的锥形石核

二、讨论

(一) 技术与原料特点

包括华北地区在内的东北亚地区的细石器技术一直是该地区史前学者关注的

---

[1] 谢飞:《泥河湾盆地旧石器文化研究新进展》,《人类学学报》1991 年第 10 卷第 4 期,324~332 页。

重点。许多学者对此进行过深入探讨。虽然在地域辽阔的东北亚地区存在着许多区域与时代差异的细石器技术，但就整体而言，仍可划分出两种基本类型，即以两面加工技术为基础的制坯和窄长条形台面为特征的楔形石核技术，以及非两面技术制坯与宽台面特点的细石器技术。[1] 在这两种基本类型之下，不同地区还可以细划分出多种亚类型。前者如在泥河湾盆地，有学者划分了虎头梁、阳原、桑干与河套类型等。[2] 后者更有船底形、锥形、半锥形、柱状以及漏斗状等多种。[3] 也有学者进一步讨论到不同细石器技术类型分布的区域性特点。[4]

前述的泥河湾盆地已经发现的细石器技术明显有两类，即楔形与非楔形。前者包括虎头梁遗址群、籍箕滩遗址群以及尉家小堡；后者则有油坊、二道梁与黑土坡。

除了在虎头梁遗址群早期所发现的230多件楔形石核，新近发掘的马鞍山遗

---

[1] AP, et al. 1998, *The Paleolithic of Siberia: New Discoveries and Interpretations*. Urbana and Chicaco：University of Illinois Press, 1~395. Hiroyuki Sato & Takashi Tsutsumi, 2007, The Japanese Microblade Industries：Technology, Raw Material Procurement, and Adaptations. *Origin and Spread of Microblade Technology in Northern Asia and North America*, Simon Fraser University：Archaeology Press, 53~78. 陈胜前：《细石器工艺的起源——一个理论与生态的视角》，《考古学研究》(七)，科学出版社，2008年，244~264页。

[2] Tang, C. & Cai, P., 1986. Upper Palaeolithic Cultural Traditions in North China. *Advances in World Archaeology*, Vol. 5, eds. F. Wendorf & A. E. Close. London：Academic Press, 339~364.

[3] 王建、王向前、陈哲英：《下川文化——山西下川遗址调查报告》，《考古学报》1978年第3期，259~288页。王向前、丁建平、陶富海：《山西蒲县薛关细石器》，《人类学学报》1983年第2卷第2期，162~171页。山西省临汾行署文化局：《山西吉县柿子滩中石器文化遗址》，《考古学报》1989年第3期，305~322页。王建、陶富海、王益人：《丁村旧石器时代遗址群调查发掘简报》，《文物季刊》1994年第3期，1~75页。张居中、李占扬：《河南舞阳大岗细石器地点发掘报告》，《人类学学报》1996年第15卷第2期，105~113页。王恩霖：《河北昌黎汀泗涧细石器遗址的新材料》，《人类学学报》1997年第16卷第1期，1~9页。柿子滩考古队：《山西吉县柿子滩旧石器时代遗址S14地点》，《考古》2002年第4期，1~28页。

[4] 谢飞：《环渤海地域新旧石器文化过渡问题研究纲要》，《中国考古学跨世纪的回顾与前瞻(1999年西陵国际学术研讨会文集)》，科学出版社，2000年，181~189页。王幼平：《关于中国旧石器的工艺类型》，《人类学学报》2004年第23卷增刊，108~117页。王幼平：《中国远古人类文化的源流》，科学出版社，2005年，1~340。杜水生：《楔形细石核的类型划分和细石器起源》，《人类学学报》2004年第23卷增刊，211~221页。Chun Chen, Techno-typological Comparison of Microblade Cares from East Asia and North America. *Origin and Spread of Microblade Technology in Northern Asia and North America*, Simon Fraser University：Archaeology Press, 2007, 7~38。

址的细石核经过更详细的统计，楔形石核多达 328 件，其余锥形、柱状以及船-楔状等类型的细石核加起来仅有 10 件，且并非十分典型。在籍箕滩遗址群发现的细石核也只有两类，楔形与不规则形。楔形石核为 117 件，不规则形者只有 4 件。在尉家小堡发现的细石核数量虽然较少，只有 13 件，但均为楔形。情况较为复杂的是虎头梁遗址群中的于家沟，其不同的文化层所发现的细石核的数量与类型有明显的变化。其中 3 层以下楔形石核也占绝对主导地位，如 3 层 b 所发现的细石核有 88 件，楔形石核为 86 件，另外仅见 2 件不典型的柱状与似船形细石核。而 2 层发现的 3 件细石核则分别为典型的锥状和柱状类型，但本层的时代很晚，已经进入新石器时代。由此可见，除了时代较晚者例外，在从虎头梁与籍箕滩遗址群向西一直到尉家小堡，这些遗址的细石器技术非常一致，均有两面加工细石核毛坯技术，并产生以窄长的台面为特色的楔形石核技术为主导，不见或偶见其他类型的石核。后者的数量很少，且技术亦不典型。

　　与前者不同，在盆地东部新发现的二道梁遗址，所发现的石制品数以千计，其中也有较多的细石核发现。虽然具体的统计数据尚未发表，但据已经发表的资料看，均为船底形细石核。[1] 同属盆地东缘的黑土坡遗址，虽然其时代较晚，已属于新石器时代，但仍有较丰富的细石器发现，其细石核几乎均为典型的锥状类型。与前两者同处盆地东部的油坊遗址发现的细石核则更有趣。这里的细石核共有 13 件。虽然在已公布的材料中有较多划分为楔形类，但据描述与线图情况来看，至少 6 件侧面观呈锥形，台面圆形或椭圆形的窄楔状者，应不是典型的楔形石核技术的产品。另外的 2 件船底形，3 件柱状细石核则都很典型。这几处遗址的距离较近，所应用的细石器技术的共同特点是不见楔形石核，区别则分别以船底形或锥形与柱状等细石核技术为主导。

　　泥河湾盆地内不同细石器遗址所选用的石器原料也有明显差别。盆地中部的虎头梁遗址群、籍箕滩遗址群，一直到山西阳高境内的尉家小堡遗址，生产细石器

---

[1] 谢飞、李珺、刘连强：《泥河湾旧石器文化》，花山文艺出版社，2006 年，1~222 页。梅惠杰：《泥河湾盆地旧、新石器时代的过渡：阳原于家沟遗址的发现与研究》，北京大学博士学位论文，2007 年，1~131 页。

的原料主要是石英岩或硅质岩类。这类石料质地细密均匀,颜色鲜艳,多呈粉红至黄褐色,具有明显的地域特征。据调查,这类原料产自盆地南侧的山区,一般距遗址为10多千米以上。而保留在石制品上的石皮特征则显示,这类原料既非砾石,也非风化岩块,而是直接采自原生岩层。[1]

而盆地东缘的几个遗址,则均采用燧石原料。这种石料的质地较均匀致密,多呈褐黄色,在油坊遗址的附近就可以采到。距遗址只有数百米之遥的周家山就有这类岩石的原生岩层出露。不过与前者不同,这类原料的表面常可见到风化石皮。这说明石料是来自附近的风化岩块,而非直接采自原生岩层。离周家山稍远的二道梁遗址以及黑土坡遗址,也都采用燧石原料,很可能也是出自此地。

(二) 时代与地理分布

泥河湾盆地的细石器除了技术与原料方面的特点,不同遗址的分布与埋藏情况也有所不同。如前所述,如果按照地貌类型划分,大部分遗址都埋藏在桑干河或其支流的阶地堆积中,但油坊遗址埋藏状况却例外,属于大田洼台地北缘的黄土状堆积。同属阶地堆积的遗址,也还有所区别。新近发现的二道沟遗址位于桑干河支沟的3级阶地,而其他遗址则都属于2级阶地。2级阶地本身可能也经历了比较漫长的堆积阶段。盆地中部以楔形石核技术为特色的细石器遗址往往都埋藏于2级阶地堆积较上部的黄色砂质黏土或与其相当的砂砾石层。在其下部,往往可以发现加工比较精致的石片石器,如新近发现在虎头梁地区的梅沟地点等。[2] 而以典型的锥形石核技术为代表的细石器遗址,则埋藏在2级阶地最上部的褐色或黑褐色堆积中。

上述埋藏特点直接反映了遗址的时代特点。按照桑干河阶地形成的时代来看,地处3级阶地的二道沟遗址的时代当最早。2级阶地上部黄色土堆积中发现的

---

[1] 宋艳花等:《尉家小堡遗址石制品的初步研究》,《人类学学报》2008年第27卷第3期,200~209页。

[2] 梅惠杰:《泥河湾盆地梅沟和苇地坡旧石器时代晚期地点》,《人类学学报》2006年第25卷第4期,299~307页。

大量楔形石核细石器的时代显然要晚于二道沟。而 2 级阶地最上部的褐色或黑褐色土中的锥形石核的时代显然要更晚。这一相对年代顺序也得到绝对年代的测定数据的支持。二道沟遗址的动物骨骼样品的 ^{14}C 年代为距今 18085±235 年。马鞍山遗址火塘中的炭屑样品的 AMS^{14}C 年代为距今 13080±120 年。黑土坡遗址的 ^{14}C 年代则为距今 7530±100 年。遗憾的是油坊遗址既无绝对年代测定数据，也无法根据地层学特点与阶地堆积中的诸遗址做相对年代的比较。不过研究者根据本地区黄土地层的时代特点，提出油坊遗址的时代当与二道梁遗址相近或略早的看法应当是合理的推测。[1]

由此看来，泥河湾盆地的细石器大致分布在三个年龄阶段：以二道梁和油坊遗址为代表的早期阶段，大致为距今 18000~20000 年；以虎头梁遗址群为代表的楔形石核遗址群的时代则在距今约 13000 年；以黑土坡遗址为代表的锥形石核的年代为距今 7000~8000 年，是盆地内细石器最晚期阶段，已经进入新石器时代。

除了时代特点，泥河湾盆地细石器的分布也有比较明显的区域性特点。如前所述，以色彩斑斓的石英岩为原料的楔形石核技术的细石器，主要分布在盆地中部的桑干河及其支流两岸。包括了虎头梁遗址群、籍箕滩遗址群以及尉家小堡。遗址的分布密集，文化堆积巨厚，文化遗存丰富。而时代较早的遗址，包括二道梁与油坊遗址，还有时代较晚的黑土坡遗址等，主要分布在盆地的东部地区。这些遗址的石器原料以燧石为主，细石器包括了船底形、锥形及柱状石核技术。

（三）生存策略与社会发展

泥河湾盆地细石器技术及其时代与空间分布的特点应该与晚更新世末期到全新世初期活动在盆地内的古人类的生存策略与社会发展情况密切相关。换言之，石器技术与遗址聚落形态的选择与变化应该是当时人类适应晚更新世末期到全新世之初泥河湾盆地的资源环境及其变化而采取的生存对策。

泥河湾细石器的主人生活在这一地处北纬 40 度的冀西北的山间盆地，经历了

---

[1] 谢飞、李珺、刘连强：《泥河湾旧石器文化》，花山文艺出版社，2006 年，1~222 页。

从最后冰期最盛期向冰后期过渡,从冰期寒冷的最盛期逐渐过渡到冰雪消融、气候转暖的全新世早期。气候环境的剧烈变化无疑会对当时人类的生存条件造成很大的影响。[1] 在海拔高度近千米的盆地内虽然地势平坦,有桑干河冲击形成的河谷平原,全新世以后,这里是较为温暖的稀树草原环境,宜农宜牧。但在冰盛期,这里却十分干寒,只有稀疏的草原与食草类动物可供赖以维持生计。这种情况可能是导致距今18000年前后阶段的细石器遗址数量很少的重要原因。到目前为止,只有二道梁与油坊等少数发现。且遗址的文化层均较薄,发现的文化遗存也较有限。

随着冰盛期的结束,到距今15000年前后,哺乳动物化石、孢粉分析以及其他古环境方面的资料都说明当地的气候虽然仍比现代干凉,但已逐渐转变为水草丰盛的草原,为虎头梁遗址群等楔形石核技术的主人提供了良好的生存条件。文化遗存的情况显示泥河湾盆地以虎头梁遗址为代表的细石器工业应该是适应的专业化狩猎活动的产物,主要靠狩猎草原上生活的动物群为生。巨厚的文化堆积与大量文化遗物的发现,特别是以火塘为中心多层居住面在同一遗址内反复出现的现象,直接证明当时人类的群体数量很大,在同一地点可以有很长时间的居住停留。如近些年来发掘的马鞍山与于家沟等遗址的发现都说明了这种情况。马鞍山遗址多种类型的火塘以及于家沟遗址距今11000多年前陶器的出现,都显示这些遗址的居民生活内容更为丰富,并且可能已是这些遗址较长时间的定居者。

到距今7000~8000年,随着全新世暖期的来临,新石器时代的定居村庄也已在泥河湾盆地出现,如在于家沟遗址附近的姜家梁遗址的发现。然而就在广泛使用新石器的定居者已经出现的同时或稍早,在泥河湾盆地内仍可见到典型的细石器文化遗存,如黑土坡与于家沟2层典型的锥形细石器技术的发现。无论这些细石器技术的主人与盆地内同期或稍晚的新石器居民是相同的人群或否,这一阶段细石器技术在盆地内所占的重要地位却是显而易见的事实,也为追索泥河湾盆地细石器技术源流提供了非常重要的材料。

---

[1] 夏正楷、陈福友、陈戈等:《我国北方泥河湾盆地新—旧石器时代过渡的环境背景》,《中国科学》(D辑)2001年第31卷第5期,393~400页。

有关泥河湾盆地细石器在中国北方旧、新石器时代过渡与农业起源这一重大社会发展过程的重要地位与作用早就受到学者的关注并进行过专门讨论。[1] 不过对发展的具体细节却还缺少详细的探讨。如上所讨论,旧、新石器时代的过渡并不应该仅仅是磨制石器与陶器等标志性文化遗物的出现,而还应该是在环境变迁、人口压力、资源、技术与社会发展等多重因素的互动之下,盆地内细石器主人不得不重新调整他们的生存策略,由此带来的人类技术与行为变化与社会发展的结果。

以泥河湾盆地已发现的细石器情况来看,早期的细石器遗存仅发现在盆地东部燧石原料产地的附近,文化层也较为单薄,且遗址也均为单个分布。这种聚落形态反映当时的人口可能还很少,且流动性较强。显然是当时人类适应泥河湾盆地在最后冰期最盛期的严酷环境条件的结果。到虎头梁楔形石核技术阶段,开始远距离产地大规模开采原生岩层的石料,专业化生产楔形石核等石器工业,遗址数量众多,成群组密集分布,文化堆积巨厚,这些显然是适应环境转暖,人口增加等情况的结果。这种状况又会对定居、制陶与磨制石器等技术的出现产生促进作用。由此多种因素的相互作用与结果,最终促成旧、新石器时代的交替。

观察泥河湾盆地细石器技术的变化还应该有人类学的视角。在泥河湾盆地细石器技术纷繁的时空变化现象的背后,不应该仅仅是当时人类的适应策略与手段,也应该会受到持不同细石器技术人群间的传承与交流等文化因素的影响。

如前所述,在泥河湾盆地,在最后冰期最盛期阶段,最早出现的细石器遗存应该是与石叶技术共存的油坊遗址。油坊的细石器技术包括了锥形、柱状与船底形,是否有典型的楔形石核技术还有待更多材料的分析。其后或差不多同时,则有以船底形细石器技术占主导地位的二道梁遗址的发现。两者均出现在盆地东缘。到最后冰期最盛期的结束,距今15000年前后,楔形石核技术突然在盆地内繁荣起来并持续到差不多晚更新世结束之时。楔形石核细石器则更集中分布在盆地的中、西部。不过随着全新世的来临,楔形石核技术却突然消失,代之而起的则是典型的

---

[1] 谢飞:《环渤海地域新旧石器文化过渡问题研究纲要》,《中国考古学跨世纪的回顾与前瞻(1999年西陵国际学术研讨会文集)》,科学出版社,2000年,181~189页。

锥形石核技术。这一阶段的锥形石核技术的遗址虽然数量不多，但在盆地的东部和中部却都有其踪迹可寻。

如果我们把观察的视野扩大，很容易发现典型楔形石核技术与非楔形石核技术的细石器技术的分布亦有区域性特点。除泥河湾盆地以外，在中国北方已经发现的细石器遗址，几乎没有见到以楔形石核为主导的细石器技术。在泥河湾盆地以东到冀东北，向南一直到鲁南、苏北与豫中地区，已经发现的细石器主要是以船底形石核技术为主导；但在泥河湾盆地的西南，典型遗址主要分布在山西南部至陕西境内，更多是以锥形、柱状及船底形共存的细石器遗存。上述情况显示，尽管还有更多的区域性特点，但中国北方细石器技术主要是以船底形、锥形及柱状等非楔形石核技术为主导。泥河湾盆地的楔形石核技术的出现与繁荣则如昙花一现，突然出现，繁荣了数千年之后，又突然销声匿迹。楔形石核技术这种在泥河湾盆地以及中国北方出现与分布的态势，很难完全用石器原料利用或是生计策略等因素来解释，而更可能还受到晚更新世末人类的迁徙或文化交流等历史活动的影响。不过目前所发现的材料以及研究的深度还比较有限，对这种现象更确切的认识还有待于更多遗址的发现以及与周边地区与国家同类遗存的详细比较研究结果。

三、结语

近半个世纪的田野考古发掘与研究结果显示，泥河湾盆地的细石器遗存非常丰富，并不仅仅是早年发现的以虎头梁楔形石核为代表的单一细石器工业。随着时代的发展，盆地内不同区域的细石器遗存出现明显的差别，展现在细石器技术、石器原料的选择、生计方式以及聚落形态等多方面。

楔形石核与非楔形石核构成盆地内细石器技术的最基本的区别。船底形、锥形等非楔形石核技术最早出现在盆地东部。其后楔形石核技术发展至顶峰并主要流行在盆地中、西部，锥形与柱状石核技术则在盆地内的新石器时代遗存中仍有发现。

持不同细石器技术的人群在石器原料、栖居形式等生存策略的选择上也有明显不同的表现。早期人群就近选取石料,流动性强,遗址数量少、规模亦小。楔形石核拥有者则远距离开采石料,居址规模大,居住稳定,并且开始拥有制陶与磨制石器技术。

虽然楔形石核技术在更新世末的泥河湾盆地得到空前发展,但其发展态势,尤其是与非楔形石核技术早晚有明显联系的情况比较,则有如昙花一现。这种情况说明泥河湾盆地细石器文化发展的背后可能隐藏更深层的原因,应该与当时人类适应环境的生存策略以及不同人群的迁徙与文化交流等活动有关。所以跨地区与国家的考古学术交流与合作已经成为泥河湾盆地细石器研究的迫切任务。

(原刊《古代文明》第 8 卷,文物出版社,2010 年)

华北旧石器埋藏特点的初步观察

广义的华北即中国北方地区的更新世环境最显著的特点是黄土的大面积分布和黄土高原的形成。黄土沉积物所反映出的自然环境变化,是了解更新世中国,特别是北方地区的自然环境变化的基础。近几十年来,通过对一系列典型黄土剖面的综合研究,黄土中黄土—古土壤的沉积顺序、地层时间顺序、磁性地层顺序,以及由以上记录所反映出的地质事件发生和自然环境变化的序列已经变得越来越清晰。

更新世期间,除了面积广大的黄土沉积以外,在北方地区还有另外两类沉积类型,即河湖相和洞穴沉积。将黄土高原各地黄土和古土壤的交替出现的现象与后两类沉积相比,可以发现华北山间盆地中河湖相沉积物粒度的粗细韵律、洞穴堆积中石灰岩角砾和石灰华细粒层交互变化有着比较明显的对应关系。与黄土堆积相比,后两者的分布范围并不很广泛,剖面上也不及黄土地层连续。然而由于堆积的特点所决定,河湖相与洞穴堆积更容易保存远古人类的遗物、遗迹,对旧石器时代的考古工作也更为重要。对这几类堆积中旧石器埋藏的宏观状况进行讨论,认识不同时代,不同堆积类型中旧石器遗存埋藏的一般规律,无疑会帮助我们更有效地去寻找发现各类旧石器遗存,进一步了解华北地区远古人类的生存环境与时代特点。

一、早更新世

北方早更新世地层堆积主要有三类,即土状堆积、河湖相堆积与洞穴堆积。其中土状堆积的分布范围最广。河湖相堆积也较常见。这两类堆积中都有石制品及其他早期人类遗存的发现。到目前为止,本区尚未见有洞穴堆积中发现的有关早期人类活动的报道。

（一）土状堆积的发现

早更新世在中国北方地区的黄土高原的典型沉积是午城黄土和离石黄土的下部。午城黄土的沉积时代大约始自距今 250 万年,与离石黄土分界线的时代约为距今 120 万年左右。[1] 午城黄土的分布范围主要在秦岭以北,汾河以西。其标准地点在山西隰县午城镇,黄土覆于一层砾石层之上,颜色较红,含红色埋藏土,底部的黄土层偶夹小石粒,层理不清楚,含砂砾数量极少。午城黄土中发现的化石有长鼻三趾马,三门马,中国貘,和步氏大角鹿。啮齿类化石较少。化石证据说明,当时的环境较为湿润。[2] 遗憾的是到目前为止,在典型的午城黄土地层中,还没有石制品或其他早期人类活动踪迹发现的报道。

离石黄土的下部是在午城黄土的基础上继续沉积,其时限大概是从距今 120 万年左右到 70 多万年。分布的范围较午城黄土更广,主要是向东、南方向扩展。在离石黄土沉积期间,已有清楚的早期人类活动的证据。最主要的是陕西蓝田公王岭附近的直立人化石及石制品。蓝田地区的红色土分布非常广泛,构成灞河的三、四级阶地。公王岭是灞河左岸的四级阶地。直立人的头盖骨埋藏在 30 米厚的红色土的底部。其地层的堆积情况如下：

最底部是一套以棕红色砂质泥岩与砾岩互层为主的沉积。砾岩中砾石以片麻岩和花岗岩为主。砾径一般较大,风化程度很深。厚度可见 20 米,未见底。时代属于上新世。

其上为 33 米厚的风化程度较浅的砾石层,与下部砾岩之间有一个剥蚀面。本层呈灰白色砾石的磨圆度较好,未胶结,并含粗砂和砂质土的透镜体和条带。时代应为早更新世。

再上即为红色土层。蓝田一带的红色土中的古土壤非常发育,可多达 20~30

---

[1] 闵隆瑞、迟振卿:《对中国第四系中统划分方案的回顾与讨论》,《第四纪研究》2000 年第 20 卷第 2 期,101~107 页。
[2] 曹家欣:《第四纪地质》,商务印书馆,1983 年。

条。在公王岭的 30 米厚的剖面下部,有两条比较清楚的古土壤。头盖骨和其他动物化石就发现在两层古土壤之间的钙结核中,在砾石层之上 6 米左右。[1]

尽管由于发现了人化石,1965~1966 年曾在公王岭地点进行了大规模的发掘,但所发现的材料不多。在人化石层之上仅发现 20 件石制品。1975 年又发现 6 件。种类也很简单,仅有石核、石片及刮削器等,零星地散布于黄土堆积中。

在公王岭蓝田猿人化石层中,共发现 42 种哺乳动物化石,其中不但包括较多的华北中更新世常见的种类,如中国缟鬣狗、李氏野猪、三门马、和葛氏斑鹿等,还有少量第三纪的残余种如爪兽、泥河湾剑齿虎,以及早更新世到中更新世早期的种类如丽牛、丁氏鼢鼠、土红鼠等。动物群的时代原认为属中更新世的早期。新近的研究认为,应属于早更新世的晚期,古地磁的年代较早的数据为 75~80 万年或 98 万年。最近的报道,也要早到 110~115 万年。

公王岭动物群的另一个突出特点是带有明显的南方动物群的特色。如大熊猫、剑齿象、马来貘、爪兽、毛冠鹿、水鹿、秦岭苏门羚等,都是中国南方及亚洲南部更新世动物群中的主要成员。公王岭动物群中,大的哺乳动物以森林型为主,如虎、象、猕猴、野猪、狮等;其次是草原动物,如丽牛、鹿类、马等;但缺少水边生活的或两栖性的种类。因而可知,蓝田猿人生活时期虽然温暖,但附近缺少水域,这暗示气候可能是半干旱的。而动物群的强烈的南方色彩,则说明当时的气候条件与南方较接近,也有动物迁徙往来的通道。这种情况说明秦岭当时还没有今天这样高,所以对气候的影响不强烈;对动物的迁徙的影响也不甚严重。[2]

(二) 河湖相堆积的发现

与土状堆积不同,在早更新世的河湖相堆积中,石制品及其他早期人类的遗物遗迹则非常丰富。近 20 年来,在华北北部山间盆地的泥河湾古湖畔,连续发现发掘了很多早更新世的遗址,发现了数量众多的石制品。

---

[1] 贾兰坡、张玉萍等:《陕西蓝田新生界现场会议论文集》,科学出版社,1966 年。
[2] 祁国琴:《中国北方第四纪哺乳动物群兼论原始人类生活环境》,《中国远古人类》,科学出版社,1989 年,277~337 页。

泥河湾盆地第一个发现的早更新世的遗址是河北阳原县的小长梁。小长梁位于盆地的东缘,自 1978 年发现以来,已先后经过多次工作。1978 年的发掘剖面可以分为 16 层。最上层是浅棕黄色的黄土,时代为晚更新世。其下为不整合接触面。再下面的 14 层为灰黄相间的泥河湾组的湖相层,岩性为黏土、砂质黏土或砂。石制品就埋藏在从上至下的第 10 层,为具有锈黄色条带的中粒砂层,厚约 0.5~0.8 米,同时也有哺乳动物化石发现。其上覆地层为厚约 2 米的黄绿色黏土。下伏地层为 1.5 米厚的灰绿色黏土。泥河湾组之下,为不整合接触的前第三纪基岩。[1]

小长梁遗址 1998 年的发掘曾进行详细的埋藏学观察,特别关注沉积动力,希望找到沉积间断或古地面的证据。[2] 结果显示,含石制品的层位系不间断的连续沉积,沉积基质为厚约 0.8 米的白色细砂沉积。上下夹有 3 条较厚的锈黄色粗砂条带。条带呈旋涡状分布,石制品与动物化石在条带中和条带附近较为集中,清楚地显示了水动力的堆积作用。因而这里发现的并不是在湖边原地埋藏的古人类文化遗存。不过从石制品与动物化石碎片分布较为集中的情况看,搬运的距离并不会很远,所以离湖岸的原生遗址也应该不是很远。

1990 年发掘的飞梁遗址,则反映了原地埋藏的特点。该遗址共发现石制品 108 件,动物化石 1400 多件。这些遗物埋藏在泥河湾组上部灰绿色黏土与灰黄色粉砂中。沉积物细腻、纯净。灰黄色粉砂层且具有薄水平层理,应是浅而平静水环境下的沉积。石制品等遗物的分布没有定向排列现象,且大小混杂,没有经过分选作用。多数标本的走向与倾向也没有规律,有一部分则呈垂直或近水平状态埋藏。另外这些遗物在平面上有几个相对集中的分布区。动物骨骼虽较破碎,但断口新鲜,多数表面保存完好,仅受到很轻微的风化作用。在石制品中,有近 18% 的标本可以拼合。这些情况说明,飞梁石制品与动物骨骼等遗物是在当时人类活动过后

---

[1] 尤玉柱、汤英俊、李毅:《泥河湾组旧石器的发现》,《中国第四纪研究》1980 年第 5 卷第 1 期,1~13 页。
[2] 陈淳、沈辰、陈万勇等:《河北阳原小长梁遗址 1998 年发掘报告》,《人类学学报》1999 年第 18 卷第 3 期,225~239 页。

不久,很快就被原地埋藏起来的。[1]

二、中更新世

进入中更新世以后,旧石器遗址和地点逐渐增多。北方地区,除了在河湖相堆积与土状堆积中继续有发现,还有洞穴遗址发现,尤其是在华北的北部地区。

(一) 土状堆积

中更新世以后,随着离石黄土分布范围的扩大,当然更主要的还应该是人类活动范围的扩展,石制品与其他早期人类的遗物在离石黄土中的发现也更多。在西起甘肃泾川大岭上,东到太行山东麓的河北涉县,南自秦岭南麓的陕西洛南盆地,北到内蒙古呼和浩特东郊大窑四道沟等地的离石黄土堆积中,都已有发现。这一时期离石黄土的颜色一般为棕黄色,含5~6层埋藏土,均较厚,间距较大,地形上多形成陡壁。含较多的方氏鼢鼠化石。剖面上的孢粉显示当时是半干旱的气候环境,但仍有相当的湿度。[2]

其中,陕西蓝田陈家窝的时代较早。陈家窝地点位于灞河的右岸,也埋藏在四级阶地上的红色土中,但位置较靠上部。在1964年发掘中,与直立人下颌骨同层发现3件石制品。后来的调查又有发现。但总体的数量很少,反映了土状堆积中石制品分布的特点。陈家窝的动物群虽然大部分种类与公王岭相近,但缺少古老的种类。相反却有代表时代较晚者。这说明其时代当晚于公王岭。另外,不具有南方色彩的动物种类。这反映了环境的变化,接近今天华北的气候。这两种情况都说明陈家窝的时代较晚。陈家窝动物群的时代应为中更新世的早期。古地磁的年代数据为50~60万年。

近年来,在洛南县境内有多达数十处石器地点发现,大部分发现于离石黄土堆

---

[1] 中美泥河湾考古队:《飞梁遗址发掘报告》,《河北省考古文集》,东方出版社,1998年,1~29页。
[2] 曹家欣:《第四纪地质》,商务印书馆,1983年。

积中。虽然详细的调查与发掘报告尚未发表,但从已有的报道中仍可以了解到,石制品的分布多比较零星。在河北涉县新桥遗址的发现也是如此,虽经过大面积的发掘,但单位面积内发现的石制品的数量也相对较少。

(二) 河湖相堆积

在本阶段,河湖相堆积中的发现较早期更为广泛。近年来在汾河流域发现一些中更新世的石器地点,比较地集中分布在下游的襄汾丁村与中游的太原古交附近。其中尤以丁村附近新发现的几个地点为典型。[1] 20 世纪 70 年代以来在 4 级阶地堆积中新发现有位于白马西沟南崖的 79∶01 地点,解村西沟的 79∶02 地点,南寨村塌河崖 79∶03 地点,上庄沟的 79∶04 地点等。在上述地点中解村西沟地点的埋藏情况较具代表性。该地点位于汾河东岸的 4 级阶地。石制品发现于 55 米厚的中部的灰白色中粗砂层及其下的钙板层中。在试掘中共有 21 件石制品发现。

在黄河及其支流更早就有发现,如山西芮城匼河与河南三门峡等地的报道。在匼河村附近,中条山南麓的黄河左岸,南北延伸约 13 千米的地带分布着 11 个旧石器地点。自 1957 年发现起,在这里已先后进行多次发掘。匼河地点出露的剖面上可以见到,最下部是上新世的泥灰岩。泥灰岩之上即为含石制品和动物化石的桂黄色砾石层,厚约 1 米。其上为厚约 4 米浅褐色交错砂层,厚约 1 米的灰黄色细砂层。再上为夹有古土壤和凸镜体砾石层的含粉砂的红色土,厚约 21 米。最顶部为厚约 2 米的砾石、灰黄色粉砂及砂质黄土。文化遗物与动物化石的埋藏环境是典型的河流相,从磨蚀程度看,搬运距离应较长。[2]

与匼河旧石器地点群隔河相望的河南三门峡地区,在 20 世纪 60 年代也发现了一些石器地点。大部分石制品采自红色土的不同层位。也当归入更新世中期。这些地点的分布、埋藏情况与匼河的相似。其中比较重要的是水沟与兴会沟两处,在三门峡市东北的会兴镇与上村之间,两条流入黄河的冲沟沟口分别发现这两处

---

[1] 王建、陶富海、王益人:《丁村旧石器时代遗址群调查发掘简报》,《文物季刊》1994 年第 3 期,1~75 页。
[2] 贾兰坡、王择义、王建:《匼河——山西西南部旧石器时代初期文化遗址》,文物出版社,1962 年。

地点。石器埋藏在地表之下 50 米深的黏土和粉砂土交互层中,其上为红色土,下面为砂层和砾石层。与匼河情况不同的是这里的石制品可能主要是埋藏在河漫滩相的堆积中。[1]

(三) 洞穴堆积

北方地区中更新世的典型洞穴堆积当然要首推北京周口店第一地点。与周口店发现类似的还有辽宁营口的金牛山与本溪庙后山等处。这几处洞穴遗址都有比较丰富的石制品及其他早期人类文化遗存。

金牛山遗址的堆积与周口店第一地点最相似,时代也大致相当于第一地点的晚期。[2] 金牛山 A 地点洞穴堆积的剖面分为 8 层:可以分成上、下两组,以第四层为界。上组地层由棕褐、棕黄色黏土质粉砂和洞穴角砾层构成,出土的哺乳动物化石有赤鹿、扭角羚、洞熊、等。堆积的性质可与华北地区的马兰黄土对比。动物化石亦为马兰黄土中常见的种类。铀系法测年的结果为 16~20 万年。

下组地层为胶结较硬的洞穴角砾、棕红色砂质粉砂、粉砂质砂和巨角砾层组成。化石有拟布氏田鼠、大河狸、沙狐、变异狼、棕熊、獾、最后剑齿虎、梅氏犀、李氏野猪、肿骨鹿和硕猕猴等,堆积的性质可与周口店北京猿人的洞穴堆积对比。动物群亦属肿骨鹿-北京猿人动物群的常见成员。铀系法测年为 20~31 万年。人类化石的层位为 28 万年。含石制品与人类化石为第七层,系棕红色粉砂质砂,南部堆积较厚,有明显的薄层水平层理,斜着覆于第八层之上。本层下部黏土增多。含动物化石丰富,有较完整的棕熊和猪的骨架以及肿骨鹿、犀牛等的化石。人类化石,灰堆和大量敲碎的动物肢骨碎片出于此层的底部,厚 2.8 米。

历次发掘出土的人类化石与文化遗物主要出自属于下组的第七层。已发现的石制品有 200 件左右,动物骨骼碎片多达万件以上。在 1984 年发掘中,还有非常重要的人类化石发现。当年的发掘面积为 56 平方米,发现大量的动物骨骼和牙

---

[1] 黄慰文:《豫西三门峡地区的旧石器》,《古脊椎动物与古人类》1964 年第 8 卷第 2 期,162~177 页。
[2] 吕遵谔:《金牛山猿人的发现和意义》,《北京大学学报(哲学社会科学版)》1985 年第 2 期,109~111 页。

齿,有的骨骼还密集地迭压在一起,还有肿骨鹿的鹿角和其他许多动物化石。发现多处灰堆,其中的一处,是由3个直径为50~60厘米的圆形灰堆联在一起的。灰堆中是烧过的动物骨骼、碳屑及烧土。在灰堆之间分布大量的动物管状骨碎片,有一些碎片上具有明显的人工痕迹,应是人类敲骨吸髓所为。另外在第六层中部发现灰烬层,长约4.1米,厚约20厘米。灰堆应是人类用火遗迹的原地埋藏;灰烬层的情况较为复杂,有的可能经过流水或其他作用的移动而形成层状分布。

三、晚更新世

晚更新世以后,进入马兰黄土堆积时期。马兰黄土与离石黄土容易区别,呈淡灰黄色,较疏松,柱状节理发育,无层理,易产生陷穴和天然桥。多数情况下马兰黄土覆于离石黄土的剥蚀面之上,二者的界限清楚容易划分。马兰黄土的典型地点在北京西山斋堂马兰村。马兰黄土中的化石一般石化程度不深,含较多的鸵鸟蛋基蛋碎片,并含有方氏鼢鼠。虽然晚更新世的气候干寒,以形成马兰黄土堆积为主,但期间也有转暖湿的间冰阶。所以除了大面积的马兰黄土沉积外,也有一些河湖相沉积。

晚更新世早期和晚期的界限,按照旧石器考古学者的习惯,一般是放在距今4万年左右。从距今4万到1万年为晚更新世晚期。这一阶段开始之时,正处于间冰阶,气候还暖湿。但到距今25000年前后,进入最后冰期的最盛期,北方的气候进入更新世以来最干寒的时期。正是由于北方更新世晚期,特别是晚更新世晚期自然环境的变化特点,在马兰黄土堆积中,一般不易发现石制品或其他文化遗存,主要的发现为洞穴堆积与河湖相堆积。

(一) 土状堆积

晚更新世北方土状堆积最有代表性的遗址是洛阳北窑。北窑遗址位于河南洛阳北郊,廛河南岸的3级阶地黄土地层。这里的黄土堆积高出现代河床约20米。从上向下分为5层。第1层是灰黄色黄土,厚约3米;第2层是棕红色古土壤,厚约

3.3 米;第 3 层是灰黄色黄土,厚约 2.3 米;第 4 层是深灰黄色土,厚约 2.2 米;第 5 层是棕红色古土壤,厚约 2 米。根据热释光年代测定结果,第 2 层顶部为距今 30110 年,应系马兰黄土中的古土壤层(L_{1S})。第 4 层顶部距今 51370 年,底部距今 85000 年,应系马兰黄土(L_1)下部。第 5 层顶部为距今 89490 年,底部为 103500 年,应与黄土-古土壤序列中的 S_1 相当。[1]

北窑 3 级阶地上的黄土剖面沉积连续,保存完好,清楚地反映了本地区晚更新世黄土地层的发育过程。第 5 层棕红色古土壤,色深,粘重,铁锰薄膜发育,在剖面中磁化率值最高,应是强烈成土作用的产物,反映了温暖湿润的间冰期气候环境。第 4 层马兰黄土下部,磁化率值仍较高,也应经过较强的成土作用,仍应是较温暖湿润的气候环境。第 3 层和第 1 层是很典型的马兰黄土,其磁化率值最低,成土作用很弱,当与末次冰期的寒冷气候相关。而介于两层之间的第 2 层,系棕红色的古土壤,磁化率值也较高,显然也是较温暖湿润气候环境的产物。

在北窑剖面各层均有石制品发现,但第 1 层和第 2 层主要是小型石制品,第 3 层以下则多大型石制品。其中第 5 层顶部与第 4 层的石制品数量最多,是人类活动最频繁的阶段。第 3 层的石制品数量明显减少,其原因当与环境恶化,人类活动减少有关。从下部大、小石器共存到上部以小型石制品为主的变化,则反映了晚更新世以来旧石器工业发展的总体趋势。

(二) 洞穴堆积

在洞穴堆积中,时代较早的是辽宁喀左的鸽子洞遗址。该洞洞口高出大凌河约 35 米,与大凌河第二阶地相当。这一带的洞穴都较浅,也有岩厦。洞内也很少见石钟乳、石笋及钙板层等,说明洞穴形成时的气候较干燥、寒冷。鸽子洞实际上是一高敞的岩厦,岩厦内又发育若干小洞,其中 A 洞发现有旧石器文化遗存。

A 洞的堆积分为 6 层。第 1 层为 1 米厚的灰黄色土,含近现代遗物。第 2

---

[1] 夏正楷、郑公望、陈福友等:《洛阳黄土地层中发现旧石器》,《第四纪研究》1999 年第 3 期,286 页。

层即文化层,含大量片状灰岩角砾,直径 4~6 厘米者为多,最大达 18 厘米,角砾中填充着浅黄色土。堆积致密,半胶结。含哺乳动物化石与旧石器,最厚 1.2 米。第 3 层为灰烬层,疏松、质细无黏性,有黑、黄、粉、白和灰色等颜色。呈透镜体状分布,中部最厚为 50 厘米,含烧骨、木炭、烧土块及少量的石制品和动物化石,灰土含碳量为 24%。第 4~6 层分别为灰色土层、黑色-棕色土层与角砾层。

从上述的堆积的情况来看,人类使用该洞穴是在第 4 层堆积形成以后。人类在第 4 层的层面上活动,留下了篝火的灰烬、石制品和动物骨骼。堆积的性质说明,第 2、3 层当为同一时期的遗存。人类居住的当时或稍晚,气候很冷,由于寒暑作用而产生大量的片状灰岩角砾将人类的文化遗存保留下来。[1]

鸽子洞遗址发现了 20 多个哺乳动物化石种类。虽有一些东北地区常见的猛犸象-披毛犀动物群的成员,但较多的还是华北晚更新世动物群的种类。虽然披毛犀、直隶狼、最后鬣狗、小野猫、硕旱獭等与周口店第 1 地点等地的同种化石较为接近,但野驴、野马已是晚更新世的标准化石,其时代应为晚更新世的较早阶段。从动物群所反映的生态特点看,当时应是干凉的气候,以草原为主,兼有森林的自然环境。这一点与沉积物的岩性特点也相吻合。

进入晚更新世晚期,北方地区洞穴遗址的数量更多。小南海洞穴遗址比较典型地反映了本阶段洞穴堆积的情况。[2] 遗址位于太行山南端东麓与华北平原过渡带,河南安阳西南约 30 千米的石灰岩峡谷。1960 年初,由当地的采石工人发现。虽然发现时洞顶已坍塌,洞穴的形状、大小与洞口的情况都不很清楚,但堆积仍保存比较完好。

试掘的剖面分为 5 层。其中第 1 层含有较多的洞顶塌落的石灰岩块。按照土色的区别,还可以分为 3 小层。最上层是质地松散的灰褐色土,与洞顶很贴近。除石灰岩块外,没有其他夹杂物。厚度也较薄,最厚处也只有 25 厘米左右。其下黄

---

[1] 鸽子洞联合发掘队:《辽宁鸽子洞旧石器遗址发掘报告》,《古脊椎动物与古人类》1975 年第 13 卷第 2 期,122~136 页。
[2] 安志敏:《河南安阳小南海旧石器时代洞穴堆积的试掘》,《考古学报》1965 年第 1 期,1~27 页。

褐色土,厚度显著增加,最厚处有95厘米。可以见到零星的石制品。动物化石不多,但可以鉴定的种类有10余个。再下层是深黄土,土质与包含物均与其上层相近,也有零星的石制品与动物化石发现。

从第2层开始石制品与动物化石的数量开始增多,洞顶坍塌的石灰岩块则显著减少。本层是略带白斑的黄褐土,厚度在20~65厘米间。第3层为灰白色黄土,含砂量较多,还夹杂红烧土碎块与炭粒。含石制品与动物化石的情况与第2层相近。第4层最厚,在30~200厘米之间,系黄褐土,夹杂较多的红烧土块与炭粒。大部分堆积直接覆于洞底灰岩基岩之上。石制品与动物化石最为丰富,石制品约占试掘出土总数的86%。可以鉴定的动物亦有10余个种类。在洞底较低洼处,还有灰白色含砂质的黄土,为第5层。本层只有很少量的石制品与动物化石,但有鬣狗粪化石存在。

根据C14年代测定结果,上部地层(应为第1层的2、3小层)为距今11000年左右;下部地层(应为第4层)为距今22000年左右。另外在第4层发现的动物化石有鸵鸟、猩猩、方氏鼢鼠、最后鬣狗、野驴、批毛犀、野猪、斑鹿、水牛、普氏羚羊和苏门羚等。动物群的主要成员均常见于华北晚更新世。但猩猩和水牛的存在,说明当时的气候应很温暖湿润。结合测年数据来看,当处于最后冰期最盛期之前的间冰阶。此时正是小南海遗址使用的最主要阶段,绝大部分石制品出自此时。此后在第3和第2层形成时期,石制品及其他遗物的数量远远低于前者,说明人类活动的规模已经远不如早期。不过一直到临近更新世结束之时,即上部地层形成之时,仍有人类在此活动,所以还有零星的石制品等发现。

小南海洞穴遗址的兴衰,可能与最后冰期最盛期的来临有关。最盛期之前,气候温暖,环境适宜,人们可以较稳定的居住在小南海的洞穴内,因而留下较厚的文化层,石制品与其他文化遗存也最丰富。然而随着最后冰期最盛期的来临,华北地区为干凉的气候环境所控制。上部的文化层薄,遗物也很少的情况,很可能就是因为此时人类活动的流动性强,在这个洞穴的居住停留时间短所致。

与小南海遗址相距不远的山西陵川塔水河遗址,时代也与小南海比较接近。但遗址附近的海拔高度已达千米以上,峭壁丛立,林木繁盛。其埋藏情况也与小南海有所不同,是一处形成于临河岩厦之下的阶地堆积。在葫芦坝岩厦之下的堆积,沿河长达35米,宽也有10余米。顶部覆盖的是石灰岩块。堆积从上向下分为6层。[1]

最上层为黄褐色粉砂层。薄水平层理发育,中夹细砂层。在底部有石制品与岩羊化石发现,厚度约为2.5米。第二层是砾石层。灰岩砾石,以中小型砾石为主,磨圆度中等,分选性较差。偶尔可见石制品。近河流上游端厚度为1.4米,但下游端仅0.7米左右。第三层为黄褐色粉砂层,具薄层理,厚度约为1.8米。还可以再划分4小层:粉砂层,厚约0.4米;粘质粉砂,顶部有薄灰烬层,含动物化石,厚0.35米;粘质粉砂,顶部亦有断续分布的灰烬层,其中含烧骨,厚0.4米;粉砂,底部有8厘米厚砂层,顶部有5毫米厚灰烬层,含大量石制品与哺乳动物化石,厚0.7米。第四层是黄褐色至灰褐色粉砂质黏土,上部以粉砂为主,下部黏土较多,中间夹一薄层细砂。在上游端水平相变为砾石层间夹粉砂质黏土。含石制品与哺乳动物化石,厚3.4米。第五层为灰褐色黏土层,夹灰岩角砾。顶部有厚约2厘米的粗砂层,其上覆盖一层灰烬。含少量石制品和哺乳动物化石,并发现人类化石。厚1.9米。第六层石灰岩角砾层,偶见石制品与动物化石,厚度不明。

上述堆积总共厚达10余米。含有多个灰烬层,大部分层位含有多少不等的石制品与动物化石,说明早期人类在这处岩棚之下活动持续了较长时间。地层的水平相变非常明显,在靠近上游端,以砾石层和粉砂层为主;靠下游端,则以粉砂和黏土为主。在与岩壁接触处,堆积的水平层状尤为明显。这些情况说明,堆积的形成与塔水河流的作用关系非常密切。当时人类在临河的岩厦下生活,遗下大量的石制品、动物骨骼碎片等文化遗物。多个灰烬层的存在,则是用火的遗存。遗憾的是,用火遗迹,由于河水的作用,形成薄层灰烬层,原来火塘的状况已不复存在。尽管如此,这里丰富的发现,仍为说明晚更新世晚期人类使用岩棚遗址的活动提供了非常重要的证据。塔水河遗址C14年代测定的结果也与小南海早期相当。

---

[1] 陈哲英:《陵川塔水河的旧石器》,《文物季刊》,1989年第2期。

(三) 河湖相堆积

晚更新世初期的河湖相堆积重要代表应为许家窑遗址。许家窑遗址位于山西省阳高县许家窑与河北省阳原县侯家窑之间，是泥河湾盆地的北缘。地层的水平岩相变化较大，各地点所显示的剖面并不完全一致。如在长形沟地点，多数文化遗物、人类化石和哺乳动物化石发现在距地表 8~12 米深的湖相堆积的黄绿色黏土层中。[1] 含文化遗物与化石的堆积厚达 6 米。几次发掘已发现的石制品多达上万件。仅石球一项就有上千件之多。动物化石也很多，但均很破碎。人类化石有 20 多件，也很破碎。有这样丰富的文化遗存发现，特别是处于不同加工阶段的石球的情况说明，早期人类曾在这一带有过较长时间的活动。从事的活动种类也是多样的。遗憾的是，在已经发表的报告中，都没有关于石制品埋藏情况的详细介绍。该遗址的剖面综合情况如下：

最上层是褐色砂质土，近代河流相堆积，厚 0.3~0.5 米；第二层为砂质黄土或黄褐色土，厚 3~5 米；第三层为黄褐色粉砂土，最厚处达 5 米；第四层为淡红色粉砂质土，含少量砾石，1~3 米；第五层是黄绿色粉砂质黏土，厚约 4 米；第六层为褐红色黏土，厚 0.3 米；第七层是黄绿色黏土，含砂砾，上部有砂质结核，人化石、文化遗物与主要的动物化石均发现于此层，厚约 6 米；最下层为灰蓝、灰绿、灰褐色亚黏土出露 4~8 米。

许家窑发现的动物化石有 20 个种类。这个动物群的时代特征是，绝大部分是晚更新世常见的种类。这些种类可以适应寒冷条件。特别是野马、河套大角鹿、赤鹿、原始牛等都是末次冰期（或寒冷期）常见的化石种类，即晚更新世的典型种。从动物所要求的生态环境来看，既有适应森林和灌丛环境的虎、野猪、赤鹿等，也有适应沙漠草原条件的野马、野驴、羚羊及各种鼠类。植物孢粉的研究表明，草本植物占优势，种类有蒿、藜、菊等，木本以云杉、松为主。上述的动植物的组成说明许家窑人生活在干凉气候下的森林、灌丛和草原混合地带。铀系法测定的年代为 10~

---

[1] 贾兰坡、卫奇：《阳高许家窑旧石器时代文化遗址》，《考古学报》1976 年第 2 期，97~114 页。

12.5万年。动物群的时代特征和绝对年代的测定的结果都说明许家窑人的时代属于晚更新世的早期。

属于晚更新世晚期的典型的河流相堆积有峙峪遗址。峙峪位于晋西北黄土高原与桑干河上游平原交界处。附近是波浪起伏的山前剥蚀丘陵。南、西与北面为群山环抱,东面为广阔的桑干河平原。文化遗存埋藏于小泉沟与峙峪河交汇的河口处的土丘地层中。土丘系峙峪河的2级阶地,由河流与冲沟的切割与冲刷作用形成,面积约1000平方米左右。[1] 其地层堆积如下:最上为粉砂质风成黄土,中夹若干细粒条带,厚18米。第二层是灰白色或灰色砂层,粗细砂层交替,局部夹小砾石透镜体,厚8.9米。第三层即文化层,灰色、黑灰色、褐色亚黏土夹灰烬层,含大量动物化石,厚0.9~1.5米。再下为砂砾层,灰色、棕褐色,砾石多具棱角,砾径2~5厘米,最顶部过渡为细砂,具交错层理,胶结较好,厚0.5~1米。底部二迭纪砂页岩。

峙峪遗址的C14年代测定为距今29000多年。此时当处于末次冰期最盛期前的气候较暖期。其地层堆积与化石动物群的情况也说明同样的情况。动物群成员包括:鸵鸟、鬣狗、虎、赤鹿、河套大角鹿、普氏小羚羊、鹅喉羚、王氏水牛、披毛犀、蒙古野马和野驴。在上述动物群中,虽然均是华北晚更新世动物群常见的种类,但其中绝灭种占到40%,所以其时代不会很晚。动物群中数量最多的是野马与野驴,还有其他适应草原环境的种类;但水牛的存在则说明遗址附近可能还较湿润,或有一定范围的水域存在。因而发掘者认为,峙峪人应生活在夹杂有灌木林的辽阔草原地带,冬夏两季的温差较大,年均温度要低于现代。

文化遗存埋藏在2级阶地的下部,其上还有近9米厚的砂层和18米厚的风成黄土。砂层的形成仍与河流有关。但黄土形成时期,显然已不再受峙峪河的影响,应已进入最后冰期的最盛期,经过相当漫长的时间,才形成厚层的黄土堆积。文化层是覆于砂砾层之上的亚黏土,且在砂砾层的顶部已过渡为具有交错层理的细砂,

---

[1] 贾兰坡、盖培、尤玉柱:《山西峙峪旧石器时代遗址发掘报告》,《考古学报》1972年第1期,39~58页。

所以应是比较典型的河漫滩相堆积。也就是说,当时人类在峙峪河边宿营生火,打制石器并屠宰猎物,并生活了相当长一段时间,留下这样丰富的遗物遗迹。当洪水来临,河水漫过河滩,峙峪遗址的遗物遗迹被河水带来的泥沙迅速掩埋,所以才得以原地保留。不过灰烬由于较轻,在河水的浸泡作用下,部分离开最初的位置,形成灰烬透镜体,而没有能够完全保留下原来火塘的形状。尽管如此,峙峪遗址仍应是一处保存较好的原生遗址。

在峙峪遗址附近相同的层位,还有其他5处也有文化性质相同的石制品发现。只是数量都不及前者丰富。这个遗址群的发现,反映了当时人类在本地区的活动范围也较广泛。

在峙峪人生活的较温暖阶段过后,末次冰期最盛期即来临。水洞沟就是这一阶段北方地区代表性遗址之一。该遗址位于宁夏银川市东南的灵武县水洞沟附近。自20年初期发现以来,已有多个地点先后经过中外学者的多次调查发掘。已经发现的石制品、动物化石等数量很多,还有灰烬层等遗迹发现。其地层的综合情况如下:

最上部为全新世地层,可以分为多个小层,包括粉砂层、粘质砂土或砂质黏土层、粉或细砂层及砂砾石层等总厚度有5米左右。第二层是晚更新世地层,为灰黄色黄土状粉砂层,可以再分为上下两个小层,均有文化遗物及灰烬层发现,厚度1.1~1.7米。下部为砂砾石层,厚度不详。

由于水洞沟遗址先后经过中外不同单位,不同时代的很多学者的研究,对遗址及其附近的地层与沉积环境成因的看法还不尽一致。有学者认为,水洞沟只是现代小河,它与属于2级阶地的水洞沟遗址旧石器地层的形成并无关系。[1] 但也有学者认为,水洞沟溪流不但将水洞沟盆地与旧石器遗址切开约10米深的峭壁,还造成3级阶地。[2] 关于遗址的时代,铀系法的两个测定结果分别为距今38000和34000年。而C14年代测定的两个结果,与铀系法则有一定的距离。用钙结核测

---

[1] 裴文中、李有恒:《萨拉乌苏河系的初步探讨》,《古脊椎动物与古人类》1964年第8卷第2期,99~118页。
[2] 宁夏博物馆等:《1980年水洞沟遗址发掘报告》,《考古学报》1987年第4期,439~449页。

定为距今 26230 年,动物骨骼测定的结果只有 17250 年。

关于含旧石器遗存的灰黄色黄土状粉砂层,裴文中先生等将其看作是河湖相,但近些年来,有学者提出为风成相。[1] 如按前者,含旧石器的粉砂层应与下面的砾石层构成河流相的二元结构。也就是说,当时人类在河滩上活动,留下的遗物遗迹被漫滩河水带来的泥沙所掩埋,才完好地保存了水洞沟遗址。如果后者属实,水洞沟人则生活在黄土正在形成的环境中。在旧石器文化层之下的河湖相沉积中,发现有较多的木本花粉,尤其是代表冷湿环境的云杉花粉的存在,说明其形成的时代当处于最后冰期最盛期之前。在旧石器文化层,则孢粉稀少,植物很贫乏,应是最后冰期最盛期的产物。现代水洞沟附近地处黄土高原西部的荒漠草原区,植被稀少,覆盖度不及 30%。处于最后冰期最盛期的水洞沟人,当生活在更严酷的环境中。尽管如此,他们仍在水洞沟附近生活,活动频繁,留下多个地点和丰富的文化遗物遗迹。

在最后冰期最盛期过后到更新世结束之前,北方地区的气候仍较干寒,尤其是北方的北部。这时的黄土沉积仍在继续,草原环境流行。大约与水洞沟文化同时或稍早,在山西南部的下川与丁村附近就开始出现的细石器文化,到此时更加繁盛,差不多已遍布整个北方地区。冀西北阳原县境内的泥河湾盆地中部的虎头梁遗址群是其中工作较早,研究也较深入的代表。

虎头梁遗址群分布在桑干河或其支沟的 2 级阶地上。也有学者将这级阶地划为 3 级阶地。在虎头梁一带的这级阶地一般高出现代河水面 20~30 米,系由砂质黄土夹砂砾透镜体构成。基座系泥河湾层的灰色黏土层。绝大部分地点的文化遗存埋藏在砂质黄土中。砂质黄土的上部为黄褐色,胶结紧密,局部含砾石。下部呈棕黄色,具有大量棕色斑点,有时含少量砾石和钙结核,胶结紧密,垂直节理发育,含旧石器文化遗存。砂质黄土的一般厚度为 10 米左右。其上较普遍覆盖一层灰褐色砂质土,含新石器时代文化遗物,厚 2 米左右。[2]

---

[1] 周昆叔、胡继兰:《水洞沟遗址的环境与地层》,《人类学学报》1988 年第 7 卷第 3 期,263~269 页。
[2] 盖培、卫奇:《虎头梁旧石器时代晚期遗址的发现》,《古脊椎动物与古人类》1977 年第 15 卷第 4 期,287~300 页。

虎头梁一带的晚更新世地层的发育过程已经比较清楚。更新世期间，泥河湾古湖曾长期占据盆地。虽然由于气候变化，湖水面积发生过多次扩展与退缩，但一直到晚更新世之初的许家窑文化阶段，盆地始终为湖水所占据。晚更新世以后，湖水大面积消失，桑干河水系形成，开始了对泥河湾层的强烈切割作用。伴随着沟谷的形成，当时的人类继续在盆地内活动。[1] 他们在河畔泉边宿营、狩猎或采集食物，因而在不同高度阶地堆积中都埋藏着晚更新世以来不同阶段的文化遗存，记录着他们活动的历史。虎头梁遗址群以及附近的籍箕滩遗址群，都是晚更新世临近结束之时的遗存。它们的出现显示北方旧石器时代晚期文化的发展已经达到最高峰，并即将迈入新的发展阶段。

四、余论

华北地区更新世不同阶段的旧石器遗存的埋藏特点，与其所处的时代与环境都应该有较密切的关系。虽然在土状堆积、河湖相堆积与洞穴堆积中都有旧石器发现，但洞穴堆积的时代明显晚于前两者，一直到中更新世才有发现。这种情况可能与早期人类活动的特点及本地区的古环境特点都有关系。从考古发现来看，早更新世的华北，无论是黄河中游的蓝田地区，还是冀西北山间的泥河湾盆地，气候普遍比较温暖湿润，适合当时人类在露天遗址活动。早期人类喜欢在河旁湖畔进行觅食、选取石料、安营居住等活动，因而才有数量众多的河湖相与土状堆积中的旧石器遗存保存下来。

洞穴遗址在中更新世的出现，则可能与中更新世以后北方地区气候转冷，人类开始利用洞穴作为居址来遮风避寒有关。洞穴遗址虽然出现的时代较前两者晚，但由于其特殊的埋藏环境，往往可以发现保存更好，非常丰富的旧石器文化遗存，以及古人类化石与动物化石等。在一些条件好的洞穴，还可以发现属于不同时期

---

[1] 卫奇：《泥河湾盆地旧石器遗址地质序列》，《中国科学院古脊椎动物与古人类研究所参加第十三届国际第四纪大会论文选》，北京科学技术出版社，1991 年，61~73 页。

的多个文化层,为认识古人类演化及其文化发展的连续性提供了更好的资料。

中更新世以后的河湖相堆积中也埋藏有丰富的古人类文化遗存。对于河湖相堆积,无论时代早晚,都需要特别注意区别堆积的不同情况。河流相堆积包括河漫滩相与河床相。河漫滩相的堆积更容易保存原地埋藏的遗物遗迹。河床相堆积虽然也可以埋藏旧石器遗存,有时也很丰富,但由于受到水流的冲击作用强,很难保存下原生遗址。湖相堆积受到流水作用的强弱,也会明显影响到古人类文化遗存的保存状况。

土状堆积中旧石器的埋藏虽然与河湖相堆积有着同样长久的历史,但这类堆积的埋藏速度一般都非常缓慢,在埋藏期间的古人类活动频率也多低于同时期的洞穴与河湖相,因而绝大部分土状堆积中发现的旧石器都相对稀少。认识旧石器文化遗存的埋藏特点,是发现与深入研究远古人类及其文化发展的重要环节。华北地区旧石器埋藏的上述特点,很值得我们注意,也应该进一步深入研究探讨。

(原刊《桃李成蹊集——庆祝安志敏先生八十寿辰》,香港中文大学中国考古艺术研究中心,2004年)

华北南部旧、新石器时代的过渡[*]

华北南部史前文化的发展，尤其是旧、新石器时代过渡等中国史前考古的关键课题，长期受到考古学及相关研究领域研究者们的关注。随着近20年来该地区史前考古发掘与研究工作的进展，目前已经有机会对上述课题及相关问题进行思考。本文拟对近年来该地区新发现的更新世之末到全新世之初的几处重要遗址的田野考古资料进行初步梳理，并对区域内与旧、新石器时代过渡相关的几个问题进行讨论。

一、过渡阶段的地层

该地区最早发现有典型的细石器文化层与新石器文化层叠压关系的是河南舞阳贾湖的大岗遗址。[1] 20世纪80年代后期发掘的舞阳大岗遗址，首先发现细石器与裴李岗文化叠压关系的地层。该遗址位于舞阳侯集乡大岗村北的一处岗地之上。文化层并不厚，只有1.2米左右。从地表向下可见5层：1.表土层，黄褐色砂质黏土，含近晚期文化遗物；2.浅黄褐色亚黏土，含汉代及裴李岗文化陶片；3.灰褐色黏土，含裴李岗文化陶片；4.褐色亚黏土，较坚硬，层表有V形小冲沟，细石器文化层；5.浅黄色粉砂质亚黏土，质地坚硬，不见文化遗物。遗憾的是在3、4层之间有明显的沉积间断，说明在细石器文化与裴李岗文化之间尚有缺环。

山西吉县柿子滩遗址群则以其数量众多的遗址及连续地层剖面与细石器文化的发展展示了区内旧、新石器时代过渡阶段一个侧面。观察柿子滩9地点以及其

---

[*] 本文承国家社科基金重大项目（11&ZD120）资助。
[1] 张居中、李占扬：《河南舞阳大岗细石器遗址地点发掘报告》，《人类学学报》1996年第15卷第2期，105~113页。

他已发表的地层剖面,也可以清楚看到吉县境内清水河流域从晚更新世末至全新世之初细石器文化的发展过程。[1] 9地点坐落在清水河2级阶地之上,从上向下可分为9层。堆积的下部为砂砾层,其上的黄褐色堆积,显然可与晚期的马兰黄土堆积对比。再向上渐变过渡为黑垆土。典型的细石器文化从下向上连续分布,应该是同一人群所遗。而该遗址含细石器的黑垆土层的^{14}C年代为距今9000多年(校正后),显然已进入全新世。不过遗憾的是,不仅9地点,在柿子滩遗址群的数十处地点,已发掘揭露的数千平方米的范围内,除石磨盘外,均不见其他磨制石器或陶片等。在该区内各细石器文化层之上也都没有早期新石器文化层叠压的记录。[2] 这种情况说明,晋西南地区的狩猎-采集者的细石器文化从距今2万多年开始,一直延续到全新世的早期。

与前两者不太一样,近几年新发现的河南新密李家沟遗址在同一剖面上,发现含石片石器、细石器与新石器早期文化的地层关系。[3] 这一发现更清楚地展示了区内旧、新石器时代过渡历史进程。如图一所示,李家沟遗址坐落在属于淮河水系的椿板河左岸的2级阶地之上。其下是马兰黄土基座。文化遗存埋藏在阶地堆积中。文化层由上向下有裴李岗、李家沟、细石器与石片石器等四个文化发展阶段形成的堆积构成。以发掘区南区的南壁剖面为例,可以分为7层:

最上面褐色砂质黏土是扰土层。第2层则为棕褐色的含碳酸钙胶结物,发现有少量裴李岗陶片。这一层的堆积物在本区新石器时代较早阶段分布比较广泛,如新郑唐户遗址,即被叠压在裴李岗文化层之下。第3层是灰白色的砂砾层,也是裴李岗文化层,含零星陶片、石制品。第4层是棕黄色砂质黏土,文化遗物很少,亦属于裴李岗阶段的遗存。第5层上部为灰黑色砂质黏土,向下渐变为棕黄色,含夹砂压印纹陶片、少量石制品,是典型的李家沟文化遗存。第6层是褐色砂砾层,含大量料礓石,有船形、柱状等类型的细石核与细石叶等典型的细石器文化遗存发

---

[1] 柿子滩考古队:《山西吉县柿子滩遗址第九地点发掘简报》,《考古》2010年第10期,7~17页。
[2] 山西省临汾行署文化局:《山西吉县柿子滩中石器文化遗址》,《考古学报》1989年第3期,305~323页。
[3] 北京大学考古文博学院等:《河南新密市李家沟遗址发掘简报》,《考古》2011年第4期,3~9页。

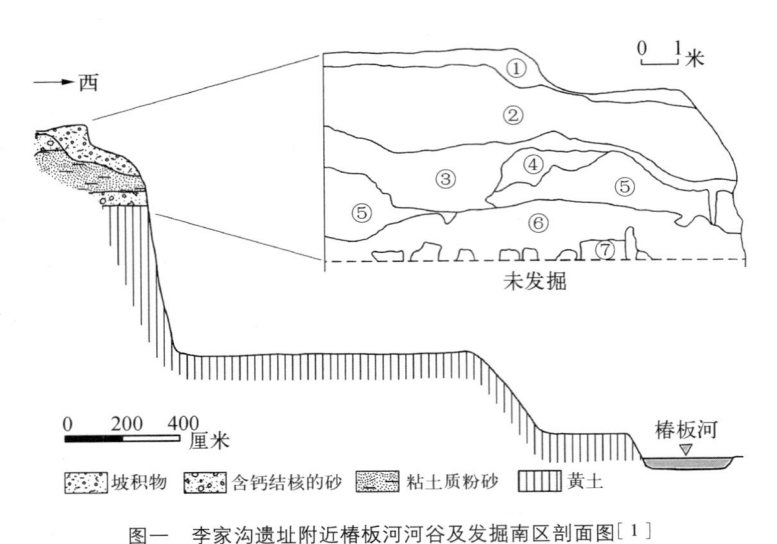

图一　李家沟遗址附近椿板河河谷及发掘南区剖面图[1]

现,还有零星局部磨光的石锛与素面夹砂陶片。第7层是次生马兰黄土层,含少量以石英原料为主体的小型石片石器。

如前所述,与本省的舞阳大岗、山西的吉县柿子滩等地发现相比较,类似的地层关系,即从上部马兰黄土到黑垆土的连续堆积,都反映了本地区从晚更新世之末到全新世之初古环境与史前文化发展的基本情况。[2] 而李家沟遗址的新发现,除了可以见到有晚更新世之末到全新世之初的连续沉积的剖面,还更清楚地展示了旧石器时代晚期的石片石器文化、细石器文化再到李家沟文化以及裴李岗文化的连续发展过程。

二、文化发展

经过近年来的工作,区内的旧石器晚期文化发展情况已有更详细的认识。在

---

[1] 北京大学考古文博学院等:《河南新密市李家沟遗址发掘简报》,《考古》2011年第4期,3~9页。
[2] 王幼平:《李家沟、大岗与柿子滩9地点的地层及相关问题》,《考古学研究》(九),文物出版社,2012年,1~10页。

前述的马兰黄土堆积中夹的古土壤层或同期异相的河湖相堆积中,已发现数量众多的旧石器晚期遗存。这些发现反映出在堆积形成的 MIS3 阶段的气候环境更适合人类生存,因而有如此密集的旧石器文化遗存能够得以保存。这些发现的文化特点鲜明,均以石片石器为主,形体多属中小型,也有一部分形态较大者。石器原料则以本区常见的石英或石英岩为主。多以锤击技术直接剥取石片,尚不见预制石核的技术存在。但有数量较多的盘状及球状石核的出现,也已有利用长背脊剥取形态较为规整的长石片的情况。石器组合则主要是中小型的边刮器、小尖状器、凹缺器等。有些地点还有形体较大的砍砸器、石球等工具类型的存在。典型的发现如河南新郑黄帝口、[1]赵庄,郑州二七区老奶奶庙遗址等。[2]

总体来看,这些发现还是应该归入通常所称的小石器或石片石器传统。在属于这个文化传统的发现中,尚不见陶片或磨制石器技术的踪迹。这当与这些遗存的时代较早有关。MIS3 阶段的晚期也在距今 3 万年左右,本区当时的居民还是典型的狩猎-采集者,显然尚未掌握制陶和磨制石器的技术。

随着 MIS3 阶段的结束,温暖湿润的环境逐渐被 MIS2 阶段的干冷环境所取代。本区内石片石器遗存明显减少,但在河南登封等地新发现有典型的石叶工业遗存。西施遗址是近年来一项比较引人瞩目的发现。该遗址发现近万件石制品差不多均以本地出产的燧石为原料,石核、石片、断块、碎屑及少量的端刮器、边刮器等工具遗存,反映了当时人类一次短期占用该遗址情况。令人意外的是这些石制品构成了一个石叶生产的完整的操作链,第一次清楚地揭示在东亚大陆腹地也有系统的石叶生产技术的存在。[3]

其实西施的发现并不应该是孤例。如果审视本区内较早时候发现的河南安阳

---

[1] 王佳音、张松林、汪松枝等:《河南新郑黄帝口遗址 2009 年发掘简报》,《人类学学报》2012 年第 31 卷第 2 期,127~136 页。

[2] 王幼平:《华北南部旧石器晚期文化的发展》,《中国考古学会第十四次年会论文集》,文物出版社,2014 年。

[3] 王幼平:《嵩山东南麓 MIS3 阶段古人类的栖居形态及相关问题》,《考古学研究》(十),科学出版社,2012 年,287~296 页。

小南海[1]与山西陵川塔水河等遗址的发现,也不难看到这两处的石制品与西施的新发现均有类似的特点。首先是后两者也都与西施类似,不再使用石英等本区更早阶段广泛使用的石料,而是选用燧石。石制品的类型也有与西施类似变化,如较多的柱状石核与长石片(石叶)的发现。尤其是小南海的新研究,已报道有典型石叶的存在。[2] 关于塔水河石制品可能有预制石核的存在,或者细石叶、石叶技术的存在。[3] 所以这几个遗址为代表的发现,应该是本区进入 MIS2 阶段新出现的一个文化类型。这种文化类型可能是适应本区气候转冷干环境的产物。就其工具组合来看,显然也是典型的专业化狩猎者的文化遗存。

与石叶工业出现的时间稍晚或大致同时,本区还有另一类数量更多、文化内容更丰富的细石器遗存的发现。早在 20 世纪 70、80 年代,在山西沁水下川、[4]襄汾丁村[5]以及吉县柿子滩第 1 地点等这一阶段的细石器材料就有发现。进入 90 年代,尤其是 2000 年以来,随着大规模建设工程的开展,吉县等地又有数量众多细石器遗存的新发现。新发现的陕西宜川龙王辿的细石器工业,其时代可以早到距今 25000 年左右。这些典型的细石器遗存,除了细石核、细石叶及端刮器等典型的细石器工业的石制品类型,更令人瞩目的是一件经过磨制的石制品,也在龙王辿遗址的出现。[6]

本区的细石器文化从距今 2 万多年前开始出现,一直延续到距今万年前后。近年来距今万年左右的晚期细石器文化遗存也有越来越多的发现,如河南舞阳大岗遗址与新密李家沟遗址等都发现与典型细石器遗存共生的磨制石器。尤其是后者,除了一件局部磨制的石锛以外,还有两件陶片。这一新发现清楚显示磨制石器

---

[1] 安志敏:《河南安阳小南海旧石器时代洞穴堆积的试掘》,《考古学报》1965 年第 1 期,1~27 页。
[2] 陈淳、安家瑗、陈虹:《小南海遗址 1978 年发掘石制品研究》,《考古学研究》(七),科学出版社,2008 年,149~166 页。
[3] 陈哲英:《陵川塔水河的旧石器》,《文物季刊》1989 年第 2 期,1~12 页。
[4] 王建、王向前、陈哲英:《下川文化——山西下川遗址调查报告》,《考古学报》1978 年第 3 期,259~288 页。
[5] 王建、陈富海、王益人等:《丁村旧石器时代遗址群调查发掘简报》,《文物季刊》1994 年第 3 期,1~23 页。
[6] 尹申平、王小庆:《陕西宜川县龙王辿旧石器时代遗址》,《考古》2007 年第 7 期,3~8 页。

技术与制陶技术确切存在于细石器文化发展的晚期。[1]

李家沟遗址含陶片与局部磨制石器细石器文化的时代为距今万年前后,加速器^{14}C年代为距今10500~10300年。比其稍晚,直接迭压其上的李家沟文化层则出现大量反映更成熟制陶技术的陶片与多件石磨盘等。李家沟文化的时代为距今10000~9000年之间。除了李家沟的发现以外,在新郑齐河以及许昌灵井等地,也都有这种早期新石器文化存在的线索。李家沟文化阶段除了有数量较多的压印纹夹砂陶片与石磨盘等发现,其石器工业与更早的细石器文化面貌并没有特别明显的区别。还可以见到较多的细石器以及简单的石片石器的使用。与早期不同的是数量众多的人工搬运石块的存在。这些石块被运进入遗址并不再仅仅是加工石器的原料,而更主要的用途则可能是用于建筑等与居住活动等相关。[2]

李家沟遗址发现的早于裴李岗的李家沟文化,是史前学者原来一直在寻找的本地区旧、新石器文化过渡阶段的一个环节。[3] 这一阶段的文化遗存的发现为认识本区旧、新石器时代过渡问题提供了重要证据。在李家沟文化之后,随着裴李岗及磁山文化等的出现及广泛扩散,新石器文化才真正在该地区繁荣发展开来。

三、生计方式

史前人类的生计方式近些年来也越来越受到考古学者的关注。从旧石器时代晚期向新石器时代的过渡,生计方式的转变也当是非常重要的方面。从华北南部地区已经发现的旧石器晚期至新石器早期的文化遗存观察,其中的动植物遗存以及古环境的复原研究等,都为观察这一阶段人类生计方式的变化提供了依据。尤其是近年来在嵩山东南麓新发现的旧石器时代晚期至新石器时代早期的遗址,如前述的老奶奶庙与李家沟遗址等都有这方面的发现与研究,更为认识该地区从晚

---

[1] 郑州市文物考古研究院等:《新密李家沟遗址发掘的主要收获》,《中原文物》2011年第1期,4~6,39页。
[2] 王幼平、张松林、顾万发等:《李家沟遗址的石器工业》,《人类学学报》2013年第4期,411~420页。
[3] 陈星灿:《黄河流域农业的起源:现象和假设》,《中原文物》2001年第4期,24~29页。

更新世之末到全新世初期史前人类生计方式的变化提供了方便。

距今4万年前后的老奶奶庙遗址已经发现数以万计的动物骨骼遗存。骨骼中可鉴定的动物种类主要是马、牛及鹿类，尤其是前两者更是居于主导地位。其他动物的发现均很少，食肉类动物更是很少见到。这种情况说明老奶奶庙遗址史前居民应该是以大型群居的食草类动物为狩猎对象的专业化狩猎者。大型食草类动物为当时人类提供了食物、骨质工具原料等多用途资源。因而狩猎应该是老奶奶庙史前居民所主要依赖的生计方式。[1]

以狩猎大型食草类动物为主的生计手段一直持续到细石器文化阶段。李家沟遗址发现有数量较多的脊椎动物骨骼遗存。[2] 动物骨骼多较破碎，有轻度的风化与磨蚀迹象。初步鉴定显示有牛、马、大型、中型和小型等鹿类、猪以及食肉类、啮齿类与鸟类等。如图二所示是可鉴定的标本数量与种类的统计。按照最小个体数目来统计，牛、马与大型鹿类等大型食草类的比例高达半数以上。动物遗存的情况也说明狩猎大型食草类动物仍是李家沟遗址早期阶段的主要生计来源。

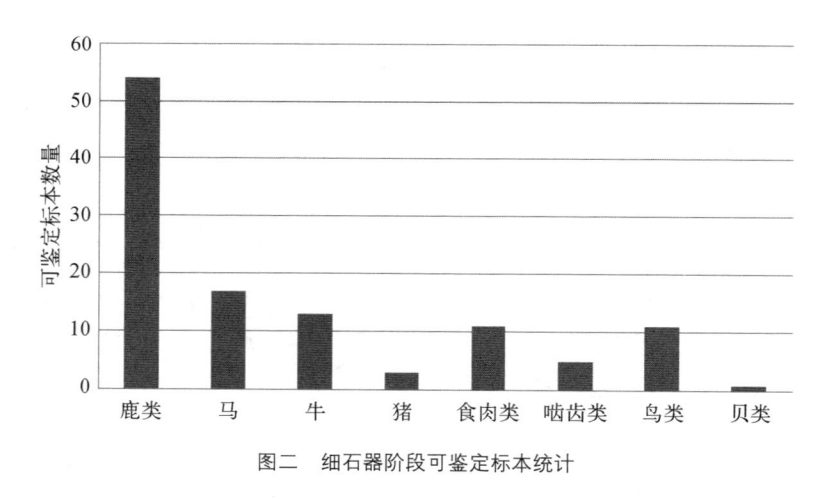

图二　细石器阶段可鉴定标本统计

到新石器时代早期阶段，在该遗址发现的动物化石种类亦较丰富，但与前一阶

---

[1] 王幼平：《嵩山东南麓MIS3阶段古人类的栖居形态及相关问题》，《考古学研究》（十），科学出版社，2012年，287~296页。

[2] 王幼平：《新密李家沟遗址研究进展及相关问题》，《中原文物》2014年第1期。

段明显不同,数量较多的是中型和小型鹿类,大型食草类则仅见零星的牛类与马类骨骼碎片。另外也可见到少量的羊、猪以及食肉类的骨骼遗存。啮齿类以及鸟类的遗存则与早期没有明显区别,见图三。

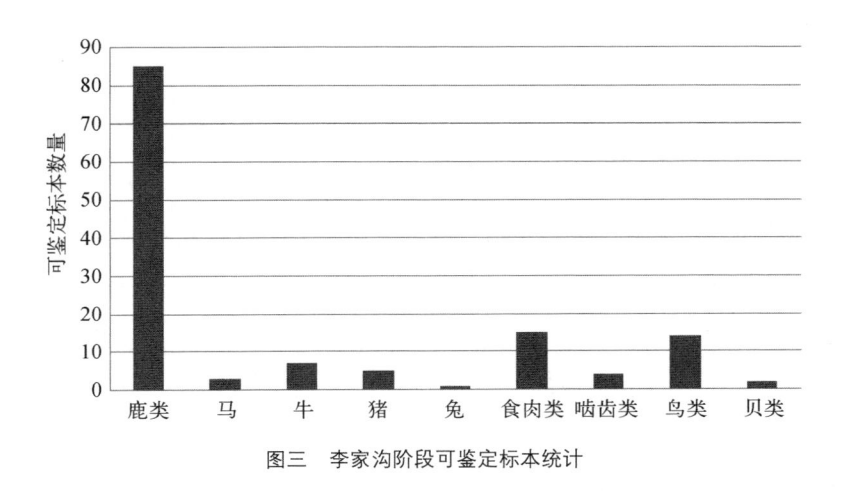

图三 李家沟阶段可鉴定标本统计

另外,动物骨骼保存情况与本阶段石器工具组合变化的情况十分吻合,大型食草类动物遗存数量锐减与精制便携的专业化狩猎工具组合的消逝当密切相关。而大型的陶制罐类等贮藏容器的出现,也暗示本阶段的生计方式的主要方面与早期相比,业已发生明显变化,即从以大型食草类动物为对象的专业化狩猎转向采集植物类的食物与狩猎并重的发展趋势。

如上所述,李家沟两个不同文化发展阶段的动物群的种类基本一致的信息说明,中原地区距今万年前后的旧、新石器过渡时期的自然环境并没有很明显的变化。然而仔细观察两个动物群不同种类数量方面的此消彼长,却反映了两个阶段人类行为变化的重要线索。两个动物群均以食草类动物为主,但在细石器文化阶段,却是形体较大的马、牛以及大型鹿类占主导地位。而到新石器早期阶段,马和牛的数量骤减,鹿类动物中也以形体较小者为主。形体较大动物的减少,小型动物的比例增加,说明人类狩猎对象的变化。同时也意味着,到新石器时代早期,可以提供给人类食用的动物类资源总量在减少。所以,可能是为了尽量增加肉类资源,小型动物,甚至形体较小的兔类也进入当时人类利用的范围。肉类资源的减少所带来的另一项变化,应该是增加植物资源的开发利用。随着这些生计活动方面的变化,自然会影响到当时居民的栖居方式,乃至社会组织方面的变化。这些变化也是构成旧、新石器时代过渡历史进程的重要组成部分。[1]

四、栖居形态的变化

田野考古发现与研究结果显示,华北南部地区旧、新石器时代人类的栖居形态的演变过程也与其他地区一样,即从狩猎-采集者的临时营地到种植者定居的村庄。从华北南部,尤其是近年来工作较多的嵩山东南麓地区数以百计的旧、新石器时代遗址的时空分布态势,[2] 也可以大致看到上述变化路径。这一变化过程并不是一蹴而就,一朝一夕就完成的事情,也同样是旧、新石器时代过渡历史进程中的一个重要方面。李家沟遗址的新发现刚好提供了本地区从旧石器时代之末到新石器时代早期人类栖居形态变化关键阶段的具体实证。

仔细观察李家沟遗址的发现可以看到,在属于细石器阶段的文化遗存主要保存在发掘南区的第6层。该层的底部与下伏的次生马兰黄土呈不整合接触,保留有较清楚的侵蚀面。在次生马兰黄土的侵蚀面之上,分布着数量众多的石制品、人工搬运石块、动物骨骼碎片,以及陶片与局部磨制的石器。这些情况显示当时人类就活动在次生马兰黄土堆积被侵蚀之后形成的地面之上。数量众多的遗物聚集分布的状况则显示当时人类在此有较明确的居住活动,因而留下丰富的文化遗物与比较清楚的遗迹现象。本层所揭露出的活动面的中心部分为石制品与人工搬运石块形成的椭圆形石圈,东西长约3.5米,南北宽约2.5米。2009年秋季发现其北侧的大部分,2010年揭露出南部所余的小部分。石圈的东侧主要是动物骨骼遗存。多是大型食草类肢骨、角类等遗存,多较破碎,显示出肢解处理猎物活动区的特征。[3]

上述埋藏情况显示,当时人类的活动之后,即被片流冲击带来的泥土夹杂砂砾

---

[1] 潘艳、陈淳:《农业起源与"广谱革命"理论的变迁》,《东南文化》2011年第4期,26~34页。
[2] 王幼平:《新密李家沟遗址研究进展及相关问题》,《中原文物》2014年第1期。
[3] 北京大学考古文博学院等:《河南新密市李家沟遗址发掘简报》,《考古》2011年第4期,3~9页。

所覆盖,因而得以较完整保存。石圈内除人工搬运石块外,还有数量较多的石核、石片与工具等。这些石制品多属使用后,或不具备继续剥片或修理加工的可能性者。如所发现的细石核多处于废弃阶段,细石叶比例明显偏低,多是不适用者。出自该石圈南侧的石锛,也经过严重的使用磨蚀,已不宜继续使用。这些现象均显示该遗迹应是专业化的狩猎人群在此地短暂居住后废弃的遗存。

另外,动物骨骼遗存也有较多发现,以大型食草类为主,大型和中型的鹿类、马、牛等多见。大部分骨骼破碎严重,应与当时人类的敲骨吸髓或加工骨制品等活动有关。

在黑垆土堆积中也发现有与当时人类居住有关的遗迹现象。属于新石器时代早期文化遗存主要发现在发掘北区第5、6层。南区的5层也含有少量这一阶段的陶片等遗物。这一阶段的文化层明显增厚,显示当时人类在该遗址停留的时间更长,使用规模与稳定性远大于南区发现的细石器文化阶段。亦发现了很清楚的人类活动遗迹,同样是石块聚集区,东西长约3米,南北宽约2米。

遗迹中心由磨盘、石砧与多块扁平石块构成。间或夹杂着数量较多的烧石碎块、陶片以及动物骨骼碎片等等。带有明显人工切割痕迹的食草类动物长骨断口,清楚显示遗迹区进行过加工动物骨骼的活动。大量烧石的存在则说明这里亦具有烧火的功能。虽然尚未发现柱洞等建筑遗迹的迹象,但石块聚集区显然应与当时人类的相对稳定的居住活动有关。

另外,仅在2009年发掘北区10平方米的范围内,就发现100多片陶片。多数陶片的断口未受到磨损,也有同一件器物的多件碎片保存在很小的范围内。陶片出土的情况说明当时人类应该就在发掘区原地或附近使用陶器。而人工搬运的石块的数量也较前一阶段更多,并且更集中地分布在与人类居住活动相关的"石圈"范围内。

上述两种情况比较清楚地反映了本地区从旧石器时代之末到新石器时代早期居住遗址的变化过程。李家沟遗址的早期居住者,还是专业化的狩猎人群。他们在临河阶地的马兰黄土侵蚀面之上临时安营扎寨。经过短暂的居住之后留下旧石器时代晚期常见的居住与肢解猎物的遗迹。到气候转暖黑垆土堆积形成时期,随着当时人类生计方式的转变,更多地依赖于植物性食物,也更长久地居住在同一地点。李家沟遗址本阶段厚层的文化堆积,数量较多的陶制品的出现等现象,都说明本阶段当已处于定居或半定居的状态。

五、小结

到目前为止,尽管已经发现的遗址数量有限,已经发掘和所发现的文化遗存及相关信息也有局限,但还是为认识华北南部地区史前史的发展提供了新视角。通过这些发现,首先可以看到本地区从晚更新世末到全新世之初期间地层堆积的发育过程,即上部马兰黄土到黑垆土的沉积序列。这个沉积序列清楚地反映了旧、新石器时代过渡期间文化发展与环境变迁等多方面信息。另一项重要进展是,在繁荣发达的裴李岗文化到旧石器晚期文化之间,新发现有别于前者的李家沟文化。李家沟文化已有很发达的制陶工艺,较稳定的定居生活,然而其石器工业与生计方式,却与更早的细石器文化有着密切关系。

这些情况还进一步显示,华北南部的旧、新石器时代的过渡,以及农业起源,可能并非突变,而是经历了很漫长的发展历程。作为新石器时代的重要文化特点,即陶器与磨制石器的应用也不是一朝一夕的突然事件,而是陆续出现在更新世之末的细石器文化阶段。旧石器时代晚期石片石器、石叶与细石器技术及工具组合,也并没有突然被磨制石器完全取代,而是一直延续到李家沟文化甚至更晚。动物遗存等反映的生计方式的转变,尤其是栖居形态的变化,从狩猎采集者的临时营地到新石器时代早期的定居村落的演变过程,在李家沟遗址等都有踪迹可寻。从狩猎经济的逐渐弱化,到植物性资源更多的利用及农业的出现,都应该是本地区这一阶段发生的重要变化。正是随着这些变化过程的揭示,华北南部地区旧、新石器时代过渡的历史进程才逐渐清晰明朗。

(本文曾提交"2009 中国·乌珠穆沁边疆考古国际学术研讨会",东乌珠穆沁旗,2009 年;刊于《中国·乌珠穆沁边疆考古国际学术研讨会论文集》,科学出版社,2014 年)

华北南部旧石器晚期文化的发展*

华北南部即中原及邻近地区，不仅是中华文明起源的核心地区，也是更新世人类生存演化的重要舞台。近十多年来在该地区陆续有越来越多的旧石器时代考古新发现。其中，尤为引人瞩目的是时代属于深海氧同位素3阶段和2阶段的古人类文化遗存，如河南荥阳织机洞、[1]新郑赵庄、[2]郑州市二七区老奶奶庙、[3]登封西施、[4]新密李家沟[5]等。这些新发现的共同特点是都有丰富的旧石器文化遗存、清楚的年代测定数据与古环境背景资料，为认识本地区旧石器时代晚期文化的发展提供了非常重要的新证据。本文拟简要介绍上述几处新发现，将这些发现与华北南部地区已有的考古资料一同观察，并进一步对该地区旧石器时代晚期文化发展特点及相关问题进行初步探讨。

一、地理环境与年代

上述几处新发现的遗址，均位于河南省会郑州及其所辖的几个县级市境内。这里是传统所称中原地区的核心部位。中原地区位于中国南北方过渡地带，是现

---

* 本文承国家社会科学基金重大项目（项目编号：11&ZD120）资助。
[1] 王幼平：《织机洞的石器工业与古人类活动》，《考古学研究》（七），科学出版社，2008年，136~148页。
[2] 张松林、王幼平、汪松枝等：《河南新郑赵庄和登封西施旧石器时代遗址》，《2010中国考古重要发现》，文物出版社，2011年，10~14页。
[3] 郑州市文物考古研究院等：《郑州老奶奶庙遗址暨嵩山东南麓旧石器地点群》，《中国文物报》2012年1月13日4版。
[4] 王幼平、张松林、汪松枝等：《河南登封西施旧石器时代遗址》，《中国考古新发现·年度记录·2010》（《中国文化遗产》增刊），2011年，280~283页。
[5] 北京大学考古文博学院等：《河南新密市李家沟遗址发掘简报》，《考古》2011年第4期，3~9页。

代中国及东亚大陆南北与东西交通的枢纽,也是更新世期间早期人类迁徙与文化交流的必经之地。与此同时,这里也是中国自然地理区划南北方的交汇地带,南接江淮的亚热带,北连华北平原温带地区。在地形地貌方面,中原地区的东部是黄淮平原,向西则逐渐过渡到嵩山山脉及黄土高原区。亚热带与暖温带的过渡气候,加上平原、山区以及黄土高原交替变化的地貌条件,两者共同铸就了中原地区多样性的生态环境。尤其是更新世冰期间冰期交替出现、古气候频繁变化的影响,更为这一地区的早期人类创造了复杂的生存条件。近年来在该区域内调查发现的数量众多的旧石器时代遗址,也充分反映了更新世期间,尤其是晚更新世的中、晚期,有数量众多的古人类在此生活的繁荣景象。[1]

中原地区的中西部,更新世期间形成了巨厚的黄土堆积。本文所讨论的几处遗址,除织机洞属于洞穴堆积以外,其他几处都是露天遗址。几个遗址所在地区均可见到典型的黄土堆积。各遗址的文化层也都可以和典型的黄土地层序列进行详细对比。

其中新近发掘的郑州市西南郊的老奶奶庙遗址的堆积与黄土地层的关系最为清楚。在该遗址东面断崖剖面上清楚可见 $1\sim2$ 米厚的全新世堆积,其下则是 10 余米厚的典型马兰黄土。马兰黄土之下的河漫滩相堆积即是该遗址的文化层。上述堆积序列刚好与典型黄土堆积的黑垆土(S_0)、马兰黄土上部(L_1)及古土壤层(L_{1s})相吻合。这一序列也正好与深海氧同位素 MIS1~3 的三个阶段相当。新郑赵庄遗址的地层也与老奶奶庙遗址相同。文化层位于相当于马兰黄土上部堆积之下的河漫滩相堆积。另一处露天遗址登封西施的文化层则与前两者稍有不同,大致是相当于马兰黄土上部堆积偏下的黄土状堆积。

几个遗址的年代测定数据也与上述地层关系相吻合。加速器 ^{14}C 与光释光年代测定的初步结果显示,老奶奶庙遗址带时代最早,为距今 4 万年左右。赵庄遗址为距今 35000 年左右。西施遗址则为距今 26000 年前后。李家沟遗址的时代最

---

[1] 郑州市文物考古研究院等:《郑州老奶奶庙遗址暨嵩山东南麓旧石器地点群》,《中国文物报》2012 年 1 月 13 日 4 版。

晚,从距今 10500 年前后一直持续到距今 8000 多年前的新石器时代。织机洞遗址的洞穴堆积虽然不能与黄土地层直接对比。但该遗址有比较详细的加速器^{14}C 与光释光测年结果,可以看出早期人类居住在织机洞的时间大致是从距今 5 万年前后到距今 3 万多年。[1]

上述测年数据显示,这几处遗址的主要居住时间都处于 MIS3 阶段,只有西施与李家沟遗址属于 MIS2 阶段。后者延续的时代更长,已经进入全新世。清楚的古环境背景与地层关系,以及详细的年代测定数据等资料,为探讨区域内旧石器时代晚期文化的发展进程奠定了坚实的基础[2]。

二、田野考古新发现

以上提到的几处遗址均是最近几年郑州市文物考古研究院与北京大学考古文博学院合作发掘的,详细的田野考古发掘报告尚未发表。这里初步介绍几处新发现的简单情况,以便对相关问题进行探讨。

(一) 织机洞遗址

织机洞遗址是这几处遗址中,发掘工作进行最早、遗址本身年代也最早的洞穴遗址,位于郑州市区以西的荥阳市王宗店村,是沿石灰岩裂隙发育的岩厦式溶洞。遗址地处嵩山余脉所形成的低山丘陵区。堆积总厚达 20 米以上。新近发掘的洞口部位堆积共分九层。根据^{14}C 年代与光释光等测年结果来看,其主体应该形成于距今 4 万年前。

织机洞遗址最主要的发现是其石器工业。已发现的石制品数以万计。2001 年以来在洞口部分新发现的石器工业,明显可以分为两种类型,即以 1 至 7 层为代表

---

[1] Wang, YP. 2008. Pleistocene human activity in the Zhijidong site, China, and its chronological and environmental context. In Matsufuji Kazuto ed. Loess-paleosol and Paleolithic Chronology in East Asia. Tokyo: Yuzakaku. pp. 173~182.
[2] 夏正楷等:《郑州织机洞遗址 MIS3 阶段古人类活动的环境背景》,《第四纪研究》2008 年第 28 卷第 1 期,96~102 页。

的晚期的石片工业,以8、9层为代表的早期的砾石工业。[1]

1至7层经过初步整理的石制品有数千件。这些石制品的原料主要为石英,其次为燧石,还有少量的石英砂岩与石英岩等原料的使用。这些原料除了石英砂岩与石英岩系来自洞前河滩的砾石,其余均系采自数千米以外的出露的基岩岩脉或风化的岩块与结核。石核主要是不规则形者,绝大部分是锤击技术的产品。少数标本可能是砸击技术的产品。经过修理的工具的数量多达千件,可以分为边刮器、端刮器、凹缺刮器、尖状器、石锥、雕刻器与砍砸器等。这些工具的修理也多比较简单,较少经过仔细加工、形体规整的精制品。

织机洞遗址8、9层所发现石制品的数量明显不如前者,经过整理者仅有100多件。这一阶段石器原料的使用情况与早期相比,种类发生很大变化,石英岩与砂岩的比例明显增高,占绝对优势,石英与燧石等则明显减少。原料的来源也明显不同,主要系来自洞前河滩的砾石,形体较前明显增大。

从发现的石核与石片来观察,两者剥取石片的技术并没有发生明显变化。都是以锤击技术直接生产石片为主,也不见预制石核与修理台面的情况出现。砸击技术的使用迹象也很少见到。不过从经过修理的工具类型来看,两者则有明显的变化。8、9层的工具中,砍砸器等重型工具的比例逐渐增多,石器的体积与重量明显增加。

(二) 老奶奶庙遗址

老奶奶庙遗址位于郑州市西南郊的樱桃沟景区内,附近有贾鲁河流过。遗址坐落在贾鲁河东岸的黄土台地上。2011年春夏之交,刚刚进行发掘。该遗址最主要的发现是多个文化层的连续堆积,并有保存完好的多个火塘成组分布,火塘周围是数量众多的石制品与动物骨骼残片。[2]

该遗址的文化层自上而下可分为13个亚层。其中第2和第6亚层,均应是当

---

[1] 王幼平:《织机洞的石器工业与古人类活动》,《考古学研究》(七),科学出版社,2008年,136~148页。
[2] 郑州市文物考古研究院等:《郑州老奶奶庙遗址暨嵩山东南麓旧石器地点群》,《中国文物报》2012年1月13日4版。

时人类的居住营地遗存。第 2 层中部为一个含大量炭屑与黑色灰烬的火塘,其周围是动物骨骼残片与石制品。第 6 层的堆积更厚,在平面上可见四处火塘呈半环分布。在火塘周围也明显分布有丰富的动物骨骼残片与石制品。同时还有石制品明显聚集区,是石器加工场所的遗迹。

老奶奶庙遗址所发现的文化遗物非常丰富,包括 3000 多件石制品与 10000 多件动物骨骼残片。石制品主要以灰白色石英砂岩制品和石英制品为主,石英砂岩石制品中,石片数量较多,石核多为多台面石核,均为简单剥片技术的产品,尚不见预制石核的迹象。经过仔细加工的工具不多,可见到的类型有边刮器、尖状器等。形体多较细小。

动物骨骼残片的数量远远超过石制品。其大小尺寸也比较相近,多在 10 厘米上下,方便手握使用。有些残片上有比较清楚的打击修理痕迹。个别还可见到明确的使用磨痕。这些迹象显示,该遗址的居民除了使用石制品以外,还大量使用骨质工具。多数动物骨骼的石化程度较深。可鉴定种类主要是马、牛、鹿、羊等食草类。还有数量较多的鸵鸟蛋皮碎片。动物骨骼上全然不见食肉类或啮齿类动物啃咬痕迹,显示其均应是人类活动的结果。另外该遗址发现的用火遗迹已超过 20 处。这些遗物和遗迹的分布情况均说明早期人类曾较长时间居住在此遗址。

(三) 赵庄遗址

赵庄旧石器遗址位于郑州市区以南的新郑市赵庄村北,溱水河东岸第三阶地。遗址西部是具茨山,西南距陉山 5 千米余,东临黄淮平原,属丘陵区向平原区过渡地形。该遗址 2009 年 10 至 12 月首次进行发掘,出土遗物有数量众多的石制品及少量动物化石。[1]

遗址地层从上至下分为七层,分别为全新世堆积,含钙质结核的马兰黄土,以

---

[1] 张松林、王幼平、汪松枝等:《河南新郑赵庄和登封西施旧石器时代遗址》,《2010 中国考古重要发现》,文物出版社,2011 年,10~14 页。

及其下的漫滩相堆积即旧石器时代文化层。旧石器文化层的主体部分为灰白色黏质砂土,有锈黄色斑点,土质略硬,含砂量较大,局部可见黄灰相间的水平层理。大量石制品及动物化石主要分布在厚约10~30厘米的范围内。

发掘所获石制品数量超过5000件。原料有石英和石英砂岩两种。石英制品数量占绝对多数,但个体较小,多在5厘米以下。种类主要有石料、石核、石片、断块、碎屑。还有少量经过修理的工具,类型有刮削器、尖状器与砍砸器等。引人瞩目的是个体较大的石英砂岩制品,长径平均在15厘米左右,大者超过了20厘米,小的也在5厘米左右。种类主要是有打击痕迹的石块,极少有刻意加工的工具。

哺乳动物化石主要是一具古棱齿象头骨及一段门齿,还有少量象肢骨片,以及零星的羊、鹿化石等。

该遗址最重要的发现是石器加工场与置放象头石堆的遗迹现象。两者位于同一活动面,显然是同一时期活动的遗存。活动面由南向北由象头骨、石英砂岩制品和石英制品组成。象头骨呈竖立状,由于长期的挤压或受石块的砸击较为破碎;臼齿嚼面朝南,保存完整。大多数石英砂岩制品位于象头骨的下部和周围,互相叠压,形成堆状。而大块的紫红色石英砂岩则明显是直接采自距遗址5千米以外的陉山基岩原生岩层,搬运至此,主要功能并非加工工具,而是围成石头基座,在上面摆置象头。

石英制品则主要分布于象头骨的北侧,构成石器加工区。调查发现,石英原料产地为遗址西部20多千米的具茨山区。来自山区的石英碎块沿溱水顺河而下,可以冲到遗址附近。而在该遗址内发现的部分石英制品的表面尚保留有砾石面,也说明赵庄的古代居民可能是就地取材,采用石英原料在该遗址生产石器。

(四)西施遗址

西施旧石器遗址位于河南省郑州市辖的登封市西施村南,嵩山东麓的低山丘陵区,埋藏在洧水河上游左岸的2级阶地上的马兰黄土堆积中。2010年发掘,出土各类石制品8500余件,并发现生产石叶的加工场遗迹。遗址堆积分为两大层,上层为表土层;下层为马兰黄土堆积,马兰黄土层厚达3米以上,在其下部发现厚度约30厘米的密集的旧石器文化遗存。地层堆积中未发现显著的水流作用过遗留的痕迹。石制品本身也没有明显的磨蚀痕迹,应为原地埋藏。遗址附近黄土堆积发育,局部有燧石条带出露,为当时人类生产石叶提供了原料来源。

石叶加工的主要空间位于发掘区的东北部,石制品密集分布在南北长约6米、东西宽近4米的范围内。大部分标本在剖面上也很集中,主要分布在上下20厘米左右的范围内。石制品种类包括石锤、石核、石片、石叶、细石叶、工具,以及人工搬运的燧石原料等。数量更多的是石器生产的副产品,即断、裂片,断块,残片与碎屑等。这些石制品及其分布状况,清楚地展示出该遗址石器加工的技术特点,完整地保留了石叶生产的操作链。出土石制品的组合,包括石核与石片等可以拼合,以及石制品主要堆积的厚度有限等特点,均说明该遗址的占用时间很有限。当时人类利用附近富集的燧石原料,集中生产石叶与石叶石核。并将适用的石叶以及石叶石核带离遗址去其他地点使用。[1]

该遗址出土的各类石片总数有近千件之多,而其中的典型石叶所占比例高达2成以上。石叶石核或石叶石核的断块两者占绝大部分,普通石核则很少见。还有数量较多的再生台面石片,以及带背脊的冠状石叶的发现。成品工具数量很少,类型包括端刮器、边刮器、雕刻器、尖状器等,并以端刮器为主。

除了大量的石叶石核与石叶,该遗址还出土了数件细石核和一些细石叶。细石核呈柱状,表面留有连续剥取细石叶的多个片疤。细石叶也很典型,只是与石叶保存状况相同,多是带厚背脊或曲度较大,不宜继续加工用作复合工具者。

(五) 李家沟遗址

与前述几个遗址不同,李家沟遗址的发现更为丰富,不仅有旧石器时代之末的细石器遗存,其上还叠压着新石器时代早期文化层,完整地反映了该地区从旧石器向新石器时代过渡的历史进程。

---

[1] 王幼平、张松林、汪松枝等:《河南登封西施旧石器时代遗址》,《中国考古新发现·年度记录·2010》(《中国文化遗产》增刊),2011年,280~283页。

李家沟遗址位于河南新密岳村镇李家沟村西。该处地形为低山丘陵区,海拔高约 200 米。地势由东北向西南部倾斜,黄土堆积发育。属于淮河水系溱水河上游的椿板河自北向南流经遗址西侧。李家沟遗址即坐落在椿板河左岸以马兰黄土为基座的 2 级阶地堆积的上部。经过 2009 年秋季与 2010 年春季为期四个多月的发掘,李家沟遗址目前已揭露面积近 100 平方米。发掘探方分南、北两区。其主剖面均包括了从旧石器时代晚期至新石器时代早期的地层堆积。[1]

北区的文化层厚约 3 米,从上向下共分七层。第 1 至 3 层为近代堆积;第 4 至 6 层为新石器时代早期堆积,发现数量较多的陶片、石制品与动物骨骼碎片等;第 7 层是仅含打制石器的旧石器文化层。南区的地层堆积自上向下亦可分为七层,第 1 层为扰土层;第 2、3 层为裴李岗文化层;第 4 层为棕黄色砂质黏土,未见文化遗物;第 5 层与北区 5、6 层相同,为新石器早期文化层;第 6 层的发现最为丰富,含船形、柱状等类型的细石核与细石叶等典型的细石器文化遗存;第 7 层为次生马兰黄土层。综合观察南、北两区剖面的层位序列,清楚可见本地区从旧石器时代晚期向新石器时代过渡的地层关系。

李家沟遗址旧石器文化遗存主要发现在南区第 6 层,北区 7 层也有少量旧石器发现。李家沟细石器的发现显示该遗址早期居民拥有十分精湛的石器加工技术。他们应用船形和柱状细石器技术剥取细石叶。少量以石叶为毛坯的工具的存在,说明李家沟早期居民也掌握并应用石叶技术制作石器。成熟的石器工艺技术加工出典型的端刮器、琢背刀、石镞、雕刻器等。这些精致石器刃口锋利,轻巧便携,是便于长途奔袭狩猎使用的工具组合。这些工具所使用的原料也多是不见于本地的优质燧石,是远距离采集运输所得。以上特点显然还是典型的旧石器文化形态。

在典型的细石器以外,尤其重要的是在李家沟遗址南区 6 层还发现仅经过简单磨制加工的石锛,以及烧制火候较低、表面无装饰的夹粗砂陶片。典型细石器与

---

[1] 郑州市文物考古研究院等:《新密李家沟遗址发掘的主要收获》,《中原文物》2011 年第 1 期,4~6 页。

局部磨制石器及陶片的共存现象说明,本地区较晚阶段的新文化因素并不是突然出现的,而是已经孕育在旧石器时代晚期之末。

李家沟遗址新石器文化遗存主要发现在北区 4 至 6 层。这一阶段的文化层明显增厚,说明遗址使用规模与稳定性远大于南区发现的细石器文化阶段。除了数量众多的文化遗物,北区还发现有很清楚的人类活动遗迹。其中最具特色的是石块聚集区。遗迹中心由磨盘、石砧与多块扁平石块构成。间或夹杂着数量较多的烧石碎块、陶片以及动物骨骼碎片等。带有明显人工切割痕迹的食草类动物长骨断口,清楚显示遗迹区进行过加工动物骨骼的活动。大量烧石的存在则说明这里亦具有烧火的功能。虽然尚未发现柱洞等建筑遗迹的迹象,但石块聚集区显然应与当时人类相对稳定的居住活动有关。

北区属于新石器时代早期的地层已发现 200 多片陶片。陶片出土的情况说明当时人类就在发掘区原地或附近使用陶器。已发现的陶片均为夹粗砂陶。陶片颜色有浅灰黄色、红褐色等。部分陶片的质地较坚硬,显示其烧成火候较高。这批陶片虽然包括多件不同陶器的口沿部分,但器形却很单一,均为直口筒形类器物,保留有早期陶器的特点。尤为突出的是绝大部分陶片的外表都有纹饰,以压印纹为主,还有类绳纹与刻划纹等。

与早期的石器工业不同,本阶段仅见个别的宽台面柱状细石核,细石器的应用明显衰落,技术特点也与早期明显不同。虽然还有少量的燧石与石英类石制品的发现,但基本不见刻意修整的精制品。砂岩或石英砂岩加工的权宜型石制品的数量则较多。这类石制品的形体多较粗大。与早期细石器工业的精制品组合完全不同,应是适应不同生计活动的结果。[1]

三、相关问题的探讨

中原地区新发现的这些旧石器遗存,其地层关系清楚,也有比较可靠的年代测

---

[1] 北京大学考古文博学院等:《河南新密市李家沟遗址发掘简报》,《考古》2011 年第 4 期,3~9 页。

定结果。与此同时,遗址本身及周边的古环境研究也提供了详细的生存环境的详细资料。这些有着清晰时空背景的新资料,为深入探讨区域内旧石器时代晚期文化的发展历程、来龙去脉及其成因奠定了基础。

(一) 文化发展与分期

如前所述,得益于近年来第四纪环境、年代学与旧石器时代考古等多学科研究者的努力,中原地区晚更新世,尤其是几个遗址所处的晚更新世中、晚期环境变化特点,以及在此期间黄土沉积过程都越来越清晰。[1] 从遗址所处的地貌部位与地层特点来看,老奶奶庙与赵庄等遗址显然都是河漫滩相堆积,应属气候相对温湿的MIS3阶段。当时人类就生活在河边漫滩之上,所留下的文化遗存被洪水期的泥沙所迅速埋藏掩盖,因而得以较好地保存。区域调查结果显示,当时的遗址数量众多,成群组沿古代河流分布。这一阶段的石器工业以小型石片石器为主,石器原料主要是石英、燧石等容易加工小型利刃石器的原料。砂岩或石英砂岩等加工的大型工具则相对少见。时代大致同期或稍早的织机洞上文化层的石器组合也反映出相同特点。

随着气候变冷MIS2阶段的来临,本区的遗址数量明显减少。到目前为止,明确属于本阶段的发现,还只有西施遗址。从文化面貌与测年数据等特点来看,早前发现的安阳小南海[2]与陵川塔水河[3]等遗址应与西施遗址属于同类发现。这几处遗址的时代均在距今25000年前后。此时中原及邻近地区开始进入最后冰期最盛期。遗址数量的剧减反映了人类活动的频率与数量的减少。与此相应,石器工业的面貌也发生显著的变化。这几处发现皆选用燧石原料,并且开始系统应用石叶技术,出现典型的石叶工业。如西施遗址所发现的石叶工业,包括了从原料、石核、石叶等完整的石叶生产操作链。高比例的石叶及石叶石核说明典型的石叶工

---

[1] 柿子滩考古队:《山西吉县柿子滩旧石器时代遗址S14地点》,《考古》2002年第4期,1~28页。
[2] 安志敏:《河南安阳小南海旧石器时代洞穴堆积的试掘》,《考古学报》1965年第1期,1~27页。
[3] 陈哲英:《陵川塔水河的旧石器》,《文物季刊》1989年第2期,1~12页。

业也曾出现并流行于中原地区。[1]

虽然中原到华北南部地区在旧石器时代晚期开始阶段并不见石叶技术,而仍然流行着简单剥片技术生产的石片石器工业。[2] 但西施等遗址的发现说明,到深海氧同位素3阶段与2阶段之交,石叶工业也出现在本地区。结合与中原地区及邻近区域已有的发现来看,大致在距今25000年前后,以石叶技术为标志,中原及华北南部地区进入新的文化发展阶段。

西施遗址的新发现还显示,在典型石叶技术出现的同时,细石器技术也已始现端倪。在西施遗址大量发现石叶石核与石叶的同时,也开始见到细石器技术的出现,只是所占的比例与绝对数量远远不及石叶。不过随着最后冰期最盛期的来临,细石器技术则越来越发展,并逐渐成为主导力量。这种情况一直持续到临近更新世结束之际甚至更晚。如李家沟遗址的新发现,即很清楚反映了这种发展趋势与历史进程。

上述发展过程显示,中原及邻近地区的旧石器时代晚期文化经历了很明显的三阶段:小型石片工业为主阶段为早期,始于距今40000年前后,一直延续到距今25000年前后;石叶工业阶段出现并流行在距今25000～20000年前后;细石器工业阶段流行于距今20000～10000年前后,最早几乎与石叶技术同时出现,但随着最后冰期最盛期的来临,细石器技术才逐渐取代石叶技术,成为旧石器时代晚期之末的典型细石器文化。

(二)区域性文化特点及成因

从石片石器到石叶与细石器,中原及邻近地区的旧石器时代晚期文化走过了与旧大陆大部分地区不同的发展道路,形成独具特色的区域性文化发展的特点。这一文化特点及其形成的原因是一个值得探讨的史前考古课题。

---

[1] 王幼平、张松林、汪松枝等:《河南登封西施旧石器时代遗址》,《中国考古新发现·年度记录·2010》(《中国文化遗产》增刊),2011年,280~283页。
[2] 王建、王向前、陈哲英:《下川文化——山西下川遗址调查报告》,《考古学报》1978年第3期,59~88页。

在前述发现之中,织机洞遗址时代最早,所保存的文化堆积巨厚,在时代上跨越了从旧石器时代中期到晚期的发展,清楚地反映了早期人类曾连续使用该洞穴。时代与其相近或稍晚的还有老奶奶庙与赵庄遗址的发现。这几处遗址的旧石器文化遗存的特点反映了该地区从旧石器时代中期一直到晚期的发展变化。

这些变化在织机洞遗址表现得尤为清楚,主要反映在石器原料的选择、石制品形体的大小以及工具组合等方面。织机洞的早期居民更偏重于就近选取石器原料,就地加工出石质工具。大型的砍砸工具在他们的生产生活中扮演着更重要的角色。这些工具加工简单,多为权宜型石器。从居住地到石器原料产地以及加工和使用石器的场所均在相对较小的范围内。这种情况暗示,织机洞遗址的早期居民可能更多地在遗址附近活动,砍砸等重型工具在他们的生活中承担着主要任务。上述情况到第7层以后发生急剧变化。此时织机洞的居民开始放弃附近河滩丰富的石英砂岩与石英岩原料,转而到远处山区去寻找燧石与石英等适合加工小型利刃工具的石料。此时织机洞居民经常性活动的半径至少在距居住地六七千米外。他们更多的活动则是应用小型利刃工具完成。扩大活动范围与工具小型化、多样化等新情况,都说明此时织机洞居民的行为较早期更为复杂化。[1]

老奶奶庙与赵庄的发现也都与织机洞上文化层的发现相同。远距离运输石料,更多地使用小型利刃工具。后两者还有大量食草类动物化石的发现,更直接地证明此阶段的人类已经更多地依靠肉类资源,出现专业化狩猎的迹象。

上述转变发生在距今4至5万年之间,此时正值最后冰期最盛期之前的间冰阶。织机洞等遗址以及周围古环境的综合研究显示,当时植被以森林草原为主。[2] 织机洞遗址早期居民在总体未变的温暖湿润环境条件下,石器工业却发生显著变化,从大型的砾石石器工业转变为小型石片石器工业。这一变化显然难以用环境适应的因素来解释。而远距离运输石料,仔细修理数量众多的精制工具,更

---

[1] 王幼平:《织机洞的石器工业与古人类活动》,《考古学研究》(七),科学出版社,2008年,136~148页。

[2] 刘德成等:《河南织机洞旧石器遗址的洞穴堆积与沉积环境分析》,《人类学学报》2008年第27卷第1期,71~78页。

适应大范围的复杂活动。生产与生活等活动的复杂化,生存领域的扩大等特点都是现代人所特有的行为特点。在织机洞遗址所发生的这一转化,显然不会是简单的对环境适应,而更可能与现代人及其行为的出现密切相关。

类似织机洞最下层的以砾石为原料的形体较大的石器工业,在织机洞遗址邻近及华北南部地区的晚更新世较早阶段分布很广泛,到晚更新世的晚期都很明显地被类似织机洞晚期的形体较小的石片石器工业所取代。[1] 这种现象在近年来中国南方甚至朝鲜半岛[2]及日本列岛的旧石器考古发现中也很常见,[3]反映了东亚地区旧石器时代中、晚期的过渡以及旧石器时代晚期文化出现的区域性特点,与旧大陆西方从莫斯特到石叶文化的发展路径截然不同。[4]

除了上述石器工业方面的证据,在赵庄与老奶奶庙遗址所发现的石堆与火塘等遗迹现象更直接反映了现代人类行为在中原地区的出现与发展。如前所述,在新郑赵庄遗址出现的远距离搬运红色石英砂岩石块,集中摆放成堆并在其上放置古棱齿象头骨,这种非功利性的活动,显然也是现代人所独具的象征性行为特点。同样,在郑州西南郊老奶奶庙遗址所发现的多个火塘半环状分布的居住面遗迹,也显示了当时人类群体内部结构复杂化的趋势,应与现代人类行为的发展密切相关。

如上所述,中原地区丰富的旧石器时代晚期文化及其发展特点,显然与现代人类在该地区出现与发展历程密切相关。该地区现代人类行为出现在深海氧同位素3阶段。大致在距今5万年前后,首先是在荥阳织机洞遗址,已经可以清楚地看到,石器工业小型化、复杂化,人类活动领地扩大的发展趋势。登封西施典型石叶工业的发现,则更明确地证明现代人类行为在这一地区的存在。从西施到李家沟的细

---

[1] Wang, YP. 1998. Human adaptations and Pleistocene environment in South China. *Anthropogie*, 36: 165~175.

[2] Bae, KD. 2009. Origin and patterns of the Upper Paleolithic industries in the Korean Peninsula and movement of modern humans in East Asia. *Quaternary International*, 211: 307~325.

[3] Ono A. 2004. Recent studies of the Late Paleolithic industries in the Japanese islands. In: Yajima K, editor. Recent Paleolithic studies in Japan. Tokyo: The Ministry of Education, Culture, Sports, Science and Technology of Japan. pp.28~46.

[4] 王幼平:《青藏高原隆起与东亚旧石器文化的发展》,《人类学学报》2003年第21卷第3期,192~200页。

石器文化的发展,则反映现代人类的继续发展并为新石器时代的到来准备了充分的条件。中原地区旧石器时代晚期文化所走过的是一条与旧大陆大部分地区不太一样的发展道路。这一独具特色的发展历程显然是现代人类在该区出现,并且不断适应该地区环境所采取的适应策略与生存方式的结果。

四、小结

综上所述,将中原地区的新发现放在华北南部早期人类发展的历史进程中观察,可以清楚地看到,该地区的旧石器时代文化在进入深海氧同位素3阶段即出现较明显的变化,如织机洞遗址在石器原料与组合变化以及人类活动范围的扩展等。本区旧石器时代晚期文化的初始阶段具有明显的承前启后的特点,仍以石英等原料为主,应用简单剥片技术生产石片石器,与华北地区石片石器工业传统没有特别明显的区别。但到3阶段与2阶段交替之际,以西施遗址为代表的石叶技术开始出现,同时细石器技术也初见端倪。随着最后冰期最盛期的来临,细石器逐渐成为该地区主导文化,并一直持续到更新世结束。从简单的石片石器到石叶工业,再到典型的细石器工业的历史轨迹,清楚地展示了华北南部地区旧石器时代晚期文化的发展特点。而这一特点的形成,则显然是现代人类应对该地区深海氧同位素3阶段以来气候与环境变化所采取的生存策略的表现与结果。

(原载《中国考古学会第十四次年会论文集》,文物出版社,2012年)

华北细石器技术的出现与发展[*]

一、引言

本文所用华北是指秦岭—淮河一线以北的中国北方地区。该区广泛分布的细石器以其细小精致的形态,早在百年前就引起学者们的关注。[1] 从 20 世纪 40 年代开始,裴文中先生曾讨论细石器的发现及相关问题。[2] 1960~1970 年代,河北阳原泥河湾盆地虎头梁村附近首先发现细石器。差不多与此同时,在晋南下川盆地也发现丰富的细石器文化遗存。这些地层关系清楚,石制品特色鲜明的细石器文化遗存奠定了更新世末华北地区细石器文化研究的基础。[3] 1978 年,贾兰坡先生系统讨论细石器的定义、中国细石器的传统、起源与分布等问题,推动细石器研究进入新阶段。[4]

20 世纪 80 年代之后,阳原石核的动态类型学研究开启细石器的技术类型学视角。[5] 随着旧石器时代晚期细石器遗存发现的增多,细石器分布的时空特点及其意义也开始引起学者们的关注。[6] 有学者系统梳理华北地区的发现,提出马蹄形

---

[*] 本文承郑州中华之源与嵩山文明研究会重大项目(项目编号:DZ-3)资助。
[1] 安志敏:《中国细石器发现一百年》,《考古》2000 年第 5 期,45~56 页。
[2] 裴文中:《中国史前时期之研究》,商务印书馆,1948 年。
[3] Tang Chung, Gai Pei. Upper Palaeolithic Cultural Traditions in North China. *Advances in World Archaeology*, 1986(5):339~364.
[4] 贾兰坡:《中国细石器的特征和它的传统、起源与分布》,《古脊椎动物与古人类》1978 年第 2 期,137~143 页。
[5] 盖培:《阳原石核的动态类型学研究及其工艺思想分析》,《人类学学报》1984 年第 3 卷第 3 期,244~252 页。
[6] 陈淳:《中国细石核类型和工艺初探——兼谈与东北亚、西北美的文化联系》,《人类学学报》1983 年第 2 卷第 4 期,331~341 页。

分布带及多区的论述。[1] 进入新世纪之后，关于细石器考古发掘与专门研究更进一步发展。一方面是田野考古材料的迅速积累，另一方面是很多研究者对细石器发现的深入研究，以及与细石器相关的研究理论与方法论的探讨。[2] 其中引人瞩目的是对影响细石器起源与发展机制的讨论。[3] 除长期以来一直讨论的华北细石器起源于本地或外来的不同认识，也有研究者注意细石核类型空间分布的差异，[4] 提出下川与虎头梁两类不同的细石核技术可能有不同的来源。[5] 还有学者以末次冰盛期所带来的环境变化与适应性的视角，提出华北森林草原环境的细石器起源新论。[6] 另外晚更新世晚期环境变化所带来的东亚北部人群迁徙扩散，及由此促成不同人群与文化接触交流的结果，特别是对华北及周边地区细石器技术时空分布的影响也开始受到研究者的关注。[7] 这些研究反映了近年来旧石器考古学、古人类学、古环境与年代学等多学科密切合作与综合研究的新趋势；同时也展现出具有鲜明标志的细石器技术对探讨晚更新世晚期人群的迁徙扩散与社会发展等史前考古重要课题的潜力。本文拟在上述研究进展的基础上，对华北及邻近地区细石器的新发现进行简单梳理，注重以多学科视角进一步观察细石器技术在华北地区的出现与发展，并对与之相关的环境变迁和人群流动性等问题进行初步探讨。

二、华北地区细石器技术的出现

近年来在华北地区一系列旧石器时代晚期的发现将细石器技术在华北地区的

---

[1] 谢飞：《河北旧石器时代晚期细石器遗存的分布及在华北马蹄形分布带中的位置》，《文物春秋》2000年第2期，15~25页。

[2] Elston R, Dong G, Zhang D. Late Pleistocene Intensification Technologies in Northern China. *Quaternary International*, 2011, 242(2): 401~415. 李有骞：《细石器的概念与研究方法》，《北方文物》2016年第1期，19~22页。

[3] 仪明洁：《旧石器时代晚期末段中国北方狩猎采集者的适应策略——以水洞沟第12地点为例》，中国科学院大学博士学位论文，2013。

[4] 王幼平：《关于中国旧石器的工艺类型》，《人类学学报》2004年第23卷增刊，108~117页。

[5] 杜水生：《楔型石核的类型划分与细石器起源》，《人类学学报》2004年第23卷增刊，211~222页。

[6] 陈胜前：《细石叶工艺的起源——一个理论与生态的视角》，《考古学研究》（七），科学出版社，2008年，244~264页。

[7] 加藤真二：《试论华北细石器工业的出现》，《华夏考古》2015年第2期，56~67页。

出现推至更早的时代,如新发现的河南登封西施、[1]山西吉县柿子滩29地点的第7文化层,[2]以及陕西宜川龙王辿等遗址,[3]都出现26 kaBP左右甚至更早的细石器遗存。这些早期细石器均与或多或少的石叶遗存同时出现,构成华北细石器出现期的突出特点。[4]

  与上述发现类似的细石器遗存,其实早在20世纪80年代发现的河北阳原泥河湾盆地的油房遗址就已见到。[5] 据已发表的材料来看,油房的石器组合中有13件细石核。虽然可分为楔形、船底形以及柱形等不同类型,但皆为块状毛坯,且有较宽的台面,与较晚阶段在盆地内发现的虎头梁类型楔形石核所采用的片状毛坯与预制过程明显不同。与细石器同时发现还有普通石核(包括石叶石核)70多件。普通石片(包括石叶)的数量也远多于细石叶。从报告线图与照片来看,油房石器组合中有典型的石叶遗存。近年来该遗址的年代学研究结果显示,其时代为29~26 kaBP。[6]

  近年来新发现的西施遗址位于中原地区嵩山东麓,黄土高原东南边缘区,已发掘的包括遗址的西区、东区,以及附近的东施遗址。[7] 这几处发掘区揭露情况的相同之处是都有细石器与石叶遗存共存,但西施西区与东施两地点应是较典型的石器加工区。[8] 两者均发现石叶与细石叶生产操作链各类各环节的产品,从采集备用的原料、到石核预制品、成型石核、石叶、细石叶以及修理、再生台面石片、鸡冠

---

[1] 王幼平,汪松枝:《MIS3阶段嵩山东麓旧石器发现与问题》,《人类学学报》2014年第33卷第3期,304~314页。

[2] Song Y, Cohen D, et al. Environmental reconstruction and dating of Shizitan 29, Shanxi province: An early microblade site in north China. *Journal of Archaeological Science*, 2017, 79: 19~35.

[3] 王小庆:《陕西宜川龙王辿遗址第一地点细石器的观察与研究》,《考古与文物》2014年第6期,59~64页。

[4] 李昱龙:《华北地区石叶技术源流——河南登封西施遗址的发现及相关研究》,北京大学博士学位论文,2018年,1~209页。

[5] 谢飞,成胜泉:《河北阳原油房细石器发掘报告》,《人类学学报》1989年第8卷第1期,59~68页。

[6] Nian XM, Gao X, Xie F. Chronology of The Youfang Site and Its Implications for The Emergence of Microblade Technology in North China. *Quaternary International*, 2014. 347(1): 113~121.

[7] 高霄旭:《西施旧石器遗址石制品研究》,北京大学硕士学位论文,2011年。

[8] 赵潮:《登封东施遗址石制品研究》,北京大学硕士学位论文,2015年,1~178页。

状石叶等等均可见到。但在西施东区的发现,则是石叶-细石器与当地原有的以石英为原料的小石片石器共存的组合。从西施遗址发现的石叶与细石叶大小尺寸测量统计数据来看,两者的分布呈渐变的过渡状态。就石叶与细石叶石核观察,两者在技术上也有很明显的关联。西施与东施的石器加工区石叶石核的毛坯较多发现,多是从预制成宽楔状的石叶石核开始剥取石叶,随着剥片的进展,石叶石核的体积逐渐缩减变小,继续剥取的产品的尺寸也即落入细石叶的范围。这种现象在油房等有典型石叶技术的同期遗址也都可以见到,构成华北细石器出现阶段的显著特点。

从西施、油房等地点的发现还可以看到,在华北细石叶出现阶段,多数遗址的石器组合是石叶遗存占据主导地位,如西施西区,细石核及细石叶的比例都远低于石叶。这个阶段细石叶的形体尺寸普遍大于时代较晚的细石器遗存,但细石叶的形状则多不太规则,长宽比值比较小,两侧边也不甚整齐平行,如在河北蔚县西沙河遗址也曾发现类似情况。[1] 这些应是出现期的华北细石器遗存的另一特点。

出现期细石器更主要的特点则是其石核预制。预制细石核的关键是石核毛坯的选择与预制程序。如前所述,最早出现的华北细石器是与石叶技术共存。从石叶石核到细石叶石核两者之间并没有显著的界限。这一特点决定了华北细石器出现阶段的石核毛坯的选择与预制,多与本阶段的石叶石核类似,采用块状毛坯,也以宽楔状、锥柱状者居多,总体呈现为宽台面类型。

本阶段也有遗址的石器组合中石叶遗存比例较低,细石器产品的数量明显居优,近些年来在晋西南的吉县柿子滩与陕西宜川龙王辿等遗址的发现就是如此。这些发现的时代可能稍晚于前述以石叶居主导地位的遗址,应该是受高流动性对工具小型化要求所致,因而更多生产小巧便携的细石叶。尽管如此,就柿子滩等新发现的石器组合来看,其细石叶石核台面类型、细石叶尺寸与边缘的规整情况,也还是与油房、西施等遗址的石叶-细石器技术相近。如 26 kaBP 左右的柿子滩 29 地

---

[1] 杜水生:《下川遗址新发现对北方细石器体系研究的意义——〈北方细石器技术体系与下川遗址考古新发现〉学术研讨会综述》,《史学史研究》2017 年第 4 期,121~123 页。

点第 7 文化层,总计发现的石制品数量超过 4 万件,包括普通石核 100 件,细石核 23 件。[1] 细石核则以半锥、半柱状或柱状为主,均以燧石为原料。细石叶多达 2000 多件,但石叶却仅有 31 件。由此可见细石器成分在柿子滩第 7 文化层石器组合中所占分量之重。龙王辿遗址的发现也与此类似,细石核有锥状、半锥状、柱状、楔形及船底形等多种,亦皆是不规则形块状毛坯与宽台面类型。石叶或石叶石核则很少见。龙王辿细石器文化层年代也当为 26 kaBP 左右。[2]

上述几个遗址的发现,大致反映了 29~26 kaBP 左右,从华北北部泥河湾盆地,到黄河中游中原地区的细石器出现阶段的情况。除了细石器与石叶技术共存之外,细石核类型也很相近,关键是皆以块状原料做毛坯,预制过程也较简单,台面相对较宽。对这类细石核,在以下讨论中简称宽台面类型。相比之下,还有另一类采用片状毛坯,经过两面或单面加工的细石核,其台面则明显更窄,以下讨论称之为窄台面类型。

三、宽台面细石器技术的发展

在 25 kaBP 之后,华北地区细石器遗存分布出现进一步扩展的趋势。原来华北石核-石片工业分布区的范围内,细石器工业逐渐发展并占据主导地位。从已发现的材料来看,宽台面类型细石器技术的出现与发展应该是由华北南部开始,尤其是以船型石核为代表的细石核技术的出现与发展过程更具代表性。[3] 船型细石核的出现,及其与前一阶段其他类型宽台面细石核技术之间的关系,仍然有很多问题需要厘清。但从华北地区石核-石片技术传统的工艺特点来看,选用块状毛坯,

---

[1] 山西大学历史文化学院、山西省考古研究所:《山西吉县柿子滩遗址 S29 地点发掘简报》,《考古》2017 年第 2 期,35~51 页。
[2] Zhang J, Wang X, Qiu W, et al. The Paleolithic Site of Longwangchan in the Middle Yellow River, China: Chronology, Paleoenvironment and Implications. *Journal of Archaeological Science*, 2011, 38(7): 1537~1550.
[3] 王幼平:《华北旧石器晚期环境变化与人类迁徙扩散》,《人类学学报》2018 年第 37 卷第 3 期, 341~351 页。

单台面平行剥片技术存在已久,在此基础上过渡到宽台面的船型细石核技术并没有很大障碍。尤其是在如晋南塔水河及邻近地区以燧石为原料的石片石器工业中,很容易见到以厚石片的腹面为台面平行剥片的标本。[1] 这当是华北地区船型细石器技术的产生基础。

从已发现的细石器考古资料看,以船型细石核占据主导地位的细石器组合当以柿子滩29地点6层时代为最早。[2] 该层发现石制品有5600多件,普通石核只发现6件,但细石核却多达54件。细石核出现的比例远高于该遗址的第7文化层。细石核类型也出现明显变化,船型细石核有40件,占据了主导地位。其余为半锥形,也属于宽台面类。细石叶有800余件,与普通石片的数量相差不大,但石叶却仅发现1件。由第6层向上,各文化层所发现的细石器仍占主导地位,尤其是细石核类型,皆仅见船型,成为24~18 kaBP阶段,柿子滩细石器工业最突出的特点。柿子滩14地点3个文化层的时代,从2.3 kaBP左右开始,延续到1.8 kaBP左右,各层的细石核亦都是船型。[3] 柿子滩5地点揭露出4个文化层,其早期3个文化层的测年数据也分布在20~21.5 kaBP左右,也均是船型细石核。[4] 仅是最晚期,为10 kaBP前后,发现1件漏斗形细石核,已不见船型细石核。

与吉县相邻的蒲县薛关遗址发掘于20世纪70年代末至80年代初,该遗址发现的细石器组合也很典型。[5] 在已发表的材料中,细石核数量很多,但划分为船型者有53件,宽楔形19件,半锥状10件,及少量锥状及漏斗状。该遗址^{14}C年代数据经校正后,也应为16 kaBP左右。

---

[1] 卫奇:《塔水河遗址发现原始细石器》,《"元人"发现三十周年纪念暨古人类国际学术研讨会论文集》,云南科技出版社,1998年。

[2] 山西大学历史文化学院、山西省考古研究所:《山西吉县柿子滩遗址S29地点发掘简报》,《考古》2017年第2期,35~51页。

[3] 柿子滩考古队、山西大学考古系:《山西吉县柿子滩旧石器时代遗址s14地点2002~2005年发掘简报》,《考古》2013年第2期,3~13页。

[4] 柿子滩考古队:《山西吉县柿子滩旧石器时代遗址第五地点发掘简报》,《考古》2016年第4期,3~15页。

[5] 王向前、丁建平、陶富海:《山西蒲县薛关细石器》,《人类学学报》1983年第2卷第2期,162~171页。

类似发现在华北北部分布也比较广泛，但出现的时代可能要稍晚于晋南地区，如在 2000 年前后发现的河北阳原泥河湾盆地东缘的二道梁遗址等。[1] 还有更早在冀东北昌黎汀泗涧、滦县东灰山等遗址也曾发现以船型细石核为特色的细石器遗存。[2] 到目前已发现船型细石核技术的分布，从冀东北向西经过北京延庆与河北怀来，已经和泥河湾盆地连接起来。[3] 这些发现之中，尤以二道梁遗址的文化内涵最为清楚，并有 ^{14}C 年代测定数据，校正后为 21 kaBP 左右。[4] 该遗址应该是当时人类一次短暂活动所遗。在发掘区内发现石制品上千件，有细石核 15 件，均为船型类。细石叶也有百余件。同时也发现 20 多件普通石核，及数百件石片。还有多件典型的雕刻器，以及琢背刀、边刮器等。这些工具的毛坯多是石叶，显示这个石器工业也应用石叶技术。

船型细石叶技术传统向西的发展，已经发现的有甘肃张家川县石峡口第 1 地点。[5] 这个遗址发掘面积很小，但发现的细石器遗存仍较丰富。在第 1 文化层 400 多件石制品中，有细石核 9 件，细石叶 15 件。第 2 文化层共发现 203 件石制品，细石核有 14 件，细石叶 33 件。两个文化层的细石核区别不大，多以不规则形小石块为毛坯，简单修理即开始压制剥取细石叶，虽可分类为锥形、柱状与楔形等，但整体技术并无很大区别，均与上述的船型细石核技术传统接近。该遗址 ^{14}C 年代测定数据，校正后也在 17.2~18.5 kaBP 之间。

向南到中原地区，在西施遗址之后尚有一段时间空白。两个有年代数据的发现，

---

[1] 李罡、任雪岩、李珺：《泥河湾盆地二道梁旧石器时代晚期遗址发掘简报》，《人类学学报》2016 年第 35 卷第 4 期，509~521 页。
[2] 谢飞：《河北旧石器时代晚期细石器遗存的分布及在华北马蹄形分布带中的位置》，《文物春秋》2000 年第 2 期，15~25 页。
[3] 牛东伟、薛峰、李鼎元等：《怀来盆地 2014 年度旧石器考古调查简报》，《人类学学报》2018 年第 37 卷第 1 期，79~87 页。
[4] 李罡、任雪岩、李珺：《泥河湾盆地二道梁旧石器时代晚期遗址发掘简报》，《人类学学报》2016 年第 35 卷第 4 期，509~521 页。
[5] 任进成、周静、李锋等：《甘肃石峡口旧石器遗址第 1 地点发掘报告》，《人类学学报》2017 年第 36 卷第 1 期，1~16 页。

一处是许昌灵井,年代在 13 kaBP 左右。[1] 另一处新密李家沟为 10.5 kaBP。[2] 20世纪 90 年代发现的舞阳大岗遗址,虽然经过正式发掘,但尚无年代测定数据,根据地层与文化遗存的特点判断,大致也与前两者相近。[3] 从已发表的材料看,几处发现的细石核也多是以不规则形小石块为毛坯,已有的分类为船型、锥形、角锥形与楔形等,皆为宽台面类型。

向东到鲁西南、苏北地区,自 1980 年代以来,已经调查发现的细石器地点甚多,不少调查材料也已经发表,遗憾的是多为地表采集,经过正式发掘,有可靠地层依据的很少,更缺少绝对年代数据。[4] 不过就已经发表资料观察,这一地区细石器遗存也具有较为一致的技术特色,即不规则形块状毛坯的船型细石核技术占据主导地位。如在山东郯城黑龙潭遗址调查所获细石器,绝大部分细石核分类为船底形,仅少量为锥形与柱形等。[5] 该地点地层保存不好,就残存地层观察,细石器的时代大致应该属于晚更新世末期。其他工作较多的地点,如临沂凤凰岭的发现,则船底形细石核的比例降低,同时发现的还有锥形、棱柱形、楔形与漏斗形等不同类型。[6] 但总体也还是属于不规则形块状毛坯、宽台面的细石器传统。

综上所述,华北地区以不规则小石块为毛坯的船型细石核技术,是继细石器技术在该地区出现之后,首先在晋西南的柿子滩等地发展起来并逐渐向周边扩散。向北到达泥河湾盆地,并继续向东到冀东北。向西可达甘肃陇东的张家川石峡口

---

[1] 李占扬、李雅楠、加藤真二:《灵井许昌人遗址第 5 层细石核工艺》,《人类学学报》2014 年第 33 卷第 3 期,285~303 页。

[2] 北京大学考古文博学院、郑州市文物考古研究院:《河南新密市李家沟遗址发掘简报》,《考古》2011 年第 4 期,3~9 页。

[3] 张居中、李占扬:《河南舞阳大岗细石器地点发掘报告》,《人类学学报》1996 年第 15 卷第 2 期,105~113 页。

[4] 沈辰、高星、胡秉华:《山东细石器遗存以及对"凤凰岭文化"的重新认识》,《人类学学报》2003 年第 22 卷第 4 期,293~307 页。

[5] 临沂地区文物管理委员会、郯城县图书馆:《山东郯城黑龙潭细石器遗址》,《考古》1986 年第 8 期,673~679 页。

[6] 临沂地区文物管理委员会:《山东临沂县凤凰岭发现细石器》,《考古》1983 年第 5 期,385~388 页。

遗址及宁夏灵武水洞沟12地点等。[1] 向南已发现的舞阳大岗遗址则属淮河流域。向东广泛分布到鲁西南、苏北地区。随着末次冰期最盛期海平面下降,大陆架大面积出露的渤、黄、东三海平原区,也应该是以船型细石核技术为代表的细石器分布区。这一推测,可以得到在日本西南部,靠近三海平原区的九州岛与本州岛西南部更新世末期细石器发现的支持。[2] 由此来看,船型细石器技术恰好可以视作为联结华北地区,渤海、黄海至东海北部被淹没的大陆架区,以及朝鲜半岛至日本列岛西南部地区晚更新世末期人群与文化的纽带。[3]

四、窄台面细石器技术流行的时空变化

20世纪60年代中期,王择义先生在位于河北省阳原县泥河湾盆地桑干河畔调查发现细石器。70年代初期,盖培、卫奇先生开始在虎头梁村附近发掘了9个细石器地点。[4] 1995~1998年河北省文物研究所与北京大学合作,在虎头梁至西水地村附近相继发掘了于家沟、瓜地梁与马鞍山等遗址,发现数量更多的细石器文化遗存,包括用火、石器加工场等遗迹、数以万计的石制品与动物骨骼及碎片,还有装饰品等反映史前人类精神生活的遗物等。[5] 这次发掘还发现了比细石器遗存时代更早的石片石器遗存,[6]以及晚于虎头梁型的更晚阶段的细石器。近年来中国科学院古脊椎动物与古人类研究所与河北省文物研究所合作,再次对虎头梁地区的细石器遗址进行发掘。但后两次发掘资料尚未发表。

---

[1] 仪明洁:《旧石器时代晚期末段中国北方狩猎采集者的适应策略——以水洞沟第12地点为例》,中国科学院大学博士学位论文,2013。
[2] Hiroyuki Sato. Takashi Tsutsumi. The Japanese Microblade Industries:Technology, Raw Material Procurement, and Adaptations. Origin and Spread of Microblade Technology in Northern Asia and Nothern America. Burnaby:Archaeology Press, Simon Fraser University, 2007:53~78.
[3] 芝康次郎:《南の细石器文化》,《考古学季刊》2014年第126号,77~80页。
[4] 盖培、卫奇:《虎头梁旧石器时代晚期遗址的发现》,《古脊椎动物学报》1977年第15卷第4期,57~70页。
[5] 谢飞、李珺、刘连强:《泥河湾旧石器文化》,花山文艺出版社,2006年,1~200页。
[6] 梅惠杰:《泥河湾盆地梅沟和苇地坡旧石器时代晚期地点》,《人类学学报》2006年第25卷第4期,299~307页。

虎头梁遗址自发现以来,即受到国内外同行的高度关注。虎头梁遗址的发掘报告,以及阳原石核的动态类型学研究等成果,[1]对虎头梁型细石器技术进行深入分析,并与华北乃至东北亚等更大范围内的细石器遗存进行比较。[2] 这些研究显示,虎头梁型细石器技术,以其独特的选坯、预制石核与剥取细石叶等一系列加工环节构成的操作链,与中国东北、朝鲜半岛、日本列岛东北部至东北亚广大地区的细石器技术十分相似。[3] 如最具代表性的涌别细石核技术,选用片状素材,主要以两面加工技术预制薄片状细石核毛坯,继而打制出台面与剥片工作面,然后连续剥取细石叶。[4] 这一特点明显有别于华北地区较早阶段流行的不规则形块状毛坯、宽台面细石核技术类型。

已发表的虎头梁1970年代发掘资料中,除了少量盘状与两极石核外,有楔形细石核236件。[5] 这些楔形细石核多是采用两面技术预制毛坯,也有选用片状素材,单面预制成坯,两者均可归为涌别细石器技术。除预制细石核毛坯技术外,虎头梁遗址的石器组合中,还有矛头、尖状器等也都采用两面器技术加工,构成这一细石器技术传统的显著特色。最近的加速器^{14}C年代测定结果显示,其流行时代主要在17~14 kaBP左右。[6]

类似虎头梁型细石器技术的发现,在20世纪80年代以后,首先是泥河湾盆地内,与虎头梁隔桑干河相望的籍箕滩村附近再有发现。这个新发现的细石器遗址群被研究者称为虎头梁细石器的"姊妹文化"。[7] 向西到山西境内有阳高县尉家

---

[1] 盖培:《阳原石核的动态类型学研究及其工艺思想分析》,《人类学学报》1984年第3卷第3期,244~252页。
[2] 陈淳:《中国细石核类型和工艺初探——兼谈与东北亚、西北美的文化联系》,《人类学学报》1983年第2卷第4期,331~341页。
[3] Buvit I, Izuho M, Terry K, et al. Late Pleistocene Geology and Paleolithic Archaeology of the Shimaki Site, Hokkaido, Japan. *Geoarchaeology*, 2014, 29(3): 221~237.
[4] 加藤真二:《试论华北细石器工业的出现》,《华夏考古》2015年第2期,56~67页。
[5] 盖培、卫奇:《虎头梁旧石器时代晚期遗址的发现》,《古脊椎动物学报》1977年第15卷第4期,57~70页。
[6] 王晓敏:《泥河湾盆地晚更新世末至全新世初古人类的生存策略:于家沟遗址的动物考古学研究》,中国科学院大学博士学位论文,2017。
[7] 谢飞、李珺:《籍箕滩旧石器时代晚期细石器遗址》,《文物春秋》1993年第2期,1~22页。

小堡遗址,也发现典型的虎头梁技术类型的细石器,甚至石器原料也是粉红色的石英岩,[1]反映出两者应有很密切关系。[2] 近年来随着河北省旧石器考古专项调查的展开,在泥河湾盆地向东的怀来盆地也发现这种细石器技术存在的线索。

涌别楔形细石核技术在东北地区的分布地域更为广泛,时代跨度也应该更长。遗憾的是,这些发现多数仅为调查采集,系统进行过发掘,有确切地层关系者则较少见。近年来在吉林和龙大洞遗址与黑龙江桃山遗址等新发掘与研究使得这种情况有所改善。大洞遗址位于长白山南麓,是一处面积超过 100 万平方米的大型露天遗址。[3] 最近调查发现有 5000 多件石制品,其中细石核有 13 件,包括楔形 10 件,船型 3 件。楔形细石核皆属涌别类型,其中的Ⅲ型与Ⅳ型从描述与图示来看,当与日本北海道发现的兰越型楔形石核相近。Ⅱ型的细石核则与北海道的忍路子类型相近。[4] 船型细石核则与华北地区的同类制品一致。结合遗址 21 kaBP 的 ^{14}C 年代数据来看,这里的Ⅲ、Ⅳ及Ⅱ型细石核也当与北海道的兰越与忍路子型细石核流行时间接近。船型细石核的时代则与华北地区同类技术流行时间一致。

桃山遗址已公布的发掘材料也较为详细,可以代表虎头梁型楔形石核技术在东北地区晚期的发展情况。[5] 最新测年结果显示,桃山遗址 3 个文化层的年代,最早两个在 19~14 kaBP 之间,最晚的文化已属于新石器时代的较晚阶段,仅在 5 kaBP 左右。但这几个文化层均发现有典型的楔形石核,或楔形石核加工过程的相关产品,如带有明显两面加工特征的修理台面产生的削片。这些情况说明,与华北北部泥河湾盆地及邻近地区短暂流行的楔形石核细石器文化相比,典型楔形石核技术在黑龙江北部地区沿用的时代更为漫长。不过就其他细石器遗存情况观察,黑龙江及邻近的内蒙古地区进入全新世以后,细石器技术的主体也已被锥形细

---

[1] 盖培、卫奇:《虎头梁旧石器时代晚期遗址的发现》,《古脊椎动物学报》1977 年第 15 卷第 4 期,57~70 页。
[2] 宋艳花、石金鸣:《尉家小堡遗址石制品的初步研究》,《人类学学报》2008 年第 27 卷第 3 期,200~209 页。
[3] 万晨晨、陈全家、方启等:《吉林和龙大洞遗址的调查与研究》,《考古学报》2017 年第 1 期,1~24 页。
[4] 佐久间光平:《北の細石器文化》,《考古学季刊》2014 年第 126 号,73~76 页。
[5] 岳健平、侯亚梅、杨石霞等:《黑龙江省桃山遗址 2014 年度发掘报告》,《人类学学报》2017 年第 36 卷第 2 期,180~191 页。

石核技术所取代，楔形细石核已经并不多见。

涌别楔形细石核技术也被称为北方系的细石器传统，按照已发现遗址的年代，有一个由北向南逐渐发展的过程。在俄罗斯远东地区到北海道等东北日本地区，涌别细石核的时代最早可以追踪到 25 kaBP 左右。[1] 在我国东北地区的黑龙江与吉林地区的发现，如和龙大洞遗址，也可早到 21 kaBP 左右。但到华北北部的泥河湾盆地，则只有 17~14 kaBP 左右。以涌别细石器技术为代表的北方系细石器技术传统的南迁，可能也就止步于泥河湾盆地。再向南虽然还可见到楔形石核被发现的报道，但除去宽台面的楔形细石核技术，真正属于片状毛坯、两面加工的涌别细石核技术实际很难见到。零星发现可能只是技术交流等偶然因素所致，而不太可能是北方人群或文化整体移动扩散。到距今万年前后，北方系的细石器技术，则出现明显的北撤过程。泥河湾盆地等地又有锥形等宽台面技术的细石器文化重现。这一过程正好与冰后期气候转暖过程相一致，两者的耦合关系也十分明显。

五、讨论

（一）华北细石器技术的出现与发展

关于华北细石器起源问题一直是研究者关注的焦点。早在 20 世纪 40 年代，裴文中就根据已发现的细石器分布情况提出，中国境内发现的细石器有可能来自贝加尔湖及蒙古地区。[2] 到 1970 年代，根据山西朔州峙峪遗址等发现，贾兰坡先生则提出东北亚细石器的华北起源说。[3] 类似的见解，在国内外学者中也多有讨论。有学者根据细石核的技术特点，将华北细石器分为南北两系，[4] 亦有学者认

---

[1] Otsuka Y. The Background of Transitions in Microblade Industries in Hokkaido, Northern Japan. *Quaternary International*, 2017, 442: 33~42.
[2] 裴文中：《中国史前时期之研究》，商务印书馆，1948年。
[3] 贾兰坡、盖培、尤玉柱：《山西峙峪旧石器时代遗址发掘报告》，《考古学报》1972年第1期，39~58页。
[4] Gai Pei. Microblade Tradition Around the Northern Pacific Rim: a Chinese perspective。中国科学院古脊椎动物与古人类研究所编：《中国科学院古脊椎动物与古人类研究所参加第十三届国际第四纪大会论文选》，北京科学技术出版社，1991年，21~31页。

为两者可能有不同源头。[1] 根据对河南登封西施遗址及华北相关发现的综合分析,华北地区最早的细石器可能是与石叶技术同时来自中-北亚的阿尔泰地区。[2]

从油房与西施等遗址的发现与研究来看,石叶与细石器技术最早在华北地区出现的时间大致在 29~26 kaBP 期间,并略呈北早南晚的趋势。[3] 如前所述,这一阶段的细石器技术最突出的特点是与石叶技术共存,且以石叶技术占主导地位。石叶石核是棱柱状或扁体,与此时的棱柱状或宽楔状细石叶石核,在技术上并没有明显区别。在华北地区,虽然长期流行着小石片石器技术传统,其中也有漏斗状与原始柱状石核的发现,但它们与典型的预制石核、系统剥片的石叶-细石叶技术之间,似无很直接的技术联系。环顾华北地区的周边,无论是东邻的朝鲜半岛到日本列岛,或是向北的俄罗斯远东地区,也都没有类似源头的迹象。只有在西北方向中-北亚阿尔泰地区存在与此相近的早期发现,如俄罗斯境内的乌斯特-卡拉卡尔(Ust-Karakol)等遗址,即发现石叶与细石叶(或小石叶)技术共存的石器组合。尽管阿尔泰地区小型石叶到底是属于细石叶还是小石叶技术尚有争论,但大小两类石叶技术共存的特点则显而易见。[4] 因此,从文化传播扩散角度来看,阿尔泰地区与华北的发现应存在着技术联系,亦可视作为华北早期细石器技术的可能来源。

如果说锥、柱形和宽楔形细石核与典型的石叶石核技术共存是出现期的华北细石器技术的特点,那么在 24 kaBP 以后,晋南地区以柿子滩 29 地点第 6 层为代表的船型细石核技术的出现与发展,则成为华北细石器发展阶段的重要特征。就目前已发现的资料看,华北南部船型细石器技术出现得更早,似应看作是其发源

---

[1] 杜水生:《楔型石核的类型划分与细石器起源》,《人类学学报》2004 年第 23 卷增刊,211~222 页。
[2] 李昱龙:《华北地区石叶技术源流——河南登封西施遗址的发现及相关研究》,北京大学博士学位论文,2018 年,1~209 页。
[3] 王幼平:《华北旧石器晚期环境变化与人类迁徙扩散》,《人类学学报》2018 年第 37 卷第 3 期,341~351 页。
[4] Derevianko AP. The Middle to Upper Paleolithic Transition in the Altai. Derevianko AP, The Middle to Upper Paleolithic transition in Eurasia. Novosibirsk: Institute of Archaeology and Ethnography Press. 2005:183~217.

地。[1] 与锥、柱形或宽楔形细石器技术相比,船型细石核多是形体更小,剥取的细石叶也更窄短细小。船型细石核技术也并不特别需要专门预制石核毛坯的技术程序,仅在本地区较早阶段已存在的单台面平行剥片技术的基础上,也可以加工成船型细石核,继而连续剥取细石叶。而来自北方的石叶-细石叶技术在晋南地区的出现,与原有的小石器工业人群相遇,则可能成为刺激催化本地人群在原有单台面平行剥片技术基础上,加速形成系统的船型细石核技术。

船型细石核技术在以晋南地区为中心的华北南部出现之后,便呈现出逐渐向四面扩散趋势。很快在整个华北及相邻地区,都可见到船型细石核技术的分布。[2] 这一趋势从 24 kaBP 前后开始,一直持续到 17 kaBP 左右,随着北方系的楔形细石器技术的人群南下,在华北北部,船型细石核技术被后者取代。但在华北南部及其东西两翼,船型细石核技术仍然流行。不过在此阶段的细石器组合中,锥形、柱形与宽楔形等宽台面的细石器技术又有逐渐增加趋势,开始改变原由船型细石核一统天下之局面。[3] 尤其是到更新世之末至全新世初期,船型细石核技术在华北地区从南向北,又逐渐被技术更成熟的锥、柱及宽楔形细石器技术取代。[4]

然而与船型细石核技术传播方向相反,在 17 kaBP 前后,在华北北部的泥河湾盆地及周边地区,清楚可见典型的楔形细石核技术,即以涌别细石核技术为中心的北方系细石器工业传统的出现。[5] 北方系细石器愈向北方,其出现的时代越早,并与包括我国东北、朝鲜半岛及日本列岛东北部至俄罗斯远东地区的广大东北亚地区的细石器技术连成一片,构成北方系细石器传统的分布区。[6] 泥河湾盆地则

---

[1] 王幼平:《华北旧石器晚期环境变化与人类迁徙扩散》,《人类学学报》2018 年第 37 卷第 3 期,341~351 页。

[2] 加藤真二:《试论华北细石器工业的出现》,《华夏考古》2015 年第 2 期,56~67 页。

[3] 河南省文物考古研究院、日本奈良文化财研究所:《灵井许昌人遗址第 5 层细石器 2008—2013 年发掘报告》,《华夏考古》2018 年第 2 期,3~31 页。

[4] 梅惠杰:《泥河湾盆地旧、新石器时代的过渡——阳原于家沟遗址的发现与研究》,北京大学博士学位论文,2007 年。

[5] 谢飞:《河北旧石器时代晚期细石器遗存的分布及在华北马蹄形分布带中的位置》,《文物春秋》2000 年第 2 期,15~25 页。

[6] Seong C. Microblade Technology in Korea and Adjacent Northeast Asia. *Asian Perspectives*, 1998, 37 (2): 245~278.

应该是北方系细石器技术向南扩散的结果及最南界限。随着冰后期气候转暖和全新世到来,涌别楔形细石核技术在东北地区的分布趋势,则明显表现出向北收缩、撤退的过程。[1]

上述华北细石器分布的时空关系,很清楚地展示了该地区细石器技术发展的源流。从整体上看,华北地区细石器技术出现阶段的细石器工业,明显受到中-北亚阿尔泰地区石叶-小石叶(或细石叶)技术的影响,清楚表现在锥、柱形与宽楔形等细石核技术的扩散趋势方面。但随后在华北地区迅速发展并占主导地位的船型细石器技术,则表现出与本地更早石器工业传统的密切联系。到更晚阶段的以涌别细石核技术为特色的细石器工业在华北北部出现与消失,却明显与北方系细石器传统在东北亚地区的发展历程密切相关。[2]

(二)细石器技术与 LGM 的环境变化

前述华北细石器出现与发展态势明显与东亚及邻近地区的旧石器时代晚期文化发展与传播扩散有关。这种传播态势如何形成,也一直是研究者关心思考的重要问题。从前述的时空分布特点来看,华北细石器的出现与发展,恰与末次冰期最盛期的出现与发展过程,及其所带来环境变化趋势相耦合,反映出两者之间的密切关系。[3] 近年来第四纪古环境研究的进展使得晚更新世以来的环境变化的辨识已达千年甚至更细微的尺度。[4] 加速器 ^{14}C 等测年技术的进展,也给这一阶段的环境变化与文化发展关系研究提供了更精确的年代尺度。古环境最新成果显示,大约在 29 kaBP 左右,全球性的气候变冷即已开始。到 26.5 kaBP 左右,则进入末次冰期的最盛期(即 LGM)。LGM 到来所带来的环境变迁,气候带南移,显然也会迫

---

[1] Kato S. Human Dispersal and Interaction During the Spread of Microblade Industries in East Asia. *Quaternary International*, 2014, 347: 105~112.

[2] Buvit I, Izuho M, Terry K, et al. Radiocarbon Dates, Microblades and Late Pleistocene Human Migrations in the Transbaikal, Russia and the Paleo-Sakhalin-Hokkaido-Kuril Peninsula. *Quaternary International*, 2016, 425: 100~119.

[3] 加藤真二:《试论华北细石器工业的出现》,《华夏考古》2015 年第 2 期,56~67 页。

[4] Wang YJ, Cheng H, Edwards RL, et al. A High-Resolution Absolute-Dated Late Pleistocene Monsoon Record from Hulu Cave, China. *Science*, 2001. 294(5550): 2345~2348.

使 MIS3 暖期阶段在高纬地区尚能生存的动植物向低纬地区移动。[1] 这一过程也应在 26.5 kaBP 左右达到高潮。华北地区恰在此阶段从北到南,如河北阳原泥河湾盆地油房到河南嵩山东麓登封西施等遗址,均出现的石叶-细石器技术,也应该是北方高纬地区人群受到 LGM 气候变冷导致的环境压力的驱动,随着动物群南迁的结果。

关于华北地区末次冰盛期的环境条件及其影响,亦有学者做过研究,并应用文化生态学理论提出,在 LGM 期间华北地区的森林草原带更具备细石器起源的条件。[2] 无论是华北地区环境变化导致细石器技术的本地起源,抑或是 LGM 导致北方人群南下和石叶-细石器技术的扩散所致,在末次冰盛期带来的环境变迁压力下,生存在该地区的古人类选择采用适应高流动性需求的细石器技术也都应该是顺理成章之事。[3] 同样,冰盛期之后气候再次变冷及导致的环境变化,也当是驱动北方系细石器技术进一步南下的主因。[4]

(三) 细石器技术和晚更新世晚期人群的流动

随着发现材料的积累增多,以及研究理论与方法论的进步,细石器研究的重点也逐渐转移。在华北细石器文化分布的时空框架与形成机制日渐清晰之后,细石器背后的古代人群,即这些精美石制品的制作与使用者本身,也日益受到关注。无论是对细石器技术在华北地区的时空特点及其来源的探讨,或是考虑 LGM 气候变化与环境变迁压力对华北及东北亚地区细石器文化人群的影响作用,更要给予足够关注的还应是该地区细石器技术的出现与发展所反映的古人类群体迁徙扩散的

---

[1] 吉笃学、陈发虎、R.L. Bettinger 等:《末次盛冰期环境恶化对中国北方旧石器文化的影响》,《人类学学报》2005 年第 24 卷第 4 期,270~282 页。

[2] 陈胜前:《细石叶工艺的起源——一个理论与生态的视角》,《考古学研究》(七),科学出版社,2008 年,244~264 页。

[3] 陈胜前:《中国北方晚更新世人类的适应变迁与辐射》,《第四纪研究》2006 年第 26 卷第 4 期,522~533 页。

[4] 王晓敏:《泥河湾盆地晚更新世末至全新世初古人类的生存策略:于家沟遗址的动物考古学研究》,中国科学院大学博士学位论文,2017。

历史。

关于不同的旧石器文化与人群之间的关系,是史前考古学者长期讨论的课题,从20世纪60~70年代著名的莫斯特之争开始,对于不同的石器文化面貌,究竟是不同人群的标志,或是不同活动所导致,一直是不同学者争论的焦点。[1] 一般而言,不同的活动或承担不同的工作,也确实需要不同的工具来配合。然而,在一个广阔范围,反复出现相同的石器组合,尤其是组合中存在特殊细石器技术,则很难完全用适应性或功能来解释,而更可能是具有相同技术传统的人类群体所为。考古与人类学的研究也已有这方面的发现,如在东北亚到西北美地区广泛分布的涌别细石器技术的使用者即是具有很密切的遗传关系的同一古人类群体,或者也可以说这个遗传与文化传统关系密切的东北亚-西北美人群的显著文化标记之一是涌别技术。[2] 因此,就目前华北及邻近地区已发现的细石器技术类型的时空分布特点来看,不同类型细石器技术及组合的发展变化,也应该反映的是具有不同文化传统与遗传背景的史前人类群体的存在与互动。

考古发现与研究也进一步揭示了这个互动过程。如前所述,末次冰期最盛期带来的气候带南移,驱动拥有石叶-细石器技术的北方狩猎人群向低纬地区移动。26.5 kaBP前后出现在华北地区的石叶-细石器技术应该是中、北亚人群南下或是其文化扩散的影响。南下新移民不仅自身要适应华北地区新环境,他们所带来精湛石器技术与专业化狩猎大型动物的生计方式,亦会对原本生活在华北地区的石片石器人群的技术与生计方式带来深刻影响。从最新发现的细石器文化材料来看,也可观察到这一影响的迹象。[3] 因此近年来有学者开始从晚更新世末期人类迁徙扩散

---

[1] 路易斯·宾福德著,陈胜前译:《追寻人类的过去——解释考古材料》(第二版),上海三联书店,2013年。

[2] Elston RG, Brantingham PJ. Microblade in Northern Asia: A risk-minimizing strategy of the Late Paleolithic and Early Holocene. In: Think Small: Global Perspectives on Microlithization. Archaeological Papers of the American Anthropological Association Number 12. Arlington, American Anthropological Association, 2002: 103~116.

[3] 李昱龙:《华北地区石叶技术源流——河南登封西施遗址的发现及相关研究》,北京大学博士学位论文,2018年,1~209页。

角度进行研究,探讨人群迁徙与技术交流对华北细石器出现的影响。[1] 就华北细石器出现与发展的过程看,至少有两次明显的北方人群南下事件。但这两次南下过程都不似人群或文化的整体替代,而更多见原住民与新来者的融合交流迹象。

六、小结

与以往多关注细石器起源等问题的研究不同,本文重点讨论细石器技术在华北各地的出现与发展。通过整体审视华北地区细石器技术的时空分布,梳理其与MIS2期间古环境变化的耦合关系,尤其是结合晚更新世晚期华北与东北亚地区人群迁徙扩散的历史背景进行探讨,更强调如下几方面:首先阐述出现阶段华北细石器与石叶技术共存的突出特点,说明这一阶段棱柱状与扁体石叶-细石叶技术的出现更可能与中-北亚阿尔泰至贝加尔湖地区同类石器工业及人群的迁徙扩散有关;第二,与本区更早石器技术传统有密切关系的船型细石核技术出现及发展过程,则清楚地展现了华北与邻近地区原住民自身发展及与外来人群和文化的互动历史;第三,虎头梁型即涌别系细石核技术在华北及东北地区的发现,更应该是晚更新世末期活跃在东北亚至西北美地区的古人类群体及其细石器技术向南迁徙扩散的历史见证;第四,文化生态学理论为华北细石器技术的出现和发展及其与MIS2阶段环境变化过程的耦合关系提供了合理的阐释。总之,旧石器考古学、古环境、年代学与古人类学等多学科的密切合作与交叉研究,更应该是全面理解华北及邻近地区晚更新世晚期细石器技术发展与人群迁徙扩散历史进程的关键以及继续工作的方向。

谨以此文纪念贾兰坡先生110周年诞辰!

(原刊《人类学学报》2018年第37卷第4期)

---

[1] 加藤真二:《试论华北细石器工业的出现》,《华夏考古》2015年第2期,56~67页。

华北晚更新世的石片石器[*]

一、引言

石片石器是中国旧石器时代流行时代最久,分布地域广阔的旧石器遗存。早在 20 世纪 70 年代,就有学者注意到以不规则形石片加工石器是中国旧石器文化的最突出特点。[1] 贾兰坡先生曾提出的华北旧石器两大系统的假说,也是以华北地区石片石器的分布特点为依据,即周口店-峙峪系刮削器、雕刻器的小石器(石片)和匼河-丁村大石片砍砸器与三棱尖状器大石器两个系统。[2] 随着华南砾石石器发现的增多,张森水先生在 20 世纪末提出中国旧石器南北二元结构的论述,将中国旧石器工业分为南方砾石工业与北方的小石器或石片石器两大基本单元。[3] 近年来,随着旧石器时代考古发现的大量增加,特别是研究工作的深入,除了对石制品形态与类型的关注,研究者更注重对石器技术的辨识,开始提倡对技术多样化的研究。[4]

无论是类型学还是石器技术等不同研究范式,石片石器都是中国旧石器研究的最主要对象和基本材料。根据现有的资料,石片石器最早出现在华北的泥河湾盆地,在盆地东缘距今 170 万年前后的马圈沟遗址出土了最早的石片石器。[5] 之

---

[*] 本文承郑州中华之源与嵩山文明研究会重大项目(项目编号:DZ-3)资助。
[1] 邱中郎、李炎贤:《二十六年来的中国旧石器时代考古》,《古人类论文集》,科学出版社,1978 年。
[2] 贾兰坡、盖培、尤玉柱等:《山西峙峪旧石器时代遗址发掘报告》,《考古学报》1972 年第 1 期,39~58 页。
[3] 张森水:《管窥新中国旧石器考古学的重要进展》,《人类学学报》1999 年第 18 卷第 3 期,193~214 页。
[4] 李浩:《中国旧石器时代早、中期石器技术多样性研究的新进展》,《人类学学报》2018 年第 37 卷第 4 期,602~612 页。
[5] Zhu RX, Potts R, Xie F, et al. New evidence on the earliest human presence at high northern latitudes in northeast Asia. Nature, 2004, 431: 559~562.

后在泥河湾盆地与华北地区,石片石器的分布越来越广,发展绵延不断,至中更新世末到晚更新世初,则从早期的简单剥片与修理,逐渐发展到有计划的预制剥片与仔细修理新阶段。然而与旧大陆西侧旧石器技术的发展相比较,中国旧石器无论是早期的简单石片或较晚出现预制与精细修理技术的产品,都还是更接近于 Clark G. 概括的石器技术模式 1,即简单石核石片技术。[1] 这种石器加工技术的发展构成中国旧石器文化的最基本特点之一,[2] 因此也被一直视为追踪中国境内古人类连续演化发展的考古学证据。[3]

随着考古发现的增多与研究的深入,无论是华北旧石器的两大系统说,或是南北二元结构的框架,都已很难全面展示华北地区旧石器文化发展的特点与成因。将石片石器简单归入石器技术模式 1 的研究取向,也开始受到研究者的质疑。[4] 尤其是考虑到石片石器分布最为集中,时空变异也更显著的华北地区晚更新世阶段石片石器的发展历程,又恰好与解剖学意义上的现代人在本地区出现的时间与发展过程密切相关等情况,因此对该时间段石片石器的发展及相关问题进行重新探讨,业已成为华北旧石器考古研究,特别是有关现代人出现与行为复杂化过程等课题的最紧迫、最关键的工作。

二、华北晚更新世石片石器的发展

华北地区石片石器发展的高潮阶段主要是在中、晚更新世之交开始,并一直持续到晚更新世中期。[5] 这一阶段刚好与末次间冰期的开始,也就是深海氧同位素 5 阶段(即 MIS5)的开始同步。之后经过深海氧同位素 4 阶段到 3 阶段的早期,绝对年代在距今 7~4 万年期间。最后是 MIS3 阶段的晚期,绝对年代为距今 4~3

---

[1] Clark G. World Prehistory: A New Outline(second edition). Cambridge University Press, 1969.
[2] 林圣龙:《中西方旧石器文化中技术模式的比较》,《人类学学报》1996 年第 15 卷第 1 期,1~20 页。
[3] 高星:《更新世东亚人群连续演化的考古证据及相关问题论述》,《人类学学报》2014 年第 33 卷第 3 期,237~253 页。
[4] 李锋:《克拉克的"技术模式"与中国旧石器技术演化研究》,《考古》2017 年第 9 期,73~81 页。
[5] 王幼平:《中国远古人类文化的源流》,科学出版社,2005 年。

万年。

(一) MIS5 阶段的石片石器

华北地区属于本阶段的石片石器主要有 20 世纪 70 年代发现的山西阳高许家窑/河北阳原侯家窑遗址,以及进入 21 世纪以后发掘的河南许昌灵井遗址下文化层。还有 20 世纪 30 年代就发现的北京周口店 15 地点等,时代可能稍早,但就文化特点来看,也与前两者相近。

与更早期的石片石器相比,上述几项发现的石器技术都出现明显变化。在剥片技术方面,许家窑/侯家窑遗址的石制品中出现数量众多的盘状与原始柱状石核,与更早阶段没有较固定形状与类型的简单石核相比是明显进步。[1] 经过近年来对灵井遗址下文化层石制品的剥片技术研究发现,也有数量较多的盘状石核(20% 以上)的发现。同时经过仔细加工,类型比较明确的刮削器、锯齿刃器、凹缺器与小型尖状工具等数量众多。特别引人注目的是还有少数尖状器底部带有修理痕迹,说明可能有装柄技术的存在。工具的修理方面,则可能使用了软锤等修理技术,使得工具的加工更为精细。[2] 在许家窑遗址还出现数量较多的圆头刮削器,以及大量的石球。圆头刮削器与石球等器型,可能都与较为专门的或称专业化的狩猎活动相关。

与前两处都发现于古代湖滨或河畔的露天遗址不同。此阶段在周口店地区生活的古人类还是选择洞穴栖身,留下石制品特别丰富的周口店 15 地点,以及可能与 15 地点洞穴堆积相连的周口店 4 地点与新洞。[3] 尽管此时的古人类如同更早的北京猿人一样,仍然使用石英原料加工石制品,但原料选择与加工技术都出现变化。最显著之处,也是众多盘状石核的使用。也有更多类型较为清楚,加工精致的各类刮削器、尖状器等出现。在盘状石核剥取的石片中,三角形石片数量多,还有

---

[1] 贾兰坡、卫奇:《阳高许家窑旧石器时代遗址》,《考古学报》1976 年第 2 期,97~11 页。
[2] 李占扬、吴秀杰、李浩:《许昌人遗址研究的新收获及展望》,《人类学学报》2018 年第 37 卷第 2 期,219~227 页。
[3] 吴汝康、吴新智、张森水:《中国远古人类》,科学出版社,1989 年。

形状与背脊等特点都类似勒瓦娄哇石片等发现,显示出与早期石片石器形态与技术方面均明显有别的阶段性特点。

本阶段虽然遗址发现数量比较有限,但上述几个经过正式发掘的遗址除大量发现石制品等文化遗存外,在许家窑/侯家窑、灵井等遗址均发现数量丰富的古人类化石。周口店地区也有零星古人类化石发现。人化石与石制品共存的情况,为研究本地区旧石器文化与化石人类之间的关系,特别是探讨中国及东亚地区现代人的出现与发展等课题,都提供了非常难得的证据与资料。

(二) MIS4~3阶段早期

在末次间冰期结束,进入到MIS4阶段之后,尽管有些遗传学者认为中国境内的古人类都已被进入末次冰期之后的冷酷环境冻毙灭绝,[1]但这一阶段却有更为丰富的旧石器遗存不断被发现。其中材料较为丰富的旧石器遗址包括,辽宁喀左鸽子洞、海城仙人洞(下文化层),河北阳原板井子,山西和顺当城洞穴遗址群、陵川洞穴遗址群,内蒙古鄂尔多斯乌兰木伦、乌审旗萨拉乌苏,甘肃庄浪徐家城、环县楼房子与刘家岔,陕西长武窑头沟,以及河南荥阳织机洞与郑州二七区老奶奶庙等。[2]

上述发现按照遗址可以分成两类,一类是沿太行山东麓分布的洞穴遗址,另一类则主要是太行山脉以西的露天遗址。虽然从遗址类型看,两者的栖居形态与生计类型有所不同,但石器工业方面却看不出明显的区别。这一阶段石器原料的选择,剥片与修理技术也都与前一阶段一脉相承。盘状石核在不同遗址都可以发现,但也都没有占据绝对主导地位。从各遗址所发现的三角形石片、长石片数量的增多来看,说明此时人类追求固定形状石器毛坯的兴趣更强。还有多数遗址石制品的尺寸明显较早期更趋向小型化。而原来一些石球、砍砸器与修理把手大石片等

---

[1] 柯越海、宿兵、肖君华等:《Y染色体遗传学证据支持现代中国人起源于非洲》,《科学通报》2001年第46卷第5期,411~414页。

[2] 高星:《更新世东亚人群连续演化的考古证据及相关问题论述》,《人类学学报》2014年第33卷第3期,237~253页。王幼平:《中国远古人类文化的源流》,科学出版社,2005年。

情况则消失或少有发现。从盘状石核上剥取的三角形石片、与莫斯特文化相近的陡刃刮削器的修理技术、三角形石片加工的刮削器、尖状器及石锯等莫斯特工业常见的工具类型，在本阶段遗址中，特别是在靠近北部的一些遗址，发现的数量则更多。

这一阶段也有的遗址有人类化石发现，但都不及前一阶段丰富，所表现出的体质特征也不是特别明确。如吕遵谔先生在辽宁喀左鸽子洞遗址出土骨骼碎片中发现的人化石，[1]时代已较晚近，体质特征也较接近现代人特征。

（三）MIS3 阶段晚期

大概到距今 4 万年前后，华北地区旧石器时代文化发展到新阶段，即一般所称的旧石器时代晚期。这也是华北地区石片石器发展的鼎盛时期。本阶段发现更为丰富的石片石器遗存，主要有辽宁海城仙人洞上文化层、宁夏灵武水洞沟第 2 地点、北京周口店山顶洞、王府井东方广场、河北阳原西白马营、平山水帘洞、山西朔州峙峪、沁水下川下文化层、吉县柿子滩下层、河南新郑赵庄与黄帝口、登封方家沟、栾川龙泉洞、南召小空山上洞等。这些发现按遗址类型也仍然分为两类，一类是与前一阶段沿太行山东麓及邻近地区发现类似的洞穴遗址，另一类则是西北黄土高原及周边地区的露天遗址或地点。

这一阶段的石片石器从技术发展情况来看，仍然是延续前期石片石器的技术特点。从石制品面貌来观察，与早期的石片石器也没有特别明显的区别。如北京周口店山顶洞发现的石制品，甚至与旧石器时代早期的第 1 地点北京猿人石器相似，以至于有人认为山顶洞人是捡拾了北京猿人的石器直接使用。[2] 这种情况在石制品发现更丰富，处于大致相同时代与生活环境的辽宁海城仙人洞遗址也同样可以见到。在数以万计的仙人洞石制品中，几乎均为石英原料。各类石制品数量很多，从石核、石片、断块、碎片到工具都有很多的发现。这些石制品也都

---

[1] 吕遵谔:《鸽子洞的人类化石》,《人类学学报》1992 年第 11 卷第 1 期,10~12 页。
[2] 张森水:《中国旧石器文化》,天津科学技术出版社,1987 年。

是石锤直接打击剥片的产品,盘状石核的数量很多,但不见有其他明确预制技术的产品。从修理石器留下的痕迹观察,可能已经掌握了指垫法,用来更仔细地修理工具。经过修理的石器中,仍以刮削器、石锯、凹缺器及尖状器/钻具类工具占主导地位。[1]

与石器工业面貌呈鲜明对照的是这些洞穴居民的骨角器制造业却更为发达,已发现的骨角类制品都很精致漂亮。同时还有各类装饰品发现,以及应用赤铁矿粉染色或用于随葬仪式等。如早在 20 世纪 30 年代,就已经发现的山顶洞遗址,虽然石制品发现数量有限,技术简单原始,但同时发现有经过加工的鹿角棒、磨制精细的骨针等。还有各类经过细致加工的石珠、骨管、穿孔贝壳与动物牙齿等等。尤其引人注目的是这些精致的人工制品被安放在 3 具山顶洞人头骨附近,与此一同还有赤铁矿粉发现,是明显的埋葬行为。[2] 类似的简单石英石片石器与精致的骨角器共存的发现,在沿太行山东麓分布的洞穴遗址也可以见到,甚至南到秦岭至伏牛山一线北侧的河南栾川龙泉洞遗址,也有骨制品发现的记录。[3]

黄土高原区及邻近地区露天遗址所发现的石片石器,则出现较明显的技术变化。其中最明显的是 20 世纪 60 年代就进行过发掘的山西朔州峙峪遗址。20 世纪 70 年代初发表的报告将其归入华北小石器系统,并由此提出华北旧石器两大系统之说。就峙峪报告发表的材料来看,其石器组合中有漏斗状石核、小长石片、圆头刮削器、尖状器与石镞等。据保留在石制品上的痕迹观察,研究者认为峙峪已出现间接打击技术。[4] 峙峪石制品所用原料,也与东部的洞穴遗址不同,主要选用燧石等硅质岩类剥取形体规整的小石片,并进一步精心修成各类工具。根据小长石片的形态与大小等特点,以及漏斗状石核的剥片技术特征,有学者认为峙峪的石器

---

[1] 黄慰文、侯亚梅、斯信强:《小孤山——辽宁海城史前洞穴遗址综合研究》,科学出版社,2009 年,1~192 页。

[2] Pei WC. The Upper Cave industry of Choukoudien. *Pal Sin New Ser D*, 1939, 9: 1~41.

[3] 李璇:《河南栾川龙泉洞遗址古人类石器技术及其生存行为》,北京师范大学博士学位论文,2018 年。

[4] 贾兰坡、盖培、尤玉柱等:《山西峙峪旧石器时代遗址发掘报告》,《考古学报》1972 年第 1 期,39~58 页。

组合当归入石叶技术系统。[1]

与峙峪石器工业面貌类似的发现,在黄土高原及邻近地区还有宁夏灵武水洞沟第2地点、[2]河北阳原泥河湾盆地中部的梅沟遗址,[3]以及北京王府井东方广场遗址等。[4] 这些发现的共同特点是采用硅质岩原料,生产形态较规整的小长石片,但技术特征上仍表现出明显的石片石器系统的痕迹,因此发掘及研究者还是将其归入石片石器系统。关于这几处发现的技术属性,也有学者将其全部或部分归入石叶工业。[5] 其主要依据也是几处遗址出土的剥片产品及石核,都带有或多或少的石叶技术特征,预制出楔形、漏斗形等石核,进一步以固定台面定向平行剥片。剥片产品也带有较清楚的石叶形态与技术特点。

与石器技术的进步相比,这些遗址却没有发现经过精细磨制的骨角器。虽然在东方广场遗址,研究者专门报道了该遗址骨制品的研究成果,但都是打制生产的产品,并没有前述洞穴遗址发现的经过预制开槽制坯、再精心磨制成形状规整的骨角器。[6] 经过多年系统发掘的水洞沟第2地点,曾发现过数量较多的鸵鸟蛋皮磨制的串珠类装饰品,但也没有骨角质工具发现。[7]

(四) MIS2 阶段

随着末次冰期极盛期的来临,与前两个阶段相比,华北地区以石片石器为主体的旧石器遗存发现的数量明显减少。除去前些年测年数据落在本阶段,但经过重

---

[1] 加藤真二:《中国的石叶技术》,《人类学学报》2006年第25卷第4期,343~351页。
[2] 李锋:《"文化传播"与"生态适应"——水洞沟遗址第2地点考古学观察》,中国科学院古脊椎动物与古人类研究所博士学位论文,2012年,1~150页。
[3] 梅惠杰:《泥河湾盆地梅沟和苇地坡旧石器时代晚期地点》,《人类学学报》2006年第25卷第4期,299~307页。
[4] 李超荣、郁金城、冯兴无:《北京市王府井东方广场旧石器时代遗址发掘简报》,《考古》2000年第9期,781~788页。
[5] 杜水生:《中国北方的石叶类遗存》,《中国历史文物》2005第3期,82~87页。
[6] 李超荣、冯兴无、郁金城等:《王府井东方广场遗址骨制品研究》,《人类学学报》2004年第23卷第1期,13~32页。
[7] 宁夏文物考古研究所、中国科学院古脊椎动物与古人类研究所:《水洞沟——2003~2007年度考古发掘与研究报告》,科学出版社,2013年,1~377页。

新进行系统年代测定研究明确为更早阶段的遗存外,真正属于本阶段的发现更为少见,仅有几处可能属于本阶段者,如山西陵川塔水河、河南安阳小南海、甘肃庄浪苏苗塬头等。代之而起的则是石叶与细石器工业的流行。如华北南部在河南登封西施与东施遗址,已发现明显的由石片石器向石叶/细石器组合转变的地层关系。[1] 在与西施遗址等发现相距不远的山西吉县柿子滩 29 地点等,也发现类似转变的地层关系。两者发生石片工业向石叶/细石叶工业转变的时代也很相近,均发生在距今 2.6 万年前后,也就是最后冰期最盛期来临之际。[2]

在华北北部,这一转变过程开始的时间似乎更早。如早年发现的泥河湾盆地东缘的阳原油房遗址,近些年来的新发掘,在石叶/细石器文化层之下有新发现的石片石器层。新的光释光测年结果显示这一转变过程大约在距今 2.8 万年前后。[3] 在与泥河湾盆地相邻的蔚县三关遗址新发掘的西沙沟地点,也揭露出一处有更清楚迭压关系的过渡地层,最早细石器年代为距今 2.7 万年左右,[4] 其下层的小石片石器的年代当更早。

华北地区石片石器逐渐减少,代之而起的是石叶与细石器。这一转变过程在时间上似乎是北早南晚,但差别并不是太大,大致在一两千年之间。由于发现遗址数量有限,年代学工作也不是特别完善,将来进一步工作可能会提供更精确的测年数据,揭示出更确切的变化过程。但就已有的发现而言,本阶段华北地区石片石器逐渐被石叶/细石叶所取代的趋势则开始明朗。

三、华北石片石器与周边的关系

以上对华北地区晚更新世阶段石片石器发展情况的大致梳理显示,该地区石

---

[1] 李昱龙:《华北地区石叶技术源流——河南登封遗址及相关研究》,北京大学博士学位论文,2018 年。
[2] 山西大学历史文化学院、山西省考古研究所:《山西吉县柿子滩遗址 S29 地点发掘简报》,《考古》2017 第 2 期,35~51 页。
[3] Nian XM, Gao X, Xie F, et al. Chronology of the Youfang site and its implications for the emergence of microblade technology in North China. *Quaternary International*, 2014, 347: 113~121.
[4] 杜水生:《下川遗址新发现对北方细石器体系研究的意义——〈北方细石器体系与下川遗址考古新发现〉学术研讨会综述》,《史学史研究》2017 第 4 期,121~123 页。

片石器在晚更新世阶段的发展,应该是一个与本地区人类演化及环境变迁密切相关的过程。期间,除了石片石器自身发展,其与周边不同石器工业的互动关系,也非常值得关注。

(一) 石片与南邻的砾石石器

华北地区石片石器与砾石石器的关系一直受到研究者的关注。尤其是近 20~30 年来,中国南方砾石石器大面积的发现,以至于形成了中国旧石器文化"南北二元结构"的认识。与华北石片石器传统关系密切,值得关注的是紧邻华北南部的环秦岭周边地区,近年来有大量发现与研究工作,更给重新认识这两种不同石器类型之间的关系提供了非常难得的新材料。[1]

位于秦岭主峰南侧,但仍属于黄河水系的陕西洛南盆地,自 20 世纪 90 年代以来,先后由陕西省考古研究院(原陕西省考古研究所)和中国科学院古脊椎动物与古人类研究所等单位进行长达 20 多年的调查与发掘,已经发现数百处旧石器遗址或地点。这些发现中绝大部分是分布在盆地内不同高度的河流阶地上的露天遗址或地点,[2]仅见龙牙洞等极少的洞穴遗址。两种不同类型的遗址石器工业面貌也完全不同,前者主要以砾石为原料,采用修形方法生产手斧、手镐、砍砸器等重型工具;后者则是以剥坯为主,石器组合中主要是石片与石片加工的中小型工具。洛南盆地以砾石为原料,通过修形生产的重型工具组合与华南地区典型砾石工业面貌十分接近,也可以归入其中。龙牙洞的石片石器组合则与华北地区的石片石器比较接近。得益于参加洛南盆地旧石器考古多家单位,不同学科学者的通力合作,近年来对盆地内含手斧等典型阿舍利风格的石器工业分布的时空特点有更系统的新认识,已经确认手斧等阿舍利石器类型石器组合的出现与流行的时代,是从距今 20 多万年开始,一直持续到距今 5 万年前后。[3]

---

[1] 王社江、鹿化煜、张红艳等:《陕西蓝田地区新发现黄土地层中的旧石器及其年代》,《科学通报》2014 年第 59 卷第 14 期,1318~1326 页。

[2] 王社江、鹿化煜:《秦岭地区更新世黄土地层中的旧石器埋藏与环境》,《中国科学:地球科学》2016 年第 46 卷第 7 期,881~890 页。

[3] 王益人:《丁村旧石器时代遗址群——丁村遗址群 1976—80 年发掘报告》,科学出版社,2014 年。

类似的情况最近在秦岭北侧的蓝田地区的系统调查也有发现。前些年由洛南向东到河南境内的旧石器专项调查,也有一系列中更新世晚期到晚更新世的砾石工业发现。[1] 与洛南盆地阿舍利类型石器工业新发现的增多与研究深入发展的同时,早年华北南部旧石器时代考古工作的重点地区,一系列考古调查、发掘与年代学及古环境等综合研究在晋南等地也持续工作多年,并取得重要进展,如山西襄汾丁村遗址群以及芮城匼河等。在这些地区,也可以见到似阿舍利技术特征的重型工具,如较多的大型尖状器类、砍砸器与石球等,其盛行时代从中更新世晚期持续到晚更新世。[2]

环秦岭地区以及从豫西到晋南地区的考古新发现,确认了中更新世晚期至晚更新世早中期是该地区类阿舍利工业或砾石石器流行时代。其大部分时间恰与华北地区晚更新世石片石器发展阶段同时的新认识,廓清了华北石片石器工业与南邻砾石工业的时空分布格局。新发现也带来旧石器时代考古经常遇到的经典难题,即两种不同的石器工业类型是属于不同人群的文化遗存,抑或是同一人群由于从事不同活动而留下的不同工具组合。从两者分布范围之广阔,延续时代之漫长来看,似难完全从适应功能角度来解释,而更可能是因存在着具有不同文化传统的人群所致。如荥阳织机洞遗址下文化层砾石石器到上文化层石片石器变化的地层关系,就更可能是洞穴居住者发生更替的反映,[3] 也是在MIS3阶段发生的华北地区石片石器南下的事件的一部分。织机洞石器工业的发现还说明,郑州地区可能正处于石片与砾石工业分布的交汇地带。

(二) 石片石器与北方的莫斯特遗存

近年来中国北部边疆地区,新疆阿勒泰地区吉木乃通天洞遗址与内蒙古东北地区的东乌珠穆沁旗金斯泰等两个洞穴遗址,新发现典型的勒瓦娄哇-莫斯特遗

---

[1] 王社江、鹿化煜:《秦岭地区更新世黄土地层中的旧石器埋藏与环境》,《中国科学:地球科学》2016年第46卷第7期,881~890页。
[2] 王益人:《丁村旧石器时代遗址群——丁村遗址群1976—80年发掘报告》,科学出版社,2014年。
[3] 王幼平:《织机洞的石器工业与古人类活动》,《考古学研究》(七),科学出版社,2008年。

存。[1] 这两者与蒙古国境内一系列莫斯特文化遗存连成一线,沿欧亚大陆草原带分布。[2] 其典型的勒瓦娄哇石核、石片与各类莫斯特边刮器、尖状器等成组发现,展示出可能是携带莫斯特文化的人群快速扩散至该地区。目前发现的通天洞与金斯泰两个典型莫斯特文化遗存的时代均为距今4万多年。这个时代正值MIS3阶段中期,仍当是处于气候比较暖湿时期。在此种环境背景下,主要生存在欧亚大陆西侧持莫斯特技术的人群,突然出现在遥远的东方,虽然远远超出原有的认识,但也并非特别意外。横贯欧亚大陆中、高纬度的草原带,应该一直就是东西方远古人类与文化迁徙交流的便捷通道。晚更新世中期有莫斯特文化在东亚北部地区的出现,进一步证实了至少在旧石器时代中期,东西方人类与文化交流通道即已存在。

与莫斯特文化确切到达东亚地区的时代相比,古人类化石与遗传学证据显示存在交流的时代应该更早。对于保存在古人类化石上的东西方早期人类存在交流的迹象,早就受到古人类学者的关注,近年来随着计算机扫描等科技进展,对河北泥河湾盆地发现的许家窑人以及河南灵井许昌人的内耳迷路形态的系统研究,更进一步展示出尼安德特人与东亚地区同时代人类之间可能存在的基因交流。[3] 遗传学方面的研究进展也显示,发现于中亚北部俄罗斯阿尔泰地区的丹尼索瓦人,不但与尼人有确切的基因交流,而其本身则可能是来自东亚。最近对发现在甘肃夏河的古人类下颌骨的古蛋白研究,刚好提供了这方面的直接证据。[4]

无论是许家窑人、许昌人或是夏河下颌骨等古人类化石及遗传学证据,都出自中更新世末到晚更新世早期的北方。与其共存的考古学证据也正是华北地区的石片石器,所以这一阶段华北石片石器工业主人应与上述古人类密切相关。由基因与古人类形态证据来看,也应有时代更早的考古学文化交流证据有待发现。就已

---

[1] Li F, Kuhn SL, Chen FY, et al. The easternmost middle Paleolithic (Mousterian) from Jinsitai Cave, north China. *Journal of Human Evolution*, 2018, 114: 76~84.
[2] Jaubert J. The Paleolithic Peopling in Mongolia. Kaifu, Y. et. al. Emergence and Diversity of Modern Human Behavior in Paleolithic Asia. College Station: Texas A&M University Press, 2015: 453~469.
[3] 吴秀杰:《中国古人类演化研究进展及相关热点问题探讨》,《科学通报》2018年第63卷第21期,2148~2155页。
[4] Chen F, Welker F, Shen CC, et al. A late Middle Pleistocene Denisovan mandible form the Tibetan Plateau. *Nature*, 2019, 569: 409~411.

发现的莫斯特文化分布特点来看,完整莫斯特石器组合,即代表携带莫斯特技术人群整体迁徙扩散的证据,仍仅局限在中国北部沿边境地区。[1] 由此向南,则尚未有完整的莫斯特石器组合发现,但却陆续有关于莫斯特文化因素发现的相关报道,如在泥河湾盆地的板井子、[2] 内蒙古鄂尔多斯乌兰木伦遗址等,[3] 尤其是近两年刚刚发现的赤峰三龙洞遗址,陡刃加工的基纳型莫斯特边刮器等发现,更带有明显的莫斯特文化特征,清楚地显示着旧大陆西侧文化的影响。[4] 不过随着与欧亚大陆草原带相距越远,越向南方,这种影响的痕迹则越弱。这种分布态势,正好反映出华北地区石片石器分布的北界,以及东西方不同文化分布的整体格局与迁徙交流路径等方面的重要信息。

(三) 石片石器与石叶及细石器

与莫斯特文化与华北石片文化关系的情况类似,在距今4万年前后,在华北北部及西部地区都可以看到技术特征典型的石叶工业组合出现,如宁夏灵武水洞沟第1地点,[5] 以及近年来发现的西藏那曲尼阿底的石叶工业。[6] 与前一阶段莫斯特石器组合完整出现在北部沿边境地区状况一样,新来的石叶工业出现在水洞沟与尼阿底遗址之际,均与旧大陆西侧典型的石叶组合相同,从典型石叶石核与石叶,到各类用石叶毛坯加工的工具,都与旧大陆西侧的同类发现没有明显区别,显示出持有石叶技术人群是整体移动到达新地区的态势。然而这些新来者似乎同莫

---

[1] Li F, Kuhn SL, Chen FY, et al. The easternmost middle Paleolithic (Mousterian) from Jinsitai Cave, north China. *Journal of Human Evolution*, 2018, 114: 76~84.

[2] 李炎贤、谢飞、石金鸣:《河北阳原板井子石制品的初步研究》,《中国科学院古脊椎动物与古人类研究所参加十三届国际第四纪大会论文选》,北京:科学技术出版社,1991年。

[3] 王志浩、侯亚梅、杨泽蒙等:《内蒙古鄂尔多斯市乌兰木伦旧石器时代中期遗址》,《考古》2012年第7期,579~588页。

[4] 单明超、那仁高娃、周兴起等:《内蒙古赤峰三龙洞发现距今5万年旧石器遗址》,《中国文物报》2017年10月20日第8版。

[5] 宁夏文物考古研究所、中国科学院古脊椎动物与古人类研究所:《水洞沟——2003~2007年度考古发掘与研究报告》,科学出版社,2013年,1~377页。

[6] Zhang XL, Ha BB, Wang SJ, et al. The earliest human occupation of the high-altitude Tibetan Plateau 40-30 thousand years ago. *Science*, 2018, 362: 1049~1051.

斯特文化的持有者一样,也止步于中国的西北边疆地区,再向南向东,也只能见到一些石叶技术的因素出现,如前述的山西朔州峙峪,以及泥河湾盆地的梅沟与北京王府井东方广场等。这些发现往往是不太成熟的石叶技术与石片石器同时出现,与边疆地区完整的石叶工业组合明显有别。[1]

不过再晚到距今3万年前后,随着MIS3阶段结束,末次冰期极盛期的来临,在华北地区原来的本地石片石器与外来的石叶工业尚保持的均衡状态逐渐被打破。如上节所介绍MIS2阶段伴随着高纬地区动植物分布带的南移,石叶/细石器工业也随之南下,导致在原来石片石器流行长达上百万年之久的华北大本营,已很少能够见到典型的石片石器遗存。在MIS2初期主要是石叶技术连同少量细石叶技术同时出现,漏斗形、锥形石核的石叶与细石器技术开始流行。[2] 随后则是船形细石核技术在华北南部的出现并快速发展,并向华北北部及邻近地区的扩散,逐渐成为华北地区旧石器晚期后一阶段的文化主体。[3] 原来在华北地区长期流行的硅质岩原料小石片石器在华北地区则已难觅踪迹,但却大量出现在秦岭—淮河一线以南,[4] 一直到岭南至东南亚大陆及海岛区,也都可以见到。

四、石片石器与现代人的出现与发展

关于华北石片石器的讨论,石片石器与现代人在该地区出现与发展的相关性亦是学术界关注的重要问题。随着旧石器考古工作的进展,在华北地区与晚期石片石器同时发现的还有越来越多的骨角器与装饰品等。无论是早期关于现代人行

---

[1] 贾兰坡、盖培、尤玉柱等:《山西峙峪旧石器时代遗址发掘报告》,《考古学报》1972年第1期,39~58页。梅惠杰:《泥河湾盆地梅沟和苇地坡旧石器时代晚期地点》,《人类学学报》2006年第25卷第4期,299~307页。李超荣、郁金城、冯兴无:《北京市王府井东方广场旧石器时代遗址发掘简报》,《考古》2000年第9期,781~788页。
[2] 王幼平:《华北旧石器晚期环境变化与人类迁徙扩散》,《人类学学报》2018年第37卷第3期,341~351页。
[3] 王幼平:《华北细石器技术的出现与发展》,《人类学学报》2018年第37卷第4期,565~576页。
[4] 王幼平:《华南晚更新世晚期人类行为复杂化的个案:江西万年吊桶环遗址的发现》,《人类学学报》2016年第35卷第3期,397~406页。

为特征的讨论,还是近些年来关于行为复杂化的认识,都离不开对上述晚更新世以来新出现的考古学证据的研究。[1] 如前所述,进入晚更新世以来,华北地区相继出现几次旧大陆西方文化因素到来的事件。尤其是石叶技术的出现,在旧大陆西方这个被认为是与现代人出现及扩散密切相关的石器技术,到达华北地区的时间也与旧大陆西侧相近或稍晚。[2] 但早期到达华北地区的石叶技术仅止步于西北靠近边疆地区。与已有的考古学证据交叉比对,早期到来的石叶技术及其持有者,应该是在扩散至华北西部时遇到了当地原有的石片石器人群。水洞沟遗址不同地点,以及同一地点不同时代,有不同文化类型的出现,更清楚说明是石叶与石片石器及其持有人群,在该地区相遇或先后出现。[3] 到更晚阶段,石叶/细石器人群大举南下,石片石器的南迁,则应是现代人在华北地区出现并已经过较长时间发展之后的事件。

上述历史进程对于讨论并深入认识东亚地区现代人起源问题尤为关键。按照晚近走出非洲的现代人起源假说,无论是经过南线或北线进入东亚地区,华北地区石片石器的分布态势与发展历程,都是至为重要的佐证。特别是在晚更新世外来文化因素表现得非常清楚的华北地区,也很明显发生过外来人群或文化迁入的情况。然而仔细检视已发现的考古学材料,虽然有几波很明显外来人群或文化扩散至本区,但一直到现代人在华北地区确切出现之际,并没有看到外来人群取代当地的石片石器持有者的迹象。4万多年前的莫斯特文化的东进,虽然已到达中国西北与东北靠近边疆地区,但此后并没有继续南下,且莫斯特文化的主人应该是尼安德特人群。与现代人关系密切的石叶技术,距今4万年前后在西北地区及青藏高原上的出现,应是欧亚大陆西侧现代人向东扩散的重要证据。但此波典型石叶技术的扩散方向,更主要还是自西向东,也仅止步于西北。虽然此后也有少量石叶或

---

[1] McBrearty S, Brooks AS. The revolution that wasn't: A new interpretation of the origin of modern human behavior. *Journal of Human Evolution*, 2000, 39: 453~563.

[2] 李锋、陈福友、汪英华等:《晚更新世晚期中国北方石叶技术所反映的技术扩散与人群迁移》,《中国科学:地球科学》2016年第7期,891~905页。

[3] 李锋:《"文化传播"与"生态适应"——水洞沟遗址第2地点考古学观察》,中国科学院古脊椎动物与古人类研究所博士学位论文,2012年,1~150页。

似石叶技术因素的出现,但并没有看到石叶组合整体在华北腹地出现。此时在华北北部的田园洞、山顶洞等明确的现代人遗存,均是与石片石器一起出现。尽管有学者根据山顶洞发现的骨角制品与装饰品等与中亚北部俄罗斯阿尔泰地区同类制品的相似性,提出有外来传入的可能,甚至山顶洞人本身也有可能的外来移民。[1] 但从华北地区石片石器与石叶等外来人群与技术的整体分布态势,以及本阶段旧石器文化因素的整体构成来看,本阶段还没有更多外来人群或文化进入本区并发生整体取代的确切证据。

如前所述,如果将MIS3阶段华北地区石片石器的分布与发展情况做整体观察,可以发现此阶段华北地区石片石器工业确实也发生的新变化,沿太行山东麓一直到秦岭山脉北侧的洞穴居民,仍然保持着长期以来石片工业传统,继续使用石英原料,生产小型石片石器;但在靠近西北的黄土高原及邻近地区的露天遗址居住者,则更多选用燧石等硅质岩原料,虽然还是生产小型石片石器,但可见到更多的较规整石核与小长石片或似石叶。出现这种分异的情况说明,如果有外来人群或文化在华北地区出现或发生替代,最有可能还是先从西北地区开始,或者说西北地区受影响要更明显。西北地区晚期石片技术发生的变化,可能也正反映出受到了外来石叶技术或文化因素的影响。例如发生在水洞沟遗址,距今4万年前后出现石叶工业,到距今3万多年时又被石片工业取代的事件,即应该是外来石叶技术与本地石片工业所发生的接触与互动关系的结果。[2]

仔细观察上述水洞沟遗址,其所在地区附近正是东亚季风区的西北边缘,也大致是华北石片石器分布的西北界限。最早到达的典型石叶石器组合,在初到达水洞沟之际,可能此地尚无人居住,因而来自旧大陆西侧的人群可以携带既有石器技术,快速整体迁居至此。[3] 稍晚在水洞沟第2地点出现的石片石器的技术,与前

---

[1] Li F, Bae CJ, Ramsey CB, et al. Re-dating Zhoukoudian Upper Cave, northern China and its regional significance. *Journal of Human Evolution*, 2018. https://doi.org/10.1016/j.jhevol.2018.02.011.
[2] 李锋:《"文化传播"与"生态适应"——水洞沟遗址第2地点考古学观察》,中国科学院古脊椎动物与古人类研究所博士学位论文,2012年,1~150页。
[3] 王幼平:《华北旧石器晚期环境变化与人类迁徙扩散》,《人类学学报》2018年第37卷第3期,341~351页。

者明显有别。因而研究者认为是华北地区的原住民来到这里取代了石叶工业。尽管有年代上的差别,在水洞沟地区也还没有发现能够说明两个石器工业人群直接见面的证据,但就更广阔的时空背景而言,这里仍可视作为石叶与石片技术的交汇区。因此两个文化或人群之间发生技术与人群的交替变化或基因交流等情况,应该也不意外。从水洞沟第2地点,以及华北西北部此阶段石片工业面貌的一系列变化来看,即小长石片或似石叶技术的出现,也应该与此交流密切相关。

与此不同,在远离石叶技术的华北东部地区的石片工业,从原料选择,与打片技术等基本方面,则都没有显现出与西北地区类似的与石叶技术发生交流的迹象。这些洞穴居民仍继续选择脉石英原料,采用简单剥片技术剥取片状毛坯,直接使用,或修理出各类工具。虽然石器技术简单,但各类骨角器的制作却非常精美,代表着该地区技术发展的水平。[1] 尽管有研究者主张东部的骨角器技术也可能与石叶技术相同,可能是来自西北部如俄罗斯阿尔泰地区的人群或技术的迁徙交流,但在西部必经之地发现的同期石片/似石叶的遗存中却没有发现骨角器的迹象,因此不大可能是来自西北方向。而值得关注的是同一时期或更早,在中国南方东部的砾石工业与西南云贵高原的石片石器的分布区内,也都已发现精致的骨角器,以及反映人类象征行为发生的赤铁矿粉等遗存。这些情况说明,晚更新世期间,与华北地区石片工业发生过明确交流者,并非仅仅来自北方或西北,可能还有更早来自南方的影响。这些人群或文化的迁徙交流或扩散,可能均与现代人在本地区的出现与发展过程密切相关。然而无论是来自北线或南线的文化交流或人群的迁徙扩散,都没有对华北地区石片石器发生整体影响,更不见整体取代当地原有人群的考古学证据。[2] 而发生在MIS2阶段的华北石片石器大规模南下事件,则是在现代人在华北地区早已出现并长期发展之后所发生,已与现代人起源问题无关。

---

[1] 王幼平:《中国远古人类文化的源流》,科学出版社,2005年。
[2] Wang YP. Late Pleistocene human migrations in China. *Current Anthropology*, 2017, 58, S504~S513.

五、小结

综上所述,石片工业与技术一直是晚更新世华北地区旧石器文化发展的主流。到晚更新世较晚阶段,即深海氧同位素3阶段,解剖学意义上的现代人与石片石器遗存一起首先在华北北部出现。这种情况也与本地区更早阶段已经带有现代人体质特征的古老人群所拥有的石片石器技术有明显的联系,应该是华北地区更新世人类在区内连续发展的表现。而来自北方的人群或文化的迁入或交流,则与末次冰期极盛期的发展过程相关。受MIS2阶段全球性气候变冷的驱动,高纬地区的动植物分布带的南移,也促使原来生活在华北地区的人群南迁。因此出现此阶段的华北石片石器的南迁,或与新来的石叶/细石器技术交流融合,达到华北地区旧石器时代晚期文化发展的高峰。但无论如何,石片石器在华北地区从早到晚发展的历程都没有中断。这一连续发展的特点,给探讨现代人在华北乃至东亚地区的出现与发展这一科学问题,提供了非常重要的线索与证据。

附记:谨以此文纪念北京猿人第一个头盖骨发现九十周年。

(原刊《人类学学报》2019年第38卷第4期)

华南晚更新世晚期人类行为复杂化的个案

——江西万年吊桶环遗址的发现*

一、概述

近二三十年来,秦岭淮河一线以南的广义华南地区已成为中国及东亚、东南亚地区人类演化与旧石器时代考古研究关注的焦点地区之一。尤其是近年来广西崇左木榄山智人洞与湖南道县福岩等具有现代人体质特征的人类化石的发现,为研究现代人在旧大陆东侧出现与迁徙等课题增加了非常重要的新资料。[1] 与古人类化石的发现相比,晚更新世的旧石器文化遗存的发现则更丰富。后者对于讨论与现代人出现与发展密切相关的"人类行为现代性"或"行为复杂化"等课题尤为重要。[2] 对于华南地区新发现古人类与旧石器材料研究更重要的意义在于,该地区已成为

---

* 本文承国家社科重大基金项目(项目编号:11& ZD120)资助。

[1] 吴新智、徐欣:《从中国和西亚旧石器与道县人牙化石看中国现代人起源》,《人类学学报》2016 年第 35 卷第 1 期,1~13 页。Liu W, Martinnon-Torres M, Cai Y, et. al. The earliest unequivocally modern human in southern China. *Nature*, 2015, 526: 696~699。Liu W, Jin CZ, Zhang YQ, et al. Human remains from Zhirendong, South China, and modern human emergence in East Asia. *Proceedings of the National Academy of Sciences of the United States of America*, 2010, 107: 19210~19206。

[2] 高星、张晓凌、杨东亚等:《现代中国人起源与人类演化的区域性多样化模式》,《中国科学:地球科学》2010 年第 40 卷第 9 期,1287~1300 页。Conard NJ. Cultural modernity: Consensus or conundrum?. *Proceedings of the National Academy of Sciences of the United States of America*, 2010, 107: 7621~7622。Henshilwood CS, Marean CW. The origin of modern human behavior: a review and critique of models and test implications. *Current Anthropology*, 2003, 44: 627~651。Shea JJ. *Homo sapiens* is as *Homo sapiens* was: Behavioral Variability versus "Behavioral Modernity" in Paleolithic Archaeology. *Current Anthropology*, 2011, 52: 1~35。McBrearty S, Brooks AS. The revolution that wasn't: A new interpretation of the origin of modern human behavior. *Journal of Human Evolution*, 2000, 39: 453~563。李锋、陈福友、高星:《水洞沟遗址第 2 地点古人类"行为现代性"及演化意义》,《人类学学报》2014 年第 33 卷第 4 期,510~521 页。

国际学术界关于现代人起源两个最主要假说论战的关键地区之一。根据中国与东亚地区古人类与旧石器考古资料，很多学者持"现代人起源的多地区连续演化"认识[1]。但许多研究者通过遗传学与旧大陆西侧的一些考古发现而主张"单一起源的走出非洲说"，并进一步提出，中国境内的早期现代人经历了从南向北的扩散路线。[2] 因此，华南已成为了解早期现代人起源与发展的重要地区之一。深入研究华南地区新发现的考古材料，解析这些晚更新世晚期人类所留下的物质文化遗存，不但是复原该地区史前史的需要，更已成为探索中国与东亚地区晚更新世人类，经历何种演化途径实现"现代化"并发展至今的关键。

面对日益增多的华南晚更新世考古资料，新近发表的江西万年吊桶环遗址资料可以作为厘清上述难题的一个切入点。[3] 吊桶环地处赣北丘陵低山区，是一处晚更新世晚期的岩厦遗址。遗址坐落在万年县大源盆地西南部一座海拔不足百米的小山顶，距著名的仙人洞遗址不足八百米。因形如一水桶吊环，故被当地老乡称为吊桶环。吊桶环遗址被延续占用的时间较长，保存了连续堆积形成的厚层剖面，出土有丰富多样的晚更新世晚期至全新世之初的文化遗存。这些发现为复原现代人在该地区出现与活动历史，探讨华南地区晚更新世人类"行为现代性"或"行为复杂化"等问题提供了非常重要的新证据。

二、地层堆积与分期

1993~1999 年，由北京大学等单位组成的中美联合考古队在发掘仙人洞遗址的同时，也对吊桶环遗址进行发掘。发掘工作科学系统，发掘揭露出 4 m 多厚的堆积划分为从 A 至 R 共 18 层，以及 Fea.1~38 共 38 个遗迹单位（Fea.指遗迹，以下简

---

[1] 吴新智：《现代人起源的多地区进化学说在中国的实证》，《第四纪研究》2006 年第 26 卷第 5 期，702~709 页。
[2] Mellars P, Boyle K, Bar-Yosef O, et al. Rethinking the human revolution: new behavioral and biological perspectives on the origin and dispersal of modern humans. Cambridge: Mcdonald Institute Monographs, 2007. Ke Y, Su B, Song X, et.al. African origin of modern humans in East Asia: A tale of 12000 Y chromosomes. *Science*, 2001, 292(5519): 1151~1153.
[3] 北京大学考古文博学院、江西省文物考古研究所：《仙人洞与吊桶环》，文物出版社，2014 年，1~268 页。

称F)。其中A至C层的时代应属于全新世。[1] 本文仅讨论D层以下属于晚更新世阶段的发现(图一)。

从吊桶环地层堆积岩性变化与文化遗存的特点来看,以J层层面为界限,可以分成两个大的单元。J层以下各层的沉积物颜色多呈红褐到黄褐色,土质胶结较紧密,反映的是较暖湿的沉积环境。结合测年数据来看(K层有一未经校正的^{14}C数据为24540±430 BP,校正后应已接近距今3万年),[2]大致与深海氧同位素3阶段晚期相当。J层层面开始,即是反映物理风化作用较强环境的石灰岩角砾的存在。由此开始可能已进入深海氧同位素2阶段。从其上的I~D层的沉积物颜色,主要是浅黄至黄褐色为主,也反映此阶段的沉积环境应该比前一阶段要干凉。如果进一步观察,从I层到G的堆积仍有较明显的流水作用,沉积环境仍较温和,其时当处末次冰期最盛期(LGM)来临之前。而F、E与D层则土质结构松散,夹杂着片状石灰岩角砾,反映的是干凉的沉积环境,应已进入冰期的最盛期。

图一 吊桶环遗址地层剖面

从几组地层堆积特点及其中所发现的文化遗存来看,吊桶环遗址从最下部P层堆积形成之际,就开始有古人类踪迹,稀少的文化遗存说明当时人类只是偶尔在

---

[1] 北京大学考古文博学院、江西省文物考古研究所:《仙人洞与吊桶环》,文物出版社,2014年,1~268页。
[2] 同上注。

洞内活动。N、M 两层形成时期,仍很少留下文化遗物,但已有较清楚的用火遗迹的发现。F30 和 F35 均是面积较大的活动面,反映了当时人类在洞穴内活动的特点。从 L 层开始,尤其是 K 层有较为丰富的石制品与动物骨骼遗存发现。这些层位发现的石制品,原料皆以硅质岩为主的小型石片石器,反映了晚更新世人类使用吊桶环遗址早期阶段的情况。I、H 和 G 层所发现的石制品虽然还有较多的硅质岩类加工的小型石片石器,但本地砾石原料加工或直接使用的大型石器也占有比较显著的比例,明显有别于早一阶段。到 F、E、D 层,除了本地砾石原料的大型石器的继续增加,还先后有磨制石器以及陶片的发现。

将上述堆积特点与测年数据及附近仙人洞遗址的发现综合来看,吊桶环遗址的晚更新世文化发展至少可以划分为三个大的阶段:早期当处深海氧同位素 3 阶段(MIS3)晚期,携带小型石片石器的人群开始进入吊桶环岩厦活动;中期是在 MIS3 阶段结束到 LGM 形成之前,吊桶环的居民开始使用石片与砾石石器并存的工具组合;晚期已到 LGM 来临之际,也就是 F、E、D 三层堆积形成阶段,除了占主导地位的砾石石器,磨制石器与陶器技术相继出现。这三个比较清楚的文化发展阶段,正好记录了吊桶环遗址晚更新世居民技术演化与行为复杂化的过程。

三、主要发现

(一) 早期

吊桶环遗址最早出现人类活动迹象是在 P 层堆积形成期间。但从 P 层到 O、N、M 等几层仅发现零星的石制品等文化遗物,说明堆积期间古人类只是偶尔到此活动。从 L 层开始人类开始比较多的活动,留下的石制品与动物骨骼残片数量逐渐增多。

1. 石片石器工业

在 L 层发现十多件石制品,形体都较小。一件燧石质锤击石片加工的边刮器,长仅 40 毫米,重量不足 13 克。其余为断块、断片与碎屑等,是较典型的石片石器工业特征。

K 层发现的石制品更多,经过整理观察者超过 500 件,反映了本期石器工业的基本情况。其中石核 29 件,石片 48 件,断片 21 件,石器 13 件。另有断块、残片及碎屑 443 件。石制品原料主要有燧石、石英。燧石约占 35%,石英约占 42%,水晶约占 21%,还有少量绢云母石英片岩砾石发现。原料形体多较小。尤其是优质的燧石原料,均为体积细小的砾石,可能来自数十千米外乐安河河滩。另外,石器原料调查发现,水晶原料亦不在本地。

石制品的形体很小。如 29 件石核的测量平均值为长 24.1 毫米,宽 20.2 毫米,厚 12.4 毫米。48 件石片的平均尺寸为长 22.7 毫米,宽 17.7 毫米,厚 5.9 毫米。12 件工具的平均尺寸长 29 毫米,宽 23.4 毫米,厚 12.2 毫米。石器组合中,工具数量不多,大部分是边刮器,还有端刮器、凹缺刮器、钻具与雕刻器等小型工具。石器的修理比较简单,修理疤痕多较短小。石器的形状也不定型。端刮器仅见 1 件,加工亦较粗糙,与旧石器时代晚期典型的端刮器仍有一定的距离。雕刻器与钻具的情况也类似。

就石器生产特点而言,砸击技术在本阶段占有相当重要的地位。砸击石核的原料主要是体积很小的燧石砾石。锤击技术适用的原料范围更广泛。锤击石核数量较多,相较于砸击石核的原料,锤击石核所用的原料体积也较大些。大部分石器的修理加工,也应是锤击技术。石核形状多不规则,也没有发现修理台面等预制石核的情况。总体来看,无论是经过第二步修整的石器,还是石核、石片等剥片的初级产品等情况,都与华北地区小石器工业的组合特点很相近。但有趣的是在本阶段还有零星的零台面石片发现。

2. 骨角器的出现

本阶段另一引人注目的发现是骨角器的使用。与 K 层小石器组合同时发现的有磨制精美的鹿角斧、角锥及骨镖等等。

3. 居住遗迹

本阶段已经出现居住区处理及功能分区情况。虽然最早进入吊桶环的居民没有留下很多文化遗物，但他们有意处理居住区而保留的活动遗迹却很清楚。如开口于 N 层下的遗迹 F36：残长 200 厘米、残宽 105～195 厘米、深 18 厘米。坑底近平，内填土浅灰褐色，土质疏松，沙性较重，夹有一定数量的炭屑和部分兽骨，可能是一个火堆为中心的居住区。另有开口于 M 层的 F35：其东西、南北各残长 200 厘米、深 23.5 厘米。坑底平，为烧土层，土色呈砖红色，板结较为严重，其整体呈圆形，烧土堆边缘用石块堆围成一圈形、底部用石灰岩石块堆成一平面，形成一个平底圆形的烧土堆，底部 N 层之上铺设了一层较为细腻的浅褐黄土和细碎的石英石块，形成一个平整的活动面。两者显然都经过人工处理。

（二）中期

1. 石器组合与技术

本阶段开始于 I 层，该层仅有零星遗物发现。H 层和 G 层堆积形成期间，都留下较丰富的文化遗存。如 H 层的石制品数量明显增多。石制品组合中，工具的比例明显更高，还有带使用痕迹的砾石出现。石英与燧石原料仍较多。石英多是当地劣质石块，外来的水晶原料不见，燧石比例也下降。片岩的比例则明显增高，尤其是片岩工具所占比例要更高。G 层的主要石料仍然是来自附近劣质石英，但大部分为断块与碎屑，很少有修成的工具。而来自附近河滩的片岩原料的比例则继续上升，在成品石器中的比例也更高。燧石等外来石料的工具比例则继续下降。

石器加工技术仍然是锤击与砸击技术并用。锤击技术在修理石器阶段是重要手段。无论是硅质岩类小石器或是片岩类大型石器，均采用锤击技术进行加工。石器组合的突出特点是形体较大的工具比例增多。采用片状砾石加工的砍砸器数量较多。片岩加工的边刮器的形体远大于前一阶段的硅质岩类小型的边刮器。较多扁薄片岩砾石加工的边刮器,或可称为半月形石刀。带有使用痕迹的使用长尖状砾石在本层出现的数量也显著增多。这类砾石可能是一种有特殊用途的工具。不过也还可以见到硅质岩类加工的小型工具,修理仍较仔细。

另外 G 层有类似盘状与半楔状细小石核的发现。H 层也有一件似细石叶。虽然类似发现很少,但也说明有比较简单或初步的细石器技术存在的可能性。

2. 骨角器与蚌器

本阶段的骨角器技术继续发展,如发现矛头、鱼镖等。

穿孔的单孔蚌器的发现,则标志着新的资源利用与生计方式的出现。

3. 遗址功能

这一阶段的居址功能的差别也可以从文化遗物的情况观察了解。如 J 层的石制品数量虽不多,但值得注意的是工具比例明显偏高。还有超过 10 件锤击石片的发现,却没有发现锤击石核。这种情况说明石器生产,包括打片与第二步修整可能都在别处进行,在该区则主要是石器使用。

H 层堆积厚度虽然不大,但发现的动物骨骼数量较多。石制品数量也较多,且种类比较齐全,从石器原料、修形、剥片与第二步加工等不同阶段的产品均可见到。经过修形或第二步加工的石器,以及未经修理直接使用的砾石都占有一定比例。这些情况显示,当时人类在本区的活动比较频繁,既进行石器加工修理,也有使用石器的活动。加之大量的动物骨骼碎片存在的证据,皆表明本区应该是当时人类居住活动场所。

G 层堆积更薄,但发现却更为丰富,石制品的总数,以及工具数量也都多于前几层。本层发现的动物骨骼的 NISP(可鉴定标本数量)及总重量,都是较早阶段的 2 倍以上。烧骨和带有人工痕迹的骨骼数量更高达数倍至 10 数倍。这些情况显示,G 层堆积形成时期,发掘区也应该是主要居住区域,当时人类在此进行生产石器与骨制品、加工处理猎物,燃火烧烤进餐等。

（三）晚期

1. 石器工业

F层发现工具14件，还有使用痕迹的砾石6件。E层的石制品总数虽不及前者，但经过修理的工具与使用砾石所占比例更高。在原料方面，两者均是片岩的比例更高。虽有燧石等外来的硅质岩类，但比例明显少于前一阶段。石器组合以片岩的边刮器、砍砸器、石锤及长尖状砾石为主。石锤是石器组合的主要部分，经过修理的边刮器与砍砸器均不多见。硅质岩类的利刃小型石器则仅见一件。大、中型的石制品占绝对多数。只见有锤击加工技术存在。但大部分砾石均不经过加工即直接使用。扁平长条形砾石的数量很多，特别E层有长达30厘米的扁平长条形砾石的出现，成为本阶段的显著特点。

石器制作仍以锤击技术为主。从石器生产操作链的角度观察，硅质岩类的制作过程一般是要经过选料、准备石核、剥片与加工石器等步骤。片岩类则较为简单，或利用其天然形状直接使用，如石锤或尖状砾石；或直接打击砾石，做整形工作使其形状更适合承担专门的工作。

到更晚的D层阶段，打制石器的情况仍同前两者。有更多的长条形、扁圆形与薄片状的片岩砾石仅做简单加工或没有任何修理痕迹就直接使用。石器工业的主体仍是打制石器，以硬锤直接打制加工。工具组合是砍砸器、边刮器（半月形石刀）、石锤、尖状砾石及板状砾石等。尤为重要的新发现是磨盘及磨制石器残块，虽然数量不多，但清楚的磨制痕迹说明磨制技术已开始应用。

2. 骨、角与蚌器

本阶段骨、角与蚌器发现的数量与种类更多，制作技术也更显精良。

3. 遗址功能与活动特点

F层的堆积较疏松，堆积厚度也较薄。但发现的石制品数量较多，种类齐全，包括从采料、修形、剥片与第二步加工各阶段的产品。其中工具所占比例较高,显示本区不仅有石器生产加工活动,同时亦是石器使用区。另有数量较多的动物骨骼碎片,包括较多烧骨及有人工痕迹者。这些都说明当时人类在本区活动的复杂多样,应是主要生活区。E 层堆积及发现文化遗存的情况与 F 层类似。除了石制品外,也有一定数量的动物骨骼碎片,包括较多烧骨,以及带有人工砍、砸痕迹者,同样是居住生活区的特点。

关于人类活动的变化,即从主要依靠动物类资源向植物资源利用的转变,可能从中期就已经开始,到本阶段尤为显著。关键证据是 F 层片岩原料工具剧增,但兽骨与前相比则明显减少。片岩的岩性特点决定片岩加工的工具并不适用处理动物类资源。两相对照所形成的反差应该说明在动物类资源之外,又有新的食物资源被应用。片岩工具的硬度特点决定,这类工具更适合加工植物类物资,无论是切割或是研磨等活动。

四、讨论

综合以上发现可以比较清楚地看到,晚更新世晚期吊桶环居住者的生态环境、居址结构,尤其是石工具、骨、角、蚌等有机质原料工具及加工技术,都经历了明显的变化。其中石器工业的发展尤为清楚,从典型的小石器工业出现,到砾石工具重返再到磨制石器出现的发展历程,集中展现了华南地区晚更新世晚期居民应对当地环境的适应策略变化,或是说"行为复杂化"的发展过程。

(一) 石器技术与文化面貌的转变

吊桶环遗址位于赣北江南丘陵区,自旧石器时代早期以来,砾石石器工业一直在包括本区在内的华南地区广泛流行。近些年来的调查与试掘工作,也发现本区有很典型的砾石工业,最晚的时代已进入深海氧同位素 3 阶段早期。[1] 2015 年春

---

[1] 房迎三、李徐生、杨达源:《江西新余旧石器地点的埋藏环境与时代》,《人类学学报》2003 年第 22 卷第 2 期,139~144 页。

季,万年县文化局组织的旧石器专项调查,在万年境内也发现类似的砾石工业。所以,时代更早的本区旧石器文化面貌显然与吊桶环遗址早期的石片石器不同。

吊桶环早期 L 层,特别是 K 层发现的石片石器组合,其石器生产的技术特点与生产组织过程的一般特点与本地更早的砾石石器工业传统完全不同,却与同时期华北地区小石器工业情况十分相近。[1] 选择燧石、石英等硅质岩,远距离运输优质石料;只存在简单剥片技术,没有发现典型盘状石核、柱状或勒瓦娄哇等预制石核技术的产品,亦不见石叶以及典型细石叶;仅见加工简单的各类小型工具,缺少修理精良的精制品。这些技术特点与华北地区同期或更早的小石器工业传统明显一致,而与华南地区流行的砾石石器工业的生产技术与操作链截然有别。

自 J 层开始,即中期以后随着片岩原料的应用,吊桶环居民逐渐形成对这种本地砾石原料的特殊加工技术与操作过程。由于片岩的岩性特点,片岩工具的加工修理与其他硅质岩类截然不同。本阶段开始应用片岩原料之初,其生产过程基本只有选料与修形的两环节,且较多片岩砾石不做任何处理,仅直接带入居址即行使用。形体硕大多样的片岩砾石原料的出现并逐渐占据主导地位,使得吊桶环石器工业面貌在自中期以后,又重显出华南砾石工业的地方特色。不过新出现的砾石石器,在加工技术、原料选用及工具类型上都明显有别。其后随着砾石工具比例的剧增、磨制石器的出现等,吊桶环遗址的使用则进入晚期阶段。总体而言,吊桶环遗址各期石器工业从原料的选用,到加工技术与生产组织等,都表现出比较独特的发展与特点,明显有别于华北与西南地区同时期的石器技术发展情况。

---

[1] 张森水:《中国北方旧石器工业的区域渐进与文化交流》,《人类学学报》1990 年第 9 卷第 4 期,322~333 页。高星、裴树文:《中国古人类石器技术与生存模式的考古学阐释》,《第四纪研究》2006 年第 26 卷,504~513 页。林圣龙:《中西方旧石器文化中的技术模式的比较》,《人类学学报》1996 年第 15 卷,1~20 页。贾兰坡、盖培、尤玉柱:《山西峙峪旧石器时代遗址发掘报告》,《考古学报》1972 年第 1 期,39~58 页。陈福友、李锋、王惠民等:《宁夏水洞沟遗址第 2 地点发掘报告》,《人类学学报》2012 年第 31 卷,317~333 页。黄慰文、张镇洪、傅仁义等:《海城小孤山的骨制品和装饰品》,《人类学学报》1986 年第 5 卷,259~266 页。王幼平:《中国远古人类文化的源流》,科学出版社,2005 年,1~245 页。

(二) 石料资源的变化

石器原料在早期阶段主要是燧石、石英与水晶等适合剥取边缘锋利石片,并易于进一步加工各类小型便携工具的原料。遗址所在山体基岩是石灰岩,偶尔可见风化的劣质石英碎块。吊桶环附近河滩很容易采集到形状多样的片岩砾石。但根据石器原料的调查结果来看,优质小型燧石砾石及水晶原料来自遗址数十千米以外。属于早期 K 层石制品原料的来源情况即如上所述。不过到中期以后,与片岩原料应用的快速增加的趋势相反,燧石与水晶等优质外来原料的数量与所占比例却呈现出逐渐下降的趋势。

片岩原料在中期之初开始出现,如 J 层的石制品,但数量很少,用其加工或直接充当工具的比例也有限。不过随着时代的发展,片岩原料的比例则逐渐升高,片岩工具的数量或其所占比例更占据主导地位。虽然片岩含云母与石英等矿物成分,中粒结构,质地较软,不容易进行剥片或加工出锋利的使用刃口。但其在遗址附近的河滩上俯拾皆是,且形状多样,特别是大量薄片状片岩砾石,更可以直接使用,承担多种工作。

总之,吊桶环早期居民所选用的原料是以远距离输入的优质燧石与水晶为主。自 J 层始见本地片岩原料开始登场,之后在稳定增长。到 F 层以后,与硅质岩类相比,无论是原料总体情况或是在工具中所占份额,片岩原料都占据绝对主导地位。这些情况显示,吊桶环的石器原料资源的利用经历了一个从远距离运输,逐渐过渡到本地化的过程。

(三) 有机材质工具的出现与发展

吊桶环遗址更引人注目的是各类有机质材料加工的工具的发现。利用有机质材料加工工具一直被视为人类行为现代性或复杂化的重要证据。十分难得的是吊桶环遗址同时发现有鹿角、动物骨骼以及蚌壳等多种有机质材料的相继应用,以此加工的工具类型也丰富多样。

早期在与 K 层的石片石器工业同时出现的即有加工精制的鹿角斧、标枪头等骨角质的尖状工具。鹿角斧的出现不仅增加了十分罕见的精美文物,更展示出使用简单剥片技术的小石器工业的主人已具有利用有机质材料加工定型工具的能力。

吊桶环遗址中期以后,骨角器发现的数量更多,类型也更丰富。除了属于投射器类的矛头、鱼镖等,锥、铲与刀类的骨角质工具也不断发现。更重要的是新出现了蚌壳制成的单孔与双孔的蚌刀。与石制品和骨角器不同,穿孔蚌刀的出现一般是用于采集带穗植物的籽实。到晚期以后,磨盘类工具等磨制石器与陶器的出现,更进一步证明利用植物类资源已经成为吊桶环居民的行为与活动的主要内容。

(四) 居址的变化

与本区更早砾石工业使用人群临河岸或湖滨露天居住的传统相比,吊桶环遗址最早居民就表现出明显不同的居住习惯。他们将营地从河湖岸边的低地移至可以遮风避雨的岩厦或洞穴。对居址的有意安排处理,也从晚更新世人类开始进入吊桶环遗址即开始。如前所述的 F35 和 F36 两个遗迹,就是吊桶环居民最早处理岩厦地面,铺碎石块或垫土,使得活动区更为平整的活动所遗留。平整活动与火堆等遗存显示早期的处理主要是安排居住休息区。

越到晚期,岩厦内发现的遗迹数量越多,功能也越复杂。虽然遗迹的大小与形状各不相同,但其包含物与经过人工有意处理等特点,都很清楚地说明晚更新世人类在吊桶环居住期间,有更多有意平整居住休息区。随着人类行为与活动方式进一步复杂,居住区内不同部位的功能区分也趋明显,如铺垫平整的休息区,石制品、动物骨骼及用火遗存聚集的居住进食区以及以初级产品居多的石器加工区等等。

(五) 生态环境与人群移动

从自然地理区划来看,吊桶环所处的江南丘陵区位于我国中亚热带常绿阔叶林区。晚更新世以来虽然也受到全球气候变化的影响,但从遗址发掘出土的化石动物群以及植物孢粉、植硅体等多项研究结果来看,[1] 吊桶环遗址及周边环境总体仍较稳定,尤其是处于深海氧同位素 3 阶段的早期的环境,应与现代当地的环境比较相似。相对稳定的热带-亚热带森林环境是华南砾石工业长期存在的主要因素。[2] 所以,MIS3 阶段的早期在本区也包括万年境内仍能发现砾石石器。

值得关注的是,在属于晚更新世间冰阶的 MIS3 阶段,气候环境没有明显变化之际,在吊桶环遗址却出现石片石器替代了本区原来流行的砾石工业情况。这种情况似乎并不是孤立的。大致也在同一时期,北到黄河中游南岸的河南荥阳织机洞遗址,也发生过同样的替代事件。[3] 南到岭南广西柳州白莲洞,再南到越南北部山区的洞穴遗址,也都可以看到同样的石片石器工业。[4] 在如此广大的区域内大致同一时期发生同样的替代,或是说从砾石石器向石片石器工业的转变,显然不是由于气候变迁而带来的环境变化所引起的适应策略的变化,而更可能是文化和人群的迁徙流动所致。结合周边地区时代更早的旧石器工业观察,石片石器工业主要是分布在华北温带草原地区以及西南云贵高原区。因而也有可能是来自这两者之一的狩猎人群迁徙到此。[5] 有关迁徙或文化交流存在的线索,也应该注意少量的似细石器制品以及零台面石片等发现。

五、小结

近年来有关晚更新世、尤其具有解剖学意义上现代人出现之后的行为现代性

---

[1] 北京大学考古文博学院、江西省文物考古研究所:《仙人洞与吊桶环》,文物出版社,2014 年,1~268 页。

[2] 王幼平:《更新世环境与中国南方旧石器文化发展》,北京大学出版社,1997 年,1~170 页。

[3] 王幼平、汪松枝:《MIS3 阶段嵩山东麓旧石器发现与问题》,《人类学学报》2014 年第 33 卷第 3 期,304~314 页。

[4] 周国兴:《再论白莲洞文化》,《中日古人类与史前文化渊源关系国际学术讨论会论文集》,中国国际广播出版社,1994 年,203~264 页。Ho Van Tan, The Late Pleistocene climate in Southeast Asia: New Date from Vietnam. *Modern Quatery Research in Southeast Asia*, 9, 1985: 81~86。

[5] 高星、裴树文:《中国古人类石器技术与生存模式的考古学阐释》,《第四纪研究》2006 年第 26 卷,504~513 页。

或是复杂化的讨论日渐增加。很多同行也曾就相关发现讨论到北方地区现代行为出现等问题。无论是行为现代性或是复杂化，晚更新世以来南方地区旧石器文化材料所反映的类似问题都应受到关注。结合近年来新发现的时代较早的现代人化石的报道，以及遗传学者对于我国及东亚地区现代人的传播路径的推断，都对解读华南地区旧石器所反映的晚更新世人类行为复杂化问题提出更迫切的要求。有幸的是，经过系统发掘和整理的吊桶环遗址的发掘资料为我们提供一扇可供观察的窗口。通过这扇窗户，可以比较清楚地观察到华南地区晚更新世人类行为复杂化的出现以及发展历程。首先，MIS3阶段石片石器工业在吊桶环与华南砾石文化区的广泛出现，无论是人群移动、文化传播或是生态适应的结果，这一变化应都与该地区晚更新世人类行为复杂化密切相关。由石片石器取代长期流行本区的砾石石器工业，到MIS2开始砾石工具再重回本区并逐渐有磨制石器及制陶技术出现，本区晚更新世石器工业与华北及旧大陆西侧晚更新世技术发展的路径明显不同。本区技术创新没有更多表现在石器技术发展，而是充分反映在骨、角、蚌等有机质原料的加工利用。栖居形态的变化，包括洞穴居址在吊桶环及华南地区的广泛利用则是该区晚更新世人类生存空间由平原河谷向丘陵山区扩展的另一项有效适应策略。总体而言，华南热带-亚热带季风气候的自然地理区位与更新世全球性气候变迁的双重影响所铸就的生存环境，应该是促成吊桶环遗址及华南地区晚更新世人群行为复杂化发展特殊模式的重要原因。

（原刊《人类学学报》2016年第35卷第3期）

跨地区的比较

貳

华南与旧大陆西侧旧石器时代早期文化关系的讨论

中国南方与东南亚旧石器工业的比较

中国与西亚旧石器时代早、中期文化关系

中国直立人与早期智人适应性的比较

华南与旧大陆西侧旧石器时代早期文化关系的讨论

近年来在秦岭淮河一线以南的中国南方地区发现了很多以砾石石器为特征的旧石器时代早期的地点及文化遗物。这些地点主要分布在几个比较集中的区域,从北向南有陕西南部的汉中盆地、鄂西北的汉水中游地区、湖南北部的澧水中下游地区、皖南水阳江地区以及广西百色盆地等。在上述地区所发现石制品的埋藏特点与文化特征都比较接近。均埋藏在各地沿河的阶地的网纹红土或红土中。石制品以砾石为原料,石器种类有砍砸器、大尖状器、石球、原手斧、刮削器等,形体粗大的石器在石器组合中占主导地位,用石片加工的轻型刮削器等小型石器数量则很少。这些发现引起一些学者的关注,已有很多的报告和论文发表。

随着发现的增多,这些新发现与周围地区文化关系的讨论也在不断增加。包括华南在内的东亚地区与旧大陆西侧旧石器时代文化的关系,长期以来一直是考古学者的讨论热点。[1] 华南地区新发现的旧石器为重新认识旧大陆两侧旧石器时代文化关系提供了条件。以下按时代顺序,分别对华南与非洲、欧洲及西亚地区的旧石器时代早期石器工业进行比较。

---

[1] Movius, H. L., 1944, Early man and Pleistocene stratigraphy in southern and eastern Asia. *Papers of the Peabody Museum*, 19(3): 1~125。Movius. H. L., 1948, The Lower Palaeolithic cultures of southern and eastern Asia. *Transactions of the American Philosophical Society*, 38(4): 329~420。Bordes, F., 1978, Foreword, In Early Palaeolithic in sorth and east Asia, The Hague: Mouton. Aigner, J. S., 1978, Important archaeological remains from North China. In Early Palaeolithic in sorth and east Asia, 163~232, The Hague: Mouton. 安志敏:《中国的原手斧及其传统》,《人类学学报》1990年第9卷第4期,303~311页。黄慰文:《中国的手斧》,《人类学学报》1987年第6卷第1期,61~68页。黄慰文、张镇洪:《中国南方砖红壤中的石器工业》,《纪念黄岩洞遗址发现三十周年》,广东旅游出版社,1991年,125~128页。

一

(一) 奥杜威峡谷(Olduvai Gorge)

东非坦桑尼亚的奥杜威峡谷是研究人类起源的最重要的地区之一。自20世纪初以来的长期工作,在该地发现了数量众多的早期人类化石与旧石器文化材料。这里的旧石器工业是世界上时代最早的与人类化石共存者,代表最早期人类的旧石器工业——奥杜威文化就是以此命名。这里的地层连续,文化遗物丰富,文化的发展关系清楚,从奥杜威文化到发展的奥杜威文化与阿舍利文化,前后持续了上百万年。关于这里的考古发现已经发表了专门著作[1]以及数量众多的论文,为我们进行比较研究提供了丰富的材料。

奥杜威的早期旧石器地点的分布与华南新发现的旧石器地点群很相似,分布在古代湖滨的溪流附近。这些地点饮水方便、地势平坦,同时可供早期人类利用的动植物也很丰富。与华南不同的是这里除了石制品外还保存了大量的动物化石,为研究当时人类的活动提供了较详细的资料。从发现的石制品看,这里的石器原料是从附近搬运来的各种砾石。奥杜威的早期人类也使用锤击法直接打制出各类石制品。按地层和石器组合的情况,最早的为奥杜威文化(Oldowan),接着为发展的奥杜威文化(Developed Oldowan)和阿舍利文化(Acheulian)。前者的绝对年代从距今180万年持续到距今160万年,后两者则从150万年一直持续到中更新世。

奥杜威各地点的石器组合有分类的定量统计,可与华南的发现作详细比较(图一)。在石器百分比的柱状图对比中可以看到,华南两个地点的石器组合,与奥杜威文化最为接近。除了图中所列的奥杜威文化的一个地点,与奥杜威文化的其他地点相比较也是如此。两者均是典型的砾石石器工业,砍砸器为最主要的石器类型。在属于奥杜威文化的8个地点中,砍砸器比例最少者也在30%左右;最多者近

---

[1] Leskey, M. D., 1971, Olduvai Gorge: excavations in Beds 1 and 2. 1961—1963. Cambridge: Cambridge University Press.

80%,平均约在50%~60%之间。华南两个地点砍砸器所占的比例与其很接近,也达50%左右。原手斧在奥杜威文化中也已出现,但比例很小。华南两地原手斧所占比例也不大,与之较为接近。石球在奥杜威文化中也较常见,出现的频率一般在10%左右。华南龙岗寺与其较为接近,但百色地区则完全不见石球。各类刮削器在华南与奥杜威文化中出现的情况也较相似。无论是典型器物,还是各种石器的比例,华南两个地点都与奥杜威文化最接近。

与发展的奥杜威文化相比,差异明显大于前者(图一)。在发展的奥杜威文化中,砍砸器的比例一般仅在20%~30%之间,要低于前两者。但石球则成为最多的一类工具,可占石器组合的30%左右。手斧的数量虽然不多,但较原手斧更为常见。各类刮削器出现的情况与前两者则较接近。石锥、雕刻器等小型工具也较前两者更为常见。

再与奥杜威发现的早期阿舍利文化相比(图一),差异更为显著。在典型的阿舍利文化中手斧是最重要的工具类型,占石器组合的50%以上。砍砸器的比例则很小,仅在15%左右。石球还有一定的数量。但刮削器等其他轻型工具则很少出现。这种情况显然与华南两个地点的文化性质相去甚远。

(二) 乌比迪亚(Ubeidiya)

在西亚的约旦河谷右岸的乌比迪亚遗址,也有丰富的早期人类文化遗存发现。该地区位于非、亚、欧三大洲的交界地带,一直被视为早期人类走出非洲发源地的门槛。[1] 从1960年以来在该遗址的发掘工作中,发现了大批的早期人类的文化遗物。尤其是早期石器工业的丰富材料,也为我们的对比提供了可能。

乌比迪亚遗址与奥杜威相近,也分布在古代的湖滨。石器原料与石器组合的情况与发展的奥杜威文化更为接近。[2] 尽管该遗址的年代学证据没有如奥杜威文化那样的充分,但根据地层与古生物学等方面的证据可以确定其当属于早更新

---

[1] Bar-Yosef, O. and Goren-Inbar, N, 1993, The Lithic Assemblages of Ubeidiya, QEDEM, 34, Monographs of the Institute of Archaeology, the Hebrew University of Jerusalem.

[2] 同上注。

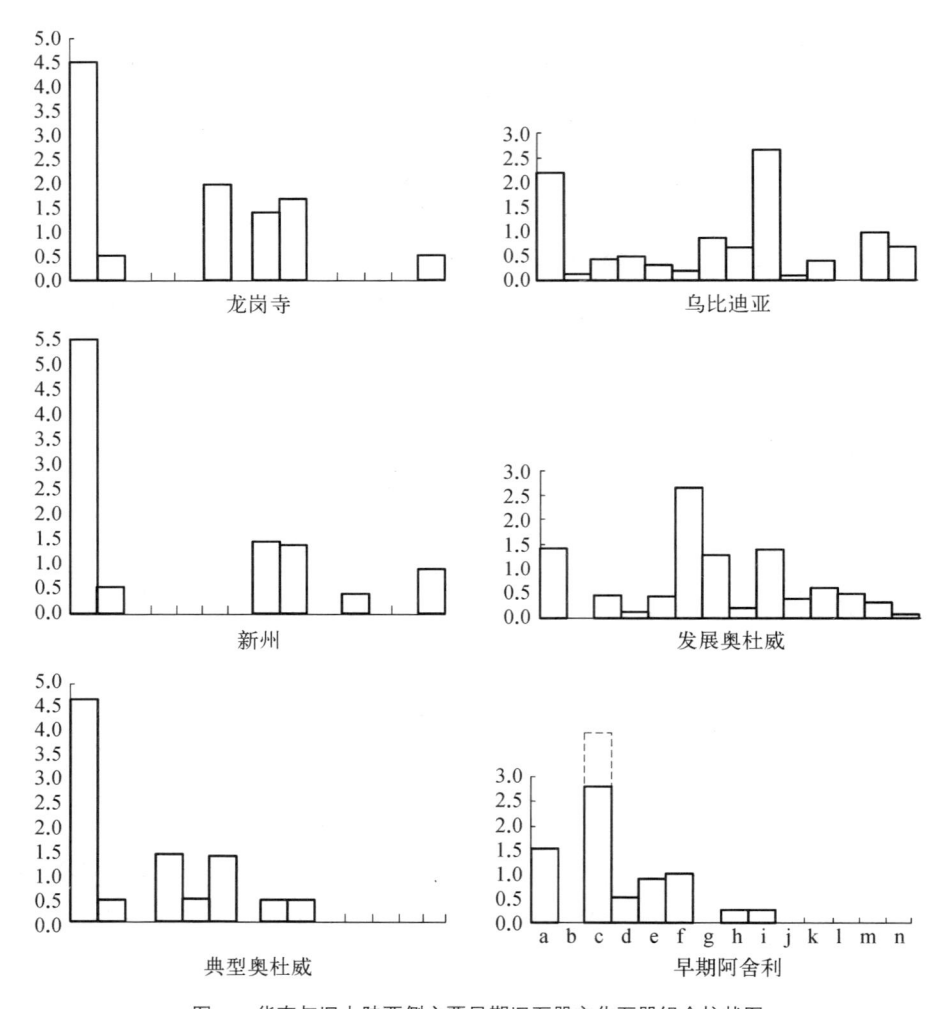

图一　华南与旧大陆西侧主要早期旧石器文化石器组合柱状图

a. 砍砸器　b. 原手斧　c. 手斧　d. 多边形器（石核）　e. 盘状器（石球）　f. 石核　g. 打击石块　h. 重型刮削器　i. 轻型刮削器　j. 雕刻器　k. 石锥　l. 两端石片　m. 修整石片　n. 其他

世的较晚阶段，将华南地区的砾石石器工业与此相比（图一），两地既有相似之处，也有一定的区别。两地均以砾石为原料直接加工各类石器。在石器组合中，华南砾石工业的各种重要石器类型，在这里也都有发现，但出现的频率则有所不同。砍砸器虽然在两地都是最主要的类型，但在这里出现的比例明显低于华南。石球虽有发现,但比例远小于汉中龙岗寺。原手斧数量不多,但手斧已经出现,并且多于原手斧类。区别显著之处是刮削器及其他轻型工具的比例更高于华南,特别是一些加工精致的小型石器,在华南地区很少见到,但在华北的北部地区却可找到同样的标本。

(三) 阿舍利(手斧)文化

除了上述讨论的非洲和西亚地区,西南欧与南亚等广大区域,在最后冰期之前的漫长时代中,也都在手斧文化分布区的范围内。尽管近年来在华南及东亚其他地区陆续有手斧发现的报道,但实际上在旧石器时代早期东亚与旧大陆西侧文化面貌上的差异仍十分清楚。华南地区虽然有少数的手斧等阿舍利工业因素的存在,但两者在整个石器工业面貌上仍是相去甚远。

在东非除了前面介绍的奥杜威的阿舍利文化外,肯尼亚的 Olorgesailie 是另一处典型的阿舍利工业遗址。[1] 这个遗址距今约 50 万年。其石器组合与华南的发现完全不同,手斧与劈裂器的数量最多,也有数量较多的石球发现,但砍砸器的数量很少。另外还有数量众多的轻型工具。从手斧与劈裂器的加工来看,技术十分进步,器型规整、匀称,加工细致,通体均进行过加工。在华南地区则不见这类标本。

在西南欧洲地区,是阿舍利文化最先发现的地方。在整个旧石器时代的早期,这里的手斧工业最为发达和有代表性。从早期的 Abbevillian 到晚期的 Acheulean,无论手斧的加工是简单粗糙还是精细,它们都是这一时期石器组合中最重要的工具类型。与非洲相比,本地区的薄刃斧的数量较少,但加工同样也很典型。欧洲的手斧工业与华南的砾石石器工业也是相去甚远。与此相反,在与手斧工业同时,欧洲仍存在着砾石石器,并且与华南的砾石石器工业更为接近。最早的时代也属于早更新世,最晚者持续到最后冰期的开始。该工业的石器也包括砍砸器、大尖状

---

[1] Isaac, G. L1., 1977, Olorgesailie. Chicago: University of Chicago Press.

器等。[1]

在喜马拉雅山西南侧的南亚地区，也是一个手斧文化区。[2] 这里同非洲、欧洲的阿舍利文化一样，与华南砾石石器工业的关系很远。但在该区的北面则也有典型的砾石石器工业存在，即早年莫维士划入砍砸器文化圈的索安文化（Movius，1944、1948）。索安的石器工业以砾石加工的砍砸器为主体，这一点与华南的石器工业十分接近。但这里有一定数量的手斧，并且有的手斧加工细致，可称为阿舍利手斧，这又与华南有所区别。

尽管欧洲与南亚的大部分地区都在手斧文化区的范围内，但仍能发现砾石石器的影响。[3] 对于这些地区砾石石器传统的起源，多数学者认为与非洲的早期砾石石器工业相关，[4] 但也有认为有各自独立的来源。[5] 如果将华南的砾石石器与上述地区的早期旧石器工业相比，显然应与它们的砾石石器工业的传统更为接近。

二

前面已经通过典型石器以及各种类型石器在各自石器组合中的比例等特点，分别比较分析了华南与旧大陆西侧几个重要的早期旧石器文化的关系。无论是典型石器的类型，还是石器组合的百分比的柱状图所显示的特点，都说明华南地区的砾石石器工业与典型的奥杜威文化之间的关系最为密切，与发展的奥杜威文化及早期的乌比迪亚也较相近，而与阿舍利文化则相去甚远。以下应用聚类分析方法

---

[1] Tieu, L. T., 1991, Palaeolithic Pebble Industries in Europe. Budapest：Akademmiai Kiado.
[2] Bordes, F., 1978, Foreword, In Early Palaeolithic in sorth and east Asia, The Hague：Mouton. Wymer, J. J., 1982, The Palaeolithic Age. New York：ST. Martin's Press.
[3] Wymer, J. J., 1982, The Palaeolithic Age. New York：ST. Martin's Press. Tieu, L. T., 1991, Palaeolithic Pebble Industries in Europe. Budapest：Akademmiai Kiado.
[4] Bordes, F., 1978, Foreword, In Early Palaeolithic in sorth and east Asia, The Hague：Mouton. Wymer, J. J., 1982, The Palaeolithic Age. New York：ST. Martin's Press. Klein, R. G., 1989, The Human Career. Chicago；University of Chicago Press.
[5] Tieu, L. T., 1991, Palaeolithic Pebble Industries in Europe. Budapest：Akademmiai Kiado.

来进一步讨论华南早期砾石石器工业与旧大陆西侧早期旧石器文化的关系。

聚类分析的资料是几个早期旧石器工业的石器组合,见表一。

表一 石器组合原始数据矩阵表

数值类型 \ 地点	新州	龙岗寺	典型奥杜威	发展奥杜威	乌比迪亚	早期阿舍利
砍砸器	54.4	44.7	67.5	24	28.3	18
原手斧	6.3	3.4	1.5	0.9	1.2	0
手斧	0	0	0	5.5	3.8	62.8
石球	0	19.1	8	35.6	2.3	11.5
重型刮削器	13.8	14.5	10.1	5.4	7.2	3.8
轻型刮削器	13.8	17.1	9.8	16.9	34.1	3.8
其他	11.7	1.2	3.1	11.5	23.1	0

表中百色地区仍以新州的发现为例,依广西文物工作队1983[1]年调查材料的统计。该项统计中将原手斧与大尖状器类均划入尖刃砍砸器类。本文参考黄慰文等[2]的论文,把这两类重新分出。

汉水上游地区的仍用龙岗寺,这里共有3个统计数据,[3]本文采用3次统计的平均值。

奥杜威文化系该地8个地点的平均值,发展的奥杜威文化系9个地点的平均值。[4] 乌比迪亚选用石器数量多的1~26C组。阿舍利文化选用的是奥杜威的EF~HR组。

---

[1] 广西文物工作队:《广西新州打制石器地点的调查》,《考古》1983年第10期,865~868页。

[2] 黄慰文:《中国的手斧》,《人类学学报》1987年第6卷第1期,61~68页。

[3] 陕西省考古研究所汉水考古队:《陕西南郑龙岗寺发现的旧石器》,《考古与文物》1985年第6期,1~12页。陕西省考古研究所汉水考古队:《陕西南郑龙岗寺新出土的旧石器和动物化石》,《史前研究》1988年Z2期,46~56页。黄慰文、祁国琴:《梁山旧石器遗址的初步观察》,《人类学学报》1987年第6卷第3期,236~244页。

[4] Leskey, M. D., 1971, Olduvai Gorge: excavations in Beds 1 and 2. 1961—1963. Cambridge: Cambridge University Press.

采用欧氏距离系数的计算公式：

$$d_{ij} = \sqrt{\frac{1}{m}\sum_{k=1}^{m}(X_{ik}-X_{ik})^2}$$

计算结果见表二。

表二　石器组合距离系数计算表

	(1)	(2)	(3)	(4)	(5)	(6)
新州	0					
龙岗寺	0.184	0				
典型奥杜威	0.180	0.217	0			
发展奥杜威	0.341	0.379	0.407	0.445	0	
乌比迪亚	0.341	0.379	0.407	0.445	0	
阿舍利	0.498	0.507	0.476	0.510	0.598	0

按照表二中的距离系数绘出聚类图如下（见图二）：

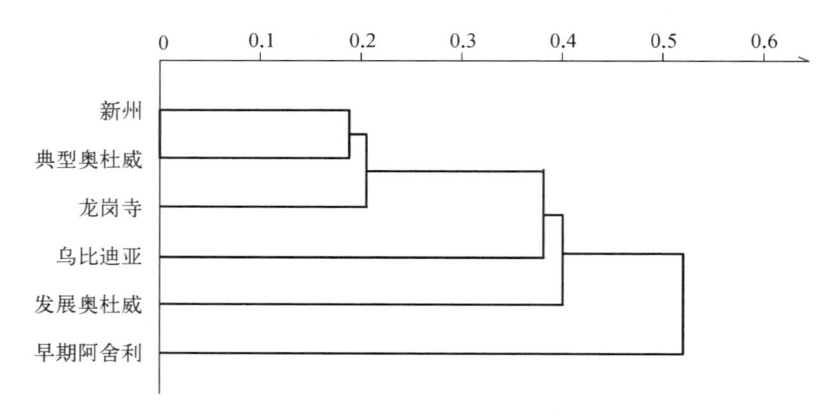

图二　华南与旧大陆西侧旧石器组合聚类图

在图中，百色组与奥杜威组最先聚为一组，新州组也与它们的距离最近，这种情况与直接观察的结果一致。说明华南的砾石工业与奥杜威工业的关系最近。再次为乌比迪亚1~26c组与发展的奥杜威工业。这两者与前三者之间的距离系数相差较大,这也与直接观察结果相同,说明华南砾石工业与乌比迪亚早期及发展的奥杜威工业之间的关系远于与典型的奥杜威。阿舍利组在图中成为单独一类,其与其他各组之间的距离最为显著。所以可知它与华南旧石器时代早期文化的关系更远。

无论典型器物的对比,石器组合的直接比较,还是聚类分析的结果,华南砾石石器工业与旧大陆西侧早期旧石器工业之间的关系都表现得相当一致。这个结果说明在奥杜威文化以后,华南旧石器与旧大陆西侧早期文化之间的关系越来越远。华南地区早期砾石石器工业与奥杜威文化的相似性说明旧大陆两侧早期人类及其文化应有较密切的联系。从石器工业的情况看,这种联系大约正当奥杜威与发展的奥杜威文化之间。但在此后,从华南及整个东亚地区旧石器文化与旧大陆西侧在阿舍利文化及其以后很长的时间里完全不同的文化面貌来看,这种联系显然中断,或至少已经没有很明显的交流关系。

三

如前所述,华南的砾石石器工业与旧大陆西侧的奥杜威文化最为接近,而与其后的发展的奥杜威文化及阿舍利文化等的关系则越来越远。促使华南地区旧石器工业走上与旧大陆西侧完全不同的道路最直接因素,应是本地区的自然环境条件。华南地区的更新世期间自然环境变化的特点决定了早期人类及其文化的发展道路。华南更新世的环境变化受全球性气候变化制约,与其他地区的气候发生着同步的变化。然而区域性的新构造运动结果即喜马拉雅山与青藏高原的隆起,对该地区的环境形成更重要的影响。喜马拉雅山与青藏高原的隆起及其带来的强烈的环境效应使得包括华南在内的东亚地区形成了一个相对独立的自然地理单元。这个独立的自然环境构成华南与东亚旧石器时代文化特点产生的背景。

喜马拉雅山与青藏高原的隆起开始于中新世末到上新世初。到上新世末,青藏高原的高度仍较有限,尚不构成地理障碍,没有明显地影响哺乳动物的迁徙,也没有形成对东亚地区气候的严重影响。在第四纪初期的早更新世期间,尤其是在间冰期期间,高原各地仍较温湿,遍布着温带阔叶林植被。[1] 关于早期人类进入东亚地区的路线虽有不同的推测,从上述情况看,经过青藏高原北侧或南侧,[2] 直接通过高原本身也并不十分困难。旧大陆两侧早期的砾石石器工业显示出的相似性可能与此有很密切的关系。到第四纪的早更新世末,新构造运动加剧,青藏高原已上升至2000米以上,喜马拉雅山的高度更高,[3] 此时已明显影响地东亚地区气候,并从此奠定了中国三大自然区域的格局。[4]

中国三大自然区域的格局限定了远古人类及其文化在该地区的发展。[5] 青藏高原的高寒区与西北的干旱区成为原始人类迁徙的巨大屏障,严重地限制了旧大陆两侧人类及其文化的交流。这使得从早更新世末期以来旧大陆两侧的旧石器文化沿着各自的道路发展,形成完全不同的文化面貌。由于温暖的亚热带气候在华南大部分地区比较稳定地长期持续,与此相适应的砾石石器工业得以延续了如此漫长的时代。与此相反,在旧大陆西侧的大部分地区,则是沿着砾石石器工业-阿舍利工业的路线发展。所以,出现这种现象的最重要原因应归于早更新世末期以来东亚地区相对独立的自然地理单元的形成。

对华南与旧大陆西侧旧石器文化关系的讨论非常的重要,可以为研究早期人类的起源与扩散模式提供证据。在上述讨论中所反映的东西方早期旧石器工业的关系可能说明两方面的问题。其一是反映早期人类可能有共同的起源。目前较为

---

[1] 中国科学院青藏高原综合科学考察队:《西藏第四纪地质》,科学出版社,1983年。
[2] 卫奇:《华南旧石器考古地质(摘要)》,《纪念黄岩洞遗址发现三十周年论文集》,广东旅游出版社,1991年,154~155页。Dervianko, 1978, the problem of the lower Paleolithic in the South of the Soviet Far East. In Early Paleolithic in Sorth and East Asia, 303~316, The Hague: Mouton.
[3] 李吉均等:《青藏高原隆起的时代、幅度和形式问题的探讨》,《中国科学》1979年第6期,608~616页。中国科学院青藏高原综合科学考察队:《西藏地貌》,科学出版社,1983年。
[4] 祁国琴:《中国北方第四纪哺乳动物兼论原始人类生活环境》,《中国远古人类》,科学出版社,1989年,277~337页。张林源:《青藏高原、全球变化与东亚新生代气候演变(摘要)》,《中国第四纪南北对比与全球变化——第六届全国第四纪学术讨论会论文摘要汇编》,广东省高等教育出版社,1993年,72~73页。
[5] 林圣龙:《上新世以来的中国自然地理环境和中国古人类的进化》,《人类学学报》1989年第8卷第3期,209~215页。

流行的看法是早期人类起源于东非,然后扩散到旧大陆不同地区。[1] 按照这种说法,奥杜威工业与华南砾石工业的相似性应与早期人类的扩散过程相关。华南及东亚地区的早期人类是在人类迁徙和第一次大浪潮中所到达的。[2] 此时应为早更新世,当时世界屋脊地区的高度还有限,旧大陆两侧的往来并不十分困难。而在此以后,随着喜马拉雅山的增高,两侧的交往越来越困难,因而华南与旧大陆西侧的早期旧石器工业开始走上不同的发展道路。其二是另外一种可能,由于砾石石器是人类最初所使用的简单工具,处于不同地区的早期人类也可以独自发明这种并不复杂的技术。无论是那种情况,继续深入对华南与旧大陆西侧早期旧石器工业的关系的讨论都是非常重要的。

本文系在导师吕遵谔先生指导下所做的博士学位论文的部分工作的基础上完成。在参加丁村与晋文化国际学术讨论会后,承张森水、卫奇等先生提出宝贵意见。在此一并致谢。

(原刊《汾河湾——丁村文化与晋文化考古学术研讨会文集》,山西高校联合出版社,1996年)

---

[1] 吴汝康:《中国古人类研究在人类进化史中的作用》,《人类学学报》1989年第8卷第4期,293~300页。
[2] 黄慰文:《南方的砖红壤层与早期人类第一次大迁徙浪潮(摘要)》,《中国第四纪南北对比与全球变化——第六届全国第四纪学术讨论会论文摘要汇编》,广东省高等教育出版社,1993年。

中国南方与东南亚旧石器工业的比较

在喜马拉雅山与青藏高原以东，秦岭淮河一线以南的中国南方与东南亚地区紧密相连。高耸的世界屋脊及其东南侧的一系列南北走向的高山大河，将东南亚及中国南方同旧大陆其他地区分割开来，形成一个相对独立的自然地理单元。本地区是研究早期人类及其文化起源的重要地区，一直受到考古学者的密切关注。20世纪40年代，美国哈佛大学的莫维士教授提出两个文化圈的假说，将东亚、东南亚地区划分为砍砸器文化圈，与旧大陆西方的手斧文化圈相对应。[1] 尽管莫维士的观点在世界史前史研究中影响长达半个世纪，但有越来越多的学者认识到莫维士对东亚、东南亚地区旧石器文化认识的局限性。[2] 二次世界大战之后，特别是60至70年代以来，东南亚与中国南方地区的旧石器时代考古工作不断深入，一系列的新发现增加了对这些地区史前史的认识。很多学者发表了他们在本地区考古发掘的最新成果，也有人对新材料进行归纳总结，探讨东南亚地区旧石器时代文化独特面貌的成因。[3] 这些工作使我们有可能对东南亚与中国南方地区的旧石器时代文化进行详细的比较研究，重新认识早期

---

[1] Movius, H. L., 1944, Early man and Pleistocene stratigraphy in Southern and Eastern Asia. *Papers of the Peabody Museum*, 19(3): 1~125. Movius, H. L., 1948, The Lower Palaeolithic cultures of Southern and Eastern Asia. *Transactions of the American Philosophical Society*, 38(4): 329~420.

[2] Reynolds, T. E. G., 1993, Problems in the Stone Age of South-East Asia. *In Proceedings of the prehistoric Society*, 59: 1~15.

[3] Hutterer, K. L., 1977, Reinterpreting the Southeast Asian Palaeolithic In Sunda and Sahul — prehistoric studies in Southeast Asia, Melanesia and Australia, 31~71. New York: Academic Press. Hutterer, K. L., 1985, The Pleistocene archaeology of Southeast Asia in regional context. *In Modern Quaternary Research in Southeast Asia*, 9: 1~23. Bordes, F., 1978, Foreword. In Early Palaeolithic in South and East Asia, The Hague: Mouton. Pope, G. G., 1985, Taxonomy, dating and paleoenvironment: the paleoecology of the early Far Eastern Hominids. *In Modern Quaternary Research in Southeast Asia*, 9: 65~80.

人类在本地区发展演化的历史。

中国南方与东南亚地区幅员辽阔,从南纬10度一直到北纬30余度,包括赤道两侧的热带,向北一直到亚热带的北界。自然地理条件复杂,从大陆上的平原、丘陵、山区一直到太平洋上的大小岛屿,按照地理环境的差异,可将东南亚与中国南方分成几个亚区。中国南方地区可以分成东西两区,东部是中国地形第三阶梯的华南地区,地形以平原、丘陵为主,西部则是以云贵高原为主体的西南山区。东南亚则可分成大陆与岛屿两大区域。前者包括与中国南方紧密相连的中南半岛,后者为分布在西太平洋上的众多岛屿。

除了空间上的差异,中国与东南亚地区的旧石器时代文化也有时代的区别。根据最近的研究,爪哇岛上最早的人类化石的时代为180万年左右。[1] 尽管还没有发现爪哇直立人的石器工业,但在中国南方与东南亚大陆都已发现属于早更新世晚期的砾石石器,并由此一直延续到更新世的结束。按照传统的划分,旧石器时代分为早期、中期与晚期三阶段。从最早的人类出现开始,一直到中更新世结束之时为旧石器时代早期的范围;从晚更新世的早期开始到距今4~5万年为旧石器时代的中期;从4~5万年到更新世的结束(BC1万年左右)为旧石器时代晚期。虽然东南亚地区旧石器时代文化有着自己的发展特点,与上述的划分并不完全吻合,但仍可借用上述时间框架来进行讨论。

一

近年来中国南方与东南亚地区更新世早、中期的考古发现为认识这一地区的旧石器时代初期的文化面貌提供了新材料。发现最多的是中国南方的东部地区。自20世纪70年代中期以来,中国考古工作者先后在北起陕西南部的汉水谷地,南到广西的百色盆地,发现了数量众多的石制品与遗址或地点。这些新发

---

[1] Swisher, C. C., Curtis G. H., 1994, Age of the earliest known hominids in Java, *Indonesia Science*, 263: 1118-1121.

现的遗址或地点,主要分布在沿大小河流的阶地上,并且成组集中分布在不同水系的相对独立的自然地理单元内。除了上述两区外,还有湖南澧水中、下游区,安徽水阳江区,湖北汉水中游区等地的发现比较集中。这些遗址或地点群分布与埋藏的形式均较一致,文化面貌比较接近,反映了该地区旧石器时代早期工业的特点。[1]

从大量的调查、发掘获得的石制品观察,华南旧石器时代早期的石器属于典型的砾石石器工业。石制品普遍是形体硕大,加工粗糙,石器原料的来源为遗址附近河滩上的砾石。除了上述的共同特点外,各地在石器组合、加工石器的素材方面也有一些区别。在最北边的汉水上游地区,可以龙岗寺的发现为例[2](表一)。

长江中、下游地区以皖南的向阳地点[3]为例(表二)。

表一　龙岗寺地点石器组合(%)

类　别	A	B	C
砍砸器	61.7	42.3	76.3
石球	20.6	18.7	17.9
大尖状器	4.1	3.8	1.5
手斧			4.3
重型刮削器		14.5	

---

[1] 黄慰文:《南方砖红壤层的早期人类活动信息》,《第四纪研究》1991年第4期,373~379页。
[2] 陕西省考古研究所汉水考古队:《陕西南郑龙岗寺发现的旧石器》,《考古与文物》1985年第6期,1~12页。陕西省考古研究所汉水考古队:《陕西南郑龙岗寺新出土的旧石器和动物化石》,《史前研究》1986年Z2期,46~56页。黄慰文、祁国琴:《梁山旧石器遗址的初步观察》,《人类学学报》1987年第6卷第3期,236~244页。
[3] 房迎三:《皖南水阳江旧石器地点群调查简报》,《文物研究》第3辑,黄山书社,1988年,74~83页。房迎三:《安徽宁国河沥溪镇发现的旧石器》,《文物研究》第4辑,黄山书社,1988年,11~20页。房迎三:《亚洲东南部的旧石器文化》,1992年"亚洲文明"学术讨论会论文。房迎三、杨达源、韩辉友等:《水阳江旧石器地点群埋藏学的初步研究》,《人类学学报》1992年第11卷第2期,134~141页。

(续表)

类　别	A	B	C
轻型刮削器	13.6	20.6	
统计数量(个)	73	213	

A——陕西省考古研究所汉水考古队 1985。[1]
B——陕西省考古研究所汉水考古队 1986。[2]
C——黄慰文等 1987。[3]

表二　水阳地区砾石石器组合

类　别	百分比(%)	备　注
砍砸器	60.3	
大尖状器	25.8	原为尖刃砍器
手斧	0.5	
重型刮削器	6.3	原为砍斫器
轻型刮削器	7.2	

另外在岭南百色盆地沿右江两岸的高阶地上发现很多早期的砾石石器。[4]

从以上不同地点的石器组合情况来看,华南旧石器时代早期石器工业的特点十分明显。砍砸器在各地都占有非常重要的地位,一般为石器总数的50%或更多。大尖状器也是非常重要的石器类型,其在长江中、下游地区的数量最多,仅次于砍砸器。[5] 在百色地区出现的频率也很高。[6] 仅在汉水谷地发现的数量较少。汉

---

[1] 陕西省考古研究所汉水考古队:《陕西南郑龙岗寺发现的旧石器》,《考古与文物》1985年第6期,1~12页。
[2] 陕西省考古研究所汉水考古队:《陕西南郑龙岗寺新出土的旧石器和动物化石》,《史前研究》1986年Z2期,46~56页。
[3] 黄慰文、祁国琴:《梁山旧石器遗址的初步观察》,《人类学学报》1987年第6卷第3期,236~244页。
[4] 黄慰文:《南方砖红壤层的早期人类活动信息》,《第四纪研究》1991年第4期,373~379页。
[5] 袁家荣:《略谈湖南旧石器文化的几个问题》,《中国考古学会第七次年会论文集》,文物出版社,1992年,1~12页。
[6] 曾祥旺:《广西百色地区新发现的旧石器》,《史前研究》1983年第2期,81~88页。

水谷地与前两者不同之处还表现在石球的数量众多,为石器组合中仅次于砍砸器的类型。[1] 除此以外,重型和轻型刮削器在各地也都占有比较重要的地位(图一)。这种情况与东非的奥杜威工业十分相似,属于典型砍砸器-石核工业。

华南早期旧石器工业的时代一直受到关注。由于酸性土壤而无动物化石保存,对这些砾石工业的年代意见分歧很大。近年来该地区第四纪地质研究的进展使得人们对埋藏砾石石器的红土地层的时代有了新的认识。华南地区的地层可以分为网纹红土,下蜀土下层与下蜀土上层。其中砾石石器出自网纹红土与下蜀土下层。按照已有的年代数据来看,网纹红土的年代为早更新世晚期至中更新世(90~40万年);[2] 下蜀土下层则为中更新世晚期,从距今30多万年或更早开始,一直到晚更新世的早期。[3] 所以,除了网纹红土中的发现均应属于旧石器时代早期,下蜀土下层中较早部分的时代也当属于我们正在讨论的阶段。

中国西南地区的旧石器时代考古工作虽然起步早于华南地区,但属于旧石器时代早期的发现则远不如华南地区丰富。时代较早,可能属于早更新世的发现只有云南元谋的上那蚌,这里自60年代中期发现直立人的牙齿化石以后,又相继发掘出几件石制品。[4] 另外几处均为时代相对较晚的洞穴堆积。发现较早,材料丰富的当属贵州黔西的观音洞。但对这个遗址的时代尚有不同看法。根据古生物化石材料,发掘者认为观音洞的时代属于中更新世的较早阶段。但铀系法年代测定的结果则为距今10万年左右;[5] 或从距今近20万年一直延续到距今

---

[1] 陕西省考古研究所汉水考古队:《陕西南郑龙岗寺发现的旧石器》,《考古与文物》1985年第6期,1~12页。陕西省考古研究所汉水考古队:《陕西南郑龙岗寺新出土的旧石器和动物化石》,《史前研究》1986年第Z2期,46~56页。黄慰文、祁国琴:《梁山旧石器遗址的初步观察》,《人类学学报》1987年第6卷第3期,236~244页。

[2] 邢历生:《庐山地区第四纪冰期的古地磁年代》,《中国地质科学院地质力学研究所所刊》1989年第13号,71~78页。

[3] 黄姜侬、方家骅、邵家骥等:《南京下蜀黄土沉积时代的研究》,《地质评论》1988年第34卷第3期,240~247页。

[4] 文本亨:《云南元谋盆地发现的旧石器》,《古人类论文集》,科学出版社,1978年,126~135页。

[5] 原思训、陈铁梅、高世君:《华南若干旧石器时代地点的铀系年代》,《人类学学报》1983年第5卷第2期,179~190页。

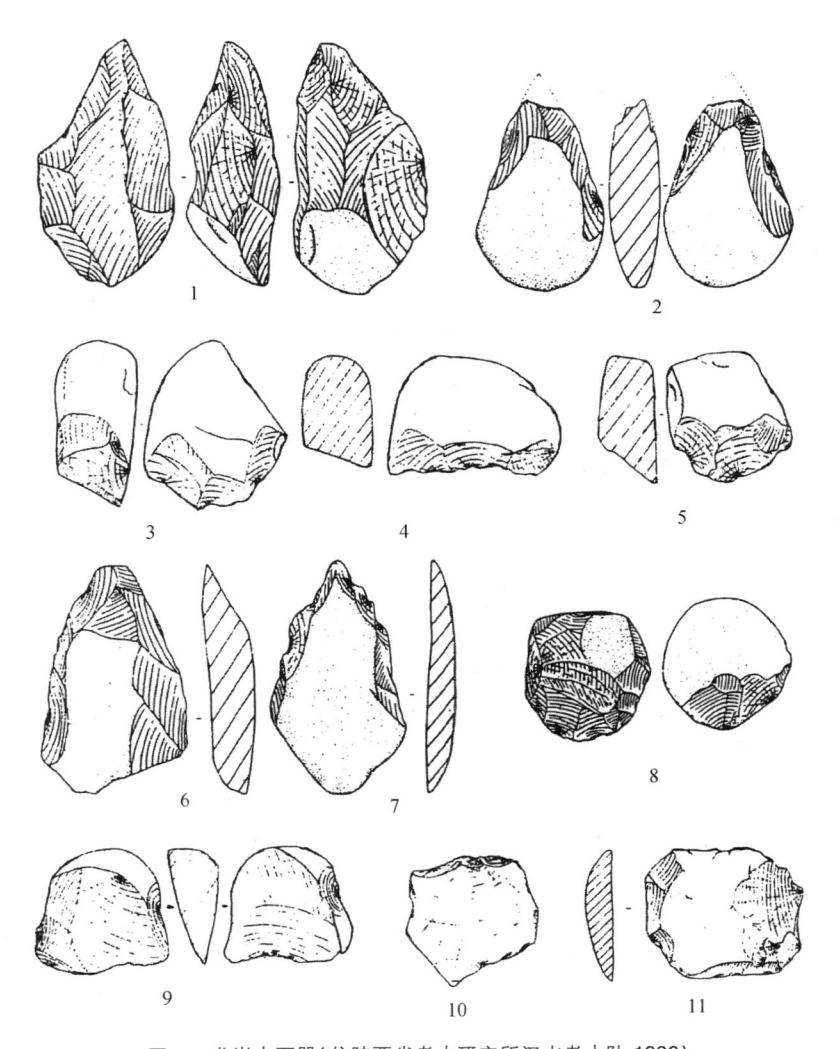

图一 龙岗寺石器(依陕西省考古研究所汉水考古队 1986)

1、2. 原手斧 3~5. 砍砸器 6、7. 大尖状器 8. 石球 9. 重型刮削器 10、11. 轻型刮削器(1—8.1/4, 9.1/6, 10、11.1/2)

数万年。[1] 按照前者的测定,观音洞应为晚更新世早期,已经不属于我们正在讨论的阶段。但据动物化石与后者测定的结果,至少有一部分下部的材料仍属于早

---

[1] 沈冠军、金林红:《贵州黔西观音洞钟乳石样的铀系年龄》,《人类学学报》1992年第11卷第1期,93~100页。

期。本区新近发现与发掘的另一个洞穴遗址,贵州盘县大洞也是如此,可能从中更新世的晚期一直持续到晚更新世较晚的阶段。[1]

位于中国地形第二阶梯的西南地区的早期的发现明显不同于华南。这里除元谋一处较早的露天地点外,其余几处均是时代较晚的洞穴遗址。从石器工业面貌来看,两区也大不一样。西南地区的石制品以中、小型为主,采用石片进行第二步加工的工具数量居多。加工石制品的原料来源虽然也有砾石,但更多是结核与岩块。石器组合更有别于华南地区。中、小型刮削器取代砍砸器,成为最重要的工具类型,在石器组合中可高达70%~80%。砍砸器所占比例则不到10%。除刮削器外,还有小型尖状器、石锥等小型工具。[2] 但东部砾石工业中的典型工具大尖状器则不见于此。

与中国南方相比,东南亚地区旧石器时代早期考古的新进展主要是在年代学方面。一方面是发现有确切年代学证据的早、中更新世的旧石器遗物;另一方面则纠正了原来认为属于早期的很多发现。这些早年的发现多系地表的采集品,如爪哇的Pacitan,马来西亚的Tampan等,先前均被认为是东南亚旧石器时代早期的代表性工业。近年来的工作发现这些砾石石器的年代很晚,已经属于晚更新世晚期。[3]

真正属于旧石器时代早期的石器工业在东南亚地区的发现还很有限。确切无疑的早期旧石器是泰国北部的Mae tha地点,绝对年代测定的结果显示其应为早更新世之末或中更新世的早期。这里的发现从地点的分布到埋藏条件均与华南地区的露天地点群相似。石器工业的面貌也很接近,系典型砾石石器工业。石制品形体粗大,加工简单,多为单面加工。[4] 但遗憾的是所发现的石制品的数量有限,尚

---

[1] 斯信强、刘军、张汉刚:《盘县大洞发掘简报》,《人类学学报》1993年第12卷第2期,113~119页。
[2] 李炎贤、文本亨:《观音洞——贵州黔西旧石器时代初期文化遗址》,北京:文物出版社,1986年。
[3] Bartstra, G., 1985, Sangiran, the stone inplements of Ngebung, and the Paleolithic of Java. *In Modern Quaternary Research in Southesat Asia*, 9: 99~114。又见 Reynolds, T. E. G., 1993, Problems in the Stone Age of South-East Asia. *In Proceedings of the prehistoric Society*, 59: 1~15。
[4] Pope, G. G. and S. Barr, A. Macdonalds and S. Nakabanlang, 1986, Earlist radiometrically dated artifacts from Southeast Asia. *Current Anthropology*, 27: 275~279.

无法详细与中国南方的发现对比。在东南亚大陆地区发现早期遗物的还有越南山区的洞穴,有包括直立人或早期智人牙齿化石及少量的石制品等。石制品系一些石英砾石工具。[1]

在东南亚的岛屿区有时代更早的直立人化石的发现,据最近的研究,爪哇直立人最早的年代应为距今 180 万年左右,遗憾的是到目前为止仍未发现与直立人共存的石器工业,使得我们无法了解本阶段东南亚岛屿地区旧石器文化的面貌。

比较本阶段中国南方与东南亚地区的旧石器文化可以看到,半个世纪前莫维士所划定的两个文化圈的界限,在今天依然清晰可见。东南亚与中国南方地区同旧大陆西侧早期旧石器文化相比,有着截然不同的文化面貌。这里缺乏旧大陆西侧广泛分布的手斧工业。而砍砸器等大型的砾石石器工业则很流行。然而,由于当年所发现的材料的局限性,莫维士当年所概括的砍砸器工业,却不能全面反映本地区旧石器时代早期文化的完整面貌。在幅员辽阔的中国南方与东南亚的不同地区,存在着不同类型的早期文化。从距今 180 万年起就可以看到早期人类生活在该地区,到距今 13 万年左右,旧石器时代早期结束,这一百多万年的时间里,旧石器文化也有发展变化。到目前为止,可以看得清楚的是在中国南方东部的河谷平原地区流行的是典型的大型砾石石器工业,而在西部山区则是小型的石片石器。前者均为露天类型的遗址或地点,后者则主要发现于洞穴堆积。尽管东南亚地区的发现有限,但也可以见到同样分布与埋藏条件的两类遗址或地点。石器工业的情况也大致一样。时代变化对石器文化的影响同样反映在两个地区。时代较早的发现均为露天类型,洞穴遗址在各地普遍出现较晚。就石器工业的变化看,大型的砾石石器的时代更早。石片石器,或修理较为细致的砾石石器的时代较晚。

二

从距今 13 万年左右开始,至距今 4~5 万年期间,是中国南方与东南亚地区旧

---

[1] Reynolds, T. E. G., 1993, Problems in the Stone Age of South-East Asia. *In Proceedings of the prehistoric Society*, 59: 1~15.

石器文化发展的一个新阶段。在本阶段,发现较多的仍在中国南方地区。但由于发现材料与年代测定技术等方面条件的限制,华南地区发现的一些遗址或地点的绝对年代还难以最后确定。从地层学与古生物学等方面的证据来看,湖北江陵鸡公山、枝城九道河等当为华南地区本阶段的代表性遗址。

鸡公山遗址位于湖北江陵县城北约 5 千米处的一座小土丘上。该地点应系古长江的 2 级阶地的残余部分。从本地区第四纪地层发育史与堆积物的岩性特点来看,本遗址的下文化层当属于中更新世末至晚更新世初。[1] 下文化层发现一处面积约 500 平方米的生活面(Living floor)和数量众多的石制品。该遗址与前述的华南地区一些早期地点的埋藏条件相同,石制品也属典型的砾石石器工业。石器原料均系各种岩性的砾石。使用砾石直接加工各类大型工具,包括不同形式的砍砸器、大尖状器。也可见到少量的"原手斧"与石球等。从石器的加工技术与石器组合方面还很难将鸡公山遗址下文化层同本地区早期的砾石石器工业截然分开。但在此时的大尖状器的加工技术较早期更为成熟,使用半边或扁平砾石加工的大尖状器,器形规整,大小也较一致。另外使用石片加工的石器的数量显著增加,也可见到加工较为精致的小型刮削器。石器加工技术方面的变化说明此时有较早期旧石器文化发展。

本阶段华南地区旧石器文化有所发展的情况还可以从枝城九道河遗址得到进一步证实。九道河是鄂西山地与江汉平原相交处的一个洞穴遗址。发现有数百件石制品与一些哺乳动物化石。尽管没有绝对年代测定,但从动物化石与地层堆积的情况可以确定为晚更新世的较早阶段。[2] 这里的石器仍使用砾石原料,但用砾石直接加工的石器的比例明显减少,石片石器的数量已居多数。虽然石制品的形体仍较粗大,但石器组合已发生明显变化。砍砸器的比例明显减少,刮削器成为数量最多的工具。此外,在早期砾石石器工业中居重要地位的大尖状器在这里则没有发现。这些变化都反映了华南地区旧石器文化在此时的发展趋势。

---

[1] 王幼平:《华南新发现的旧石器及相关问题》,北京大学博士学位论文,1994 年。
[2] 李天元:《湖北枝城九道河旧石器时代遗址发掘报告》,《考古与文物》1990 年第 1 期,6~20 页。

西南地区的旧石器文化与早期相比，在本阶段则无显著变化。这种情况在前一节已经提到。在本地区材料最丰富的观音洞遗址的多层文化堆积中，如果按照原思训等测定的结果，整个堆积均应属于本阶段。沈冠军等测定的结果与前者的区别较大。按其结果，观音洞的上文化层的时代小于 4 万年，已不属于本阶段；下文化层则从 5 万年一直持续到 20 多万年。前面已经谈到观音洞发现的石器工业的整体性质。无论按照哪种意见，从观音洞的多层堆积来看，这个遗址的使用时间应当是很长。但从早期到晚期，在加工石器的技术、石器原料的选择等方面均没有明显的变化。石器组合尽管有些细微的变化，但也并没有本质区别（表三）。[1]

贵州盘县大洞的旧石器时代遗存虽然尚无详细资料发表，但就已经发表的部分材料看，其与观音洞遗址一样延续的时代很长，文化面貌也大致相同。这种情况说明，西南地区以小型的石片石器为主体的石器工业开始的时代较早，而延续的时代也较长。可能开始于中更新世晚期，即旧石器时代早期的较晚阶段，并一直延续到整个旧石器时代中期，甚至更晚。

表三　观音洞遗址石器组合百分比统计

石 器 类 别	上文化层	下文化层
砍 砸 器	3.9	6.5
刮 削 器	82.4	82.2
端 刮 器	8	6.3
尖 状 器	4.5	3.9
石　　锥	0.8	0.6
雕 刻 器		0.2
凹缺刮器	0.4	0.3

东南亚地区属于这一阶段的发现也不多见。在大陆部分，仅在越南山区的洞穴中有人类牙齿化石与动物化石发现。岛屿区有较为重要的发现。在爪哇岛发现

---

[1] 李炎贤、文本亨：《观音洞——贵州黔西旧石器时代初期文化遗址》，北京：文物出版社，1986 年。

有本阶段的石器工业，发现于 Ngebung 和 Ngandong，分布在 Solo 河高阶地上。石制品为玉髓、碧玉、硅质灰岩等原料加工的小型石片石器。还有经过修理的骨制品。石片的数量最多，长度基本不超过 5 厘米。很多石片带有明显的修理痕迹。石核的数量不多，形状多不规则，但留下的小石片疤则较规整（图二）。石器种类有刮削器、雕刻器、石锥等。[1] 这个小型石片石器工业的年代属于晚更新世的早期。

比较本阶段各地区的发现，最突出的特点是石器工业由早期的砾石石器转变为石片石器。与此同时，还有石器的小型化。遗憾的是已经发现的确切属于本期的材料还很少，很难反映整个东南亚与中国南方地区的全部情况。但从上述几个时代较为确定，文化遗物丰富的石器工业来看，这一特点表现得都较明显。

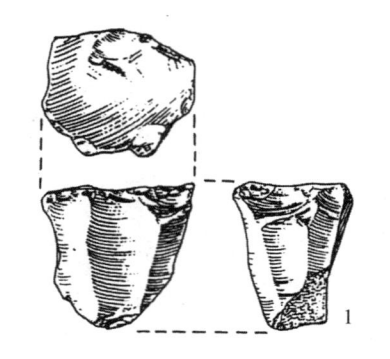

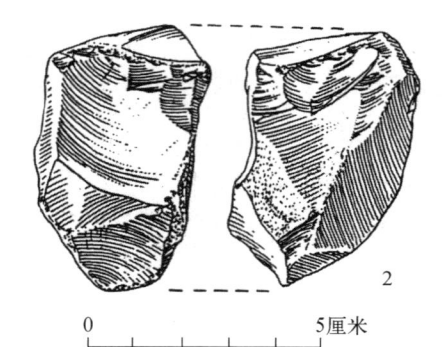

图二 爪哇岛 Ngebung 地点的石核
（据 Bartstra 1985）

另外，这一时期各地的石器工业都较多地继承了本地区早一阶段的文化传统。这个特点在中国南方的两区都表现得比较清楚。华南地区时代稍早的鸡公山下文化层的发现，虽然石器的加工技术较早期进步，石片石器的数量显著增加，此时还不能与早期的砾石石器工业截然分开。到时代稍后的九道河虽已进入以石片石器为主的阶段，但砾石工业的影响仍明显可见。这种状况说明本地区早期发达的砾石石器工业对本期文化的发展有着非常重要的作用。西南地区观音洞遗址上下层文化面貌几乎没有变化。而按照年代测定的意见，其应从旧石器时代早期的较晚

---

[1] Bartstra, G., 1985, Sangiran, the stone inplements of Ngebung, and the Paleolithic of Java. *In Modern Quaternary Research in Southesat Asia*, 9: 99~114. 又见 Reynolds, T. E. G., 1993, Problems in the Stone Age of South-East Asia. *In Proceedings of the prehistoric Society*, 59: 1~15.

阶段一直持续到中期甚至更晚。这种情况也说明了本区旧石器文化发展的连续性。东南亚大陆与岛屿两区本阶段与早期的发现都很有限,地区性文化的继承关系还难以说明。

正是由于上述的区域性的文化传统的影响,尽管本阶段旧石器文化发展有共同趋势,但此时的地方性特点已较明显。这种特点在中国南方的东部地区表现得比较清楚。

三

晚更新世的后一阶段,旧石器文化发现的分布情况有较大的变化。早期文化材料丰富的中国华南地区,此时的发现相对较少。西南地区本期的遗址数量则较以前有更多的发现。而东南亚地区,无论是大陆还是岛屿区,都发现很多本阶段的遗址或地点。

华南地区本阶段的发现以南岭为界分为南北两区。北部主要是露天遗址或地点,仍然分布在河流阶地上,但与早期明显不同的是均为单个分布。石器工业为典型的石片石器。具有代表性的地点为湖北丹江口张家营与江陵鸡公山上层。前者出土的石制品数以万计,主要是以燧石等原料加工的中、小型石片石器。后者也有数百件石制品发现。石器原料则以燧石、石英等硅质岩类为主。石器以刮削器为主,另有少量的小型尖状器。石器的形体均很小,长度多在 20~30 毫米之间,基本不见大于 50 毫米者。[1] 另外本区在山区也有洞穴遗址发现,如湖北房县的樟脑洞。这个遗址发现于鄂西北山区的一岩厦式洞穴内,出土有数千件石制品。也以中、小型石片石器为主,仅少量砍砸器形体较大,使用砾石为素材直接加工。石器组合以各种式别的刮削器为主,也有一定数量的小尖状器,砍砸器的数量不多。^{14}C

---

[1] 李天元:《鄂西北新发现的旧石器文化遗存》(摘要),《古人类学国际学术讨论会——纪念北京猿人第一个头盖骨发现 60 周年论文摘要及地质旅行指南》,1989 年 10 月,16 页。湖北省博物馆:《丹江口市石鼓村旧石器地点调查》,《东南文化》1991 年第 1 期,183~190 页。湖北省博物馆、丹江口市博物馆:《丹江口市石鼓后山坡旧石器地点调查简报》,《江汉考古》1987 年第 4 期,1~6 页。又见王幼平:《华南新发现的旧石器及相关问题》,北京大学博士学位论文,1994 年。

测定年代数据为距今 1.35 万年。[1]

南岭以南地区则与北部不同,砾石石器的传统在这里仍保持很强的影响。尤其是在时代较早的发现,如广西桂林的宝积岩,[2] 均为砾石石器。石器以大型的砾石砍砸器为主体,与早期的砾石工业没有区别。但其中所描述的一件单面加工的椭圆形砍砸器,则与时代较晚的和平文化中的典型石器 Suma-tralith 相似(图三)。宝积岩 ^{14}C 年代测定的几个数据分布在 3.5~2.5 万年的范围。另外从出土的晚期智人及哺乳动物化石看,广西田东定模洞与宝积岩的时代大致相当。定模洞发现的石制品也以砾石为原料,但加工石器的素材发生变化,使用石片加工的石器数量增多,石器小型化趋势很明显。石器组合也有变化,刮削器的数量增多。[3] 到时代稍晚的广西柳州白莲洞与鲤鱼嘴遗址,石器工业小型化,以石片石器为主的局面更为明朗。白莲洞是一个延续时代较长的洞穴遗址。早期堆积当属于旧石器时代晚期。其石制品中虽仍有一定数量的砾石石器,但燧石等原料打制的小型刮削器、尖状器等已占据主导地位。而晚期堆积中,小型石片石器的数量则明显减少,砍砸器等砾石石器重新占据了主导地位(表四)。[4] 在与白莲洞相距不足 10 千米的岩厦遗址鲤鱼嘴的早期堆积中

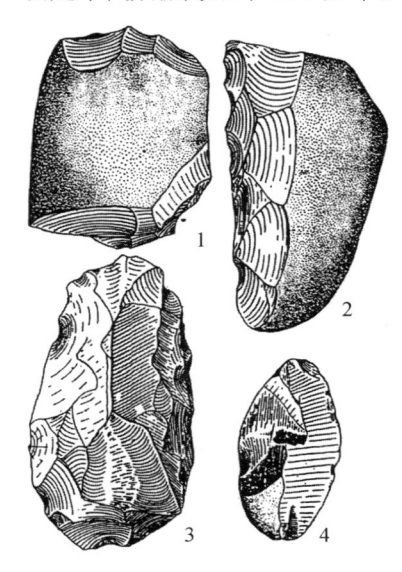

图三　宝积岩石制品(据王令红等)

1~3. 砍砸器　4. 刮削器(均 4/9)

---

[1] 黄万波、徐晓风、李天元:《湖北房县樟脑洞旧石器时代遗址发掘报告》,《人类学学报》1987 年第 6 卷第 4 期,298~305 页。

[2] 王令红、彭书琳、陈远璋:《桂林宝积岩发现的古人类化石和石器》,《人类学学报》1982 年第 1 卷第 1 期,30~35 页。

[3] 曾祥旺:《广西田东县定模洞人类化石及其文化遗存》,《考古与文物》1989 年第 4 期,1~6 页。

[4] 柳州白莲洞洞穴科学博物馆、北京自然博物馆、广西民族学院历史系:《广西柳州白莲洞石器时代洞穴遗址发掘报告》,《南方民族考古》1987 年第 1 期,143~160 页。周国兴:《中日古人类与史前文化渊源关系国际学术研讨会论文集》,中国国际广播出版社,1994 年。

的旧石器则基本都是燧石制作的小型石片石器,到晚期也出现了砾石石器为主体的现象。[1] 在白莲洞与鲤鱼嘴的晚期堆积中还都发现过磨制石器,因而中国学者已不在旧石器时代考古的范围内讨论它们。

表四　白莲洞遗址石器组合百分比统计(分期)

	I 期(西 5、7 层)	II 期(西 2、3 层)	III 期(东 3、4、6 层)
砍砸器	26.7	45.5	66.7
刮削器	60	36.4	15.4
尖状器	13.3	9.1	5.1
穿孔石器		4.5	10.2
磨制石器		4.5	2.6
合　计	100	100	100
备　注	2.8~2.6 万年(距今)	1.9 万年左右(距今)	1.4~1.1 万年(距今)

另外在岭南地区还有一些发现,从绝对年代测定的结果来看也在更新世的范围内,但由于或多或少有磨制石器等晚期文化因素的存在,因而通常都将它们放在旧石器时代之外去讨论。其中比较重要的有广东封开黄岩洞,[2] 阳春独石仔,[3] 广西桂林甑皮岩等。[4] 这些发现的石器工业的特点是大型的砾石石器为主,石器组合中砾石砍砸器占有很重要的地位,砍砸器中包括有和平文化的典型石器如 **Suma-tralith** 器和短斧等。这些发现按研究东南亚石器时代的学者的意见,也当归入和平文化。[5]

---

[1] 柳州市博物馆、广西壮族自治区文物工作队:《柳州市大龙潭鲤鱼嘴新石器时代贝丘遗址》,《考古》1983 年第 9 期。
[2] 邱立诚:《广东封开、怀集的几处洞穴人类文化遗存》,《考古与文物》1989 年第 4 期。
[3] 邱立诚、宋方义、王令红:《广东阳春独石仔新石器时代洞穴遗址发掘报告》,《考古》1982 年第 5 期。
[4] 广西壮族自治区文物工作队等:《广西桂林甑皮岩洞穴遗址的试掘》,《考古》1976 年第 3 期。
[5] 西村昌也:《最近のホビニアン研究におけゐ成果と問題》,《东南亚アジア考古学会会报》1992 年第 12 卷,17~37 页。

中国西南地区旧石器时代晚期的发现较本区早期明显增多。在早、中期没有发现的四川盆地发现有资阳人"B"地点、铜梁文化等。根据^{14}C年代测定结果,前者的时代为3.7~3.9万年。其石器工业与早期的砾石石器传统具有较明显的关系,石制品普遍粗大,有一定数量的石器是使用砾石直接加工的。石器组合以砍砸器为主,占68.1%,刮削器次之,占26.4%,小型尖状器仅占5.5%。但该地点已不见早期砾石工业中的大尖状器等典型石器,以石片为素材加工的石器数量增多。[1] 这种情况在时代更晚的铜梁地点也可以见到。铜梁地点旧石器地层的时代为2.1万年左右。在发现的300余件石制品中,有砍砸器、刮削器、尖状器三类。石器也以砾石为原料,整体为粗大类型,大部分石器的长度在60毫米以上。砍砸器的比例虽不如前者高,但仍占整个石器组合的1/3以上。[2] 与盆地内的这两处露天地点相比,位于盆地西侧边缘海拔较高山区的富林的石器工业则完全不同。富林的石器主要以板状的燧石结核为原料,形体细小,石器的长度很少超过30毫米。石器最主要的类型是刮削器,占总数的近80%,还有一些小型的尖状器、雕刻器等,仅有一件砾石加工的砍砸器。[3]

云贵高原上的旧石器时代晚期仍然是较多地继承了本地前期的传统,各地点的发现均以中、小型的石片石器为主。仍以洞穴遗址为主,但也有露天遗址或地点发现。根据^{14}C或铀系法的测定,已有年代数据的遗址多在距今1~2万年之间。在这些发现中,时代稍早的为普定穿洞的"下文化带"、[4] 桐梓马鞍山等,[5] 距今约为1.5~2万年;较晚的为普定白岩脚洞等距今约1~1.5万年。马鞍山的石制品以小型石片石器为主,很少有40毫米以上的标本发现。石器种类中刮削器占绝对多数,尖状器、砍砸器的数量都不多。制作石器的素材中,石块占有较大比例。白

---

[1] 李宣民、张森水:《资阳人B地点发现的旧石器》,《人类学学报》1984年第3卷第3期,215~224页。
[2] 李宣民、张森水:《铜梁旧石器文化之研究》,《古脊椎动物与古人类》1981年第19卷第4期,359~371页。
[3] 张森水:《富林文化》,《古脊椎动物与古人类》1977年第15卷第1期,14~27页。
[4] 张森水:《我国南方旧石器时代晚期文化的若干问题》,《人类学学报》1983年第2卷第3期,118~130页。
[5] 张森水:《马鞍山旧石器遗址试掘报告》,《人类学学报》1988年第7卷第1期,64~74页。

岩脚洞的发现与前者也大致相近。[1]

除了上述发现外,云贵高原地区的石器工业也出现新的因素。这种新的因素的出现可以上溯到年代较早的遗址水城硝灰洞。硝灰洞的铀系法测定的年代为距今 5 万年左右。该遗址发现的石制品不多,但石器工业的特征与本地区较早的发现不同,而与时代较晚的遗址有明显的联系。石制品中最突出的是锐棱砸击石片或称零台面石片的存在,[2]这种石片产生于一种特殊的剥片技术,目前所发现的主要分布在西南地区的旧石器时代晚期。使用锐棱砸击技术的典型遗址是兴义猫猫洞。猫猫洞是一处典型的岩厦遗址,铀系法年代测定的结果为距今 1.4 万年左右。但 ^{14}C 数据已落入全新世范围。石制品中包括了大量的零台面石片。石器组合中最多的是用零台面石片反向加工的刮削器,其次为尖状器,这两类石器的加工仔细,形制稳定。砍砸器的数量很少,不到石器总数的 10%。此外这个遗址还发现较多的骨制品。[3]

东南亚地区在进入晚更新世后期以来,旧石器文化发现的数量迅速增加。无论是大陆或是海岛区,都有保存很好,文化层连续堆积较厚的遗址发现。在大陆区邻近华南的越南北部 Nguom 岩厦遗址发现 3 种不同类型的石器工业的叠压关系。这个遗址的地层堆积分为 5 层。最下两层是小型石片石器。石器原料为石英岩和流纹岩砾石。石制品中最多的是不规则形石片,长度在 20~30 毫米间。石片的边缘往往有修理痕迹。有少量的长石片及其加工的工具。石器组合包括刮削器、小型尖状器等(图四)。[4]这一石片工业的时代根据研究者的意见应在 3~2.3 万年之间。类似的石片工业在大陆区南端的马来西亚的 Kota Tampon 等地也有发现,时代略早于前者。

岛屿区的发现也很丰富。在加里曼丹岛上的 Niah 洞遗址发现的石器工业,应

---

[1] 李炎贤、蔡回阳:《白岩脚洞石器类型的研究》,《人类学学报》1986 年第 5 卷第 4 期,317~324 页。
[2] 曹泽田:《贵州水城硝灰洞旧石器文化遗址》,《古脊椎动物与古人类》1978 年第 18 卷第 1 期,155~164 页。
[3] 曹泽田:《猫猫洞旧石器之研究》,《古脊椎动物与人类》1982 年第 20 卷第 2 期,155~164 页。
[4] Ho Van tan, 1985, The Late Pleistocene Climate in Southeast Asia: New Date from Vietnam. In *Modern Quaternary Research in Southeast Asia*, 9: 81~86.

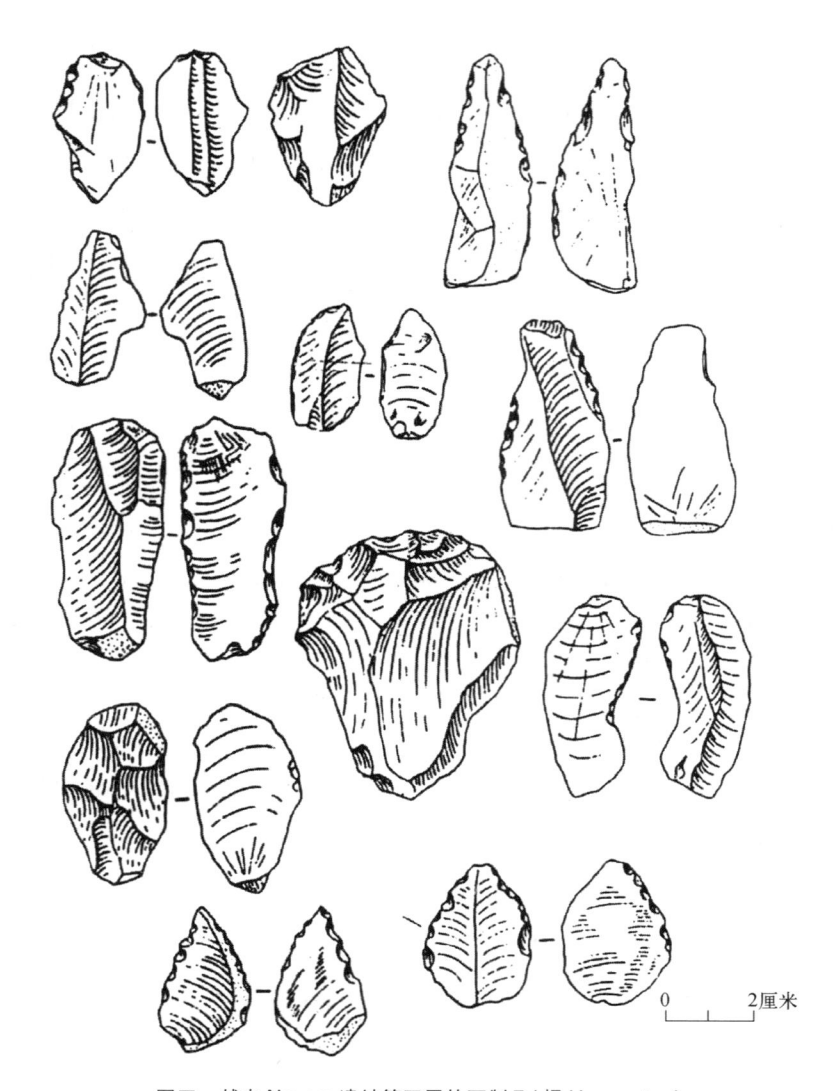

图四　越南 Nguom 遗址第五层的石制品（据 Ho van tan）

用 Pilih 技术,将砾石原料砸碎,然后从碎片中选取合适者使用。由于应用这种技术,因而虽有大量的石片,但很少有经过修理,能够分类的石器。与这一工业同时发现的还有人类头骨化石,时代约在 4~2 万年之间。[1]　另一重要的洞穴遗址是

---

[1] Reynolds, T. E. G., 1993, Problems in the Stone Age of South-East Asia. *In Proceedings of the prehistoric Society*, 59: 1~15.

菲律宾的 Tabon,其文化层的时代从距今 4~5 万年一直持续到全新世的开始。从早到晚均以石片石器为主,也有少量的砾石直接加工的砍砸器。[1] 值得注意的是在苏拉威西岛上的 Leang Burung 遗址的发现。这也是一个使用很长时间的岩厦,最早的文化层的时代大于 4.4 万年。重要的是这里发现的石片石器工业中带有明显的勒瓦娄哇技术,还有经过仔细修理的石器。石器原料主要是燧石(94%),还有少量的石英等。在第二层发现的 939 件石制品中,废片有 894 件,使用石片有 33 件。在全部发现中,废片的比例为 95%,经过修理的石器只有 52 件。带有修理台面痕迹的勒瓦娄哇尖状器出自第二层(图五)。除了图上所示的 4 件,还有另外 3 件较粗糙的标本分别出自第二和第五层。这些标本均无加工与使用痕迹,因而被研究者归入废片类。在 52 件石器中,有 50 件刮削器,1 件为尖状器,另 1 件可能为雕刻器。[2]

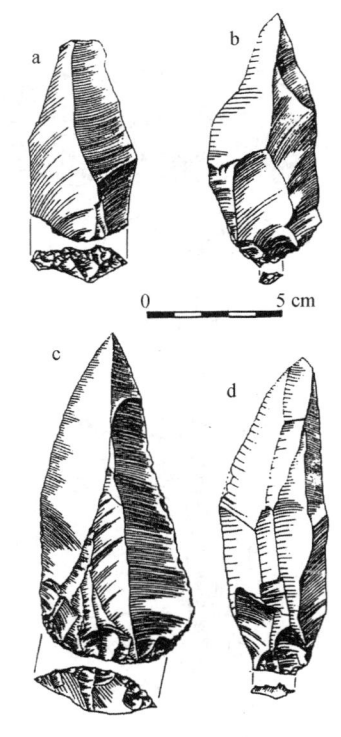

图五　苏拉威西岛 Leang Burung 遗址的勒瓦娄哇尖状器(据 Glover 1981)

　　继石片石器工业之后,东南亚大陆区普遍出现以砾石石器为主体的石器工业。其中较早的是发现于越南的山韦文化(Sonvian)。其地层关系如前述的 Nguom 遗址。属于这一石器工业的地点到目前发现的很多,主要是露天遗址,也有洞穴遗址发现。其石器工业的特点,与华南地区早期的砾石石器工业较为接近。石制品以砾石为原料,形体粗大。石器组合以边刃和端刃砍砸器为主,也有典型的大尖状器发现(图六)。[3] 山韦文化的时代在 1~3 万年之间。出现的时代较早期的山韦文

---

[1] Fox, R. B., 1970, The Tabon Caves. *Monograph of the National Museum*, 1, Manila.
[2] Glover, I. C., 1981, Leang Burung 2: An Upper Palaeoloithic Rock Shelter in South Sulawesi, Indonesia. *In Modern Quaternary Research in Southeast Asia*, 6: 1~38.
[3] 西村昌也:《最近のホビニアン研究における成果と問題》,《东南亚アジア考古学会会报》1992 年第 12 卷,17~37 页。

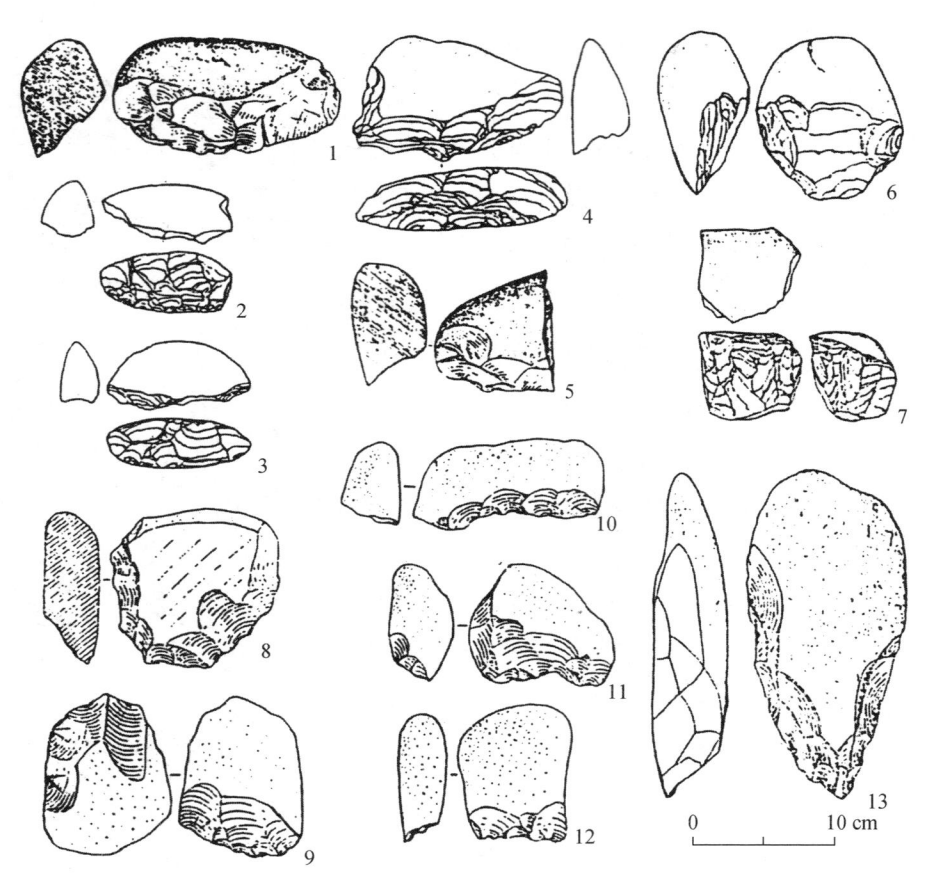

图六　山韦文化的石制品（据西村昌也 1992）

1～5、10、11. 边刃砍砸器　6、8、9、12. 端刃砍砸器　7. 重型刮削器　13. 大尖状器
（GoRungSau 1—7，LucNgan，SongDon 8—12）

化稍晚，与其共存的另一砾石石器工业是和平文化（Hoabinhian）。和平文化在东南亚地区史前考古中是一个使用很多，但也争论不休的词汇。这里使用和平文化所代表的石器工业是指以 Sumatralith（一种周边单面加工，形状呈椭圆形、矩形等形状的石器）、短斧等为典型石器的发现（图七）。其分布的范围在东南亚大陆区及邻近的苏门答腊岛的北部，越南境内发现最多，时代也较早。过去曾认为和平文化的时代为全新世早期，但最近的研究说明其最早出现于最后冰期的最盛期，一直

持续到全新世开始。[1] 和平文化虽然也属于砾石工业,但其与早期的砾石工业不同,而出现新的技术因素。Sumatralith 石器与早期的砍砸器的使用方式不同,可能是加柄使用。[2] 与此同时,开始出现局部磨刃石器。这些标志旧石器时代即将结束,一个新的技术时代的来临。

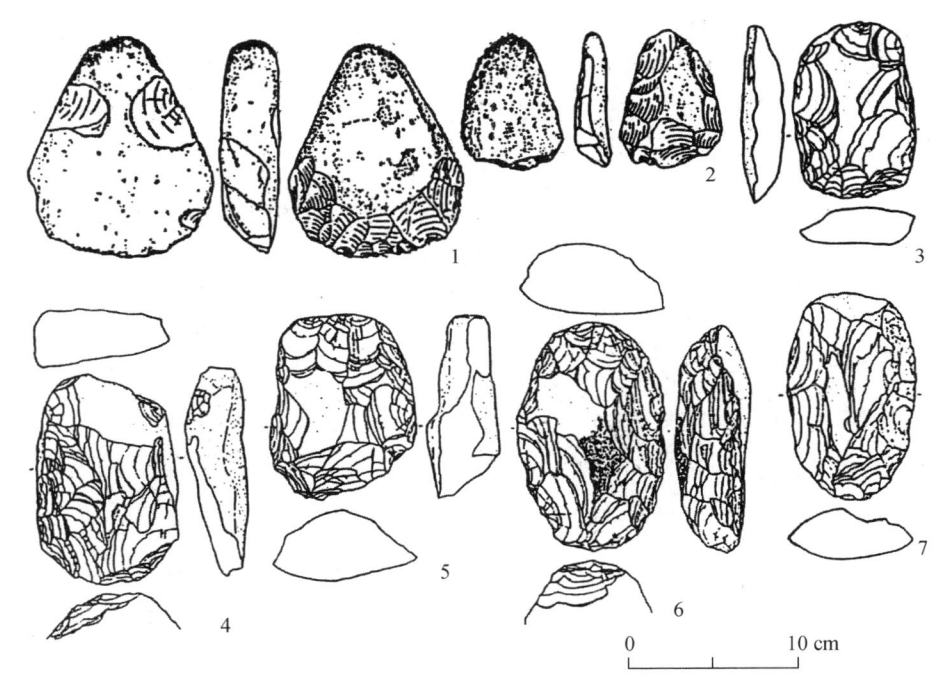

图七　越南 Xom Trai 地点的 Sumatralith 石器(据西村昌也 1992)

与大陆不同的岛屿区,虽然也有迹象显示此时的石器工业中砾石石器的成分增多,石器形体增大,但总体来看,在本区内仍以石片石器为主体,这种局面一直持续到全新世的开始。比较重要的地点仍是前面已经提到的几个洞穴遗址,如 Tabon、Niah 等。在 Tabon 仍然是与较早阶段相似的石片石器,但此时洞穴的使用

---

[1] Reynolds, T. E. G., 1993, Problems in the Stone Age of South-East Asia. *In Proceedings of the prehistoric Society*, 59: 1~15.
[2] 西村昌也:《最近のホビニアン研究における成果と問題》,《东南亚アジア考古学会会报》1992 年第 12 卷,17~37 页。

不多,留下的遗物也不如前期丰富。Niah 则增加了新的石器种类,包括砍砸器、Axe-abzes 和几种石片石器(如凹缺刮器等)。另一较重要的是早年莫维士曾经描述的 Pacitanian,经近年来的研究发现应当属于本阶段。[1] 这里的发现虽然有一些大型的砾石石器,也包括类似阿舍利手斧等,但更多的是石片石器,有刮削器、雕刻器和石锥等。

东南亚与中国南方两区相比,在更新世晚期的后一阶段,虽然有一些共同的发展趋势,但各地的差异较以前更为清晰。在南岭以北的华南地区,晚更新世早期以来石器工业石片化的趋势在此时更为明显。以石片加工的刮削器、尖状器等小型石器在石器组合中占绝对优势。砾石加工的砍砸器等大型工业仅在部分洞穴遗址中还可见到。这一地区内最突出的特点是从早期的砾石工业到晚期石片工业过渡过程的连续性。在岭南地区,由于地理位置的接近,这里与东南亚大陆区的石器工业的发展则有相似之处。如前所述,有研究者将这里也划入在东南亚大陆区广泛分布的和平文化的分布范围,这说明在更新世末期两地文化关系的密切。不仅如此,在和平文化之前,两地也都有一个石片工业占重要地位的发展阶段。白莲洞与 Ngoum 两遗址的发现即是很清楚的证明。

在西南的云贵高原区仍较多地保存了早期石片工业的影响。时代稍早的还是与早期相近的小型石片石器居主导地位。而到更新世临近结束时,在一些地区则流行零台面技术,制作出形制规整的石器。在高原北侧的四川盆地之内发现的石器工业却表现出与早期砾石工业有较密切的关系。资阳人"B"地点、铜梁两地的发现,都处于本阶段的较早期。在四川盆地内虽然尚未发现更早的砾石工业,但最近在三峡地区发现的一系列砾石石器地点却可以将盆地内的发现与华南区的砾石工业联结起来。

除前述东南亚大陆区与中国的岭南地区在本阶段具有比较相似的发展过程外,在东南亚岛屿区仍较多继承本地区早期石器工业的特点,一直以石片石器为主导,从本阶段开始一直延续到更新世结束甚至更晚。并且也有一些地方特色的石

---

[1] Bartstra, G., 1985, Sangiran, the stone inplements of Ngebung, and the Paleolithic of Java. *In Modern Quaternary Research in Southesat Asia*, 9: 99~114。又见 Reynolds, T. E. G., 1993, Problems in the Stone Age of South-East Asia. *In Proceedings of the prehistoric Society*, 59: 1~15。

器技术出现，如 Niah 的 Pilih 技术，Leang Burung 的勒瓦娄哇技术等。

四

比较中国南方与东南亚不同时代与不同地区旧石器工业，可以将其概括归纳为表五。

表五　中国南方与东南亚旧石器工业简表

绝对年代（万年）	地质时代	中国南方		东南亚	
		西南	华南	大陆区	岛屿区
1	全新世	（局部锐棱砸击技术）	石片工业（南岭以北） 砾石石片工业（南岭以南） 砾石工业	砾石工业（Hoabinian）石片工业 砾石工业	砾石工业、石片工业并重，石片工业（勒瓦娄哇技术，Pilih技术） 石片工业 ?
13	晚更新世 中更新世	石片工业			
73	早更新世	?			

从表中能够看出在这一地区的更新世早、中期的旧石器工业显然不能继续应用早年莫维士所引证的材料来加以概括。但近年来在东南亚，尤其是华南地区的一系列砾石石器工业则为说明这一地区旧石器时代初期的石器工业提供了新资料。无论是华南，还是东南亚大陆区，各地发现的石制品，均以附近的砾石为原料，直接打制各类大型工具，系典型的砾石石器工业。

上述情况在中国西南与东南亚的岛屿地区则尚未见到。云南元谋的时代可能与华南地区的发现的时代相当或更早，但其石制品的数量有限，难以代表石器工业的整体情况。而石器工业材料丰富的贵州黔西观音洞等地的发现，则主要是中、小型的石片石器。选用的石器原料也与前者明显不同，主要是遗址附近的结核或小石块等。观音洞遗址的时代虽有不同意见，但据两个不同单位前后两次所测定的数据看来,其最早也只能到中更新世之末。在更新世早、中期出现的两种不同类型的石器工业,是区域性的文化传统不同,还是时代早晚不同所决定,到目前为止还难以定论。砾石工业在华南与东南亚大陆地区更新世早、中期石器工业中占有重要地位是很清楚的。但在西南地区以及东南亚岛屿区则只见到时代相对较晚的石片工业。如果结合时代稍晚各地出现的石器工业的情况来看,形体较小的石片石器工业似乎是时代较晚的石器工业的发展趋势。

除了中国西南地区观音洞等地的石片石器工业,东南亚的岛屿区爪哇岛也有类似的发现。时代持续很长的观音洞的堆积的主要部分可能是属于晚更新世的早一阶段。尽管其下部堆积的时代可能属于中更新世之末,但与上部石器工业的性质并不见明显区别。这个以中、小型石片石器为主导的石器工业在西南地区持续了很长时间。爪哇岛上发现的石器工业也与西南地区相似,但埋藏的条件不同,系在河流阶地上发现的露天地点。其年代则为晚更新世的初期。[1]

在东南亚大陆区确切的更新世晚期较早阶段的石器工业还没有发现,但在华南则有比较清楚的材料,前面已经介绍的湖北江陵鸡公山下文化层的发现应与观音洞及爪哇岛上发现的时代比较接近,处于中、晚更新世之交。尽管鸡公山下文化层仍属于典型的砾石工业,但已经可以看到石片石器的因素在明显增加。到时代晚于鸡公山下文化层的湖北枝城九道河,石片石器则已经占据了主导地位,尽管石器的形体仍较粗大,砾石直接加工的石器仍有一定的数量。不过在华南平原与丘陵地区的河流附近的露天地点从砾石工业向石片工业的转变似乎经历一个很漫长的过程。这种情况从最近发现的材料看,经过长江三峡一直延续到四川盆地。在盆地内的资阳人"B"地点与铜梁的发现,虽然已经到了晚更新世的晚期,但仍保留着浓郁的砾石工业的传统。

上述情况说明在各地区之间石器工业的发展速度并不一致,变化的步伐也不相同。在中国西南与东南亚岛屿区,小型的石片石器工业出现于中、晚更新世之交

---

[1] Bartstra, G., 1985, Sangiran, the stone inplements of Ngebung, and the Paleolithic of Java. *In Modern Quaternary Research in Southesat Asia*, 9: 99~114. 又见 Reynolds, T. E. G., 1993, Problems in the Stone Age of South-East Asia. *In Proceedings of the prehistoric Society*, 59: 1~15。

甚至更早。但在华南地区石器小型化、石片化的过程则从中、晚更新世之交一直延续到晚更新世的晚期。在东南亚大陆区,早期的砾石工业与最早出现的石片工业之间则有一个相当长的时间缺环,期间的变化过程目前还不清楚。尽管到目前为止,发现的材料仍有一定限制,一些地区还有很长时间的空白,以至无法全面揭示中国南方与东南亚地区旧石器时代早、中期(在时代意义上与欧洲的分期相当)石器工业的面貌。但综合各地已经发现的材料看,从早更新世的晚期一直到晚更新世的早一阶段,在中国南方一直到东南亚的广大地区内,石器工业的变化并不复杂。如果按照西方史前学者的观点来看,无论是砾石工业,还是石片工业,都没有超出 Clark 所划分的 5 种石器技术模式的第一种(即砍砸器-石核工业)的范围。[1] 而在此阶段西方所相继流行的第二(手斧工业)与第三种(勒瓦娄哇-莫斯特工业)模式,则基本不见于本地区。

在进入晚更新世的后期,时代相当于欧洲旧石器时代晚期之时,中国南方与东南亚各地旧石器工业的发展也进入一个新的发展阶段。此时发现的模式与旧大陆西侧还是完全不同。各地所发现的石器工业的性质仍然与本地区较早阶段的工业有或多或少的联系。变化比较简单的是华南南岭以北的广大地区,这里除保留少数的砾石工业的因素以外,完全转变为小型的石片石器工业,石器技术的变化并不复杂。与其相邻的西南地区,除了继承较早的石片工业的传统发展出不同的小型石片工业以外,还发展出一种特殊的零台面技术,用以加工特殊的石片与石器。变化更为复杂的是华南的岭南地区与东南亚的大陆区,这里在更新世晚期很短的一段时间里,则又经历了从石片石器向砾石石器工业的转变。在晚更新世晚期的较早阶段。石器工业石片化、小型化的影响十分明显,岭南白莲洞遗址的早期遗物,越南北部的 Ngoum 的下文化层,到泰国的 Lang Rongien 所发现的材料均为典型的石片石器工业。然而与此同时,砾石工业传统的影响在本区的一些地点仍十分明显地保留。岭南宝积岩及越南等地发现的山韦文化仍然是砾石工业,显示出与早、中期的典型的砾石工业有密切的关系。其使用砾石直接加工石器的技术,石器组

---

[1] Clark, G., 1961, World Prehistory: in New Perspective. Cambridge: Cambridge University Press.

合中数量较多的砍砸器、大尖状器,都与典型的砾石工业没有区别。但此时已经可以见到少量的 Sumatralith 器与短斧等,开创了后继的和平文化的先河。

大约与最后冰期最盛期同时出现,在东南亚大陆区广泛分布的和平文化应是这一地区旧石器时代石器工业发展的最高峰。此时在旧大陆西侧盛行的是石叶工业。石叶与稍晚出现的细石叶的重要功能是用作复合工具,加柄使用。而和平文化中的 Sumatralith 器等,按照实验研究的结果也应是加柄使用。但使用的功能与前者不同。石叶与细石叶等主要是用作切割的刀具的刃口。Sumatralith 器装柄以后则主要是作为斧、锛类等重型工具的功能部位。从制作与应用复合工具的角度来看,旧大陆两侧此时的原始技术的发展水平应当是一致的。但石器技术则完全不同。石叶与细石叶在 Clark 所划分的旧石器工业的技术模式中应分别是模式 4 和模式 5。而和平文化则属于砾石石器,仍在模式 1 的范围内。和平文化一直持续到更新世的结束,甚至更晚。

在东南亚的岛屿地区,晚更新世晚期早一阶段所流行的主要是石片石器,到晚一阶段砾石石器的比例也有增多的趋势。这里石片石器技术的发展比较复杂,反映晚更新世晚期东南亚地区旧石器工业的发展并不完全是一个单一的模式。具有代表性的是 Niah 洞穴的 Pilih 技术与 Leang Burung 的勒瓦娄哇技术。后者与典型的勒瓦娄哇技术完全一致,在该地点延续的时代也较长。但其分布的范围很有限,其时代也明显晚于旧大陆西侧。因而研究者认为 Leang Burung 的勒瓦娄哇技术应是当地的独立发明。[1] 在各种石片石器的比较繁荣时期过后,在这里的砾石石器的比例也有明显的增多,但缺乏和平文化的代表性石器如 Sumatralith 等,较多的是砾石直接加工的砍砸器。因而与大陆区的和平文化有较明显的区别。这种情况也一直持续到全新世开始或更晚。

综上所述,从中国南方到东南亚的广大地区,在更新世的早、中期,甚至一直到晚更新世的早一阶段,无论是砾石石器工业,还是石片石器工业,都与旧大陆西侧同时期的旧石器工业有着十分明显的区别。这种情况可能与早期人类适应本地区特殊的

---

[1] Glover, I. C., 1981, Leang Burung 2: An Upper Palaeoloithic Rock Shelter in South Sulawesi, Indonesia. *In Modern Quaternary Research in Southeast Asia*, 6: 1~38.

自然环境的进化过程有非常密切的关系。现有的古人类学方面的证据说明,远在早更新世,东非与东南亚的直立人之间已经有较为明显的体质差别。这种差别应是影响石器工业面貌及其发展道路的重要因素之一。在另一方面,第三纪末到第四纪初以来强烈崛起的喜马拉雅山与青藏高原逐渐促使中国南方与东南亚地区形成一个相对独立的自然地理单元。中国-马来亚动物群的广泛存在,说明在这一地区内的更新世的大部分时间里,是温暖的热带或亚热带森林环境。[1] 这里的动物群与生态环境同欧亚大陆西侧的情况完全不同。东南亚地区与中国南方虽然有许多动物种类,但缺乏供给大量肉类食物的大型群居食草类。与此相反,茂盛的森林植被则可提供更多植物类食物。[2] 这一相对独立的地理单元与相似的自然环境,应该是中国南方与东南亚地区早期旧石器工业沿着大致相同道路发展的基本原因。[3]

进入晚更新世,尤其是到晚更新世的晚期,中国南方与东南亚地区的旧石器工业的发展呈现出明显的多元化趋势。不同的石器技术出现在不同的地区,各地的石器工业面貌出现显著差异。特别是在以中国南岭为界的南北两部分,石器工业的发展道路完全不同。南岭以北地区,晚更新世晚期的石器工业继续沿着中更新世末以来的石片化的道路发展,形成一石片工业区。在南岭以南一直到东南亚的广大地区,石器工业的发展则较为复杂,石片石器与砾石石器交错发展。但其发展的总体趋势也较接近。在晚更新世晚期的较早阶段,各地较为普遍的是小型的石片石器。随后砾石石器又重新发展起来,以和平文化为主体的砾石工业,在这一地区内一直延续到更新世的结束甚至更晚。晚期的这种变化趋势显然也与人类进化及本地区自然环境的变化的双重因素密切相关。与旧大陆西侧同一时期的文化面貌截然不同,而与本区内更早的石器工业有密切关系,这一发展特点进一步说明人类进化在本地区的连续性。南岭两侧石器工业发展的分异则反映了晚更新世,特

---

[1] 中国科学院青藏高原综合科学考察队:《西藏第四纪地质》,科学出版社,1983 年。中国科学院青藏高原综合科学考察队:《西藏地貌》,科学出版社,1983 年,中国科学院《中国自然地理》编辑委员会:《中国自然地理·古地理》,科学出版社,1984 年。

[2] 王幼平:《华南新发现的旧石器及相关问题》,北京大学博士学位论文,1994 年。

[3] Reynolds, T. E. G., 1993, Problems in the Stone Age of South-East Asia. In *Proceedings of the prehistoric Society*, 59: 1~15.

别是最后冰期最盛期气候变化对本地区的影响。受此影响,热带与亚热带气候带向南方移动,南岭一带成为亚热带与温带气候带的分界线,因而这里也相应成为砾石石器工业与石片石器工业的分水岭。

结　语

通过以上的比较可以看出,首先,更新世期间中国南方与东南亚地区的石器工业所走过的是大致相同的发展道路。从早更新世晚期到晚更新世之初,流行的是典型的砾石石器工业与石片石器工业。到晚更新世的后一阶段,这一地区的石器工业继续沿着自己的道路演进,与旧大陆西方同一时期广泛流行的石叶与细石叶工业不同,仍然是石片与砾石工业的交替发展。然而,在不同地区之间也存在着一定的差异。在早、中更新世,这种差异的程度比较有限。但进入晚更新世以后,各地区所发现的无论是石片工业还是砾石工业,都与前一阶段显著不同。到晚更新世后期,不同地区的石器工业更趋向于复杂化、专业化,地区之间的差别非常明显。尤其是以南岭为界的两侧,出现两个文化面貌完全不同的文化区。

中国南方与东南亚旧石器工业是早期人类适应该地区相对独立的自然地理环境及其在更新世期间的变化的产物。在中国南方与东南亚地区的旧石器工业确实有着自己独特的发展规律。这种规律显然不宜继续使用西方史前学者已有的模式来评价衡量。砾石石器与石片石器这两个被西方学者限定在石器技术模式 1 的范围内的技术,构成了中国南方与东南亚地区旧石器工业的两个最基本的因素。砾石工业与石片工业在不同时代、不同地区的交替发展,并且在更新世临近结束之际,达到与西方同时期文化可以媲美的高峰。中国与东南亚地区旧石器工业的这一特殊发展道路,奠定了该地区在世界史前史上不可忽视的地位。

附记:本文承导师吕遵谔教授审阅,提出修改意见,谨致谢意!

[原刊《考古学研究》(三),科学出版社,1997 年]

中国与西亚旧石器时代早、中期文化关系*

一、引言

　　西亚特别是黎凡特(Levant)地区位于亚洲、非洲与欧洲的交界之处,即使是当今在世界上仍具有非常重要的战略地位。在遥远的史前时代,更是早期人类迁徙扩散的重要通道。早期人类走出非洲,首先要经过黎凡特通道。东亚的早期人类与非洲、欧洲的交流也需要经过此地。近年来,这一地区旧石器时代考古学有很多重要的新发现,为认识早期人类与现代人类的起源问题提供了非常难得的新证据。

　　隔青藏高原及中亚沙漠与西亚地区相望的中国大陆在早期人类起源和发展研究中亦占有重要地位。与早期人类相关的化石证据和文化遗存也不断有新发现。中国境内早期人类及其文化的起源与发展,是整个世界史前史的重要组成部分。近年来呼声日益高涨的与国际接轨的研究取向,并不应仅仅局限于方法论与研究规范,更重要的方面应该是要将中国人类起源与旧石器文化发展的问题放在旧大陆的背景下来整体考虑。与国际接轨,或者是在世界史前史的背景下来认识中国早期人类与文化的起源问题,其切入点显然应该是首先认识中国大陆与西亚地区早期人类和文化的关系。这也就是本文拟讨论的中心。

二、西亚

　　西亚的旧石器时代文化一般还是采用西欧典型的旧石器文化分期方案,即旧

---

* 本文承1998、2000年度教育部资助优秀年轻教师基金资助。

石器时代早期、中期与晚期的三分法。早期包括了从最早的旧石器文化开始,一直到阿舍利文化的结束;中期则是莫斯特文化或与其相当的发现。[1]

(一) 最早的发现

西亚时代最早的发现当属位于地中海东北方向欧亚大陆分界处的德玛尼斯(Dmanisi)遗址。这处位于格鲁吉亚首都第比利斯附近的早期人类与文化遗址,早在 20 世纪 80 年代即有早期人类的下颌骨化石与石制品发现。由于其伴生的化石动物群的古老性质以及下伏的火山熔岩钾氩法年代数据为距今 1.8 Ma,使得德玛尼斯的发现一直受到关注。[2] 最近在这里又有人类头盖骨化石及新的文化遗物被发现。德玛尼斯靠近非洲,其人类化石与文化遗物的时代也与非洲最早的直立人接近。这里发现的石制品的数量不多,属于石核-砍砸器传统。包括石核、石片、砍砸器等。经过修理的石片,则可以划入刮削器类型。

另一处重要的早期发现是地处地中海走廊的乌比迪亚('Ubeidiya)遗址,位于以色列境内的约旦河谷,是一处古代湖滨遗址。20 世纪 60 年代就已经发现,并经过长期的发掘与研究。[3] 乌比迪亚的堆积巨厚,文化遗存丰富,是早期人类较长时间活动的产物。根据其哺乳动物群的时代特征,以及古地磁的研究,乌比迪亚的时代应为距今 1.0~1.4 Ma。与德玛尼斯的旧石器不同的是,乌比迪亚的石制品反映了两种技术传统。时代最早的层位(K/Ⅲ-12,Ⅱ-23,Ⅲ-20-22)的文化特点与德玛尼斯一致。石制品种类有石核、砍砸器、石球及石片等。然而在稍晚的Ⅱ-25 至Ⅲ-34 层的巨厚堆积中,手斧等阿舍利工业传统的特征则十分显著,因而被归入发展的奥杜韦或阿舍利文化。

---

[1] Bar-Yosef O. The Lower and Middle Palaeolithic in the Mediterranean Levant: chronology, and cultural entities. *ERAVL*, 1995, 62: 247~263.

[2] Bar-Yosef O. The Lower Palaeolithic of the Near East. *J World Prehist*, 1994, 8(3): 211~265.

[3] Bar-Yosef O, Goren-Inbar N. The Lithic Assemblages of 'Ubeidiya: a Lower Palaeolithic Site in the Jorden Valley. Jerusalem: Hebrew Univ Jerusalem, 1993.

(二) 阿舍利阶段

从稍晚的乌比迪亚开始,西亚就进入了阿舍利工业时代。阿舍利工业在西亚的时空分布很广泛。最早的阿舍利当从前述的乌比迪亚上层开始,时代为距今至少 1 Ma 以上的早更新世晚期。晚期的阿舍利-亚布鲁迪工业(Acheulo-Yabrdian)则已晚到距今 0.4~0.27 Ma。延续的时代长达数十万年甚至上百万年。到目前为止,在西亚的很多地区都已经发现阿舍利工业的存在。

早期阿舍利在以色列的海岸平原、叙利亚与黎巴嫩等地的河流阶地都有发现,这说明当时的人类主要活动于河谷及平原低地。当早期阿舍利工业在西亚流行之时,不含手斧的石器工业也还可以见到,如在 Tabun G 发现的 Tayacian/Tabunian。但典型的早期阿舍利工业的特点很突出,即加工粗糙,带有大片疤,刃缘呈 S 状扭曲的大型手斧与数量较多的石核-砍砸器同时存在。

晚期阿舍利工业的主要特点自然是手斧加工技术的进步。软锤技术的使用,使得手斧加工的形状规整,明显区别于早期。近年来在 Gesher Benot Ya'aqov 遗址发现的石器工业带有明显的非洲旧石器工业的特点,用非洲阿舍利工业常用的玄武岩原料制作两面器与劈砍器。劈砍器很明显是使用非洲的昆比瓦(Kumbewa)技术剥取的大石片加工的。然而在其上层发现的石器工业的手斧却是使用燧石原料加工,与其他西亚晚期阿舍利工业完全一致。这种情况使得研究者相信,Gesher Benot Ya'aqov 遗址早期的带有非洲特点的阿舍利工业,当是另一批非洲的新近移民所有。在他们到达之初,还没有熟悉当地的石料与环境。[1]

西亚的阿舍利-亚布鲁迪,也有称其为 Mugharan 传统。[2] 根据较新的 TL 数据,其时代可能在距今 0.4~0.27 Ma 之间。从黎凡特的中北部到土耳其东部或高加索一带都有发现。按照类型学来划分,还可以看出不同的组别。其中的阿舍利

---

[1] Goren-Inbar N, Zobar I, Ben-Ami D. A new look at old cleaver-Gesher Benot Ya'aqov. *J Isreal Prehis Soc*, 1991, 24: 7~33.

[2] Copeland L, Hours F. Le Yabroudian d'El Kowm (Syrie) et sa place dans le Paleolithique du Levant. *Paleorient*, 1983, 9: 21~37. Jelinek A. The Tabun Cave and Palaeolithic man in the Levant. *Science*, 1982, 216: 1369~1375.

组还含有较高比例的手斧。勒瓦娄哇技术也开始较多地出现。引人注目的是一些晚期旧石器的石器类型也有发现。

(三) 莫斯特阶段

西亚的莫斯特工业一直受到学术界的关注。近些年来年代学测定的新进展已经将本区莫斯特工业出现的最早时间提早到距今 0.27 Ma 左右。[1] 按照以色列 Tabun 遗址的发现,西亚地区的莫斯特工业可以分为三个阶段,即 Tabun D、Tabun C 和 Tabun B。[2] Tabun D 直接叠压在阿舍利-亚布鲁迪文化层之上。其突出的特征是石叶与长石片尖状器的存在。石叶与石片是用长锥或柱状石核剥取。勒瓦娄哇技术占有很重要的地位。石器组合包括了尖状器、刮削器、雕刻器等,还有大量的石叶。在黎凡特地区已经发现多处这样的遗存,但尚无伴生的人类化石发现。

到 Tabun C 阶段,勒瓦娄哇技术特点更为突出。使用周边或两端修理技术,剥取卵圆形大石片。三角形尖状器也有少量出现。在 Qafzeh、Skhul 和 Tabun C 等处还同时发现有人类化石。前两者带有明显的现代人的体质特征,一般认为当属西亚地区的最早的现代人的代表。Tabun C 则仅有一件下颌骨发现。

Tabun B 阶段继续使用勒瓦娄哇技术。宽底的勒瓦娄哇尖状器、短薄石片以及石叶是本阶段的突出特点。这一阶段的人类化石在 Tabun、Kebara 和 Amud 等遗址都有发现,但这些化石的体质特征与前一阶段的明显不同,应当属于尼安德特人。

三、中国

早期人类在中国大陆的活动历史也已经非常漫长。从距今 1 Ma 多的早更新

---

[1] Mercier N, Valladas H. Thermoluminescence dates for the Paleolithic Levant. In: Bar-Yosef O, Kra R S eds. Late Quaternary Chronology and Paleoclimates of the Eastern Mediterranean. Tucson: Radiocarb Peabody Mus, 1994.

[2] Copeland L. The Middle and Upper Palaeolithic of Lebanon and Syria in the light of recent research. In: Wendorf F, Marks A E eds. Problems in Prehistory: North Africa and the Levant. Dallas: SMU Press, 1975, 317~350.

世开始,就一直绵延不断。然而与前述的西亚地区相比,中国旧石器时代文化的发展道路有着明显不同的特点。直到中更新世甚至是晚更新世早期之前,中国旧石器文化面貌一直保持着比较稳定的发展态势,看不出明显的变化。在华北与西南地区主要流行着形体较小的石片石器工业,而南方东部的平原河谷地带则更多是重型的砾石石器工业。因此有学者提出,中国旧石器文化应采用两分法,将旧石器时代早期与中期归入同一发展阶段。[1]

(一) 最早的发现

近年来中国有关早更新世甚至更早的人类文化遗存发现的报道不断增多。在这些发现之中,以河北阳原泥河湾盆地的发现最丰富。自1979年以来,先后有小长梁、东谷坨等多处重要的早更新世人类文化遗址被发现,并已经过系统发掘与研究。[2]

小长梁、东谷坨、岑家湾以及其他早更新世遗址分布在泥河湾盆地的东缘。从已经发现的数以千计的石制品与大量的动物骨骼碎片来看,当时的人类就生活在泥河湾古湖滨或河流旁边。石制品的种类包括石核、石片、大量的废片以及经过二次加工者。在经过二次加工的制品中,可归入刮削器类型的最多,也有少量的尖状器、钻具及砍砸器等。石制品的形体普遍较小,石料主要是来自遗址附近的风化的基岩碎块。在岑家湾等处,还发现很多可以拼合的石制品。将这些发现归纳综合可以推论出,泥河湾古湖畔的早期居民的石器制作技术还比较简单。他们就地选材,对石料进行很简单的加工,从石块或砾石上打下石片即行使用,或者再进行简单的二次加工。加工的废片与使用过的石制品也就废弃在原地。

时代更早的发现还有多处,如20世纪60年代发现的山西芮城西侯度、云南元谋上那蚌,80年代发现的重庆巫山龙骨坡,还有前两年发现的安徽繁昌人字洞等。尽管这些地点的发现都不及泥河湾盆地丰富,其中有些地点的时代或石制品的性

---

[1] 高星:《关于"中国旧石器时代中期"的探讨》,《人类学学报》1999年第18卷第1期,1~16页。
[2] 卫奇:《泥河湾盆地旧石器遗址地质序列》,见《参加第十三届国际第四纪地质大会论文选》,北京科学技术出版社,1991年,61~73页。陈淳、沈辰、陈万勇等:《河北阳原小长梁遗址1998年发掘报告》,《人类学学报》1999年第18卷第3期,225~239页。

质也还存在着不同的意见,但就已发表的资料来看,这些地点的石器技术及特点与泥河湾盆地的早更新世的旧石器并没有很明显的区别。

(二) 石片石器工业

进入中更新世以后,石片石器的分布更为广泛,特别是在华北北部与西南地区。华北地区最著名的发现当然是北京周口店。周口店第 1 地点与第 15 地点的发现代表了华北地区旧石器文化从中更新世到晚更新世早期的发展。

第 1 地点留下的多达 10 万件的石制品是中更新世北京猿人在这里长期生活的证据。石制品的原料主要是采自遗址附近山坡与河边的石英碎块或砾石,燧石、水晶等硅质岩类也有一定数量。尽管北京猿人主要使用砸击技术来处理劣质石英块,但其操作过程与前述的泥河湾盆地古人类的石器技术并没有明显不同。第 1 地点的石制品包括石核、石片与大量废片,经过第二步加工者有刮削器、尖状器、钻具、雕刻器等。在早期,还可以见到少量用砂岩砾石加工的砍砸器。以片状毛坯加工的中、小型石制品占据着主导地位。[1]

第 15 地点是中更新世末到晚更新世初的旧石器文化遗存。虽然在这里已经发现数以万计的石制品,但至今仍未见人类化石遗存。这里的石器原料与第 1 地点没有明显不同,但却很少用砸击技术来打片。石制品组合也包括石核、石片与废片等,经第二步加工的制品也没有超出第 1 地点的范围。[2] 与第 15 地点时代相近的许家窑是泥河湾盆地北缘的一处重要的露天遗址,也有数以万计的石制品发现。虽然两者的环境与埋藏条件有较大的区别,但石器技术却没有明显的不同。泥河湾盆地内另一处重要的发现是板井子遗址,虽然时代稍晚于前两者,但石器技术与组合也都没有很大的不同。

(三) 砾石石器工业

中更新世初甚至更早以来,在中国南方东部到华北南部的平原河谷地带就流

---

[1] 裴文中、张森水:《中国猿人石器研究》,科学出版社,1985 年。
[2] 张森水:《中国旧石器文化》,天津科学技术出版社,1987 年。

行着砾石工业。最具代表性的发现之一是皖南宣州的陈山遗址。陈山遗址含旧石器的堆积厚达 10 m 余。自下向上可以分为 9 个层组,反映了冷暖变化的多次循环。年代学研究显示该遗址的堆积大致开始于距今 0.8 Ma 左右的早更新世末,并且一直持续到距今 0.1 Ma 的晚更新世之初。有趣的是,虽然经历长达数十万年的漫长岁月,但在陈山剖面上发现的石制品,从下到上却没有明显的变化。石器原料均为来自遗址附近砾石层的砾石。采用直接打击方法来剥取石片,或直接加工出工具。石器组合中,以砾石为毛坯直接加工的重型工具占据着主导地位。砍砸器、大尖状器等是最常见的种类。很少见到有二次加工痕迹的石片工具。[1]

与湖北郧县人头骨化石共生的砾石工业,其时代与陈山早期相当或更早,其石器工业面貌也与陈山无异。采取就地选择形体较大的砾石为原料,直接加工成砍砸器、大尖状器等,或剥取石片即行使用。石器形体粗大,类型简单。数量较多可以拼合的标本说明,这些石制品应是郧县人在当地活动所遗,并被原地埋藏。

另一处时代较晚,大致相当于中、晚更新世之交的湖北荆州鸡公山遗址。虽然发现了数以万计的石制品,石制品的种类也更丰富,但其基本的石器技术却与前两者没有很大的区别。在鸡公山遗址发现的大量石制品中也不乏一些加工细致,并反映出已有固定的加工程序的石器,如具有代表性的大尖状器。但其石器加工的基本操作过程或程序,却与早期并无明显差异。[2]

近些年来一个引人注目的现象是有越来越多的发现手斧的报道。尤其是在广西百色盆地的发现更多,可占已发现的石制品总数的 6% 左右。[3] 不过很遗憾的是,到目前为止主要还是来自采集品。在经过发掘的遗址中,如前述的鸡公山与陕西洛南龙牙洞遗址,尽管都有数以万计的石制品发现于原地埋藏的古人类活动场所,但都还不见有典型的手斧。

---

[1] 房迎三、杨达源、韩辉友等:《水阳江旧石器地点群埋藏学的初步研究》,《人类学学报》1992 年第 11 卷第 2 期,134~141 页。
[2] 王幼平:《更新世环境与中国南方旧石器文化发展》,北京大学出版社,1999 年,1~170 页。
[3] 黄慰文:《中国南方砖红壤中的石器工业》,《第四纪研究》1992 年第 4 期,373~379 页。

四、讨论

（一）时代

古人类遗址的年代学问题一直是研究者关注的重点。近年来无论在西亚还是在中国，年代学的研究都有新进展。绝对年代的测定技术在不断进步，多种测年方法的综合应用使得很多重要遗址的年代得到更可靠的数据。与此同时，在两边也都不断有年代更古老的遗址被发现，将早期人类在亚洲大陆活动的历史追溯到更古老的时代。综合中国与西亚地区年代学研究的最新成果，可以列表一如下：

表一　中国与西亚旧石器时代早、中期文化的年代序列

时间 Ma B.P.	地质时代	中　国		西　亚
0.01		（石片石器）	（砾石石器）	
	更新世晚期	板井子	鸡公山	Tabun B
0.10		许家窑	陈山 A	Tabun C
		周口店第 15 地点		Tabun D
				Acheulo-Yabrudian
	更新世中期	周口店第 1 地点		
			陈山 B	Gesher Benot
0.78			曲远河口	Ya'aqov
	更新世早期	小长梁		
			公王岭	'Ubeidiya
		元谋		
1.80				Dmanisi
	上新世			

从上表所列可以看出，西亚与中国最早的旧石器文化开始的时间大致是同时。不过似乎在西亚的早期发现，无论是人类化石材料或是文化遗物，都要更为复杂。早更新世以后，两边的旧石器文化的发展都绵延不断，沿着各自的途径发展。

(二) 环境

中国与西亚的旧石器时代早、中期人类生存环境既有很多相似之处,也有明显的区别。中国与西亚大致处在相同的地理纬度。两区同样都有炎热的夏季与寒冷的冬天。但下雨的季节在两边却不相同,降雨量也由于距海洋的远近以及地理纬度的影响而出现明显的地区差别。另外两边的地貌特征也是既有相近之处,又有明显不同。相同之处是两边都有山区、高原、平原甚至沙漠等多种地貌类型,但西亚地貌的区域变化似乎比中国早期人类主要活动的东部季风区更为复杂。

更新世期间全球性气候变冷对中国北部与西亚纬度较高的地区同样具有显著影响。当冰期或冷期来临之际,随着气候变冷,适应温暖环境的植物与动物就会被迫向低纬度地区移动;同样,当间冰期气候变暖之际,这些植物与动物又会移向高纬度方向。这种情况对两边早期人类的生存都曾有显著的影响。由于最后冰期寒冷气候的驱使,欧洲的尼安德特人曾被迫迁徙到西亚的地中海沿岸。[1] 在南京汤山发现的与周口店第1地点相似的化石动物群与直立人头骨,也反映同样的情况。

对于更新世环境具有重要影响的另外一个因素是喜马拉雅山与青藏高原的隆起。这个巨大山脉与高原在亚洲中部的隆起,不仅改变了全球的气候系统,形成东亚季风气候区,也造成中亚及邻近地区的干旱与沙漠化,同时也在中国与西亚之间形成天然的地理屏障,阻断了早期人类基因与文化的交流。[2]

近年来青藏高原项目研究不断取得新的成果与认识,尤其是对高原隆起的时间与幅度,以及对邻近地区及全球性气候环境的影响等问题的认识更是不断深入。最新研究显示,更新世期间,在距今 0.7 Ma 前,高原经历的是比较缓慢的抬升,而在 0.6~0.7 Ma 期间,则是一个强烈隆起的阶段,形成了现代高原北部的主要形态

---

[1] Bar-Yosef O, Vandermeersch B. Modern human in the Levant. *Sci Am*, 1993, 268(4).
[2] Gamble C. Timewalker: the Prehistoiy of Global Colonization. Cambridge: Harvard Univ Press, 1993.

特征。[1] 在早更新世期间,在高原北部是凉湿气候环境并有许多湖泊的景观,与华北北部泥河湾盆地的环境相似。[2] 在进入中更新世以后,强烈的隆起导致了高原进入了冰冻圈,这种情况使得高原西北部原来零散分布在塔克拉玛干盆地的沙地形成巨大的沙漠。在高原的东部,则原来的湖泊逐渐消失,黄土分布日益扩大。[3] 这些变化显然会对中国与西亚两边早期人类及其文化的发展与传播产生重要的影响。

(三) 文化关系

将中国与西亚地区旧石器时代早、中期文化的发展情况进行比较,可以发现两边旧石器文化在最早阶段存在着更多的相似之处;然而随着阿舍利文化的出现,特别是中更新世以后,两边旧石器文化的发展则渐行渐远。

最早阶段的石核-砍砸器技术,无论是中国或是西亚,其操作程序都很相近。选取合适的砾石或石块,直接打击出使用刃口,或直接利用剥下石片的锋利刃缘,也有的石片经过加工。而阿舍利技术则与前者显著不同,在加工使用刃口之前,首先需要对石料进行整形,然后再进行加工。勒瓦娄哇技术则要更进一步,在剥取石片之前,要对石核进行系统修理,采取的加工技术程序一致,剥取的石片形状也规整统一。后两者在西亚的旧石器时代早期到中期阶段相继出现,并且成为代表性的技术。阿舍利技术在东亚的存在与否,一直是个争论的热点。如前所述,尽管近年来关于此类发现的报道不断增多,但与西亚发现的情况相比,两边显然有本质的区别。至于勒瓦娄哇技术的情况更是如此,到目前为止,除了零星的报道或个别时代较晚的发现,东亚地区还没有发现系统使用勒瓦娄哇技术的情况。很显然,中国旧石器从早更新世开始,就

---

[1] 葛道凯、崔之久、伍永秋等:《青藏高原昆仑山垭口盆地沉积构造史研究》,《青藏高原形成演化、环境变迁与生态系统研究学术论文年刊(1994)》,科学出版社,1995年,126~134页。

[2] 崔之久、伍永秋、刘耕年等:《昆仑山垭口地区晚新生代以来的气候构造事件》,《青藏高原形成演化、环境变迁与生态系统研究学术论文年刊(1995)》,科学出版社,1996年,74~84页。

[3] 施雅风、郑东兴:《青藏高原进入冰冻圈的时代、高度及其对周围地区的影响》,《青藏高原形成演化、环境变迁与生态系统研究学术论文年刊(1995)》,科学出版社,1996年,136~145页。

一直是石片或砾石石器工业传统。这两者都可以归入 Clark 界定的石器技术模式 1。[1]

中国旧石器时代早、中期文化与西亚地区的相似与区别,是早期人类及其文化的起源与发展过程中一个非常重要的现象。影响石器工业面貌的因素可以有多种,如石料、环境及生计方式等等。近距离或同时代两个文化的异同,往往受制于上述某种因素。然而,中国与西亚旧石器工业在更新世的漫长时代中的不同发展道路,可能还不宜用上述某个因素做简单解释。如前所论,中国与西亚在自然环境方面有很多相似之处,从已经发现的资料来看两边的早期人类在生计方式与栖居形式方面也没有明显的不同。尽管东亚地区缺乏如西亚那样广泛分布的优质燧石,但是能够加工出手斧或勒瓦娄哇石核的石料也还是可以找到。

所以,应该在更广阔的环境背景与人类演化的整体格局之上来探讨其成因。从现有的证据来看,早期人类更可能起源于非洲,在距今 1.8 Ma 或更早通过西亚通道扩散到欧亚大陆。最早的石核-砍砸器技术或称模式 1 的流行,可能就是这个过程的产物。中更新世开始以后中国与西亚的差别越来越大的原因,刚好与青藏高原的强烈隆起及其带来的环境效应同步发生应该不是偶然,而是存在着某种程度的因果关系。隆起的高原以及干旱沙漠区形成的巨大屏障,使得中国大陆成为相对独立于包括西亚在内的旧大陆西方的地理单元。相对独立的自然地理环境使得中国大陆的远古人类在中更新世以后与西方的基因与文化交流都更为困难。而在旧大陆西方的西亚与非洲、欧洲则没有这样的不便。这当是中国与西亚旧石器早、中期文化发展道路不同的主要原因。

五、结语

综上所述,中国与西亚最早的旧石器文化出现的时代比较接近,但紧邻早期人

---

[1] 林圣龙:《中西方旧石器文化中的技术模式的比较》,《人类学学报》1996 年第 15 卷第 1 期,1~19 页。

类的可能起源地的西亚地区的发现更为复杂,这种情况可能与早期人类的迁徙扩散过程相关。东、西方最早的旧石器文化面貌的一致性,可能也与早期人类的起源与发展过程密切相关。中国与西亚的早期人类差不多同时出现,并且都绵延不绝持续发展,这当与两边同样所具有的适合早期人类生存的环境密不可分。而青藏高原的隆起与更新世期间气候环境的变化,则同样给两边早期人类的发展带来巨大的影响。特别是青藏高原的隆起及其带来的环境效应,更使得中国与西亚的旧石器时代早、中期文化的发展渐行渐远。上述情况说明,中国与西亚旧石器时代早、中期文化发展道路的联系与区别,并不仅仅是简单的文化现象,而是与早期人类的起源与发展、古地理与古环境等多方面的因素密切相关。

(原刊《第八届中国古脊椎动物学学术年会论文集》,海洋出版社,2001年)

中国直立人与早期智人适应性的比较[*]

一、概述

中国是世界上发现直立人与早期智人化石最丰富的地区之一。随着人类化石发现的增多,中国古人类学的研究也不断深入发展。[1] 从20世纪80年代开始,在银山人与金牛山人发现以后,早期智人与直立人在中国境内并存的问题开始提出[2]。近年来,郧县人的发现及其研究又引起新的学术波澜。[3]

与此同时,近些年来也有越来越多从早更新世晚期到晚更新世早期的旧石器文化遗存发现。这些发现增加了人们对中国旧石器文化发展复杂性的认识。不同时代与不同地区的旧石器文化的面貌有着明显的差异。这些面貌各异的旧石器文化遗存与上述的直立人与早期智人化石属于同一地质时代,有的更与人类化石共生。随着多学科与跨学科研究的不断深入,许多研究者已开始将旧石器文化的发展与早期人类的演化综合考虑[4]。这样的实践开辟了古人类学与旧石器时代考古学研究的新方向。中国境内丰富的直立人、早期智人化石以及与其共生的旧石器文化遗存为进行综合研究提供了更为理想的材料。对中国直立人与早期智人的

---

[*] 本文承教育部资助优秀年轻教师基金项目资助,曾摘要刊于《中国文物报》。
[1] 吴汝康:《人类起源研究的新进展和新问题》,《人类学学报》1994年第13卷第4期,353~373页。
吴新智:《中国人类化石研究对古人类学的贡献》,《第四纪研究》1999年第2期,97~105页。
[2] 张银运:《关于直立人与早期智人并存而引起的问题》,《纪念马坝人化石发现三十周年文集》,文物出版社,1988年,127~132页。Chen Tiemei and Zhang Yinyun. 1991. Palaeolithic chronology and possible coexistence of *Homo erectus* and *Homo sapiens* in China. *World Archaeology*, 23 (2): 147~154。
[3] 张银运:《直进演化抑或分支演化——中国的人类化石证据》,《第四纪研究》1999年第2期,106~112页。
[4] Klein R. G. 1992. The archaeology of modern human origins. *Evolutionary Anthropology*, 1: 5~14. Foly R. and M. M. Lahr. 1997. Mode 3 technologies and the evolution of modern humans. *Cambridge Archaeological Journal*, 7 (1): 3~36.

文化特征进行比较研究,可能会为我们认识中国早期人类进化与旧石器文化发展提供一个新的视角。

二、直立人与早期智人及其文化的发现

到目前为止,在中国境内已经发现保存较完整的直立人头骨的地点有北京周口店第一地点,陕西蓝田公王岭,安徽和县龙潭洞与南京汤山。另外在云南元谋、河南淅川、湖北郧县与山东沂源等地还有直立人的牙齿或其他部位的零碎化石的发现。重要的早期智人化石有辽宁营口金牛山、陕西大荔与广东曲江马坝等地的发现,在山西阳高许家窑、湖北长阳、安徽银山与贵州桐梓等地也有数量不等的发现。[1] 另外一项重要的发现是 1989~1990 年期间在湖北郧县曲远河口发现的两具保存较好的早期人类头骨化石,对其应属直立人或早期智人则尚有不同意见。[2] 与此同时,在中国境内发现了数量更多属于早更新世晚期至晚更新世早期阶段的旧石器文化遗存。在上述的人类化石地点中,有很多同时还发现丰富的旧石器文化遗存。[3]

为了便于对比,将中国境内已经发现的直立人与早期智人及其文化的主要材料分别列表如下(表一、二):

表一　中国直立人及其文化的发现简况

地点名称	地理坐标	堆积类型	绝对年代(距今百万年)或地质时代	人类化石	文 化 遗 物
元谋	25°40′N 101°54′E	露天	1.70 或 0.60	牙齿	石制品 6 件

---

[1] 吴汝康、吴新智、张森水:《中国远古人类》,科学出版社,1989 年。
[2] 李天元、王正华、李文森等:《湖北郧县曲远河口人类颅骨的形态特征及其在人类演化中的位置》,《人类学学报》1994 年第 13 卷第 2 期,104~116 页。张银运:《直进演化抑或分支演化——中国的人类化石证据》,《第四纪研究》1999 年第 2 期,106~112 页。
[3] 王幼平:《旧石器时代考古》,文物出版社,2000 年。

（续表）

地点名称	地理坐标	堆积类型	绝对年代（距今百万年）或地质时代	人类化石	文化遗物
蓝田公王岭	34°11′N 109°29′E	露天	1.15	头盖骨	石制品26件
蓝田陈家窝	34°14′N 109°15′E	露天	0.6	下颌骨	石制品10件
郧县曲远河口	32°49′N 110°35′E	露天	0.60或更早	头骨	石制品207件
周口店第一地点	39°41′N 115°55′E	洞穴	0.46至0.23	头骨、牙齿、肢骨等	石制品10万余件、用火遗迹、遗物
南京汤山	32°N 119°E	洞穴	0.35	头盖骨、牙齿	
和县龙潭洞	31°45′N 118°20′E	洞穴	0.19~0.30	头骨、牙齿等	
沂源	36°12′N 118°09′E	洞穴	中更新世	头骨碎片、牙齿等	
郧县龙骨洞	33°00′N 111°10′E	洞穴	中更新世	牙齿	石制品1件

表二 中国早期智人及其文化发现简况

地点名称	地理坐标	堆积类型	绝对年代（距今百万年）或地质时代	人类化石	文化遗物
金牛山	40°34′N 122°30′E	洞穴	0.20~0.26	头骨、躯干骨与肢骨等	石制品数百件、用火遗迹、遗物
大荔	34°52′N 109°43′E	露天	0.20	头骨	石制品400余件
巢湖银山	31°33′N 117°52′E	裂隙	0.20~0.30	头骨碎片、牙齿等	

（续表）

地点名称	地理坐标	堆积类型	绝对年代（距今百万年）或地质时代	人类化石	文化遗物
桐梓岩灰洞	28°13′N 104°43′E	洞穴	0.18	牙齿	石制品12件
丁村	35°49′N 111°25′E	露天	0.12 或 0.16~0.21	牙齿、头骨碎片	石制品2000余件
许家窑	40°06′N 113°50′E	露天	0.10~0.12	头骨碎片、牙齿等	石制品万余件
周口店新洞	39°41′N 115°55′E	洞穴	0.12~0.17	牙齿	石制品、灰烬
本溪庙后山	41°14′N 124°07′E	洞穴	0.14~0.33	牙齿等	石制品数十件
马坝	24°39′N 113°34′E	洞穴	0.12	头盖骨	石制品2件

三、讨论

（一）时代特点

直立人与早期智人及其文化的时代特点是首先需要讨论的问题。关于中国境内直立人出现的最早时代，到目前为止还没有达成共识。1965年在云南省元谋县上那蚌附近曾发现两枚直立人的牙齿，在随后的发掘中也有数件石制品发现。对元谋直立人的时代问题尚有不同意见，一说为距今170万年；另一种意见则为距今50~60万年左右。[1] 20世纪80年代中期在重庆巫山发现的材料，学术界的认识

---

[1] 钱方：《关于元谋人的地质时代问题——与刘东生等同志商榷》，《人类学学报》1985年第4卷第4期，324~332页。刘东生、丁梦林：《关于元谋人化石地质时代的讨论》，《人类学学报》1983年第2卷第1期，40~48页。

也不统一。[1] 还有最近在安徽繁昌人字洞的新发现,详细的研究资料尚未公布。上述发现可能会将直立人在中国大陆生存的时代大大提前,但由于目前发现的材料所限,本文尚不能详细讨论。

到目前,公王岭蓝田猿人仍是学术界公认的中国已经发现的年代最早的直立人头骨化石。根据最近一次古地磁年代测定的结果,其时代为距今 115 万年左右。[2] 新数据虽然比原有的两个结果更早,但总体来看,公王岭蓝田猿人的时代为早于距今 100 万年的早更新世晚期不会有太大问题。[3] 在距公王岭 20 多千米的蓝田陈家窝也发现直立人下颌骨,不过其时代则为距今 50 或 60 多万年。在这两个地点也都有石制品发现,即通常所称的蓝田人的石器工业。

直立人化石材料最为丰富的北京猿人洞穴堆积厚达 40 多米,共有 17 层。直立人化石发现在第 3~11 层。根据裂变径迹、铀系、热释光和古地磁等年代学方法的测定结果,北京猿人最早出现在周口店的时间为距今 46 万年或更早,最晚的时代为距今 23 万年左右。[4] 最近虽有高精度热电离质谱铀系法测定北京猿人遗址年代的新结果,但其与原有的综合研究成果的差距较大,还需要进一步的工作。[5] 1980 年在安徽和县龙潭洞发现的直立人头盖骨化石,根据铀系法年代测定的结果为距今 20 万年左右,[6] 但电子自旋共振方法测定的数据为距今 30 万年左右。[7] 所以和县人的时代可能在距今 20~30 万年之间,一般认为是

---

[1] 吴新智:《中国人类化石研究对古人类学的贡献》,《第四纪研究》1999 年第 2 期,97~105 页。

[2] 安芷生、高万一、祝一志等:《"蓝田人"的磁性地层年龄》,《人类学学报》1990 年第 10 卷第 1 期,1~7 页。

[3] 卫奇:《蓝田猿人地层年龄的思考》,《文物季刊》1995 年第 4 号,34~37 页。

[4] 赵树森、裴雅静、郭士伦等:《北京猿人遗址年代学的研究》,《北京猿人遗址综合研究》,科学出版社,1985 年,239~240 页。黄培华:《猿人洞的溶洞演化和堆积旋回与北京猿人生活环境》,《人类学学报》1994 年第 10 卷第 2 期,101~109 页。

[5] 沈冠军、顾德隆、B. Gahleb 等:《高精度热电离质谱铀系法测定北京猿人遗址年代初步结果》,《人类学学报》1996 年第 15 卷第 3 期,210~217 页。张银运:《直进演化抑或分支演化——中国的人类化石证据》,《第四纪研究》1999 年第 2 期,106~112 页。

[6] 陈铁梅、原思训、高世君等:《安徽省和县和巢县古人类地点的铀系法年代测定和研究》,《人类学学报》1987 年第 6 卷第 3 期,249~254 页。

[7] 黄培华、梁任又、郑丽珍等:《和县猿人年代的研究》,《人类学学报》1995 年第 14 卷第 3 期,262~265 页。

中国境内最晚的直立人的代表。上述情况说明,直立人在中国境内生存的时代,大约从距今100多万年开始,持续到距今20~30万年左右。

郧县曲远河口的人类化石与旧石器是近年来一项非常重要的发现。近年来随着研究工作的不断深入,人类化石年代的古老性令人吃惊。绝对年代测定结果说明其至少要早到距今60万年。[1] 而根据共生的哺乳动物化石与古地磁的年代测定结果,研究者最近指出郧县人可能与公王岭蓝田人具有同样古老的年龄。[2] 尽管对于两具头骨化石的分类地位尚有不同意见,但对于头骨化石带有一些明显与早期智人相近的形态特征,学者们都并不回避。[3] 这种情况说明带有早期智人特征的早期人类在中国境内出现的时代有可能要远早于已有的认识。

中国早期智人的发现还有辽宁营口金牛山、陕西大荔、安徽巢县、广东曲江马坝与山西阳高许家窑等。地质时代为中更新世晚期到晚更新世初期,绝对年代范围分布在距今约30万年到10万年左右。

传统认为直立人与早期智人两者应是祖裔关系。然而近年来的发现却对这种认识提出疑问。早在20世纪80年代,就有学者提出两种人类并存的问题,和县猿人与巢县早期智人并存,金牛山人、大荔人与晚期北京人生活在同一时代。如果郧县人的体质特征与年代研究结果可以接受的话,那么带有早期智人特征的人类与典型的直立人在中国境内并存的时代则可能更长。

(二) 生存环境

直立人与早期智人在中国境内的分布范围与生活环境是另一个需要讨论的问题。按照已发现的资料,中国早期人类与文化的分布可以按现代自然地理区划的

---

[1] 陈铁梅、杨全、胡艳秋等:《湖北"郧县人"化石地层的ESR测年研究》,《人类学学报》1996年第15卷第2期,114~118页。

[2] 李炎贤、计宏祥、李天元等:《郧县人遗址发现的石制品》,《人类学学报》1998年第17卷第2期,94~120页。

[3] 李天元、王正华、李文森等:《湖北郧县曲远河口人类颅骨的形态特征及其在人类演化中的位置》,《人类学学报》1994年第13卷第2期,104~116页。张银运:《直进演化抑或分支演化——中国的人类化石证据》,《第四纪研究》1999年第2期,106~112页。

界限即秦岭—淮河一线分为南、北两区。[1] 由于地理纬度、地形及海拔高度等因素,北方仍可再分南、北两小区;南方分为东、西两个小区。[2] 在这几个小区内,都有很明确的直立人与早期智人化石及其文化遗物发现。

发现材料最多的是在北方北部区。该区位于北纬40度附近,按现代自然地理区划,属于暖温带区的北部。区内多山,四季分明,夏季高温多雨,冬季则较寒冷。当代植被以温带森林-草原为主。[3] 上述情况也得到本区的考古发掘资料与第四纪古环境研究结果的支持,在有早期人类及其文化发现时期,主要是温带森林-草原到暖温带森林-草原环境。[4] 从人类化石与旧石器文化资料看,直立人与早期智人在本区的活动均很频繁。关于直立人及其文化材料,发现最早并且最为丰富的是北京周口店第一地点。从20世纪20年代开始,经过长达70余年的发掘与研究工作,获得数量众多的直立人化石和石制品等文化遗物,也取得丰硕的研究成果。第一地点发现6个比较完整的直立人头盖骨和部分肢骨,同时还有数以十万计的石制品、大量的用火遗存,100余种伴生的动物化石。早期智人及其文化的发现更多,有金牛山、庙后山、许家窑与新洞等。

北方南部与南方东部是另两个重要地区。直立人与早期智人在北方南部与南方东部的河谷平原地区则表现出与北方北部区不同的适应特点。位于北纬35度附近的北方南部,现代属于暖温带气候区的南端。从考古资料看,在更新世期间有时亚热带气候也可以到达这里。[5] 至于纬度更低的南方东部地区,现代属亚热带到热带气候区。更新世的大部分时间里,也应主要是温暖的热带、亚热带气候,仅

---

[1] 张森水:《中国北方旧石器工业的区域渐进与文化交流》,《人类学学报》1990年第9卷第4期,322~331页。
[2] 王幼平:《中国旧石器时代早期的文化类型及成因》,《东北亚旧石器文化》,235~246页。王幼平:《更新世环境与中国南方旧石器文化发展》,北京大学出版社,1997年。
[3] 中国自然地理编写组:《中国自然地理》,高等教育出版社,1979年。
[4] 孔昭宸、杜乃秋、吴玉芬等:《依据孢粉资料讨论周口店地区北京猿人生活时期及其前后自然环境的演变》,《北京猿人遗址综合研究》,科学出版社,1985年,119~154页。卫奇:《泥河湾盆地考古地质学框架》,《演化的实证——纪念杨钟健教授百年诞辰论文集》,海洋出版社,1997年,193~208页。
[5] 胡长康、齐陶:《陕西蓝田公王岭更新世哺乳动物群》,科学出版社,1978年。

在冰期来临之际,才有部分地区受温带气候控制。[1] 温暖的气候,平原河谷地带繁盛的植被为本区早期人类提供了与北方北部区不同的生存环境。在本区发现直立人化石的重要地点有蓝田公王岭、陈家窝、和县龙潭洞与南京汤山等;早期智人有大荔、丁村、银山与马坝等;还有时代古老但带有明显早期智人特征的郧县曲远河口的发现。

到目前为止,无论是旧石器文化,还是早期人类化石的发现,西南地区均不如前几者丰富。人类化石属于直立人阶段的只有元谋的两枚门齿,可能属早期智人阶段的是桐梓人牙齿化石的发现。本阶段的旧石器文化有贵州黔西观音洞与盘县大洞等重要发现。尽管材料比较有限,仍可看到早期人类到达西南地区的时代也较早。西南地区虽纬度较低,但因地处海拔较高的高原区,气温偏低,且多阴雨,在该地区生活的早期人类首先要适应这种环境。

从目前已经发现的资料看,中国早期人类及其文化主要分布在中、低纬度的东部季风区。[2] 从早更新世晚期一直到晚更新世初期,这种状况没有很明显的变化。在这个区域里,直立人与早期智人的分布也没有很大的区别。这种情况说明,两者在所能适应的生存环境方面并没有很明显的差异。

(三) 文化特征

在一定意义上,文化特征可以看作是人类适应生存环境的产物。中国早期人类的文化特点也恰好反映了这种情况。中国境内发现的直立人与早期智人分布在不同的自然地理环境中,而在几个主要的分布区内所发现的旧石器文化,也确实有很显著的区别。文化特征的变化与环境差异密切相关。

上述特点在北方北部表现得也很清楚。本区旧石器时代早、中期文化有几个很显著的特点:洞穴与露天遗址在并存,但洞穴遗址占有更重要的分量;石器组合以刮削器为主导,主要是轻型工具;有大量的哺乳动物化石,尤其是与人工破碎的

---

[1] 李文漪:《中国第四纪植被与环境》,科学出版社,1998年。
[2] 林圣龙:《上新世以来的中国自然地理环境和中国古人类的进化》,《人类学学报》1989年第8卷第3期,209~215页。

骨片共生;用火遗迹、遗物的大量发现。这些特点应该是早期人类适应当地古环境特点的产物。北纬40度附近,差不多是直立人与早期智人分布的最北界限,这是早期人类的体质与文化的条件所限。在温带地区他们要面对的一个重要困难就是如何渡过严寒漫长的冬季,洞穴居址的选择与火的应用,可能就是适应这种环境的策略。在温带的森林-草原区,尤其是在干冷的冬季来临之时,植物类的食物可以获得的机会相对有限,狩猎或捡拾动物肉食应是维系生存的重要选择。前述遗址发现的大量动物骨骼碎片,以刮削器为主的轻型石器组合等特点应是本区早期人类这种活动的反映。

在南方东部与北方南部地区已经发现的旧石器时代早一阶段的遗存,则表现出与北方山区完全不同的文化特点:沿河谷成群分布的露天遗址占据主导地位,洞穴遗址的数量很少,尤其缺少典型的洞穴居址;很少发现有用火的文化遗存;砍砸器、大尖状器等重型工具在石器组合中占优势,刮削器的数量明显减少。似乎温暖的环境减少了当地人类对洞穴居址的依赖,用火的需求也不及高纬地区强烈。河流附近水源方便,河滩上的砾石也是平原地区石器原料的主要来源,因而早期人类更多地活动于古代河流附近,留下丰富的文化遗存。在暖温带到亚热带以至热带的河谷平原地区的主要植被是森林或森林-草地,可以提供更多、持续时间更长的植物类食物。大型的砍砸与尖状工具组合则正是适应这种环境的产物。[1]

西南地区虽纬度较低,但因地处海拔较高的高原区,气温偏低,且多阴雨,所以洞穴自然成为居住的首选之地。刮削器等轻型工具占主导地位也是本区旧石器工业的特点,基本不见大尖状器,砍砸器所占比例也很有限。这一石器组合与处于同纬度的南方东部完全不同,却与遥远的北方北部相似,可能也是由于适应当地动物资源更为丰富的缘故。多洞穴居址的特点,虽然与本地区喀斯特地貌发育,多天然洞穴有关,但其实质还应是早期人类适应本地区自然环境的结果。

---

[1] Clark J. D. 1982. The Cambridge History of Africa. Vol. 1 From the Earliest to C. 500 BC. Cambridge: Cambridge University Press.

从已经发现的考古资料来看,直立人与早期智人在不同地区内,面对同样的环境所选择的适应策略并没有明显的区别。在北方北部地区更新世中期,北京人与金牛山人、庙后山人与新洞人在选择洞穴居址方面,都表现出相同的偏爱。在火的使用、管理方面,北京人与金牛山人也有近似表现。至于石器组合的特点,也无论是洞穴还是露天居址的居民,均使用以刮削器为主导的轻型工具,看不出直立人与早期智人之间的差异。在石器原料的选择,石器制作技术的应用等方面,本区内的各地点也均表现出很清楚的联系。在北方南部到南方东部的平原河谷地带,从时代最早的蓝田人与郧县人的砾石石器工业间看不出区别。[1] 砾石石器工业在本地区从早更新世晚期一直延续到晚更新世之初。有证据显示,到时代较晚的巢县人与马坝人均可能仍然使用砾石石器。[2] 类似的特点也可以在西南地区看到。

另一方面,除了上述环境因素外,还可以看到中国直立人与早期智人的文化也受时代发展的影响。这种情况在文化堆积巨厚,延续时间漫长的周口店第一地点表现得比较明显。仔细观察北京人的石器工业可以发现,位于同一遗址,但时代早晚有别的北京人文化遗存却表现出一定的差异。[3] 早期的北京人更多的使用砂岩原料,多用锤击法加工石器,砍砸器等形体粗大的石器的比例更多;到中、晚期燧石等优质原料则被更多应用,砸击法成为主要使用的技术,砍砸器的比例显著下降,而加工精致的尖状器等小型工具的数量则更多。

大致与北京人晚期文化时代相当的金牛山文化,虽然与周口店的空间距离较远,两者的文化面貌却表现出高度的一致性。金牛山人也主要使用脉石英原料,砸击法与锤击法并重的石器加工技术,以及以刮削器为主体的石器组合均与时代大致相当的北京人中、晚期文化没有区别。然而,在距离北京人遗址更近的许家窑遗址的发现,虽然仍可看出与北京人文化的密切联系,但石器技术有明显的进步。许家窑的原始柱

---

[1] 李炎贤、计宏祥、李天元等:《郧县人遗址发现的石制品》,《人类学学报》1998年第17卷第2期,94~120页。

[2] 王幼平:《更新世环境与中国南方旧石器文化发展》,北京大学出版社,1997年。

[3] 裴文中、张森水:《中国猿人石器研究》,科学出版社,1985年。

状石核、盘状石核,以及端刮器等石器类型的存在,应是时代发展的产物,有学者将其与同时代典型的旧石器时代中期文化相比。[1] 许家窑文化的主人虽然仍是早期智人,但其时代却已很晚,为距今 10~12 万年左右,已进入晚更新世之初。

类似的情况在长期保留着砾石工业传统的北方南部与南方东部的直立人与早期智人文化里亦可见到。如前述时代相近的蓝田人与郧县人虽然体质形态的差别较大甚至可能属于两种不同的人类,但其石器工业却无明显差别。砾石工业传统虽然从早更新世晚期一直延续的晚更新世初期甚至更晚,但时代较晚的砾石工业的技术则明显进步,石器类型也趋向丰富。这些情况在晋南的丁村与湖北江陵鸡公山遗址都有发现。[2]

上述情况又说明,从早更新世晚期到晚更新世之初,中国旧石器文化也的确实有过发展变化。然而这个变化过程与早期人类类型间的变化似无直接关系,与时代的发展却表现出更密切的相关性。同一时代,无论是直立人还是早期智人,其文化面貌并看不出明显差别;但随着时代的发展,无论是直立人或是早期智人的文化,又都可以显示出较早期文化进步的特点。

四、结语

以上讨论说明:

1. 中国直立人与早期智人的分布时代,至少在中更新世晚期可能是重叠的,郧县人的发现还有可能将共存的时间延续更长;

2. 中国直立人与早期智人在地理分布与适应环境方面没有明显不同;

3. 两者在面临相同生存环境时所选择的适应策略也大致相同;

4. 中国早更新世至晚更新世之初旧石器文化的发展主要受时代变化的影响,

---

[1] 佐川正敏:《日本旧石器早、中期文化研究新进展及其与邻近地区旧石器对比》,《人类学学报》1998 年第 17 卷第 1 期,1~21 页。

[2] 裴文中:《山西襄汾县丁村旧石器时代遗址发掘报告》,科学出版社,1958 年。王建、陶富海、王益人:《丁村旧石器时代遗址群调查发掘简报》,《文物季刊》1994 年第 3 期,1~24 页。王幼平:《更新世环境与中国南方旧石器文化发展》,北京大学出版社,1997 年。

与人类化石的分类没有表现出直接的联系。

上述现象在旧大陆西方也有发现,并引起关注,就此曾提出对直立人与早期智人分类系统的质疑。[1] 中国境内的发现显然也涉及这一问题。

包括直立人与早期智人系统关系在内的人类起源与进化研究问题非常复杂。近年来的新发现又带来许多意想不到的认识,使得关于我们远古祖先演化历史的某些章节变得更加扑朔迷离。中国的远古人类演化史上是否并存过不同的支系,直立人与早期智人的关系到底如何,怎样演化发展,单据现有的化石证据已难以理清头绪。化石人类留下的众多文化遗产也蕴涵着认识它们的主人的重要信息。将古人类学与考古学资料结合起来讨论早期人类演化历史的实践已在进行,并取得成果。[2] 中国境内直立人与早期智人文化特征的宏观比较也带来新信息,使我们看到两者在时代方面所表现出的特点可能并不仅是简单的祖裔关系;他们的生存环境以及作为适应环境策略产物的文化特征也并没有特别明显的区别。这些情况显示,在中国的直立人与早期智人两者之间的差别也许并没有传统认识那样分明。而展开跨古人类学、考古学与古环境等学科的综合研究,进行详细的微观分析,则有可能提高认识分辨率,为进一步明确两者关系提供有益的信息。

(原刊《21世纪:人文与社会——首届"北大论坛"论文集》,北京大学出版社,2002年)

---

[1] Klein R. G. 1989. The Human Career. Chicago:the University of Chicago Press.
[2] Gamble C. 1993. Timewalkers:the Prehistory of Global Colonization. Cambridge(MA):Harvard University Press. Stringer C. B. and C. Gamble. 1993. In Search of the Neanderthals. London:Thames and Hudson.

叁

源流与成因探讨

试论环境与华北晚期旧石器文化

试论石器原料对华北旧石器工业的影响

中国早期原始文化的相对独立性及其成因

中国旧石器时代早期的文化类型及成因

青藏高原隆起与东亚旧石器文化的发展

关于中国旧石器的工艺类型

简谈华北旧石器年代学研究的进展与影响

华北旧石器晚期环境变化与人类迁徙扩散

人类起源的考古发现与探索

旧石器时代考古回顾与展望

试论环境与华北晚期旧石器文化

华北是我国晚期旧石器文化高度发展的地区,这里保存有丰富的晚期旧石器文化遗存,数量众多的遗址或地点经过正式发掘与研究。很多研究者对这一地区晚期旧石器文化特征进行深入探讨。在探讨与文化特征形成相关的因素时,自然环境对于文化的形成与发展的作用也得到研究者的关注。在整个史前阶段,自然环境因素对中国境内各种考古学文化的形成与发展始终存在着不可忽视的作用。[1] 华北晚期旧石器文化无疑也打下了这种因素的印迹。本文拟对华北地区若干晚期旧石器遗址或地点的环境特点与文化特征加以比较,探讨晚更新世后期华北的自然环境及其变化对于这一地区晚期旧石器文化发展的影响,从而估价环境因素在丰富多彩的华北晚期旧石器文化的形式与发展过程中所起到的作用。

一、华北旧石器晚期自然环境特点

本文论及的华北地区是指秦岭淮阳丘陵以北的广大北方地区,包括京津、河北、山西、陕西、河南、山东、辽宁、内蒙、宁夏、甘肃等省区。这一地区的东部是辽东半岛、松辽平原的南端、冀北山地与华北平原,向西为太行山的中、低山区,再向西则为黄土高原。这种地貌特点构成华北地理分区的基本格局,即以太行山为界,东部是沃野千里的大平原,海拔高度很低,多在50米以下,间或有少量的低山丘陵地区,地势稍高;西部则为山区与黄土高原地区,海拔高度多在千米以上。阶梯状的地貌特点把整个华北区分成了华北平原与黄土高原两个亚区。在季风环流作用下,两个亚区的湿度与热量指标均有明显区别。华北平原亚区为暖温带半湿润地

---

[1] 严文明:《中国史前文化的统一性与多样性》,《文物》1987年第3期。

区,而黄土高原亚区则为温带半干旱区。

　　从整体看来,华北地区植被属于泛北极区域的中国日本区。松辽平原南端、华北平原属于典型的落叶阔叶林区,而向西,随着海拔高度的增加与向欧亚大陆腹地的深入,干旱程度与大陆性增强,植被逐步过渡为森林草原、草原。动物种类的地理分布也随着上述情况变化,从东向西,耐湿动物种类逐渐减少,而耐旱动物种类则明显增加。

　　以上是全新世以来华北地区自然地理环境的基本情况。处于晚更新世后期的旧石器晚期的自然环境,在最后冰期寒冷气候影响下,则有一个明显的发展变化过程。最后冰期在欧洲称玉木冰期,我国一般称大理冰期,其最盛期约在距今18000年前后,是晚更新世以来全球性气候变冷的顶点,也是华北晚更新世后期气候变化的分界线。在最后冰期最盛期的前后,华北地区的气候有一个明显的变化过程,在最盛期之前,曾有一个普遍暖湿阶段,随着最盛期的临近,气候逐渐趋于干寒;在最盛期过后的冰后期,气候又逐渐变暖。气候的变化使华北地区的植被与动物群也随之变化。

　　如上所述,华北晚更新世后期自然环境的基本格局是由该区自然地理的区域性与最后冰期的气候变化两大特点所决定。前者构成了空间上的显著区别,即以太行山为界分成华北平原亚区与黄土高原亚区;后者形成时间上的区别,使整个华北地区的自然环境呈现以最后冰期最盛期为界的阶段性的变化。这种区域性与阶段性的特点也在不同时期、不同地区的晚期旧石器文化的考古发掘资料中得到反映。

　　在西部的黄土高原亚区,距今三四万年的晚期旧石器时代开始阶段,还是一个气候比较暖湿的时期。[1] 属于这一时期的刘家岔遗址中发现的脊椎动物化石反映了当时的环境。刘家岔的化石种类包括鸵鸟、虎、披毛犀、普氏野马、野驴、河套大角鹿、赤鹿、普氏羚羊、原始牛、扭角羊、猪、鼢鼠等。这个化石动物群所显示的生

---

[1] 中国科学院《自然地理》编辑委员会:《中国自然地理·古地理(上册)》,科学出版社,1984年。

态环境特点说明当时刘家岔一带应当是疏林草原景观,气候较今天湿冷。[1] 时代稍晚于刘家岔,绝对年代测定约距今 29000 年的峙峪遗址所发现的化石动物群中,则以草原有蹄类的比例最大,构成了这一动物群的主要部分,如普氏野马、野驴、普氏羚羊、鹅喉羚等显示了峙峪遗址的环境是年均气温要低于今天的较干燥的灌木草原地带。[2] 在水洞沟遗址发现的脊椎动物化石材料有鸵鸟、披毛犀、普氏野马、野驴、鹿、牛、羚羊等,[3] 这些化石发现于水洞沟遗址的下文化层,均是适合于干冷草原环境生活的种类,两个 C^{14} 年代测定数据分别为距今 17000 年和 26000 年,说明此时已进入最后冰期的最盛期。

在距今 15000 年至 10000 年的晚冰期与冰后期阶段,华北地区的气温逐渐回升,这也是华北晚期旧石器文化的一个新的发展阶段。这一阶段在西部地区仍然是以草原环境为主。较有代表性的遗址有薛关与虎头梁。薛关遗址的 C^{14} 年代测定为距今 14000 年左右。这里发现的脊椎动物化石种类较少,包括鸵鸟、普氏野马、野驴、牛、鹿等,[4] 化石种类的单调与当时的环境有关,在最后冰期的最盛期过后,气温虽开始回升,但此时仍较干冷,所以仍然只有那些适合于干冷草原环境的动物存在。时代晚于薛关的虎头梁遗址的 C^{14} 年代测定为距今 10000 年左右,已将进入全新世,这一时期的气候进一步转暖。在虎头梁的动物群名单中包括了鸵鸟、拟布氏田鼠、蒙古黄鼠、中华鼢鼠、变种仓鼠、狼、普氏野马、野驴、鹿、牛、普氏羚羊、鹅喉羚、野猪、披毛犀、纳玛象等。[5] 动物种类明显增加,所显示的生态环境复杂化,应当是灌木或疏林草原景观。

在华北的东部地区,到目前为止,发现的旧石器时代晚期的遗址或地点还较少,但也基本反映了该区内晚更新世后期的环境特点。位于辽南的海城仙人洞是一处延续时代较长的洞穴遗址。这个遗址发现了大量的哺乳动物化石种类可以说

---

[1] 甘肃省博物馆:《甘肃环县刘家岔旧石器时代遗址》,《考古学报》1982 年第 1 期。
[2] 贾兰坡等:《山西峙峪旧石器时代遗址发掘报告》,《考古学报》1972 年第 1 期。
[3] 宁夏博物馆等:《1980 年水洞沟遗址发掘报告》,《考古学报》1987 年第 4 期。
[4] 王向前等:《山西蒲县薛关细石器》,《人类学学报》1983 年第 2 卷第 2 期。
[5] 盖培等:《虎头梁旧石器时代遗址的发现》,《古脊椎动物与古人类》1977 年第 15 卷第 4 期。

明环境与时代。[1] 仙人洞的堆积较厚,从上到下约五米左右,出土的动物化石种类也很复杂,三门马、梅氏犀、中国貘等古老种类的存在,说明这个遗址开始堆积的时代不会很晚。但从其文化遗物中很精致的骨器与装饰品来推测,这个遗址的晚期已经属于晚期旧石器文化中较晚的阶段。所以这个遗址延续的时代很长。在动物群中喜暖与喜冷的种类均有一定的数量,这应该是时间差异的反映,说明仙人洞附近的气候经历了冷暖交替的发展过程。这个过程应与最后冰期间气候变化情况相对应。梅氏犀等喜暖的种类可能是里斯—玉木间冰期的产物,而进入最后冰期的最盛期,这里则被披毛犀、猛犸象、洞熊等喜冷动物占据。从这个动物群的生态特点我们还可以获得这样的信息,即华北的东部地区虽然也有冷暖交替的发展过程,但一直是较湿润的环境,因为在喜冷的动物中森林型也占有较大的比重。

与仙人洞相比,河南安阳小南海洞穴遗址更可以反映华北东部地区的环境变化。小南海位于华北平原西南边的低山丘陵区,其五米多厚的洞穴堆积经历了一万多年时间,下部的 C^{14} 年代测定为距今 25000 年,上部为距今 10000 年,正好经历了最后冰期最盛期从发展到消退的全过程。小南海动物群按生态类型也可以划为森林型与草原型两类。森林型与草原型的比例在上、下层之间没有很大变化,这反映其森林草原环境从早到晚的变化并不大。但在下层有猩猩化石存在。猩猩是生活在热带、亚热带的灵长类动物,在小南海下层发现,说明早期小南海附近的气候更温暖湿润。[2]

时代晚于小南海的山顶洞动物群反映了最后冰期最盛期过后华北东部区的生态环境。在山顶洞庞大的动物群中,森林型动物明显多于草原型,这说明当时的周口店一带应以森林景观为主,特别是猎豹与果子狸等华南型动物的存在,更说明这里气候的暖湿状况优于今天的周口店地区。[3]

综上所述,在晚更新世后期,华北地区的东、西两个部分的自然环境始终有较

---

[1] 张镇洪等:《辽宁海城小孤山遗址发掘简报》,《人类学学报》1985 年第 4 卷第 1 期。
[2] 周本雄:《河南安阳小南海旧石器时代洞穴遗址脊椎动物化石的研究》,《考古学报》1965 年第 1 期。
[3] 北京大学历史系考古教研室:《旧石器时代考古(讲义)》,1977 年。

大的区别。在最后冰期寒冷气候的强烈作用下,这种环境又呈现出明显的阶段性变化。这种变化在西部地区表现得尤为显著,从早期的凉湿的疏林草原过渡到最后冰期最盛期寒冷的干草原,然后再逐渐回转到疏林草原。在东部地区早、晚两期的差异主要是温度的变化,在最后冰期最盛期到来之际,这里也变得十分寒冷,但由于距离海洋较近及地形等因素决定,一直保持着一定的湿度,所以在该区内的上述几个遗址的附近,一直是森林或森林草原景观。

二、西部草原地区的狩猎文化

从距今三四万年起到一万年左右,华北西部的干旱草原地区的原始居民主要从事狩猎经济,这在该区内早晚不同时期若干重要的遗址的考古发掘材料中表现得比较清楚。这一地区较重要的遗址从早到晚有刘家岔、峙峪、水洞沟、薛关、虎头梁等。萨拉乌苏与下川也是该区的两个很重要的狩猎文化类型的遗址,前者仅有几次调查,材料较少,后者的石器等文化遗物材料很丰富,但动物化石等可资说明遗址环境的材料很少,故均不论及。

刘家岔遗址在上述遗址中时代最早。如前所述,其自然景观是疏林草原,附近还有较广阔的水域。活动在这一带的原始居民留下了很丰富的文化遗物。在经过整理的上千件石制品中,经过第二步加工的石器占近半数。石器中包括刮削器、尖状器、雕刻器、砍砸器、石球等多种类型。[1] 石制品主要是锤击法加工,原料主要为石英岩。原料不佳可能是使其文化面貌显得较为原始的原因之一,但重要的是其时代较早,还带有从旧石器时代中期向晚期过渡的性质,所以其石制品的加工还不够精美。尽管如此,在石器中仍有一些加工较细致的类型,如拇指盖状刮削器。在刮削器类型中,圆头刮削器的数量较多,这与晚期的狩猎文化较接近,虽然这些刮削器加工还显得略为粗糙,但刃缘凸圆,刃口较陡厚,器身也分长短两式,这些均与晚期狩猎文化的圆头刮削器的性质相同,也应当是用于加工皮革、切割兽肉,与

---

[1] 甘肃省博物馆:《甘肃环县刘家岔旧石器时代遗址》,《考古学报》1982年第1期。

狩猎经济的发展有关。较多的石球存在，说明此时的狩猎方式与旧石器时代中期的仍较接近，仍以石球为投掷武器，属于较原始的狩猎阶段。从整个石制品组合来看，刘家岔的原始居民还不仅局限于狩猎，也可能兼从事采集、捕捞等。较广阔的水域与灌木丛林的环境也为后两者的经济类型形成提供了条件。

时代稍晚于刘家岔的峙峪遗址，是华北地区保存较好的晚期旧石器遗址之一。遗址位于晋西北高原与桑干河上游平原的交汇处，文化层厚约一米半。1963年的发掘发现了上万件石制品和大量的动物化石材料。同时在文化层中还发现有两条呈凸镜状的灰烬带，在灰烬的外围，还有一些较大的石块不很规则地排列，发掘者认为很可能是用来砸击动物骨骼的垫石或架木燃火之用。[1] 在发掘出土的大量动物化石中，以野马、野驴的数量为最多，其个体可达二百匹以上，说明这个遗址的居民是以狩猎草原动物为主要的经济活动。

峙峪遗址狩猎经济的发达还可以从其石制品的情况得到说明。峙峪石制品以锤击法为主，对于脉石英材料，也使用砸击技术。修理台面技术的应用还不多见，因而剥片的形状受到一定的影响，但也出现了一部分呈梯形、三角形或长条形的石片。石器的第二步加工技术则较进步，修理后的器形较规整；刃缘匀称，小石片疤浅平，显示了较高的石器工艺水平。石器组合以刮削器、尖状器为主体，雕刻器有一定的数量，均以小型为主，缺少能够用于砍砸的工具类型。[2] 这种工具组合与在开阔草原上从事狩猎活动很相适应。值得注意的是，在这个遗址，没有发现狩猎工具——石球，但出现了石镞，这标志着峙峪人的狩猎技术较早期使用石球为投掷武器的阶段更为进步，因而能够大批地捕获到草原有蹄类，成为专业的"猎马人"。

宁夏灵武的水洞沟遗址，约与最后冰期的最盛期相当。这个遗址发现有大量的石制品，破碎的动物化石与烧灰土层。[3] 这些文化遗迹、遗物同时出现，说明这一临河的阶地曾是一处原始猎人的居住营地。在当时的干寒的草原环境中，水洞沟的原始居民也只能以狩猎草原有蹄类为生计。水洞沟石制品特点也说明这种情

---

[1] 尤玉柱等：《关于峙峪遗址若干问题的讨论》，《考古与文物》1982年第5期。
[2] 贾兰坡等：《山西峙峪旧石器时代遗址发掘报告》，《考古学报》1972年第1期。
[3] 宁夏博物馆等：《1980年水洞沟遗址发掘报告》，《考古学报》1987年第4期。

况。在水洞沟的石制品中,有石镞的发现,这是狩猎经济发达的直接证据。在新发现的石器中有一件尾部一侧经过修理的尖状器,这种修理是为了装柄,与晚期典型细石器文化中经常出现的单肩尖状器很一致。圆头刮削器的大量出现及加工技术的精美,是狩猎经济高度发展的另一证据。数量众多的长石片被有意截断加工成"刀片",以便做复合工具使用,构成了水洞沟文化的一个特点。复合工具的发展,也与狩猎经济发达相关。与峙峪文化相比,水洞沟遗址石器工艺的进步不但表现在石器第二步加工的精细,而在其剥取石片的初级阶段也较峙峪文化更提高了一步。在水洞沟遗址中广泛地使用修理台面技术,因而能够剥取大量形状规整的长石片。以长石片为毛坯加工出的石器显出了与峙峪文化完全不同的风格。水洞沟的石制品仍然是以锤击法为主直接打制加工的,也有用砸击法打制的。似楔状与似柱状石核的存在,标志着直接打制技术已经发展到相当成熟的水平。

除了上述石器工艺的高度发展以外,1963年的发掘还发现有鸵鸟蛋皮制成的装饰品。[1] 鸵鸟蛋皮装饰品呈圆形,周围有单面磨光的痕迹,带有一圆形小孔,系刮制而成。在较早的峙峪遗址中也曾发现装饰品,是一件已经残缺的石墨饰物,由一面钻孔,边缘及表面有磨光痕迹。这两处发现说明,随着技术的进步与狩猎经济的高度发展,原始精神文化也得到发展。

在最后冰期的最盛期过后,华北西部的草原区气温虽稍有回升,但仍较干旱,草原上生活的动物种类仍以耐干寒的有蹄类为主。而此时经过最后冰期最盛期严酷环境考验的西部地区的狩猎文化又进入了一个新的发展阶段。属于这一阶段较早期的遗址有山西蒲县的薛关。薛关遗址发现于黄河支流的昕水河左岸的黄土丘中,只有大量的石制品与少量的动物化石,没有文化遗迹现象出现。薛关石制品与前一阶段的文化相比有较大的区别。石制品组合中细石器的成分占据了相当重要的地位,包括有楔状、船底形、半锥形、锥形细石核及大量石叶。大量石叶存在反映复合工具技术又有新的发展。在薛关的石器组合中,刮削器占据主要的地位,而刮削器类型中又以圆头刮削器为主,此外出现了加工非常精致的半月型刮削器。尖

---

[1] 张森水:《中国旧石器文化》,天津科技出版社,1987年。

状器的加工尤为精致,其中正尖尖状器与两端尖状器的用途可能有两种,形体较小的作为石镞,形体较大的则适合用作矛头,两者的尾部均见有意加工便于装柄的痕迹。除此外还有少量的雕刻器与似石斧发现。从石制品的全部特征来看,无疑是一处以狩猎经济为主体的典型细石器文化遗址。[1]

时代晚于薛关的河北阳原虎头梁遗址的石制品组合,也是典型的狩猎文化类型。数量较多的尖状器有多种类型,均经过细致地加工,其中有的可能就是投射器头。两端尖者与薛关发现的完全一致,底端一侧经过修理的单肩尖状器比水洞沟与薛关的更为精致。圆头刮削器的数量在刮削器类中占绝对优势,而与薛关不同的是长身圆头刮削器的数量也非常多。除此外就是大量的石叶,均是从楔状石核上剥取下来的。细石核的类型与薛关的又有区别,以楔状石核为主体。[2]

上述几个遗址是西部草原地区晚期旧石器文化不同发展阶段的基本情况。这些遗址的文化面貌虽有较大的差异,对于它们的文化传统及其类型的划分,不同的研究者的意见也不一致,但从总体看来,这些遗址的石制品组合却又有相当大的一致性。与狩猎活动相关的各种石器如石镞、投射器头、圆头刮削器以及制作复合工具的"刀片"等,在上述遗址的石器组合中均占有一定的地位,越到晚期其所占比例越大,是这些遗址的显著特点。这些遗址均分布在河湖畔的阶地上,地势开阔,用水方便,便于居住,更是良好的狩猎场所。遗址内灰烬与大量的动物骨化石等文化遗迹、遗物的情况,进一步显示了这些草原地区狩猎者当时生活与生产活动的细节与片断。因而我们可以认为,在晚更新世后期的华北西部的草原地区,以狩猎为主体的经济文化类型占据着主导地位。

三、东部地区的"穴居"文化

华北东部的平原地区第四纪以来一直处于下沉状态,一般在今天的地表很难

---

[1] 王向前等:《山西蒲县薛关细石器》,《人类学学报》1983年第2卷第2期。
[2] 盖培等:《虎头梁旧石器时代遗址的发现》,《古脊椎动物与古人类》1977年第15卷第4期。

发现有晚期旧石器遗存。目前发现的几处较重要的晚期旧石器遗址,均处于低山丘陵地区的洞穴中。这几处遗址的共同特点是堆积较厚,沿用的时代很长。石制品的加工技术及其组合的时空差别均不大,大体反映的是同一种经济文化类型。

在这几处遗址中海城仙人洞的开始年代为最早,其下部可能始于旧石器晚期之初或更早,而其上部则当属于旧石器晚期较晚阶段。从已经发表的材料观察,石制品所反映的文化面貌前后变化不大。石器组合包括刮削器、尖状器、砍砸器、钻具、雕刻器、石斧、石球等多种类型。刮削器的种类较多,但加工较粗且多不定型。尖状器则只见侧尖与正尖两种类型。砍砸器与石球在这个遗址中有一定的数量。这种工具组合所反映的经济活动类型较为复杂,代表了与西部的狩猎文化完全不同的另一种模式。

仙人洞的石器加工技术从早到晚也比较稳定,使用锤击法与砸击法直接剥取石片,未见有修理台面的情况。石器的修理也是用锤击法直接加工,仅个别标本可能采用"指垫法"加工。与石器工艺相反,骨制品与装饰品的加工技术十分先进。动物长骨所制的鱼叉器表带有锯、切削与刮的痕迹,带有两排倒刺的器形与欧洲旧石器时代晚期的马格德林文化的同类制品很相近。骨锥、骨针也均系用动物肢骨加工,采用对钻的方法钻孔。装饰品中有钻孔的动物牙齿,还有刻道的贝壳制品,刻沟里保留有染料的红色。骨制品与装饰品代表了仙人洞旧石器文化的发展水平。[1]

东部地区另外一个延用时代较长的洞穴遗址是河南安阳小南海,大致经历了最后冰期最盛期的发展全过程。小南海的石器工艺水平从早到晚没有很大变化。石器组合也较单调,只有刮削器、尖状器与砍砸器三种类型。砍砸器的数量很少,体积也小,在石器组合中不占重要地位。尖状器有一定的数量,按其刃口形态可划为正尖、角尖和扁尖三种类型,一般均较小,仅在尖部及侧缘进行加工。这几类尖状器的制法与用途基本一致,应当是刺割的工具,与作为石镞与投射器的尖状器相去甚远。刮削器的数量最多,又分圆刮器、长刮器、弧背长刮器、双边刮器与多边刮

---

[1] 张镇洪等:《辽宁海城小孤山遗址发掘简报》,《人类学学报》1985年第4卷第1期。

器等多种类型。圆刮器的数量不多，缺少典型的圆头刮削器，与发达的狩猎文化中圆头刮削器占重要地位正相反。数量较多而又独具特色的是弧背长刮器，在弧背相对的一侧是使用刃口，是一种很方便的切割工具。[1] 从这一工具组合来看，小南海与典型的狩猎文化也相距较远。

小南海的石器加工技术也包括锤击法与砸击法两类。有的研究者认为砸击技术在小南海文化中占有重要地位，小南海的许多小长石片是砸击技术的产品。[2] 砸击技术在较早的旧石器文化中常用于加工质地脆硬的脉石英材料，而在小南海除了石英，许多燧石小长石片也产生于此法，这一方面可能与小南海的燧石原料体积较小不便手握直接使用锤击法有关，但也可能是为了产生较规则的小长石片而有意使用这一技术。从整体看来，小南海文化要落后于典型的狩猎文化。这里既没有发现间接技术产生的细石核、石叶，也不见有修理台面来打制的长石片。同时代稍早的峙峪文化相比，小南海石器的修理技术也要逊色，很少有如峙峪文化中常见的刃缘及器形均修理得规整定型的类型。

小南海遗址也有灰烬与烧骨的发现，石制品的数量很多，但加工成的工具较少，大量的是石片与石核等初级产品，这说明这里是居住地兼石器加工场所的性质。前面所述的仙人洞也与此相近。时代晚于仙人洞、小南海的山顶洞的情况则有别于两者，表现为居住地兼埋葬地的特点。

位于北京周口店龙骨山上的山顶洞，只发现了数量很少的石制品，但装饰品的数量与种类却较多，还有加工精制的骨针与鹿角棒等。尤其重要的是在洞内的下室部分发现了三个完整的人类头骨化石和零散的肢骨，在人骨附近发现有穿孔的介壳、动物牙齿、有孔石珠等装饰品，还有赤铁矿石，这种有意的安排与国外旧石器时代晚期的埋葬习俗有相似之处。随葬装饰品，并在死者身上撒赤铁矿粉，这些标志着山顶洞人的埋葬习俗已达到较成熟阶段。[3]

从仅有的二十余件石制品观察，山顶洞人也应用砸击法与锤击法来加工石器。

---

[1] 安志敏：《河南安阳小南海旧石器时代洞穴堆积的试掘》，《考古学报》1965 年第 1 期。
[2] 张森水：《中国旧石器文化》，天津科技出版社，1987 年。
[3] 北京大学历史系考古教研室：《旧石器时代考古（讲义）》，1977 年。

石器的种类很少,仅见刮削器、砍砸器两类。石器的形制也很不规整,加工很粗糙。与仙人洞与小南海的石制品相比较,虽然山顶洞的石制品数量很少,还难以代表其石制品的整体面貌,但就其所反映的石器工艺水平来看,山顶洞与前述两者基本一致。山顶洞的石器工艺水平虽然较原始,但大量装饰品与骨、角制品的制作技术却表现了较高的水平。从这些制品的加工情况观察,山顶洞人已经掌握了磨光与钻孔等新技术。与比较简陋的石器工艺相比,装饰品、骨、角制品的加工技术更能反映其原始工艺水平。

综上所述,东部湿润地区几个晚期旧石器文化遗址的石制品加工技术均较简单,采用锤击法与砸击法直接剥片,砸击技术在几个遗址都占有重要地位。修理台面的技术尚不见使用,更不见应用间接技术产生的石核与石叶。石器的第二步加工粗糙,多数石器种类不定型。石器工艺与组合从早到晚期的变化并不明显。工具组合情况说明是一种兼营采集、渔猎的综合型的经济文化类型。从事这种经济活动的原始居民喜欢择洞而居,他们利用洞穴遮风避雨,防止各种猛兽的袭击,与西部草原环境下生活的狩猎居民的居住习俗完全不同。洞穴作为居住营地、石器加工场乃至作为埋葬地,对洞穴的依靠与充分利用构成了这种文化类型的一个重要特征,所以可以将其称为"穴居"文化。

四、环境因素在华北晚期旧石器文化发展中的作用

自然环境因素对华北晚期旧石器文化的影响在西部草原地区的狩猎文化发展过程中表现得尤为清楚。如前所述,在晚期旧石器之初,西部地区的气候还较暖湿,植被为疏林草原型,同时也有较多的水域。这种自然环境与旧石器时代中期较晚阶段的差别不大。因而在早期的刘家岔遗址中,其石器组合与工艺水平均与旧石器时代中期的许家窑文化有许多相似之处。与差不多同一时代的东部地区的仙人洞早期及时代略晚的小南海下层也差别不大。均以锤击法或砸击法直接剥片,石器的第二步加工较粗糙,石器组合没有形成单一的狩猎类型。在刘家岔的石器组合中,圆头刮削器所占比例还较小,而高效率的狩猎工具如石镞、

矛头等尚未见到。流行于旧石器时代中期的狩猎工具——石球则有较多的发现,说明此时的狩猎方式与旧石器中期相近,这一方面是文化传统的影响,另一方面也反映两者的自然环境相近,因而产生相似的经济文化类型。而当最后冰期最盛期临近,极地气候带南移之时,干旱的草原逐步取代了疏林草原,原来广阔的水域也消失,在这种环境下只有数量众多的草原有蹄类可作为原始居民的食物来源,所以原来所从事的多种类型的经济活动都不得不停止,转而专营狩猎草原有蹄类。狩猎活动的专门化,迫使人们重新调整原有的工具组合。在开阔的大草原上捕获奔跑速度很快的有蹄类,要求更有效的投射武器,因而石镞等开始出现。石镞在距今有29000年的峙峪遗址首先出现。面对气候变冷,干草原环境出现,峙峪的石器组合与加工工艺都有所调整。但这种调整还受到技术水平的局限,虽然新的环境与狩猎专门化要求更进步的工具组合,但此时的峙峪人还只能主要应用已有的技术对工具进行更细致的加工。随着最后冰期最盛期的到来,环境变得更为干寒,狩猎草原有蹄类成为唯一的生计方式。因而对狩猎工具的要求也更高,迫使人们改进加工方式,生产更有效的狩猎工具,从前只在偶然场合应用的修理台面技术得以广泛应用,来生产大量形制规整的长石片用以制作各种石器。这是促使水洞沟文化出现的相当重要的因素。最后冰期最盛期过后,西部地区的气温虽有回升,但仍较干燥,仍然是温带干草原环境,动物群仍然是由啮齿类与耐干的草原有蹄类组成。这种情况一直持续到更新世行将结束之际,使得狩猎文化得以持续发展。在水洞沟文化中,已经出现大量的长石片及小长石片被有意截断,用作复合工具的"刀片",这种情况反映狩猎活动对复合工具的需要。加工狩猎工具的需要促使人们探索新的加工技术,使得修理台面技术在水洞沟文化中得以充分发展。但修理台面技术只能直接剥取较大的长石片,这与狩猎经济所要求的精巧锋利的复合工具仍有差距。在水洞沟文化中开始出现了小长石片与似锥状、似楔状石核,显示了弥补这种差距的努力。这种新探索是导致后来典型的细石器产生的开端。水洞沟小长石片的数量较多,这些小长石片还是应用锤击法直接打制的。在长期使用直接打击技术剥取小长石片的实践中,间接打击技术逐渐被把握,使用间接打击技术可以有效地利用优质原料,剥制更整齐适用的石叶来满足制作复合工具的需要。所以在最后冰期的最盛期过后,在薛关与虎头梁等遗址中细石器即大量出现。这种类型的遗址中,一方面有大量的细石器,另一方面是大型石片加工的精制的石器,包括石镞、投射器及大量的圆头刮削器等,构成典型的狩猎经济的工具组合。标志着狩猎文化已经发展到较完善的阶段。在狩猎文化发展的整个过程中,始终受到环境因素的深刻影响。干寒草原环境决定华北西部地区原始居民的经济文化类型。而在最后冰期最盛期严酷气候作用下所发生的环境变化,又迫使他们不断改进原始技术,调整工具组合以适应新的环境,使得狩猎文化不断趋于完善。

与西北地区相反,东部湿润的森林与森林草原环境决定了东部的采集与渔猎并重的经济文化类型。在最后冰期最盛期的前后,东部地区的气温也发生很大变化,出现了冷暖交替过程,但湿度条件一直较好。因而植被与动物群都远较西部干寒草原区复杂。森林与水域面积广大的环境,使得这里缺少如西部大草原上猎获有蹄类的条件,限制这里朝狩猎专门化方向发展,但却给采集、渔猎等活动提供了丰富的资源。采集与渔猎并重的综合型经济文化类型是东部地区几个洞穴遗址的共同特点。这一特点在石制品与其加工技术方面均有所表现。以锤击法、砸击法直接剥片,第二步加工简单,石器加工粗糙且多不定型。这是这一地区石器工业的总体特点。这种情况与西部地区较早的刘家岔甚至更早的旧石器时代中期的石器工业有很多相似之处,并且一直延续到很晚,直到这一地区的旧石器时代结束。与石器工艺相反,东部地区的骨、角制品的加工技术具有很高水平。在东部地区的几个洞穴遗址中均发现数量不等的骨、角器或装饰品。其中仙人洞的骨制渔叉很具代表性,既显示了骨器制作工艺的发达,也证明捕渔已经成为这一地区的一项生产活动。尽管到目前为止,骨、角器发现数量很有限,但这并不能据以低估其在东部地区经济活动中的重要作用。因为骨、角等有机质材料能够得以保存到今天的机会要远远地小于石制品,所以其发现数量也远远少于石制品。从这一地区骨、角器的娴熟技术来观察,其骨角器工艺已经历了一个很长的发展过程。因而有的研究者认为仙人洞、山顶洞等遗址可能发生了工业的转移。重点转移到制作骨、角器与装饰品方面。[1] 这一工业重点的转移正是环境因素在东部地区晚期旧石器文化发展过程中作用的反映。与湿润的森林、森林草原环境相适应的采集、渔猎等综合型的经济活动不需要像西部狩猎文化那样高度发达的石器制造业。旧石器时代中期以来就沿用的石器工艺与工具组合依然能够满足于从事采集、渔猎等要求,所以这一地区的原始居民没有在改进石器工艺方面花费精力,而把主要力量放在制作骨、角器及装饰品方面。

通过以上的讨论,我们可以比较清楚地认识自然环境与华北晚期旧石器文化之间的关系。首先,晚更新世后期华北地区自然环境区域性的特点是形成华北晚期旧石器文化两种不同的经济文化类型在地理区域上分异的主要因素,与西部草原环境相联系的是高度发展的狩猎文化,东部湿润的森林及森林草原环境则是采集、渔猎并重的综合型文化。其次,随着最后冰期的发展,华北地区自然环境呈现的阶段性变化的特点,自始至终影响着两种不同经济文化类型的形成与发展,这一点在西部地区狩猎文化的发展过程中表现得尤为明显。因此当我们探讨华北晚期旧石器文化的发展以及各种文化类型之间的关系时,必须充分重视自然环境因素的作用。

(原刊《北京大学学报(哲学社会科学版)》1990 年第 1 期)

---

[1] 张森水:《中国旧石器文化》,天津科技出版社,1987 年。

试论石器原料对华北旧石器工业的影响

在广义的华北区,即秦岭淮河一线以北的广大北方地区,到目前为止,已经发现数量众多的旧石器时代遗址和地点。该区域内的旧石器工业从早到晚,一直表现出高度的一致性,具有明显特色。有的研究者将其概括为两大系统,即匼河-丁村系与周口店第一地点-峙峪系。[1] 也有的研究者称其为大石器与小石器类型。[2] 近年来,很多研究者注意探索不同考古学文化传统与类型的成因。对于华北旧石器工业面貌的形成原因,不同的研究者有不同的认识。有的研究者注意到自然环境因素的作用;[3] 还有人指出人类不同经济活动的因素。[4] 与此同时,越来越多的研究者也注意到石器原料对于旧石器工业面貌的影响作用。[5] 贾兰坡先生在论及北京猿人文化时曾说:"用火石模仿着打制出一件像欧洲那样手斧很容易,但用脉石英模仿北京人打制出一件细小的尖状器则有很大困难。"[6] 原始技术的作用固然是重要的,但是原料的作用同样不能忽视。[7] 一些采用优质原料制作的石器与劣质原料石器相比,虽然是同一时代与同样的加工技术甚至出自同一遗址,但也表现出很大的不同,往往会给人以是两个不同时代或是两种不同类型文化的印

---

[1] 贾兰坡等:《山西峙峪旧石器时代遗址发掘报告》,《考古学报》1972年第1期。
[2] 张森水:《我国北方旧石器时代中期文化初探》,《史前研究》1985年第1期。
[3] 严文明:《中国史前文化的统一性与多样性》,《文物》1987年第3期。
[4] 尤玉柱:《河北小长梁旧石器遗址的新材料及其时代问题》,《史前研究》1983年第1期。
[5] 胡松梅:《略谈我国旧石器时代石器原料的选择与岩性的关系》,《考古与文物》1992年第2期。谢飞等:《四方洞——河北第一处旧石器时代洞穴遗址》,《文物春秋》增刊,1992年。
[6] 贾兰坡:《中国大陆上的远古居民》,天津人民出版社,1978年。
[7] Clark, J. Desmond. 1980, Raw Material and African Lithic Technology. *Man and Environment*, Vol. IV. Klein, Richard G. 1989, the Human Career. The University of Chicago Press, Chicago.

象。[1] 在石料缺乏的情况下,有时原始人类不得不尽量利用石料,使用细小石器。[2] 以上的论述,都注意到原料对石器工业面貌的影响作用。在考虑文化传统形成的原因时,石器原料确实是一个很重要的因素。本文拟讨论华北地区不同时期重要遗址或地点的石器原料特点,以及这种特点对石器加工技术的影响,进而探讨其对华北旧石器工业整体面貌的影响。

一、华北旧石器原料的特点

已经发表的华北地区的旧石器文化的资料很多,但不少地点的石器材料很少,也有的报告有关石器原料的介绍过于简单。所以这里只能选用材料比较丰富,在早、中、晚不同时期具有代表性的遗址或地点来讨论。综合这些地点石器原料的岩性及所用加工石器的技术列表如表一、表二。

表一 华北旧石器时代早、中期石器原料及加工技术

时代	旧石器时代早期					旧石器时代中期										
地点	西侯度	蓝田	匼河	周口店第一地点	金牛山C地点	大荔人地点	窑头沟	姜家湾	后垯瘩峰	丁村	南梁哈蚌沟	交城	李村西沟	周口店第十五地点	鸽子洞	许家窑
地区	I	I	I	III	III	I	I	I	II	II	II	III	III	III		
原料 石英岩	+++	+++	+++	+		+++	+++	+++	+		+			+++	+	
石英	+	+	+	+++	+++	+			+			+	+++		+++	
角页岩										+++	+++	+++	+++			
燧石				+		++				+		+	+	+	+	
灰岩				+	+				+					+	+	

---

[1] 王建等:《下川文化——山西下川遗址调查报告》,《考古学报》1978 年第 3 期。
[2] 裴文中等:《萨拉乌苏河系的初步探讨》,《古脊椎动物与古人类》1964 年第 8 卷第 2 期。

试论石器原料对华北旧石器工业的影响　315

（续表）

时代		旧石器时代早期					旧石器时代中期								
原料	砂岩			+		+		+				+		+	+
	玛瑙				+										+
	火成岩				+			+					+	+	+
	水晶				+								+	+		
技术	锤击法	+++	+++	+++	++	++	+++	+++	+++	+++	+	+++	+++	+++	+++	+++
	砸击法	+	+	+	+++	++		+	+				+	+		
	碰砧法	+	+	+	+					+++	+	+				

说明：Ⅰ——晋、陕、豫三省交界与陕甘地区。　　　+++——主要。
　　　Ⅱ——晋中、南汾河上、中游地区。　　　　　++——较多。
　　　Ⅲ——晋、冀交界及以东地区。　　　　　　　+——少量。

表二　华北旧石器时代晚期石器原料及加工技术

地点		水洞沟	萨拉乌苏	刘家岔	合志沟	禹门口	下川	薛关	海城仙人洞	山顶洞	小南海	和顺当城	阳原油房	虎头梁	峙峪
地区		Ⅰ	Ⅰ	Ⅰ	Ⅰ	Ⅰ	Ⅱ	Ⅱ	Ⅲ	Ⅲ	Ⅲ	Ⅲ	Ⅲ	Ⅲ	Ⅲ
原料	石英岩	+	++	+++	+++	++	+	+	+				+	+++	+
	石英			+	+	+	+			+++	+++	+	+++		+
	角页岩							+							
	燧石	+	++			+++	+++	+++		+++	+	++	++	+++	
	砂岩						+								
	玛瑙												+		
	石髓										+			+	+
	石英砂岩						+				+				
	白云岩	+++										+			
	火石				+										
	硅质岩类				+								++		+

(续表)

地点		水洞沟	萨拉乌苏	刘家岔	合志沟	禹门口	下川	薛关	海城仙人洞	山顶洞	小南海	和顺当城	阳原油房	虎头梁	峙峪
技术	锤击法	+++	+++	+++	+++	+++	+	++	++	++	+++	+++	++	++	+++
	砸击法	+		+	+		+		+++	++	++		+	+	
	碰砧法														
	石叶(长石片)技术	+++													
	细石器技术	+					+++	++					++	++	

说明：见表一。

从以上两表可以看出，华北旧石器所使用过的原料很庞杂。表中所列是使用较多者，还有许多偶尔使用者并未列入。如在北京猿人遗址一地即可见到 44 种不同岩性的原料。[1] 但尽管如此，几乎各地点的情况都不外是以下列几种石料为基本原料，即石英岩、石英、角页岩、燧石。这几种原料的使用都有各自相对集中的分布的区域。以石英为主要原料的地点，主要分布在晋、冀交界及其以东的冀北、辽南地区。[2] 角页岩则主要使用在汾河的中、上游地区。石英岩的分布则较广泛，主要分布于晋、陕、豫交界及陕、甘的大部地区，其他地区也时见以其为主要原料的地点，如辽宁西部的鸽子洞地点。[3]

除了上述分布地域的差异，从时代上看，旧石器时代早、中期的大部分地点主要是应用前三种质地较粗，但分布广泛的原料。到了旧石器时代的晚期，燧石等优质的硅质岩原料所占的地位则越来越重要，尤其是一些细石器地点，差不多均以燧石等优质石料为基本原料。

上述石器原料分布的区域性与时代变化的特点，显然是与这几种材料的岩性

---

[1] 裴文中等：《中国猿人石器研究》，科学出版社，1985 年。
[2] 金牛山联合发掘队：《辽宁营口金牛山旧石器文化的研究》，《古脊椎动物与古人类》1978 年第 16 卷第 2 期。
[3] 鸽子洞发掘队：《辽宁鸽子洞旧石器遗址发掘报告》，《古脊椎动物与古人类》1975 年第 13 卷第 2 期。

特点及出露情况密切相关,但同时也反映了原始人类对石料认识能力的提高。石英岩在华北地区出露比较广泛,这种材料的硬度较大,为 7 度左右,一般呈细粒结构,致密块状,剥片以后断口呈贝壳状。在缺少燧石等优质材料的情况下,是一种较合适的原料。所以在华北旧石器工业中,石英岩是应用最广泛的一种石料。石英的应用也较普遍。石英硬度虽也是 7 度,但很脆,尤其是劣质的脉石英,节理发育,受打击后往往沿节理断开,较难控制剥片的形状。尽管如此,因为其分布广泛,数量多,在缺乏其他原料的情况下,也大量被使用。在汾河中、上游地区,有较多的角页岩出露。这种原料硬度约在 6~7 度之间,为细粒结构,断口呈贝壳状,也是一种较为合适的石器原料。与上述几种相比,燧石的硬度大,质密坚硬,剥片容易,断口呈细致的贝壳状,是最合适的石器原料。但燧石在华北地区分布较少,尤其缺少像欧洲一些地区那样广泛出露的白垩燧石。所以在时代较早的遗址应用尚不普遍。随着原始技术的提高与选料能力的增强,燧石等优质石料的比例越来越高。

关于上述地点的石料来源大致有三种情况:(1)遗址附近河滩或冲沟的砾石;(2)附近的风化基岩块或结核;(3)开采自原生岩层。

在旧石器时代之初,属第一种情况居多。如西侯度与匼河等地都是在附近的河滩上选择石英岩砾石加工石器。[1] 北京猿人遗址居住的时代漫长,选料的情况也较复杂,既有河滩上采集的砾石,也有山坡上拣到的岩块。附近山坡上岩脉中风化的石英块是其最主要的原料。到旧石器时代中期,人类对石料的认识有所提高,优质石料的比例逐渐增大。但原料的来源仍限于河滩的砾石或山坡上的岩块。如大荔人的石料主要是河滩砾石,[2] 而丁村人则选用附近山上冲下来的岩块或砾石。[3] 旧石器时代晚期的人类虽然仍主要利用前面两个来源,但此时有的地点已开始从原生岩层中开采石料。选择石料的能力也进一步提高,并出现远距离运输石料的情况。[4]

---

[1] 贾兰坡等:《西侯度——山西更新世早期古文化遗址》,文物出版社,1978 年。贾兰坡等:《匼河——山西西南部旧石器时代初期文化遗址》,科学出版社,1962 年。
[2] 张森水等:《大荔人化石地点第二次发掘简报》,《人类学学报》1984 年第 3 卷第 1 期。
[3] 裴文中等:《山西襄汾县丁村旧石器时代遗址发掘报告》,科学出版社,1958 年。
[4] 黄慰文:《中国旧石器时代晚期文化》,《中国远古人类》,科学出版社,1989。

石料的来源情况，不但决定其岩性的特征，也决定了其形状与大小。采自山坡上的风化的脉石英碎块，往往是体积较小，节理发育。北京猿人遗址，金牛山 C 地点的情况就是这样。采自山区的河谷、沟岔的上游地段的砾石原料，则体积多较大。这种情况如匼河、丁村等地即是。燧石原料的情况除了大窑石器制造场直接采自原生岩层，体积较大，多数地点不论是采自山坡的风化碎块，或是河滩砾石，体积均较小。

二、石器原料与原始技术

与原料密切相关的是石器加工的原始技术。这种技术包括剥片与修理，即将原料加工为石器过程的两个不同阶段。不同时代与不同地区的石料来源与岩性变异很大，这种差别对具体遗址或地点所采用的原始技术无疑会产生很深刻的影响。

采用锤击法直接剥取石片，在华北旧石器文化的不同时期与地点皆可见到，是一种应用广泛的原始技术。这种技术在华北地区的广泛应用当与这一地区的石器原料特点有很密切的关系。在这一地区的早期阶段，应用最多的石料是石英岩，其岩性如前所述系粒状结构，剥片的断口呈粗贝壳状，适宜采用锤击法直接剥取石片。所以在以石英岩为主要原料的地区，锤击法成为主要的剥片手段。从早更新世的西侯度地点开始，一直应用到旧石器时代的结束。另一种使用的原料角页岩，也是粒状结构，剥片断口呈粗贝壳状。在汾河上游的一些以角页岩为主要原料的地点，锤击法也往往是重要的剥片方法。在早期常用的原料中，唯有石英性脆多节理，使用锤击法相对困难因而较少使用。到旧石器时代的晚期，随着燧石等优质的硅质岩类的大量应用，锤击法仍然较普遍的应用，并且达到这种技术的发展顶峰。许多加工精致的石制品都是这种技术的产物。

华北地区旧石器加工技术的另一特色是砸击技术的大量应用。砸击法最初发现于周口店北京猿人遗址。此后在其他地点也有陆续发现。砸击法在华北旧石器工业中较普遍的应用，这也与石器原料的特点密切相关。在华北地区，尤其是在晋、冀交界以东地区，石英分布较广泛。在其他原料缺乏的情况下，石英仍不失为一种较合适的原料。在北京猿人遗址所发现的数以十万计的石制品中,石英的比例占近89%。[1] 一直到旧石器时代晚期的辽宁海城仙人洞遗址,也还以此为主要原料。[2] 石英的岩性质坚而脆,节理发育,使用砸击法进行加工,将其一端置于石砧之上,在另一端进行砸击,则较容易剥下窄长的石片来。所以在以石英为主要原料的旧石器地点,砸击技术占有重要的地位。

近年来越来越多的发现表明,砸击法也可用于石英以外的其他的材料。这种情况也与所用的石料有关。由于华北地区很多旧石器地点缺少优质石料,原始人类往往要尽量提高一些优质材料的利用率。一些体积小,无法使用锤击法继续剥片的石料,往往继续用砸击法剥片。这种情况可以河南安阳小南海为例。该遗址的主要石料是燧石,但仍有较多的砸击石片存在。[3] 出现这种情况的一个重要原因当是所用的燧石原料的体积很小,使用砸击法可以充分利用石料,剥取合适的小长石片。

碰砧法是华北旧石器工业的另一种较常用的加工技术,其主要的分布区在晋中南的汾河流域及晋、陕、豫交界地区,也是适应当地石料特点发展起来的。该区内如前所述,多是质地较粗,形体较大的角页岩,加工这种石料,尤其是需要剥下较大的石片来,使用碰砧法则较锤击法或砸击法更为方便。因而在丁村地点碰砧法成为重要的剥片方式。在时代更早的西侯度和匼河地点,碰砧法也占有重要地位。

综上所述,华北旧石器原料的特点,明显地影响到石器制作的剥片技术。石料的岩性及其形体大小,都会对剥片技术有所影响。这种影响当然并不绝对。比如在锤击法与砸击法的应用上,就没有一条绝对的界限。虽然砸击法是加工劣质石英的有效方法,但也有原始人类使用锤击法来加工。最明显的例子是在北京猿人文化基础上发展起来的周口店第十五地点的石器工业,对于同样的石英材料主要应用锤击法加工。[4] 然而从整体看来,砸击法要优于锤击法,因而它在以石英原

---

[1] 裴文中等:《中国猿人石器研究》,科学出版社,1985年。
[2] 张镇洪等:《辽宁海城小孤山遗址发掘简报》,《人类学学报》1985年第4卷第1期。
[3] 安志敏:《河南安阳小南海旧石器时代洞穴堆积的试掘》,《考古学报》1965年第1期。张森水:《中国旧石器文化》,天津科学技术出版社,1987年。
[4] 张森水:《中国旧石器文化》,天津科学技术出版社,1987年。

料为主的地区,成为主要的加工方法。同样,石料体积的大小,对于剥片技术的影响也并非绝对,但也确实有一个相对合适的界限。形体窄小的小石料使用砸击法可以充分利用石料,并剥下窄长石片。形体较大而扁薄的材料,则宜于使用碰砧法剥下大石片;锤击法的适用范围则较前两者更广泛,在介于上述两种情况之间的范围内均可使用,因而成为应用普遍的基本方法。

石料对石器加工修理阶段的影响,主要与岩性有关。将石片或其他类型的毛坯加工成石器,起决定作用的当然是修理的技术水平,但石料的作用同样不能忽视。在华北的旧石器工业中,经常有一些与时代不相协调的石制品出现,这往往要归结到石料因素的作用。例如在周口店第一地点,就曾出现一些可以与旧石器时代晚期的石器媲美的精品,研究者即认为这是石料的因素所致。[1] 与此相反,一些使用劣质石料的晚期旧石器文化面貌则仍保持很粗陋的原始面貌。

实验考古学的经验说明,不同种类石料的第二步加工的效果区别很大。使用燧石等优质石料加工石器,准备要修理出的形状很容易控制,无论是使用硬锤或软锤,其修理疤痕均较薄长,修理后的刃口可以非常整齐。而石英岩、角页岩等则相对困难,修理时比较费力,石片疤一般比前者要深,刃口的形状也不容易控制,加工后的成品,明显不如前者精美。石英的情况更是如此,修理的形状更难控制。

不仅是修理的效果,而且石料的优劣还直接影响到石器第二步加工的成功率。在大荔人地点出土的石器研究中,研究者发现,该地点出土的石核,石片与工具之间在用料比例上存在着明显的不协调性。在属于石器加工第一阶段产品的石核与石片中,石英岩占的比例很大,而在加工修理之后的成品中,燧石原料者则占了更大的比重。[2] 类似的情况在其他地点也有发现,如辽宁喀左的鸽子洞,也存在着上述的不协调性。[3] 这种情况则主要是由原料的岩性特点决定的。燧石等优质石料,容易修理出理想的形状,修理过程中也不容易损坏,故成功率很高。而石英

---

[1] 裴文中等:《中国猿人石器研究》,科学出版社,1985 年。
[2] 周春茂:《大荔旧石器文化若干问题初探》,《史前研究》1986 年 1~2 期合订本。
[3] 鸽子洞发掘队:《辽宁鸽子洞旧石器遗址发掘报告》,《古脊椎动物与古人类》1975 年第 13 卷第 2 期。

岩等材料则不如燧石容易修理，修理过程中也容易损坏，修理的成功率明显低于前者，因而造成了上述的不协调现象。

三、石器原料与石器工业面貌

在旧大陆范围内，与其他地区许多旧石器时代文化相比较，如此广泛而持久地使用不规则形石片加工石器的传统，是华北旧石器工业的显著特色之一。[1] 这种传统从旧石器时代早期开始，一直延续到旧石器时代晚期。只有到了晚期的后一阶段，一些地区在此基础上发展起细石器技术，才逐渐取代了上述传统。除了少数地点，如地处该区西北边缘地带的水洞沟遗址，[2] 在世界其他地区许多旧石器文化中普遍存在的勒瓦娄哇和石叶技术，在这里并不流行。出现这种情况的因素是多方面的，但石器原料的特点也应当是一个不应忽视的原因。如前所述，在这一地区早期所应用的几种主要原料中，石英岩与角页岩的粒状结构及剥片断口呈粗贝壳状的特点使它们都容易产生不规则形石片，而要产生三角形石片或石叶则相对困难。石英材料性脆多节理，亦不容易控制剥片的形状。优质的燧石类材料被普遍使用的时代很晚，并且是伴随着石器的普遍细化，特别是细石器技术的出现而大量应用。这种情况是因为燧石等优质原料不如前几者丰富，原料的形体也多较小，不容易大量生产勒瓦娄哇石片与石叶。但生产形体较小的石器或石叶则很方便。石器原料的上述特征，对这一地区石器工业的总体面貌与传统的形成不会没有影响。这种影响很清楚地反映在从不规则形石片直接过渡到细石器技术的轨迹上。

旧石器时代晚期华北旧石器原料普遍由使用石英岩、角页岩、石英等过渡到使用燧石等优质材料。伴随着这一变化，华北旧石器工业的面貌也发生了深刻的变化。石器普遍趋于小型化，类型增多，加工精致，特别是细石器技术的出现，达到这一地区旧石器文化发展的高峰。上述变化在晋中、南地区表现尤为明显，前一阶段

---

[1] 贾兰坡等：《山西峙峪旧石器时代遗址发掘报告》，《考古学报》1972年第1期。
[2] 宁夏博物馆等：《1980年水洞沟遗址发掘报告》，《考古学报》1987年第4期。

广泛使用的角页岩、石英岩等被燧石等优质原料取代,后者被大量地使用于生产各种细石器。而角页岩、石英岩等仅在加工数量很少的大型工具时才偶见使用。如蒲县的薛关,其主体是用燧石生产的细石器,[1]仅有少量的大型石器还继续使用石英岩与角页岩。另一典型的细石器遗址——下川也是如此。[2]

在冀北、辽南地区,这种变化则出现了分异。在靠近西部草原地区的河北阳原油房、[3]虎头梁[4]等地点使用燧石等加工细石器,与上述晋中南地区的变化接近。但在东部的一些地点,仍然大量使用石英原料。如辽南的海城仙人洞发现上万件石制品,绝大多数是以石英砾石或岩块为原料。继续使用砸击法加工石器,石器的种类虽有增加,但整个石器工业的面貌与早、中期旧石器文化的差别不大。[5]这种情况不能仅用技术原因来解释,因为同一遗址发现的骨制品表明该文化的原始技术已经达到非常高超的阶段。大量地使用石英原料显然是造成该石器工业面貌原始的因素之一。类似的情况也见于周口店山顶洞。

华北旧石器另一个显著特征是两大系统的存在,即匼河-丁村系与周口店第一地点-峙峪系,或称大石器与小石器类型。如果我们仔细观察两大系统各自所包括的遗址或地点的石料情况就会发现,大石器类型的各地点所选用的石料主要是石英岩与角页岩等,原料本身的体积都较大;而小石器类型早期则多以石英为原料,石英岩等其他原料却很少,晚期渐过渡到以燧石等硅质岩类为主,原料的体积多较小。石器原料对于两种石器工业类型的存在显然有制约作用。

我们可以先来观察小石器类型的典型遗址——北京猿人遗址的情况。这个遗址的堆积厚达四十余米,前后延用几十万年。在数以万计的石制品中,大部分石器的尺寸很小,多在五厘米以下。因而刚一发现就被称为"几乎是细石器工业"。[6]但这里也并不完全是细小石器类型,也有相当一部分较大的石器。该遗址的石制

---

[1] 王向前等:《山西蒲县薛关细石器》,《人类学学报》1983年第2卷第2期。
[2] 王建等:《下川文化——山西下川遗址调查报告》,《考古学报》1978年第3期。
[3] 谢飞等:《河北阳原油房细石器发掘报告》,《人类学学报》1989年第8卷第1期。
[4] 盖培等:《虎头梁旧石器时代晚期遗址的发现》,《古脊椎动物与古人类》1977年15卷4期。
[5] 张镇洪等:《辽宁海城小孤山遗址发掘简报》,《人类学学报》1985年第4卷第1期。
[6] 贾兰坡等:《山西峙峪旧石器时代遗址发掘报告》,《考古学报》1972年第1期。

品所选用的原料的岩性多达四十余种,但石英的比例占近九成,其次为水晶、燧石和砂岩,其余四十种岩性的原料累计仅为百分之一稍强。石英原料大多是小块,长度超过十五厘米者,在周口店周围很少见。而且绝大多数是节理发育的劣质石英,因而用这种原料所加工的石制品形体自然就小。与此相反,一些尺寸较大的石制品,则多选用石料质地较粗,原料体积较大的砂岩砾石等制作。当然也有少量用脉石英等制成的大石器,这些是数量很少的形体较大的脉石英的产物。上述情况说明,脉石英原料的岩性特点与其在原料中所占的比例,决定了这个遗址旧石器工业的基本特点。使其成为以细小石器为主的旧石器文化类型。在另一个也属于小石器类型的大荔人地点群的旧石器工业中,也可以看到石器原料对文化面貌的影响。从甜水沟的南区到北区,小型的石器逐渐减少,中、大型石逐渐增加,这种变化与文化层中砾石大小的变化相关。地处下游的甜水沟一带,砾径较小,与此相应的多小型工具。而上游的北区一带,砾径则较大,这里的中型与大型工具就多于甜水沟一带。另外这一带的石英岩砾石多较大,而燧石砾石则较小。因而大工具多是石英岩,小型者多是燧石所加工。[1]

与此相反,在一些大石器类型的地点,也可以看到原料对石器工业面貌的影响。例如属于这个系统中的旧石器时代早期的匼河地点,从附近河滩上选择石英岩来制作石器。在匼河一带砾石层中的石英岩,虽然结构上有粗细之分,颜色也有不同,但由于这种石料的硬度大,韧性强,与同层的其他岩性的砾石相比,仍是最合适的原料。所以匼河的石器以石英岩为主。这种石英岩的砾径很大,在发表的材料中没有直接描述,但我们可以从石核与石片的情况推测。一件最大的石英岩石片长达23.5厘米,宽31.5厘米,厚7.5厘米,重达5.35公斤,是一件扇形的石片,背面还带有砾石面。因而可以知道匼河的石器原料的体积很大。与此相适应,剥下的石片与制成的石器才相应是大型的。[2] 关于丁村石器的原料及其产地有较清楚的介绍,使用角页岩砾石。这种砾石的原生地层,在丁村以东仅七千米,所以丁

---

[1] 周春茂:《大荔旧石器文化若干问题初探》,《史前研究》1986年1~2期合订本。
[2] 贾兰坡等:《匼河——山西西南部旧石器时代初期文化遗址》,科学出版社,1962年。

村的石器尺寸普遍较大。[1]

在旧石器时代晚期的华北,还没有发现典型的大石器文化系统的遗址或地点。有的研究者,将内蒙古自治区呼和浩特郊区的大窑[2]与晋北的新石器早期的鹅毛口归入这一系统。[3] 但已经有人指出这两处都是石器制造场,所制的石器不免要受到原料的某些条件的限制,难以反映所属文化石器工艺的全貌。后者的意见明显也认为石器工业的面貌与石料的情况有一定的关系。如果具体观察两个遗址原生岩层的情况会更清楚。在大窑附近的冲沟中,可以见到的燧石岩块,长径可达1.5米。从其上所剥下的石料,形体自然会很大。而大窑遗址的石制品均采集自这个石器制造场附近。所以尽管华北地区以燧石为原料者的形体一般都较小,但这里的燧石制品的形体却都较大。鹅毛口的情况也如此。如鹅毛口的小瓜地沟附近,有凝灰岩露头,散布着巨大凝灰岩层块,岩石质地坚韧,是制造石器的良好原料。因而古代居民从原生的岩层开采石料,然后加工石器。甚至还有从原生的巨大岩块上直接打击石片的现象,所以这里的石器形体也大。这两个石器制造场的情况,也反映了石器原料与工业面貌之间的关系。

四、余论

综上所述,华北旧石器工业的原料使用具有明显的特点。在旧石器时代的早、中期阶段,使用最多的是石英岩、石英、角页岩几种。到晚期则渐被优质的燧石等硅质岩类所代替。各种岩性的原料也有各自相对分布的集中区域。原料的岩性、自身形体的大小以及分布的时空特点,对华北旧石器工业有着不可忽视的影响。原料的特点首先影响到石器加工的原始技术。由于原料的影响,华北旧石器的加工技术显示出不同的特点。在晋、冀以东地区,最显著的特点是适应石英原料发展

---

[1] 裴文中等:《山西襄汾县丁村旧石器时代遗址发掘报告》,科学出版社,1958年。
[2] 内蒙古自治区博物馆等:《呼和浩特市东郊旧石器时代石器制造场发掘报告》,《文物》1977年第5期。
[3] 贾兰坡等:《山西怀仁鹅毛口石器制造场遗址》,《考古学报》1973年第2期。

起来的砸击技术的广泛应用。在晋中南的汾河中游角页岩分布区以及晋、陕、豫三省的交界处,使用碰砧法加工形体较大的原料较普遍。而锤击技术较前两者的应用则更为广泛,使用的地区与时代几乎没有限制。原料的特点也明显影响石器的修理技术,由于早期几种原料岩性特点,即不宜进行较细致的加工,加工修理石器的成功率也受到限制。只有到晚期,随着优质原料的广泛应用,才大量出现种类众多,加工精致的石制品。

石料的特点虽然最直接影响到加工石器的原始技术,然而其最终的作用,还是要反映在应用这种技术所产生的石器工业的整体面貌上。无论是与距离遥远的欧洲、非洲、西亚地区,或是邻近的东南亚的旧石器工业相比,以不规则形石片为主要毛坯加工石器的传统及从不规则石片直接过渡到细石叶的技术都构成了华北旧石器工业的最突出的特色。而这种特色很明显是受到这一地区石器原料的影响发展起来的。优质原料的匮乏,使原始技术的发展受到影响,因而最终使华北旧石器工业呈现出上述特色。

华北旧石器工业的另一特色是其两大系统或称大、小石器类型的存在。不同系统或类型的分布与华北地区石器原料的岩性特点及形体大小的时空分布特征的恰巧整合,则充分说明原料对其形成的影响。不同的文化类型是不同的原始社会集团,适应各自不同的环境发展起来的。这种环境包括自然与社会双重因素。自然环境的因素是多方面的,而石器原料无疑是其基本的要素之一。因此,无论是当我们考虑整个华北地区旧石器文化的传统与类型问题,或是具体地分析某一文化的特征,原料因素对于石器工业的影响,都应该给予足够的重视。

本文承吕遵谔教授审阅并提出修改意见,谨致谢。

(本文曾提交"迎接二十一世纪的中国考古学"国际学术研讨会,1993年。刊于《"迎接二十一世纪的中国考古学"国际学术讨论会文集》,科学出版社,1998年)

中国早期原始文化的相对独立性及其成因

中国境内早期原始文化与旧大陆西侧沿着不同道路发展的现象早就受到关注,对其成因也曾有人提出看法。在 20 世纪的前期,一些西方学者开始注意到东亚地区旧石器时代文化与旧大陆西方的区别。有人提出两个文化圈的假说来概括东、西方之间旧石器时代早期文化的差别。[1] 对于这种差别的原因,有人则以进化的中心与边缘地区的关系来解释,认为与西方旧石器文化发展热气腾腾的景象相比,东亚地区则处于一个相对平静的角落。[2] 随着中国及邻近地区旧石器时代考古发现与研究的进展,近年来,也有学者开始从生态学角度解释该地区旧石器时代文化发展道路的特殊性,[3] 提出东亚、东南亚地区更新世期间相对稳定的自然环境使得这里早期原始文化呈现独特面貌。中国旧石器时代文化与西方的显著区别也受到国内学者注意。有的学者用石片石器工业来概括中国旧石器时代文化的特征。[4] 但随着华南地区旧石器时代文化的发现不断增加,也有人提出在中国及东亚地区也不乏西方旧石器时代早期文化中的典型石器手斧等,因而不应特别强调东、西方早期原始文化之间的差别。[5] 这些说

---

[1] Movius, H. L., Early man and Pleistocene stratigraphy in southern and eastern Asia. *Papers of the Peabody Museum*, 19 (3): 1~125. 1944. Movius, H. L., The Lower Palaeolithic cultures of southern and eastern Asia. *Transactions of the American Philosophical Society*, 38 (4): 329~420. 1948.

[2] Teilhard de Chardin, P., Early Man in China. *Institut de Geo — Biologie Publication*, 7: 1~99. 1941.

[3] Bordes, F., Foreword. In Early Palaeolithic in south and east Asia, The Hague: Mouton. 1978. Pope, G. G., Taxonomy, dating and paleoenvironment: the paleoecology of the early Far Eastern hominids. *In Modern Quaternary Research in Southeast Asia*, 9: 65~80. 1985.

[4] 邱中郎、李炎贤:《二十六年来的中国旧石器时代考古》,《古人类论文集》,科学出版社,1978 年,43~66 页。

[5] 黄慰文:《中国的手斧》,《人类学学报》1987 年第 6 卷第 1 期,61~68 页。黄慰文、张镇洪:《中国南方砖红壤中的石器工业》,《纪念黄岩洞遗址发现三十周年论文集》,广东旅游出版社,1991 年,125~129 页。

法表明对东西方早期原始文化的差别及其成因的歧见由来已久。所以,本文拟对东、西方旧石器时代文化的差别,特别是中国早期原始文化发展的相对独立性,以及这种独立性的成因进行初步讨论。

一

就目前已有的证据而言,早期人类在中国大陆上开始生活的年代至少可以追溯到上百万年。中国境内的早期原始文化从上百万年前一直持续到公元前 1 万年左右的农业社会的出现之时。在这样漫长的历史过程中,中国早期原始文化的发展经历了三个阶段即旧石器时代的早期、中期和晚期。早期与第四纪更新世的早、中期相当,从距今一百多万年一直到距今 13 万年左右;中期相当于更新世晚期的前一阶段,从 13 万年前持续到距今 4 万年左右;晚期则相当于更新世晚期的后一阶段,从距今 4 万年左右到更新世结束,即公元前 1 万年左右。按照现代自然地理区划的特点,还可以将中国旧石器时代文化划分为华北与华南两区。这种时空结构反映了中国早期原始文化发展的特点。

中国旧石器时代早期的遗址或地点,在南方地区,主要分布在秦岭—淮河一线以南中国地形的第三阶梯上。遗址或地点多发现在河流阶地上。已经发现的地点,都是成组集中分布在不同水系的相对独立的自然地理单元内。自南向北有广西百色盆地,[1]湖南澧水中、下游区,[2]安徽水阳江区,[3]鄂西北区[4]和陕南

---

[1] 曾祥旺:《广西百色地区新发现的旧石器》,《史前研究》1983 年第 2 期,81~88 页。
[2] 袁家荣:《略谈湖南旧石器文化的几个问题》,《中国考古学会第七次年会论文集》,文物出版社,1992 年,1~12 页。
[3] 房迎三:《皖南水阳江旧石器地点群调查简报》,《文物研究》第 3 辑,1988 年,74~83 页。房迎三、杨达源、韩辉友等:《水阳江旧石器地点群埋藏学的初步研究》,《人类学学报》1992 年第 11 卷第 2 期,134~141 页。
[4] 李天元、王正华、李文森等:《湖北省郧县曲远河口化石地点调查与试掘》,《江汉考古》1991 年第 2 期,1~14 页。

的汉中盆地[1]等几个旧石器地点群。这些地点群，分布与埋藏的形式都较一致。文化面貌也基本相同。

从整体看，这些地点群的石制品都是形体硕大，加工粗糙，属于典型的砾石石器工业。各地点石器原料的来源都是附近河滩的砾石，岩性主要是石英岩、石英、砂岩等多种，随附近的砾石成分的变化而变。多以较大的砾石直接加工各类石器，因而形体普遍粗大。各地点均以锤击法为主要的剥片方法。碰砧法和砸击法都很少见到。第二步加工也都以锤击法为主。单面加工占比较重要的地位，但两面加工者也占有一定的比例。石器组合的特点是均以各类砍砸器为主，一般都占石器总数的一半以上；其次是各类大型的尖状器，还有数量不等的"原手斧"；[2]石球在一些地点有较多的发现；刮削器的数量很少，或基本不见。

与此相反，在南方西部的第二阶梯上，遗址或地点的数量很少，几个文化材料丰富的地点都属于洞穴类型，都是单个分布在山区。文化面貌也与前者完全不同。石制品以中、小型为主，整体面貌比较细小。石器原料主要是来自附近的结核或砾石，岩性以燧石、硅质灰岩等硅质岩类为主。加工方法也以锤击法为主，偶见碰砧法、砸击法的使用。与前者不同的是，石器多是用石片等素材再进行第二步加工修成，以石片石器为主。石器组合以各类刮削器为主，砍砸器所占的比例很小。尖状器等其他小型工具也有一定的数量；但基本不见大尖状器。[3]

在秦岭—淮河一线以北的旧石器早期文化的区域特点则主要是纬向性的。由南向北有两个文化特点不同的亚区。

---

[1] 陕西省考古研究所汉水考古队：《陕西南郑龙岗寺发现的旧石器》，《考古与文物》，1985年第6期，1~12页。陕西省考古研究所汉水考古队：《陕西南郑龙岗寺新出土的旧石器和动物化石》，《史前研究》1986年3~4期合订本，46~56页。

[2] 安志敏：《中国的原手斧及其传统》，《人类学学报》1990年第9卷第4期，303~311页。

[3] 李炎贤、文本亨：《观音洞——贵州黔西旧石器时代初期文化遗址》，文物出版社，1986年。斯信强、刘军、张汉刚等：《盘县大洞发掘简报》，《人类学学报》1993年第12卷第2期，113~119页

南部亚区主要分布在晋、陕、豫三省交界及邻近地区,有匼河、[1]三门峡[2]及蓝田附近[3]等比较重要的发现。由于这些地点地理位置接近南方,尤其是在更新世的较早阶段,该区的环境相当或是接近亚热带,其文化面貌也与南方地区较为接近。该区的旧石器与古人类地点也主要是露天类型,分布在古代的河流附近。其石制品的整体面貌也是粗大类型。制作石器的原料主要是各种岩性的砾石,来自遗址附近的河滩或冲沟。以锤击法为主要的剥片方法,碰砧法也有较多的应用,后者主要是用来剥取较大的石片。加工石器的素材既有砾石,也有石片。使用大石片来加工砍砸器和尖状器等大型石器,是该区的特点。在这里的石器组合中,同样是砍砸器占有重要地位,但不同的是有一部分砍砸器不是直接使用砾石,而是使用大石片为素材加工。大型的尖状器也是石器组合之一,另外还有石球。除了上述大型石器,小型的刮削器也有一定的数量。

随着纬度的增高,到北方地区的北部,即晋、冀两省北部,辽宁、内蒙古的中、南部及北京地区,文化面貌与南部有较大的区别。遗址主要是洞穴类型,并多有较丰富的用火遗迹发现。[4] 伴随着石制品还有较多的动物化石尤其是人工破碎的动物骨骼发现。[5] 石制品主要是小型的石片石器。制作石器的原料既有砾石,也有结核或风化岩块,在一部分地点,后两者占更大的比重。加工石器的方法,锤击法与砸击法并重,在有的地点,砸击法则占更重要的地位。加工石器的素材主要是石片。加工方式丰富多样。石器组合以刮削器为主,各种类型的刮削器,一般要占整个石器组合的三分之二以上。其次为尖状器及其他小型工具类型。砍砸器所占的

---

[1] 贾兰坡、王择义、王建:《匼河——山西西南部旧石器时代初期文化遗址》,科学出版社,1962年。
[2] 黄慰文:《豫西三门峡地区的旧石器》,《古脊椎动物与古人类》1964年第8卷第2期,162~177页。
[3] 戴尔俭:《陕西蓝田公王岭及其附近的旧石器》,《古脊椎动物与古人类》1966年第10卷第1期,30~32页。戴尔俭、计宏祥:《陕西蓝田发现之旧石器》,《古脊椎动物与古人类》1964年第8卷第2期,152~156页。戴尔俭、许春华:《蓝田旧石器的新材料和蓝田猿人文化》,《考古学报》1973年第2期,1~12页。
[4] 裴文中、张森水:《中国猿人石器研究》,科学出版社,1985年。
[5] 吕遵谔:《金牛山猿人的发现和意义》,《北京大学学报(哲学社会科学版)》1985年第2期,109~111页。金牛山联合发掘队:《辽宁营口金牛山旧石器文化的研究》,《古脊椎动物与古人类》1978年第16卷第2期,129~136页。

比例一般很少,不见大尖状器存在。

在喜马拉雅山和青藏高原以西的旧石器时代早期,文化面貌与中国的情况截然不同。此时所流行的石器工业是砍砸器和简单的石片石器(按照克拉克的划分,即旧石器工业的第一种模式,简称模式 1),与手斧工业(同前,简称模式 2)。[1] 前者最初出现于东非,典型代表为奥杜威文化,时代为距今 180 万年左右。后者最早也出现于东非,约在距今 150 万年左右。虽然两者一直并存到末次冰期的来临之前,但手斧文化出现之后,即在旧大陆西侧占据了主导地位。与此相比较,中国早期原始文化明显不同。

中国旧石器时代早期文化,无论是上述的南方或北方地区,均与克拉克的模式 1 更为接近。尤其华南近年来新发现的砾石石器工业,与典型的奥杜威文化相比,从典型石器的种类到石器组合的比例,都更为一致。然而与模式 2 相比,无论是华南的典型砾石石器工业,还是华北以小型石片石器为代表的工业类型,都相去甚远。在早年发现的以周口店第一地点为代表的北京猿人的石器工业,及近年来在泥河湾盆地发现的属于早更新世晚期的石器工业,均以各类轻型刮削器为主要工具,还有一些尖状器等其他小型工具。大型工具仅见少量的砍砸器、石球等,不见手斧等第二种旧石器工业模式中的代表性工具。尽管近年来在华南各地陆续有一些以手斧命名的石制品发现,但将其与旧大陆西侧典型的阿舍利手斧相比较,无论是形制、加工技术或是在石器组合中所占的地位,都远远无法与典型的阿舍利工业相比。在典型的阿舍利工业中,手斧的形制规整,加工技术统一,在石器组合中占有非常重要的地位,往往可达 50%以上。[2] 但在华南及华北南部一些地点发现的手斧,则加工简单粗糙,柄部多留有较多的石皮,应属于原手斧类型。在石器组合中所占的位置也很有限,在多数地点,仅为零星的发现。发现最多的百色盆地,也仅为 6%左右。[3]

---

[1] Clark, J. G. D., World Prehistory in New Perspective, 3rd ed. Cambrige University Press. 1978.

[2] Leakey, M. D., Olduvai Gorge: excavations in Beds 1 and 2. 1961~1963. Cambridge: Cambridge University Press, 1971.

[3] 黄慰文:《中国的手斧》,《人类学学报》1987 年第 6 卷第 1 期,61~68 页。黄慰文、张镇洪:《中国南方砖红壤中的石器工业》,《纪念黄岩洞遗址发现三十周年论文集》,广东旅游出版社,1991 年,125~129 页。

从上述情况可知,中国旧石器时代早期文化在最初阶段尚与旧大陆西侧保持着一致性。这种一致性集中体现在石器技术模式1的共享。然而,在旧大陆的西侧很快即由手斧工业取代了模式1,成为西方旧石器时代早期的主导因素。从此后东、西方早期原始文化即走上不同的发展途径。

二

在中、晚更新世之交开始的旧石器时代中期,是一个承前启后的时代。本阶段的中国旧石器文化,明显地继承了早期的传统,并逐渐发展。本阶段的文化特点首先还是表现在空间分布上的差异。基本上继承了早期的不同文化区各自的特点,并在此基础上有不同程度的发展。

与早期相比变化不大的是南方的两个亚区。在南方的东部亚区,中期的各地点从埋藏条件到遗址的类型都没有变化。已经发现的诸地点还是沿着大小河流成群组分布。所不同的是,中期的地点多分布在较低的阶地上,埋藏在下蜀黄土堆积中。从湖北江陵的鸡公山遗址的发掘资料看,中期遗址的面积更大,堆积厚,使用的时间可能更长。

东部亚区的石器工业的面貌与早期相比,也是差别不大。石制品普遍硕大粗糙,采用各种岩性的砾石为原料,以锤击法直接加工石器。石器组合仍以砍砸器、大尖状器为主体,刮削器等小型工具较少见到。由于这种情况,很难从类型学方面将本区内早、中期的旧石器工业截然区别开。但就现在已经发现的材料来看,除了上述与早期一致的方面,也可以看到一些与早期不同之处。如在鸡公山遗址,虽然也以砍砸器、大尖状器等大型工具为主体,早期的各种石器类型也都可见到,但石器的修理较为细致。尤其是使用半边或扁平砾石加工的尖状器,形状规整,加工程序一致,反映石器加工技术的进步性。另外一个发展的趋势是使用片状素材加工石器的数量增多,这种情况可见于湖北枝城的九道河。虽然其石制品的整体仍为粗大类型,砍砸器类的大型工具占主导地位,但该地的片状素材的数量和比例都高于砾石或石核。[1] 这两地的情况都反映了南方东部地区旧石器中期石器技术的发展。

西部亚区发现的材料很少。仅有的少数地点也仍是洞穴类型。石器文化方面也没有很多的材料可供对比。从整体上看两期的变化也不明显。如果黔西观音洞的绝对年代的数据可靠，那样就至少有一部分堆积属于中期。[2] 在观音洞的整个堆积中，上、下部的文化面貌并没有显著的变化。最近发现的盘县的大洞，其时代与观音洞相近，文化面貌也基本一致。两者的直线距离在两百多千米以上，又分属长江和珠江两大水系，中间有分水岭相隔，但文化面貌却很相似，应该是反映了该地区这一时期旧石器文化的共同特点。还是以中、小型石器为主体，刮削器等小型工具占主导地位，石器多以片状素材进行较细致的修理。整体文化面貌与东部地区成鲜明对照。

与南方地区不同的是北方的旧石器时代中期文化，虽然也较多地继承了本地区早期文化的特点，文化发展的趋势呈相对稳定的状态，但与南方同时期相比，变化还是比较显著的。这种变化尤其显著的是表现在北方的南部地区。

与本地区的早期相比，北方的南部地区在遗址的类型方面没有变化。仍然是以露天类型的遗址为主，所发现的旧石器地点与南方及本地区的早期的分布与埋藏规律相同。沿着大小河流分布，多成群组被发现，如丁村、[3] 大荔[4] 等。但变化较大的是该地区的旧石器工业的面貌。早期以砍砸器、大尖状器等大型石器为特色的粗大石器工业，到中期仅在部分地区保留。而另外的大部分地区则由以刮削器为主体的小石器工业所代替。前者如丁村地点群及汾河流域的一些地点。砍砸器、大尖状器、石球等大型工具仍在石器组合中占据主导地位，石器工业的整体面貌为粗大类型。这些明显是继承该地区早期的旧石器文化传统。但在另外的一

---

[1] 李天元：《湖北枝城九道河旧石器时代遗址发掘报告》，《考古与文物》1990年第1期，6~20页。
[2] 原思训、陈铁梅、高世君：《华南若干旧石器时代地点的铀系年代》，《人类学学报》1986年第5卷第2期，179~190页。沈冠军、金林红：《贵州黔西观音洞钟乳石样的铀系年龄》，《人类学学报》1991年第11卷第1期，93~100页。
[3] 裴文中：《山西襄汾县丁村旧石器时代遗址发掘报告》，科学出版社，1958年。
[4] 周春茂：《大荔旧石器文化若干问题初探》，《史前研究》1986年第1~2期合订本，16~25页。

些地区,则基本不见早期粗大石器工业传统的影响,而流行以刮削器为主体的小石器工业,如大荔人地点及泾渭流域的一些地点。

北方的北部地区,与其南部的邻居相比,则更多地继承了本地区早期的石器工业传统,文化面貌没有很大的差异。在该区内仍较流行洞穴类型的遗址。旧石器文化是典型的小石器工业。石器组合没有很明显的变化,基本上还是早期已经出现的各种类型,但不同类型出现的频率有所变化。加工技术方面的进步也较缓慢,比较明显的变化是砸击技术呈衰落的趋势,各地点均以锤击法为主要的剥片技术,修理台面的技术较早期有更多的应用。这种比较稳定的发展趋势,与当地更新世中期以来比较稳定的温带草原型的自然环境是直接相关的。适应这种环境的是以各类刮削器、小尖状器等小型工具为主体的小石器工业,一直延续到旧石器时代的中期甚至更晚。

中国旧石器时代中期文化面貌与旧大陆西侧同一阶段相比,差异更为明显。旧大陆西侧的旧石器时代中期一般开始于最后间冰期之初或稍晚。此时西方各地,无论是欧洲、西亚,还是非洲大陆,石器工业的第三种模式,即以预制石核技术为特征的莫斯特工业占据了主导地位。尽管典型的莫斯特文化主要分布在欧洲、西亚与北非地区,但在与之相邻的中亚、南亚及撒哈拉沙漠以南的非洲地区,也都清楚可见莫斯特文化的影响。然而在越过喜马拉雅山、青藏高原及中亚沙漠,则基本不见莫斯特文化传统的痕迹。如前所述,在此阶段,中国旧石器时代中期文化则仍然延续早期的发展道路,尽管出现一些变化,但仍未超出第一种石器工业模式的范畴。在南方地区东部的露天地点,仍为典型的砾石石器,与当地早期的砾石石器工业没有明显的区别。在南方西部的洞穴堆积中发现的石器工业,也还是与早期一样的石片石器。如20世纪60年代发现的黔西观音洞遗址,以及新近发现的盘县大洞,都有很厚的文化堆积,从旧石器时代早期一直延续到中期甚至更晚。但时代相差很远的石器工业的面貌却不见明显差别。尽管北方地区从早期到中期的石器工业的发展变化较大,但这种变化也仍在第一种模式的变异范围之内。变化之处仅在于北方南部的砾石石器在部分地区被小型的石片石器所代替。第二与第三种工业模式,则始终没有出现。与旧大陆西侧旧石器工业几种模式依次出现的发展途径相比,中国旧石器时代中期文化的发展则是表现了更多的对本区早期文化的继承性。

三

中国旧石器时代晚期文化的发展与以前两个阶段相比,变化十分显著。北方地区自早期以来所延续的南北两个亚区的文化格局发生了根本的变化。此时的文化类型不再是南北的差异,而是出现西北地区的狩猎者与东部地区的穴居者两种不同的文化类型。

在旧石器时代晚期之初,各地的旧石器文化都还保留较多的中期的文化特点,如东部的仙人洞的下层,[1]西部的萨拉乌苏、[2]刘家岔等,[3]从原始技术到石器组合,都保留了早、中期以来本地区流行的小石器工业的传统。但是随着时间的发展,最后冰期最冷峰的临近,传统因素逐渐减弱,新的文化成分不断增加,东、西两部分的文化差异逐渐加大,两种新的文化类型逐渐形成,即东部的穴居类型与西部的狩猎类型。

东部的穴居者,仍保留了较多的传统的小石器工业的因素,主要是在石器工业方面。在这些洞穴遗址中发现的石制品,加工技术都比较简单,采用锤击技术与砸击技术直接剥取石片,砸击技术占有较重要的地位。修理台面的技术不见使用,也没有应用间接技术生产的石叶与细石叶。石器的第二步加工粗糙,多数石器种类不定型。石器技术与组合从早期到晚期的变化并不明显。石器组合以各式刮削器占多数,但砍砸器也还占有一定的地位,尖状器的数量不多,修理也很简单,没有发现典型的端刮器。但是在这种传统的石器工艺以外,骨、角器制造业却异峰突起,构成该种文化类型的重要因素。骨、角质材料用来制作各种生产、生活用具,精美

---

[1] 张镇洪、傅仁义、陈宝峰等:《辽宁海城小孤山遗址发掘简报》,《人类学学报》1985年第4卷第1期,70~79页。

[2] 黄慰文:《中国旧石器时代晚期文化》,《中国远古人类》,科学出版社,1989年,220~244页。

[3] 甘肃省博物馆:《甘肃环县刘家岔旧石器时代遗址》,《考古学报》1982年第1期,35~48页。

的骨角制品代表了穴居者的技术水平。[1]

西北部的狩猎文化则远较前者复杂。这种复杂性主要表现在石器工业方面。在西北部的面积广阔的草原地区,存在过多种不同的文化因素的影响,使得该地区的狩猎文化的面貌在不同时期和不同区域内发生不同的变化。在旧石器时代晚期开始之初,本地区出现的还是与早中期小石器工业类型相差不大的文化类型。如萨拉乌苏和刘家岔等地的发现,与中期的许家窑等相比,石器技术没有显著的区别。但石器组合却开始发生变化,狩猎文化的工具组合中的典型种类如端刮器等已经出现,并占有一定的地位。到时代稍晚于前两者,距今29000年前后的峙峪遗址,虽然还是延用早期的石器加工技术,但却将这种技术的使用推到了高峰。以锤击法和砸击法剥取了大量的形制规整的窄长、梯形、三角形石片;也用这种技术修理出器形规整、刃口匀称、小石片疤浅平的各种石器。[2]

距今25000年前后,在晋南的中条山区和汾河谷地,新型的石器加工技术即使用间接打击法加工细石器开始出现,并迅速发展。细石器文化的典型代表是下川文化。[3] 在下川文化时期,狩猎文化已经发展到成熟期。以制作复合工具为目的的细石叶的大量出现,石器组合中以典型的端刮器为主,修理精致的尖状器也居重要地位,并出现专门修理为投射器尖部的尖状器或石镞等。下川文化在当地一直持续发展到距今13000年前后。而细石器文化因素在北方地区广为扩散,在狩猎文化中取代了小石器工业传统,成为旧石器时代晚期后一阶段的主导因素。

狩猎文化中存在的另一种文化因素是石叶技术。以石叶技术为主的文化类型在中国出现较晚,其影响也很微弱,在北方及整个中国的旧石器时代晚期文化中均没有充分发展。典型的石叶石器的文化类型到目前为止,仅有宁夏的水洞沟遗址。该文化以直接打击法,通过修理石核技术生产了大量精美的石叶,并加工出各种典

---

[1] 张森水:《中国旧石器文化》,天津科学技术出版社,1987年。
[2] 贾兰坡、盖培、尤玉柱:《山西峙峪旧石器时代遗址发掘报告》,《考古学报》1972年第1期,39~58页。
[3] 王建、王向前、陈哲英:《下川文化——山西下川遗址调查报告》,《考古学报》1978年第3期,259~288页。

型的狩猎文化工具类型。[1] 除了水洞沟以外,在一些狩猎文化类型的遗存中也陆续发现过石叶,但石叶工业的因素在这些遗存中均没有占据主导地位。

中国南方旧石器时代晚期,也是一个文化发展的转折点。与本地区早中期文化相比,文化面貌发生很大的改观。同北方地区一样,到旧石器时代晚期,南方地区内原有的东、西两个不同的文化区的界线不再继续存在。代之而起的是随时间、空间变化的多种小范围的地方型文化。文化类型的变异情况远较北方地区复杂。

与北方地区相似之处是,该地区在旧石器时代晚期之初,各地发现的旧石器文化都还保留着较多的本地区早期的文化传统。如东部地区的宝积岩,虽然发现的人类化石已属晚期智人类型,但仍然基本延续早中期的砾石石器工业传统,石器的形体较大,加工较为粗糙,在石器组合中较多以砾石直接加工的砍砸器等。[2] 云贵高原上的时代较早的晚期旧石器与本区更早的旧石器文化之间,也没有明显的变化。在没有发现旧石器时代早中期遗存的四川盆地,旧石器时代晚期较早的文化则具有较多的砾石石器工业传统的因素,如盆地内发现的资阳人 B 地点等。[3]

随着时间变化,时代稍晚的各地的旧石器文化则迅速发生变化。变化的一个非常显著的共同趋势是砾石石器工业传统的影响逐渐减弱以至消失,各地均以石片石器为主,石器趋于小型化,石器组合渐过渡到以刮削器、尖状器等小型工具为主要的类型。除此之外,各地之间的差异则日益增强。如在四川盆地和盆地的西部边缘地区,就有两种文化面貌截然不同的类型。盆地内的铜梁的石器工业,以砾石为原料,石制品的形体多较大,石器组合虽以刮削器为主要类型,但砍砸器等大型工具仍占有很重要的地位。该类型显然是适应当地温暖湿润的森林或森林-草

---

[1] 贾兰坡、盖培、李炎贤:《水洞沟旧石器时代遗址的新材料》,《古脊椎动物与古人类》1964 年第 8 卷第 1 期,75~83 页。宁夏博物馆、宁夏地质局区域地质调查队:《1980 年水洞沟遗址发掘报告》,《考古学报》1987 年第 4 期,439~449 页。

[2] 王令红、彭书琳、陈远璋:《桂林宝积岩发现的古人类化石和石器》,《人类学学报》1982 年第 1 卷第 1 期,30~35 页。

[3] 李宣民、张森水:《资阳人 B 地点发现的旧石器》,《人类学学报》1984 年第 3 卷第 3 期,215~224 页。

原环境的产物。[1] 但在盆地西缘邻近青藏高原的富林则完全是另外一种情况。富林的石制品以小型为主，很少有超过三厘米以上的石器。石器主要以块状或石核毛坯来加工。石器组合，以各式刮削器为主，还有尖状器、端刮器、雕刻器等小型工具，基本不见砍砸器等大型工具。富林文化则是适应其附近的高山草原或森林-草原的环境而出现的。[2] 在贵州地区，虽然有些地方文化还较多地沿原来方向发展，但以猫猫洞文化为代表的文化类型显示了这一阶段该地区旧石器文化发展的走向与水平。猫猫洞的原始居民创造出锐棱砸击法来加工当地的劣质原料，制作出各种精致的石器，同时还大量地制作使用各类骨、角制品，形成独具特色的文化特征。[3]

东部原来的砾石石器工业区内的一些此期的文化类型，虽然还可以见到砾石石器传统影响的痕迹，但多已转变为石片石器为主体，刮削器、尖状器等小型或中小型工具居多数的新型石器工业。北部地区在鄂西北、陕南及豫西南地区有较多的发现。在该地区从砾石工业到石片石器工业的转变的时代早于南部，但砾石工业传统的影响还没有完全消失。如樟脑洞的石器工业，已接近更新世之末，但在其以刮削器、尖状器等中小型工具为主体的石器组合中，砾石加工的大型砍砸工具仍占有一定的地位。[4] 在南岭以南地区，虽然石片石器的比例也在增长，但以砾石加工的砍砸器等类型仍占有相当重要的地位。

随着晚期智人的出现，在距今3至4万年，旧大陆西侧各地也开始进入旧石器时代的晚期。此时是早期原始文化发展的最高峰。一系列新的技术出现并广泛应用于社会生产、生活的各方面，以洞穴壁画及各类活动艺术品等为标志的原始意识的高度发展等，均为原始社会向新的阶段飞跃准备了充分的条件。作为这一阶段

---

[1] 李宣民、张森水：《铜梁旧石器文化之研究》，《古脊椎动物与古人类》1981年第19卷第4期，359～371页。

[2] 张森水：《富林文化》，《古脊椎动物与古人类》1977年第15卷第1期，14～27页。

[3] 曹泽田：《猫猫洞旧石器之研究》，《古脊椎动物与古人类》1982年第20卷第2期，155～164页。曹泽田：《猫猫洞的骨器和角器研究》，《人类学学报》1982年第1卷第1期，36～41页。

[4] 黄万波、徐晓风、李天元：《湖北房县樟脑洞旧石器时代遗址发掘报告》，《人类学学报》1987年第6卷第4期，298～305页。

在石器技术方面最突出的变化是石叶工业即克拉克的第四种模式的广泛流行。在本阶段将近结束或更早,许多地区盛行第五种模式,即细石器技术。但此阶段在旧大陆的两侧仍有相当明显的区别。石叶技术最早在中期的西亚与南非等地就已出现。到距今3至4万年之时,石叶技术成为旧大陆西侧石器工业的主导因素,以此为标志的旧石器时代晚期因而开始。石叶工业在西欧特别是法国等地极为发达,达到整个旧石器时代石器技术发展的最高峰。不但如此,这种技术还沿着欧亚高纬地区的草原地带一直分布到东北亚地区。在日本、朝鲜半岛等地都发现数量较多的石叶工业。然而在中国大陆却很少发现它的影响。到目前为止,在数以百计的晚期旧石器遗址中,典型的石叶工业仅见水洞沟一处。水洞沟位于黄土高原的西北角,由此向东,在一些遗址或地点仍可发现石叶技术的踪迹,但其在各地的石器组合中所占的比例呈逐渐减弱的趋势。而自早中期以来一直流行的小石器工业则仍然占据主导地位。这种现象使得很多考古学者相信石叶技术的出现应是文化交流的产物,并且始终没有成为中国旧石器时代晚期文化的主导因素。与世界其他地区,尤其是欧洲、西亚地区的晚期旧石器文化相比,没有发达的石叶工业是中国旧石器文化发展过程的最显著的特色之一。中国旧石器时代晚期文化,主要是在华北地区,另一突出特点是细石器技术的高度发展。细石器技术是中国旧石器技术发展的最高峰。它的出现应与狩猎经济的高度发达密切相关。就目前已有的材料来看,细石器技术在华北地区出现的时代早,技术特征鲜明,与旧大陆西侧的同类发现明显不同。[1] 在华南地区,旧石器时代晚期的石器工业的发展仍明显继承了当地早、中期的文化传统。随着末次冰期最盛期的到来,华南北部的大部分地区已由小型石片石器工业代替了先前的砾石石器工业。但在岭南等地,仍可见到砾石石器工业的显著影响。

与旧大陆西侧五种石器工业模式相继出现的发展道路相比,中国大陆则一直是以第一种模式为主体,从旧石器时代的初期一直延续到晚期。到晚期的较晚阶

---

[1] 贾兰坡:《中国细石器的特征和它的传统、起源与分布》,《古脊椎动物与古人类》1978年第16卷第2期,137~143页。

段,仅在北方的局部地区才见有第五种模式的流行。无论是南方地区以第一种模式,从旧石器时代的开始一直延续到结束,还是北方地区从第一种模式直接过渡到第五种模式的发展道路,中国大陆早期原始文化显然是沿着与旧大陆西侧完全不同的途径发展演化。

四

如前所述,中国早期原始文化相对独立于旧大陆西侧的发展道路十分清楚。决定这种发展特点的因素是多方面的,但首先应与早期人类在东亚地区的进化直接相关。早期人类是创造原始文化的主人。中国早期原始文化反映了中国大陆上的早期人类的发展历程。因而东、西方原始文化之间的区别,实际上所反映的是人类进化路线方面的差异。关于早期人类起源与发展的认识到目前仍有许多争论,一些学者主张早期人类起源于东非,然后扩散到世界各地。[1] 但也有学者认为东亚特别是中国南方也与早期人类的起源有关。[2] 无论对早期人类起源地点的争论如何,到距今一百多万年的直立人阶段,东亚与东南亚地区的直立人已经显示出与旧大陆西侧直立人体质特征的明显不同。有学者将东亚、东南亚地区发现的直立人称为典型直立人,东非的发现为非典型直立人。[3] 甚至还有人认为两者应划分为不同的种类。直立人在旧大陆的两侧生活了上百万年,他们的地区性的差异,应当是旧石器时代早期东、西方文化差别的重要原因。直立人之后各地早期智人与晚期智人的地方性差别也依然十分显著。无论是主张现代人类起源于非洲者,还是主张多区进化者,对于本阶段人类的地方性差异都无异议。这种差异显然也会直接影响到旧石器时代中、晚期文化的发展。所以在讨论中国早期原始文化独特性的成因时,首先需要考虑的因素应该是人类进化的区域性差异。自早更新世

---

[1] 吴汝康:《中国古人类研究在人类进化史中的作用——纪念北京猿人第一头盖骨发现六十周年》,《人类学学报》1989年第8卷第4期,293~300页。
[2] 周国兴:《人之由来》,海燕出版社,1992年。
[3] Klein, R. G., The Human Career. Chicage:University of Chicage Press. 1989.

以来早期人类在旧大陆两侧的不同发展道路是决定东、西方旧石器时代文化具有截然不同面貌的基本原因。

促成旧大陆两侧早期人类及其文化沿不同道路发展的原因,则首先应当归结为喜马拉雅山与青藏高原的隆起所形成的自然地理屏障。根据现有的资料表明,在上新世晚期,青藏高原各地的高度普遍在1000米左右,喜马拉雅山的高度也有限。[1] 这样的高度显然还不足以构成地理障碍,阻碍早期人类的迁徙,也没有严重地影响到行星风系,对全球性气候产生重大作用。该地区的强烈隆起主要是上新世末,特别是第四纪的早更新世初期以来,高原各地普遍上升达3000至4000米（表一）。

表一 西藏各地第四纪以来上升幅度

地　　区	现代地面的高度	上新世地面高度	第四纪上升幅度
喜马拉雅山北坡	5000米左右	1000米左右	4000米
噶尔藏布谷地	4200~4600	1000米左右	3200~3600
冈底斯山北坡	4600~4800	1000米左右	3600~3800
黑阿公路沿线	4200~4500	1000米左右	3200~3500
昆仑山南麓	4800~5000	1000米左右	3800~4000

（依中国科学院青藏高原考察队1983）

随着该地区的强烈隆起,形成全球最高的世界屋脊,不但直接阻碍了旧大陆两侧早期人类及其文化的直接交流,并进而作用于行星风系,产生巨大的环境效应。这一影响的直接结果之一,就是东亚季风区的形成。东亚季风区是世界上最大的季风区,与同纬度的东海岸地区相比,这里是气候与自然地理条件最优越者。相对独立的自然地理单元以及独特的气候环境的形成,这些条件奠定了早期人类在该地区进化的基础。

与此不同的是,在世界屋脊以西的旧大陆其余部分,则没有像喜马拉雅山与青

---

[1] 中国科学院青藏高原综合科学考察队:《西藏第四纪地质》,科学出版社,1983年。中国科学院青藏高原综合科学考察队:《西藏地貌》,科学出版社,1983年。

藏高原这样的巨大自然地理屏障。因而在这些地区的早期人类及其文化的发展则有更多的交流与相互影响的机会。正是这些交流与影响促成了旧大陆西侧旧石器时代文化的发展走过大致相同的道路。而喜马拉雅山与青藏高原本身所形成的天然屏障，以及由于其隆起引起中亚地区干旱化而形成的广阔的戈壁、沙漠，成为早期人类及其文化交流的巨大障碍。中国大陆上的早期人类及其文化的发展则被局限在世界屋脊以东的相对独立的自然地理单元内。所以东西方早期原始文化面貌的差异非常显著。

影响中国早期原始文化发展的另一重要原因是更新世期间中国大陆古气候与自然环境特点的作用。近年来随着第四纪地质学研究的不断深入，尤其是华北黄土地层与深海氧同位素曲线的对比，十分清楚地说明了更新世期间中国及东亚地区古环境与全球性气候变化的一致性。尽管由于喜马拉雅山与青藏高原的隆起而形成了中国及东亚地区相对独立的自然地理单元，但在该区内仍然明显受到第四纪全球性气候变化的影响并与之产生同步的变化。由于地理纬度、地形变化等多种因素的作用，这种影响的程度在不同地区有显著的区别，促成了从早期以来，中国旧石器文化十分明显的区域性特点。

在秦岭淮河一线以北，即广义的华北地区，第四纪期间最突出的事件就是黄土的广泛堆积。黄土堆积在早更新世为午城黄土，当时的分布范围还较有局限，与此同时，河湖相堆积的分布仍较广泛。中更新世的离石黄土的分布面积较前者明显扩大，而河湖相堆积的分布则明显萎缩。晚更新世伊始，华北黄土堆积的速率与范围，达到更新世以来的顶峰。这一阶段的马兰黄土为典型的风成堆积，黄土的岩性特点说明此时的环境十分干寒，尤其是到晚更新世晚期的最后冰期最盛期期间。从总体说来，华北地区更新世期间气候与自然环境的变化，从早到晚有一个比较明显的趋势，即从早期的较为温和、湿润到晚期的干燥、寒冷。除了上述黄土地层的岩性特点反映了这种情况外，哺乳动物群化石、植物孢粉、地球化学成分分析等多方面的证据也都有相同的结论。尽管有气候冷暖波动的影响，地理纬度的差异等因素的存在，但作为同一大的自然地理单元，在本区内，大部分时间与地区基本上处于温带草原或森林草原环境。这种环境特点，明显影响到本区早期原始文化的发展。从早更新世晚期的泥河湾盆地的发现看,小型的石片石器即在本地区占有非常重要的地位。这种情况一直持续到晚更新世的晚期,以细石器技术为主体的原始文化才逐渐取代前者。从小型的石片石器到细石器工业的发展道路,是华北地区早期原始文化发展的突出特点。这种特点的存在显然与本区更新世期间自然环境的总体特点密切相关。

秦岭淮河一线以南的广大南方地区,更新世期间自然环境的变化显然不及前者明显。本区内广泛分布的红土堆积反映了更新世期间本区在大部分时间处于较为温暖湿润的热带、亚热带环境。哺乳动物群的变化也远不及华北地区明显。适应生活在热带、亚热带森林环境的大熊猫-东方剑齿象动物群,在本区内从早更新世一直延续到晚更新世甚至更晚。尽管这里也受到全球性气候变化的影响,但由于所处的地理纬度较低,以及地形等因素的影响,变化的幅度远不及华北地区强烈。适应华南地区以热带、亚热带森林环境为主的特点,该地区在更新世的大部分时间流行着砾石石器工业。典型的砾石石器工业的组合,以各种类型的大型的砍砸器、尖状器等为主体,适应在林木繁茂的森林地区从事劈砍、挖掘工作。一直到晚更新世的晚期,才有石片石器逐渐取代砾石石器的趋势。然而在岭南等气候变化较小,自然环境相对稳定的地区,砾石石器的传统一直持续到更新世的结束,甚至更晚。砾石石器工业的长期流行,然后向石片石器工业发展的道路也是早期人类适应本地区更新世环境的产物。

尽管由于更新世期间中国南、北方自然环境的差异等因素决定了两大区内原始文化发展的区域性特点,但从总体说来,在更新世的大部分时间里,中国更新世环境变化又具有统一性。尤其是相对于旧大陆西侧,本区自然环境的演化的相对独立性与连续性十分明显。正是由这种相对独立性与连续性所决定,中国南、北方旧石器时代文化的实质区别并不很大。尤其是在早、中期,从石器技术的角度来观察,皆应属于克拉克划分的第一种模式,即砍砸器-石片石器工业。只是南方地区更多的使用大型的砾石石器工具,而北方则主要使用小型石片工具。只有到了更新世晚期的最后阶段,在北方的大部分地区才有第五种模式的出现。南方则有砾石石器转向石片石器。这种发展模式与旧大陆西侧的大部分地区的情况完全不同,应该是早期人类适应中国大陆更新世自然环境的特点,在相对独立的自然地理单元内发展演化的结果。

结　语

综观旧大陆两侧旧石器时代文化的发展道路,两者显然是沿着不同的途径发展的。在旧大陆西侧,尽管也存在着不同的地方文化类型,但从整体上讲,五种不同的石器工业的模式在大部分地区均可先后见到。从最初的砾石石器工业逐渐过渡到手斧工业,再渐进到莫斯特工业,最后是石叶与细石叶工业。但在中国大陆上的旧石器时代文化的发展,则仅见到砾石-石片石器工业与细石叶工业两种模式。典型的砾石石器工业在华南地区的河谷平原地带,从早更新世的晚期开始出现,一直持续到晚更新世之初甚至更晚。在华北北部及西南部分地区的洞穴遗址中,则很少见到大型砾石工具,而更多的是小型的石片石器。尽管在中国的旧石器时代考古学研究中,后者与前者常常被归纳为两种不同的文化传统,[1]但两者实质上同属于第一种石器工业模式的范畴。[2] 在这种模式之后,基本不见第二、三、四种模式的流行,而在一些地区,则由细石器工业直接代替了第一种模式。这种由砾石与石片石器工业从早期到晚期一直占据着主导地位,或仅在晚期由第一种模式直接转入第五种模式的发展道路,构成了中国旧石器时代文化发展的最显著的特点。这种特点明显区别于喜马拉雅山与青藏高原以西的旧大陆的大部分地区的早期原始文化的发展途径,清楚地显示出中国早期原始文化发展的相对独立性。

中国早期原始文化相对独立性的成因则与早期人类在东亚地区的进化道路密切相关。早期人类在东亚地区相对独立的进化历程决定了该地区原始文化发展的区域性特征。而决定早期人类及其文化在中国大陆上发展的特殊性的原因则可归

---

[1] 李宣民、张森水:《铜梁旧石器文化之研究》,《古脊椎动物与古人类》1981 年第 19 卷第 4 期,359~371 页。
[2] Wymer, J. J., The Palaeolithic Age. New York：ST. Martin's Press. 1982.

结为中国及东亚地区相对独立的自然地理单元及更新世期间气候与古环境变化等因素的作用。喜马拉雅山与青藏高原的隆起所形成的自然地理障碍与环境效应对中国早期原始文化相对独立性的形成有着至关重要的影响。

(原刊《国学研究》第 3 卷,北京大学出版社,1995 年)

中国旧石器时代早期的文化类型及成因

中国旧石器时代早期的考古工作，早年主要集中在北方地区。南方第一个重要的旧石器时代早期遗址是贵州黔西的观音洞，发现于20世纪60年代的中期。但一直到70年代的后期，中国学者对南方与北方地区发现的旧石器时代文化的认识，仍用石片石器传统来加以概括。[1] 进入80年代以后，随着南方地区大量的砾石石器的发现，越来越多的学者开始认识到中国旧石器早期文化存在着不同的地方类型。有的学者将南方地区的早期旧石器文化纳入砾石石器文化传统；[2] 也有的学者指出以小石器工业为主体的中国北方的旧石器当有别于南方的发现。[3] 除了对南方与北方地区早期旧石器文化性质与类型的认识有所区别以外，对南方与北方内部的早期文化之间的关系也有很不相同的意见。[4] 综上所述，本文将主要探讨中国旧石器时代早期文化类型的划分及其成因。

一、北方的旧石器时代早期文化

中国北方的旧石器时代早期文化主要集中在两个地区，一是在晋陕豫三省交

---

[1] 邱中郎、李炎贤：《二十六年来的中国旧石器时代考古》，《古人类论文集》，科学出版社，1978年，43~66页。

[2] 房迎三：《试论我国旧石器文化中的砍伐器传统》，《东南文化》1990年第1~2期合订本，197~210页。黄慰文、张镇洪：《中国南方砖红壤中的石器工业》，《纪念黄岩洞遗址发现三十周年论文集》，广东旅游出版社，1991年，125~129页。

[3] 张森水：《中国北方旧石器工业的区域渐进与文化交流》，《人类学学报》1990年第9卷第4期，322~331页。

[4] 贾兰坡、盖培、尤玉柱：《山西峙峪旧石器时代遗址发掘报告》，《考古学报》1972年第1期，39~58页。裴文中、张森水：《中国猿人石器研究》，科学出版社，1985年。张森水：《中国北方旧石器时代早期文化》，《中国远古人类》，科学出版社，1989年，97~158页。

界及其邻近地区；一是晋冀两省的北部，辽宁中、南部及北京地区。前者即一般所称的大石器文化类型的分布区；后者则是小石器文化类型的中心地带。以下我们分别来看两个地区所发现的早期旧石器文化的情况。

（一）北方的北部地区

这里是中国旧石器早期文化最早发现与发掘的地区。自20世纪20年代开始发掘周口店北京猿人遗址，近些年来本地区又不断有新的重要遗址或地点发现并发掘。其中包括辽宁营口金牛山、辽宁本溪庙后山、河北阳原东谷坨与小长梁等。

1. 周口店北京猿人遗址

以周口店第一地点为代表的北京猿人遗址是一处典型的洞穴堆积，这里的旧石器时代早期的文化遗存十分丰富。多年的发掘工作，发现的石制品总数在10万件以上，还有丰富的用火遗迹等。[1]

北京猿人的石器原料以脉石英为最多，其次是水晶、砂岩与燧石等，其他材料使用得很少。石英和水晶来自遗址北约2千米花岗岩区，是由风化的山坡堆积或河边阶地的石英堆中选来的，其余的材料大都是选取河滩上的砾石。打制石片使用砸击法、锤击法、碰砧法。不同的打片方法使用不同的石料，砸击法主要用来产生石英石片，是北京猿人文化的一个特色。

石器种类有刮削器、尖状器、砍砸器、石锥、雕刻器和石球等6类。刮削器占石器总数的75%左右，形体都较小。尖状器占14%，大多数是用石片制作的，器形也比较小，长度多为3~6厘米。砍砸器5%左右，多用砂岩和砾石制作。雕刻器可分为笛嘴形雕刻器、角雕刻器和平刃雕刻器三种。石锥均较小，其长度很少达到3厘米。

早期，制作石器的原料大多数是石英和砂岩，主要是砍砸器和刮削器，尖状器和雕刻器均处于萌芽状态。大、中型石器占绝对优势，不见长度在20毫米以下、重量在20克以下的小型工具。在中、晚期的石器原料中，石英用量大量增加，水晶用

---

[1] 裴文中、张森水：《中国猿人石器研究》，科学出版社，1985年。

量也显著增加,砂岩用量明显减少。砍砸器的数量大幅减少,形体变小。尖状器大量增加,修理精致,形制规整。雕刻器的数量也有所增加。刮削器中,精致的器形增多,并出现了端刃刮削器。石器的器形逐渐变小,长40毫米以下和重量20克以下者占石器总数的三分之二以上。

2. 金牛山遗址

该遗址是北方旧石器时代早期另一重要的发现。除珍贵的古人类化石材料外,还有文化遗迹与遗物发现。灰堆、敲骨吸髓的垃圾的分布平面已有多处发现,是很典型的居住面。[1]

金牛山的石制品与北京猿人文化中、晚期的发现很接近。制作石器的原料以脉石英为主,也是来自附近的基岩碎块。剥取石片的技术,以锤击法与砸击法并重,砸击法占有重要地位。石器以小型为主,多在40毫米以下。石器类型,以各类刮削器为主,小尖状器占有一定的比例,有雕刻器。石器的修理以向背面为主,加工粗糙,刃缘曲折,刃口多钝,器形不规则。[2]

3. 庙后山遗址

庙后山的石制品据1987年的新观察,均出自5~6层,相当于早期的共有64件。原料绝大部分是灰黑色石英砂岩,其次是安山岩,仅少量的脉石英。均来自遗址前面的汤河砾石层。

剥片技术主要采用锤击法,也有碰砧法,仅偶尔使用砸击法。石器类型仅三类,有刮削器、砍砸器和尖状器。石器多属大型,依长度计在14件标本中,仅2件属中型。[3]

---

[1] 吕遵谔:《金牛山猿人的发现和意义》,《北京大学学报(哲学社会科学版)》1985年第2期,109~111页。

[2] 金牛山联合发掘队:《辽宁营口金牛山旧石器文化的研究》,《古脊椎动物与古人类》1978年第16卷第2期,129~136页。

[3] 辽宁省博物馆、本溪市博物馆:《庙后山——辽宁省本溪市旧石器文化遗址》,文物出版社,1986年。张森水:《中国北方旧石器时代早期文化》,《中国远古人类》,科学出版社,1989年,97~158页。

4. 东谷坨与小长梁

东谷坨地点是北方地区旧石器时代早期一处重要的露天类型的遗址。从遗物的水平分布及其不同类别共存的现象看,该地点应是一处原始人类的居住遗址。大量不同类型的石制品及动物碎骨同时发现。石制品在不同的区域内分布的疏密不同,应是不同活动的结果。

石制品的原料主要是流纹质火山碎屑岩及石髓、燧石,还有少量的玛瑙和轻度变质的石灰岩等。这些种类的石料广泛分布于附近的老地层中。石器的剥片技术以锤击法为主,也有砸击技术使用。石器多为石片石器,第二步加工以向背面为主。石器以刮削器为主体,尖状器次之,砍砸器的比例很小。石器的基本特征是小型而加工精细,且具有细石器传统的旧石器时代晚期石器工业的某些风貌。[1]

小长梁地点位于东谷坨地点西南约1千米处,有人认为两者可能是同个遗址的不同部分,发现于1978年。小长梁的地层堆积与石制品的文化性质都与东谷坨相近。不同的是在选择石料方面与东谷坨有所不同。小长梁的石料以燧石为主,采自遗址附近山上的燧石岩层。燧石岩层仅4~5厘米厚,剥落的石块相应很小。所以该地发现的石器形体也小。[2]

从北方地区北部几个典型的旧石器时代早期遗址的情况,大致可以看到该地区旧石器时代早期文化的基本特点:

(1) 从遗址的类型看,该地区的洞穴类型遗址较多。几个年代较为确切的遗址多属于洞穴类型。如周口店第一地点、金牛山A、C点、庙后山等。这可能和当地的纬度有关,高纬度地区冬季寒冷,洞穴可作为人类的避寒场所,因而有较多的洞穴遗址被发现。

(2) 几个遗址都发现用火的遗迹,特别是北京猿人遗址发现有厚的灰烬层,金

---

[1] 卫奇:《东谷坨旧石器初步观察》,《人类学学报》1985年第4卷第4期,289~300页。
[2] 尤玉柱:《河北小长梁旧石器遗址的新材料及其时代问题》,《史前研究》1983年第1期,46~50页。
黄慰文:《小长梁石器再观察》,《人类学学报》1985年第4卷第4期,301~307页。

牛山的圆形灰堆,都说明火的使用是该地区旧石器时代早期文化的一个重要特点,这也应当与本区高纬度的环境有关。

(3) 本区的石器工业具有很鲜明的特色,有人将其归纳为北方地区的小石器传统。除北京猿人文化早期及庙后山的发现外,石制品形体普遍较小,以刮削器为主体,尖状器占有较重要的地位,砍砸器相对较少或基本不见,构成该地区旧石器工业的突出特点。在石器加工技术方面,除锤击法以外,砸击法也占有非常重要的地位,尤其是在以脉石英为主要石料的地点。

(二) 北方地区的南部

1. 蓝田地区

将公王岭、陈家窝及附近红色土中发现的石制品归纳起来,可以看到蓝田地区旧石器时代早期文化的特点。石器原料是以石英岩为主,系来源于冲沟或河滩的砾石。剥片方式以锤击法为主,但也有碰砧法与砸击法。修理粗糙,器形粗大。石器组合以砍砸器、大尖状器、石球等大型工具为主体。[1]

2. 匼河地点群

匼河地点群位于山西省黄芮城匼河村一带,共发现 11 个地点,分布在中条山南麓的黄河左岸,南北延伸 13 千米左右。这里的石器原料除极少数脉石英外均为石英岩,系来源于附近河滩的砾石。剥片以锤击法为主,兼用碰砧法。石器类型包括砍砸器、大尖状器、石球等大型工具,并在数量上占据了主导地位;小型的刮削器与尖状器数量较少。遗物发现于砂砾石层或泥灰岩层中,说明当时的人类活动是靠近河流或沟涧水边。就近选择河滩上的砾石为原料直接加工石器。[2]

---

[1] 戴尔俭:《陕西蓝田公王岭及其附近的旧石器》,《古脊椎动物与古人类》1966 年第 10 卷第 1 期,30~32 页。戴尔俭、许春华:《蓝田旧石器的新材料和蓝田猿人文化》,《考古学报》1973 年第 2 期,1~12 页。

[2] 贾兰坡、王择义、王建:《匼河——山西南部旧石器时代初期文化遗址》,科学出版社,1962 年。

3. 三门峡地区

与匼河旧石器地点群隔河相望的河南三门峡地区，在 20 世纪 60 年代也发现了一些石器地点。大部分石制品采自红色土的不同层位。也当归入旧石器时代早期。[1]

这些地点的分布、埋藏情况与匼河的相似。也在河滩上选取砾石为原料加工石器，岩性以石英岩、火成岩为主，少量的石英、硅质岩和角页岩。剥片方法，锤击法占据主导地位，但也有一些大石片带有明显的碰砧法特征。石器类型中，砍砸器的数量最多，半数以上用砾石或石核直接加工。其次为石球。刮削器很少，形体也较大。另有大尖状器或原手斧类发现。石制品的整体面貌粗大，多保留砾石面。

4. 泾川大岭上

泾川大岭上地点位于甘肃东部的泾川县，系典型的黄土高原地区。旧石器发现于红色土层中的古土壤条带内。按照其上下的层位关系，可将已经发现的石制品分为两期。原料以石英岩、石英为主，另有火山岩和燧石。剥片的方法为锤击法，第二步加工简单粗糙，两面加工的比例较高。早期的砍砸器数量较多；有大尖状器或称手斧；石器组合是粗大型的。晚期砍砸器的比例减少，无大尖状器而出现小型尖状器；刮削器数量增多。[2]

北方地区南部旧石器文化的特点：

（1）与北部地区相反，本区的绝大部分石器与人类化石地点发现在与古代河流有关的红色土或砂砾层中。说明本区原始人类更多选择靠近水源的露天营地。

（2）尽管也有一些烧骨、灰烬的报道，但都是零星的，没有成层或堆的发现。这当然与露天遗址的保存条件有一定的关系；但本区的自然环境使得对火的需求没有北部地区强烈，可能也是很重要的原因。

---

[1] 黄慰文：《豫西三门峡地区的旧石器》，《古脊椎动物与古人类》1964 年第 8 卷第 2 期，162~177 页。
[2] 刘玉林：《甘肃泾川大岭上发现的旧石器》，《史前研究》1987 年第 1 期，37~41 页。

（3）本区的石制品所反映的文化特色与北部地区不同。石器原料主要是来自附近的河滩或冲沟的砾石。岩性以石英岩为主。加工以锤击法为主，但碰砧法仍占据比较重要的地位，砸击法则只是偶然存在。石器组合中，砍砸器为主，大尖状器、石球也都占有重要地位，小型的刮削器、尖状器则相对较少，以较大的砾石直接加工的石器较多，加工较粗糙，使得石器工业的整体面貌为粗大类型。

二、南方的旧石器时代早期文化

中国南方旧石器时代早期文化主要是东西向的差别。早期的发现主要是在西部山区。近年来的新发现主要集中在东部的河谷平原地带。两者从遗址的分布到石器工业的面貌都有较大的区别。

（一）南方西部地区

1. 元谋

在云南元谋人地点发现的石制品仅数件。主要使用石英岩石料，剥片方法是锤击法，石器类型以刮削器为主，形体不大。[1]

2. 观音洞

观音洞是南方地区一个重要的旧石器时代早期洞穴遗址。先后4次发掘，共发现了3000余件石制品。石制品原料主要是附近较坚硬的岩块和结核，仅少量的砾石。岩性以硅质灰岩为主，其次为脉岩、硅质岩，燧石、玉髓、细砂岩的比例较少。剥片方法，锤击法为主，有大量的石核与石片；碰砧法较少，仅发现一些石片。

石器类型包括刮削器、砍砸器、尖状器等。刮削器占82%以上。多为小型的石片、断片或石块加工。砍砸器占5%左右，石片、石核、石块或断块加工者约各占三分之一，单面加工的占多数。尖状器占4%左右，分厚尖、薄尖与错向三类。还有石

---

[1] 文本亨：《云南元谋盆地发现的旧石器》，《古人类论文集》，科学出版社，1978年，126~135页。

锥、雕刻器和凹缺刮器等几类，但数量均较少，在整个石器组合中所占的比例很小。[1]

除了观音洞遗址以外，还有桐梓以及最近发掘的盘县大洞，可能也是属于这个时期的洞穴遗址。居住洞穴可能是与该地区的自然环境相关，一是本区是多洞穴的石灰岩山区，择洞而居很方便；另一原因是本区地势较高，气温较低，且多阴雨。所以，多洞穴遗址是本区旧石器早期的第一个特点。

在石制品所反映的文化特征方面，以中小型的石器为主，刮削器在石器组合中占主要地位，砍砸器等大型工具的数量相对较少。石器多作较细致的修理。石料的来源多是遗址附近的硅质岩类结核，砾石成分相对较少。

（二）南方东部

秦岭—淮河一线以南的中国地形的第三阶梯上，从岭南地区的百色盆地一直到秦岭南侧的汉水谷地，沿河谷的阶地上近年来发现大批的旧石器地点，从埋藏条件到文化性质都表现出高度的一致性，具有鲜明的区域性特色，构成一个相对独立的文化区。

1. 百色盆地

百色盆地的旧石器到目前为止已经发现了4000余件。石器原料是来自河滩的砾石，岩性主要为砂岩与石英岩。石器主要是用砾石直接加工而成。单向加工者较多；也有一部分两面加工的。加工的部位多数仅限于尖、刃部，而保留带砾石面的底部。石片为素材者的石器很少，各类大型工具占主导地位。最大的石器长近40厘米，重达7.5公斤之多。石器的突出特征是刃口多较平整，刃缘从平直到凸再到尖刃，按照刃缘的形状的变化，从直刃砍砸器到凸刃砍砸器再到舌形砍砸器、尖状器；如果是两面加工的则为双面砍砸器到手斧的各种类型。石器的上述特征

---

[1] 李炎贤、文本亨：《观音洞——贵州黔西旧石器时代初期文化遗址》，文物出版社，1986年。

是由其选择石料与加工方式所决定的。选用较扁平的砾石,然后沿一定的平面作单向加工;两面加工者也很少采用交互方法。[1]

2. 洞庭湖平原

本地区旧石器早期地点数量很多,主要发现于澧水中下游两岸阶地的网纹红土地层。不同地点的石制品显示了较一致的文化性质:均以石英岩、砂岩等岩性的砾石为原料。锤击法是主要的剥片方法。以砾石为主要素材直接加工石器,石器的形体普遍硕大,较大的石器长径一般在 20 厘米以上。石器组合以砍砸器为主体,往往占整个石器组合的一半以上。各类大尖状器也占有非常重要的地位,其中的砾石三棱尖状器具有鲜明的特色。石球的数量不多,刮削器的数量也较少;石片的数量较多,尤其是大石片较多,并有使用痕迹。与石制品共存的还有数量较多的人工搬运的砾石,可能与人类的居住活动有关。[2]

3. 皖南水阳江地区

已发现的 16 处地点,均在古河道的两旁。石制品的分布有相对集中的特点,在已调查的地点中,多数不超过 10 件,仅有 1/4 的地点在 10 件以上。其中向阳地点的石制品最丰富,发现的总数已超过 1500 件。[3]

石制品的原料以石英砂岩为主;其次是砂岩及少量的石英岩。均是砾石,可能来自二级阶地的砾石层。剥片的方法主要是锤击法,个别可能用碰砧法。石器中以砍砸器的数目最多,其次是尖状器。石球与石锥的数量很少但具有特色。刮削器也很少。最具特色的是尖状砍砸器,制法与形态都与百色盆地的相近,是介于砍

---

[1] 曾祥旺:《广西百色地区新发现的旧石器》,《史前研究》1983 年第 2 期,81~88 页。广西文物工作队:《广西新州打制石器地点的调查》,《考古》1983 年第 10 期,865~868 页。黄慰文、冷健、员晓峰等:《对百色石器层位和时代的新认识》,《人类学学报》1990 年第 9 卷第 2 期,105~112 页。

[2] 袁家荣:《略谈湖南旧石器文化的几个问题》,《中国考古学会第七次年会论文集》,文物出版社,1992 年,1~12 页。储友信:《石门县大圣庙旧石器遗址发掘报告》,《湖南考古辑刊》第 5 辑,《求索》杂志社,1989 年,1~6 页。

[3] 房迎三、杨达源、韩辉友等:《水阳江旧石器地点群埋藏学的初步研究》,《人类学学报》1992 年第 11 卷第 2 期,134~141 页。

砸器与尖状器之间的类型。石器形体硕大、粗犷。[1]

近年来在巢县人化石地点的邻近地区,也陆续发现几个旧石器地点。其整体面貌硕大粗犷,以砍砸器、尖状器、石球等大型工具为主。刮削器等小型工具很少见。与水阳江地区的发现相近。[2]

4. 鄂西北地区

郧县人化石地点发现的石器工业的特点也与前述几者相近。石器原料为砾石,主要是石英岩,也有石英。石器有刮削器、砍砸器与尖状器三大类。刮削器的数量较多,形体多较小。形体粗大的是砍砸器和尖状器,主要是用较大的砾石直接加工而成。[3]

在鄂西北地区,发现的可能属于旧石器时代早期的石制品较多。较早发现的有襄阳山湾,先后两次在砖瓦厂的取土场附近采集到石制品。取土场位于汉江的三级阶地上,所以石制品也当出自该阶地。石制品的形体粗大,几件石器均系用砾石直接加工。一件被描述为三棱尖状器者应是件加工很精致的原手斧。另两个也是形体较大的尖状器。[4]

另外在房县的兔子洼和莲花湾等地的三级阶地上也发现过一些砾石石器,从阶地的堆积物的岩性及其本身的地貌部位来看,也应当属于旧石器早期。[5] 鄂西北沿汉江向下的汉江中游两岸,也有发现。已发现的石制品在较高的阶地或岗地上。石制品的形体普遍粗大,是典型的砾石石器工业。调查发现的主要的石器类型包括砍砸器、尖状器等大型工具。尖状器与澧水流域的大尖状器较为接近,但也有一些扁尖者,可能是本地区的特色。

---

[1] 房迎三:《皖南水阳江旧石器地点群调查简报》,《文物研究》1988 年第 3 期,74~83 页。
[2] 方笃生:《巢湖市望城岗旧石器的发现与研究》,《文物研究》1990 年第 6 期,19~35 页。
[3] 李天元等:《湖北省郧县曲远河口化石地点调查与试掘》,《江汉考古》1991 年第 2 期。
[4] 李天元:《襄阳发现的几件打制石器》,《江汉考古》1982 年第 1 期。
[5] 周国兴:《湖北省房县古人类活动遗迹的初步调查报告》,《考古与文物》1982 年第 3 期。

5. 陕南汉中地区

以陕南汉中梁山为中心，自 20 世纪 80 年代以来，也发现数量很多的旧石器时代早期的地点与文化遗物。这里的石器原料也系在河滩选取的砾石，岩性以石英为主，其次是火山岩、石英岩。这种砾石与三级阶地砾石层者相同，当时可能就在河滩及岸边打制石器。剥片方式，以锤击法为主，偶然使用碰砧与砸击法。修理方式既有单向打击，也有交互打击。石球可能使用特殊的碰击法。石器组合包括砍砸器，占石器总数的 50% 左右，大部分是砾石加工，少量为石片加工，交互加工的比例较高。还有大尖状器，包括原手斧，多以砾石加工，也有大石片。双面加工者为手斧，系底部保留砾石面的原手斧类型。石球数量很多，仅次于砍砸器，可高达 10%～20%。按加工的程度，分为正石球和准石球两类。刮削器数量不多，但均用石片加工。[1]

与露天遗址成鲜明对照，在南方的东部地区，洞穴类型的地点很少发现。到目前为止，材料较丰富的一处是在湖北的大冶石龙头。其石器工业面貌与前述的露天地点的发现相同。

在南方地区的东部平原、丘陵区，旧石器早期文化特征与西部地区正好相反，成为很鲜明的对照。

首先是遗址的分布，东区的遗址或地点数量众多，成群组分布在河流阶地上，主要是露天类型的遗址、地点。

其次是石制品的文化性质，东区主要是以砾石加工的粗大石制品。石料的岩性随当地砾石成分变化而变化；石器组合以砍砸器为主，各类大型的尖状器次之，小型的刮削器很少或基本不见。石球的数量由南向北呈逐渐增多趋势。

---

[1] 陕西省考古研究所汉水考古队：《陕西南郑龙岗寺发现的旧石器》，《考古与文物》1985 年第 6 期，1～12 页。黄慰文、祁国琴：《梁山旧石器遗址的初步观察》，《人类学学报》1987 年第 6 卷第 3 期，236～244 页。

三、文化类型的划分及其成因

中国旧石器时代早期文化一个突出的特点是其空间上的变化,或者说是区域性特点。以秦岭—淮河一线为界可划为南、北方两大区。在两大区内,又各自有不同的亚区。不同的大区和亚区都有各自的特点,但同时又有一定的联系。

在遗址的分布与埋藏条件方面,秦岭—淮河一线以南的南方东部地区,旧石器时代早期的遗址或地点多发现在现代河流附近。已经发现的地点,都是成组集中分布在不同水系内相对独立的自然地理单元内。自南向北有广西百色盆地,湖南澧水中、下游区,安徽水阳江区,鄂西北区和陕南的汉中盆地等几个旧石器地点群。这些地点群,分布与埋藏的形式都较一致。与此相反,在南方西部地区,遗址或地点的数量很少,几个文化材料丰富的地点都属于洞穴类型,都是单个分布在石灰岩山区。

从石器工业方面看,南方东部发现的石制品形体硕大,加工粗糙,属于典型的砾石石器工业。各地点石器原料的来源都是附近河滩的砾石,岩性主要是石英岩、石英、砂岩等几种,随附近的砾石成分的变化而变。多以较大的砾石直接加工各类石器,因而形体普遍粗大。各地点均以锤击法为主要的剥片方法。碰砧法和砸击法都很少见到。第二步加工也都以锤击法为主。单面加工占比较重要的地位,但两面加工者也占有一定的比例。石器组合的特点是均以各类砍砸器为主,一般占石器总数的一半以上;其次是各类大型的尖状器,还有数量不等的手斧;石球在一些地点有较多的发现;刮削器的数量很少,或基本不见。而南方西部的石制品则以中、小型为主,整体面貌比较细小。石器原料主要是来自附近的结核或砾石,岩性以燧石、硅质灰岩等硅质岩类为主。加工方法也以锤击法为主,偶见碰砧法、砸击法的使用。与前者不同的是,石器多是用石片等素材再进行第二步加工修成,以石片石器为主。石器组合以各类刮削器为主,砍砸器所占的比例很小。尖状器等其他小型工具也有一定的数量,但基本不见大尖状器。

北方南部的旧石器与古人类地点也主要是露天类型。分布在古代的河流附近。其石制品的整体面貌也是粗大类型。制作石器的原料主要是各种岩性的砾石,来自遗址附近的河滩或冲沟。以锤击法为主要的剥片方法,碰砧法也有较多的应用,后者主要是用来剥取较大的石片。加工石器的素材既有砾石,也有石片。使用大石片来加工砍砸器和尖状器等大型石器,是该区的特点。在这里的石器组合中,同样是砍砸器占有重要地位,但不同的是有一部分的砍砸器不是直接使用砾石,而是使用大石片为素材加工的。大型的尖状器也是石器组合中重要的一类。另外还有石球。除了上述大型石器,小型的刮削器也有一定的数量。无论是遗址的分布,还是石器工业的情况,都说明南方东部与北方南部的早期旧石器文化的面貌较为一致。

北方北部的遗址也主要是洞穴类型,并多有较丰富的用火遗迹发现。伴随着石制品还有较多的动物化石尤其是人工破碎的动物骨骼发现。石制品主要是小型的石片石器。制作石器的原料既有砾石,也有结核或风化岩块,在一部分地点,后两者占更大的比重。加工石器的方法,锤击法与砸击法并重。在有的地点,砸击法占更重要的地位。加工石器的素材主要是石片。加工方式丰富多样。石器组合以刮削器为主,各种类型的刮削器,一般要占整个石器组合的 2/3 以上。其次为小型尖状器等其他小型工具类型。砍砸器所占的比例一般很少,不见大尖状器存在。这些情况说明南方西部与北方北部的早期旧石器文化的性质很接近。

无论是从遗址的分布与埋藏条件来看,还是石器工业几个方面的比较,南方地区东、西两亚区的文化面貌与北方的南、北亚区都正好相对应。东部亚区河流阶地上发现的砾石石器工业与北方的南部相近;西部亚区洞穴内发现的石片石器工业则与北方北部的发现更为相似。出现这种现象的主要原因应与更新世早、中期气候及上述地区各自的地质地理条件密切相关。

更新世早、中期,中国自然地理分区的界线并不与今天的情况完全吻合,亚热带的气候可以到达秦岭以北的北方南部地区。原始人类及其文化在北方地区发展的特征是与本地区的自然地理环境密切相关的。本区的南、北两个亚区的区别,在早期并不十分明显。比较明显的情况如北京猿人早期文化就与南部的差别不大,其石器形体粗大,砍砸器在石器组合中有重要地位。北京猿人早期的气候温暖湿润,在周口店附近是以森林为主的环境。以砍砸器为主体的粗大型石器工业,应是适应这种环境的产物。到北京猿人的中、晚期,环境向较干凉的方向转变,以草原环境为主。伴随着这一转变,北京猿人中、晚期的石器工业开始以刮削器为主体的小石器时代。与此年代相近的金牛山也是类似的小石器工业。所以,在地理纬度较高,处于温带平原环境条件下的北部地区形成以小型石器为主体的石器工业;而在南部与南方东部气候与地质地理条件相近的地区,则形成与之类似的砾石石器工业。

环境因素中除了气候外,各地的地质地理条件也很重要。这一点在南方东、西两地的差别中表现得更为清楚。南方西部与东部同处于亚热带气候带。但西部的早期旧石器并不是邻近的东部地区的发达的砾石石器工业类型,却与相距遥远的北方北部地区更为接近。产生这种现象的主要原因应是当地的地质地理条件所决定的。南方西部与北方北部地区均多石灰岩山区,岩溶洞穴发育,为原始人类的居住提供了方便条件。但山区与平原河谷地带的土壤、植被等条件显然不同。与河谷平原区的亚热带森林环境所能提供的丰富的植物性资源比较,在基岩裸露的山区更容易获取的应是各类动物资源。另外山区与平原地区制作石器的原料来源也很不相同。平原地区的原始人类所使用的主要是各种由河流带来的砾石;而山区则可利用遗址附近的风化岩块、结核等。这些条件的差别是造成两者从遗址类型到石器工业面貌都完全不同的直接原因。

在中国旧石器时代早期,不同时期与不同的地区分布着不同的石器工业类型,这种文化特点实际上是和一定的经济类型相联系的。在热带、亚热带植被繁盛的森林区,流行的是粗大的砾石石器工业。这种石器组合以大型的砍砸器、尖状器为主体,小型工具很少或基本不见。各种类型的砍砸器主要适应承担劈砍等重型工作,大型的尖状器则主要适用于挖掘等项活动。上述活动是在森林地区生活所必不可少的。根据对热带、亚热带森林地区的生态环境的认识和现代原始民族的研究,在该地区生活的原始人类有充足的植物食物来源。在这种环境下生活的原始人群差不多均以采集活动为主要的生计手段。[1] 上述的石器组合,从形态来分析

---

[1] Klein, R. G., 1989, The Human Career. Chicago: University of Chicago Press.

也正属于这种经济类型。

与南方地区的亚热带的森林环境相反,北方地区有很多地方,在更新世的早、中期的很多时间里是温带的森林草原或主要是草原环境。而后面这些地方发现的旧石器早期的石器工业,也正是与砾石工业相对应的小型的石片石器组合。与这些小型的石片石器工业一起发现的往往有更多的不同类型的哺乳动物骨骼化石,许多碎骨上还带有明显的人工痕迹。不仅是北方地区,在南方的西部海拔较高的山区,也同样有这类遗址发现。

在小石器组合中,占据主导地位的是各种类型的刮削器。刮削器是一种适应切割、刮削等活动的轻型工具。其他的轻型工具还有小型尖状器、石锥、雕刻器等。而承担重型工作的大型工具类型的砍砸器所占的比例则很小,大尖状器基本不见。这种石器组合,应该是适应其草原环境的产物。它所代表的经济类型比大石器类型要更为复杂。比较清楚的是有与加工动物肉类有关的活动的存在。[1] 小石器组合缺少承担重型工作的大型砍砸、挖掘等工具,这应当是在其生活环境下少有这类活动所致。小型工具除承担切割兽肉等,也应可以用来采集植物类的食物及其他类型的工作。

余 论

综上所述,不同的早期文化类型及成因是很复杂的,应当与自然环境、经济类型等都密切相关。更新世早、中期中国古环境的特点,应是最基本的因素。在影响早期文化的环境因素中,各地区的气候与地质地理条件等尤为重要。环境因素直接影响到原始人类的生产活动,从而形成不同的经济类型。例如在植物资源丰富的地区,往往以采集经济为主;而在动物资源容易利用时狩猎经济则更重要。不同的工具组合显然是适合不同的生产活动而产生的,即与一定的经济类型密切相关。

---

[1] Clark, G. D., 1975, A Comparison of the Late Acheulian Industries of Africa and the Middle East. In After the Australopithecines, 605~659, The Hague: Mouton.

在一个环境相似的较大的地区内较长时间内从事相同的生产活动,因而形成相同的经济类型与一定的文化传统。

由于这些因素的存在及其作用,中国旧石器时代早期文化出现明显的区域性的特点。露天类型的砾石石器工业分布在南方东部至北方南部的广大河谷平原地区。在早、中更新世的气候温暖期,甚至在北方的北部也可以看到它的影响。洞穴类型的小石器工业则分布在南方西部与北方北部的石灰岩山区。考虑石器工业与遗址分布等整体特点,中国旧石器时代早期文化可以划分为砾石石器工业与小石器工业两种基本类型。前者主要是露天类型的遗址或地点群,分布在南方东部至北方南部一个连在一起的大区域内;后者则主要是单个分布的洞穴类型的遗址,分布在南方西部与北方北部两个相对独立的地区。两种不同的文化类型及其分布的格局构成了中国旧石器时代早期文化的显著特征。

(原刊《东北亚旧石器研究》,[韩] 白山出版社,1996年)

青藏高原隆起与东亚旧石器文化的发展[*]

一、介绍

横亘于亚洲中部的青藏高原及其北侧的巨大沙漠,将东亚与旧大陆西侧隔开,形成一个相对独立的自然地理单元。由于高山、高原及沙漠的阻碍作用,旧大陆两侧的文化面貌明显有异。然而在历史上,尤其是在年代久远的更新世早期,青藏高原可能并没有今天这样的高度,对两边古人类文化发展的影响,也没有晚期显著。关于青藏高原隆起的时间、幅度及其对古环境的影响,一直受到学者们的关注。特别是青藏高原隆起与东亚远古人类及其文化发展的关系,更是史前考古学者所关心的问题,已经有很多文献从不同角度对此问题进行探讨。[1]

近年来青藏高原项目研究不断取得新成果,对高原隆起的时间与幅度以及对邻近地区及全球性气候环境的影响等问题的认识逐渐深入。[2] 关于旧大陆两边远古人类及其文化发展的资料也积累得更多。这些新发现为深入认识青藏高原隆起及其带来的环境效应对东亚地区远古人类及其文化发展进程的影响提供了新的契机。本文拟对上述发现进行简要总结,并从宏观角度对两者的相关性进行初步探讨。

---

[*] 本文得到国家文物局2001年度人文社科重点研究课题基金资助。
[1] 周明镇、王元青:《中国更新世环境变化、哺乳动物群和人类化石》,《中国科学院古脊椎动物与古人类研究所参加第十三届国际第四纪大会论文选》,北京科学技术出版社,1991年,1~14页。Gamble C. Timewalkers: the Prehistory of Global Colonization. Cambridge: Harvard University, 1993, 133~134。王幼平:《中国早期原始文化的相对独立性及其成因》,《国学研究》第3卷,北京大学出版社,1995年,525~544页。
[2] 李吉均:《青藏高原隆升与环境研究的回顾与争议》,《青藏高原晚新生代隆升与环境变化》,广东科技出版社,1998年,1~16页。

二、青藏高原隆起及其影响

关于青藏高原隆起的时间与幅度,在不同的研究者之间尚有不同的认识。有的学者认为高原隆起的时间应该较早,大约在距今 700~800 万年或更早时,就已经达到和现代相似的海拔高度。[1] 但近半个世纪以来,众多中国学者为探索此问题进行了大量工作,取多了很多新认识。[2] 大量证据,特别是近年来通过多学科合作的研究成果显示,青藏高原隆起的时间尽管很早,但在比较晚近的第四纪,高原确实也经历了很强烈的抬升作用。而且上升的幅度及其对古环境的影响都是非常显著的。[3]

最新的研究显示,是经过晚新生代三次强烈的构造运动,青藏高原才隆升达到现在这样的高度。这三次构造运动分别是,3.4~1.7 百万年的青藏运动,1.1~0.6 百万年的昆仑-黄河运动和 0.15 百万年以来的共和运动。[4] 构造运动导致高原的不断隆升,在东亚与旧大陆西方形成一道巨大的地理屏障,将东亚大陆分割成一个相对独立的自然地理单元。另一方面,高原的隆起,更带来明显的环境效应,导致亚洲季风系统的形成,甚至影响到全球的气候变化(图一)。

三、东西方旧石器文化发展的比较

近些年来,中国旧石器考古的新发现不断增多,特别是中国南方东部数百处不同时期的旧石器时代露天遗址或地点的发现,增进了史前考古学界对中国大陆旧石器文化的发展与更新世古人类适应模式的认识。根据新近发现的情况,有学者

---

[1] Harrison T M, et al. Raising Tibet. *Science*, 1992, 255: 1663~1670.

[2] 李吉均等:《青藏高原隆起的时代、幅度和形式的探讨》,《中国科学》1979 年第 6 期,608~616 页。
吴锡浩等:《晚新生代青藏高原隆升的阶段和高度》,《黄土·第四纪地质·全球变化(3)》,科学出版社,1992 年,1~12 页。

[3] 李吉均:《青藏高原对全球变化的影响和响应》,《青藏高原晚新生代隆升与环境变化》,广东科技出版社,1998 年,449~459 页。

[4] 潘保田等:《晚新生代青藏高原隆升与环境变化》,《晚新生代青藏高原隆升与环境变化》,广东科技出版社,1998 年,375~414 页。

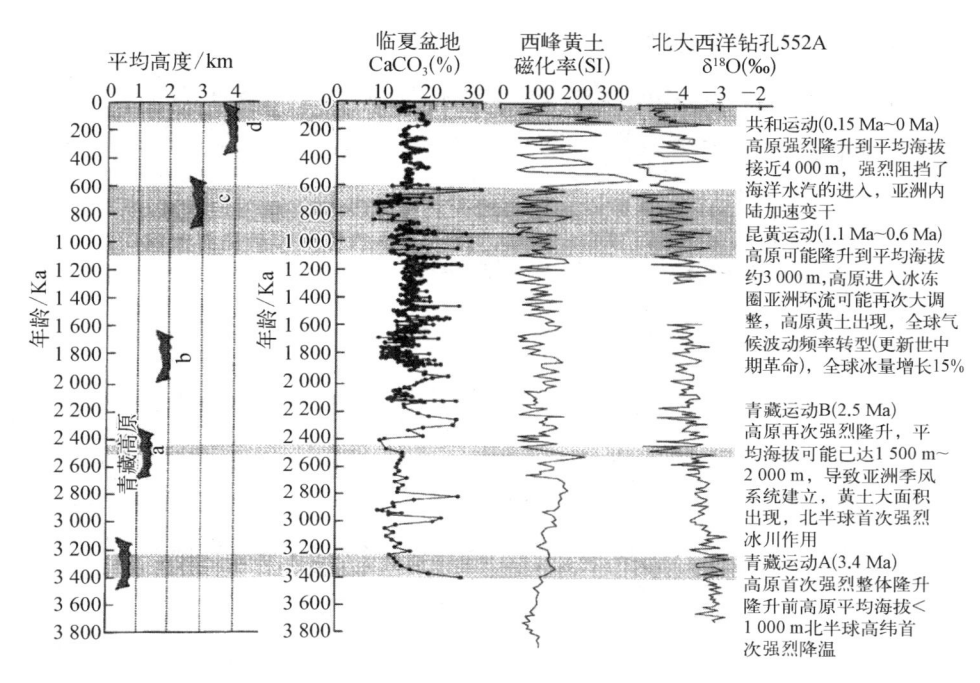

图一　晚新生代青藏高原隆升的阶段性与环境变化（据施雅风等 2000）

将中国旧石器工业的分布格局概括为南北二元结构,即华南的砾石石器工业与华北的石片石器工业。[1] 也有学者特别关注近些年来各地新发现的两面加工的大型尖状工具,并就此提出中国及东亚地区在旧石器时代早期也不乏手斧工业的问题。[2] 这些新发现也为东西方旧石器文化发展模式的比较提供了可能性。因此,也有越来越多的研究者注重东西方旧石器文化关系的讨论,尝试在旧大陆的背景下来认识中国旧石器时代文化发展的特点。[3]

有着 100 多年发展历史的旧石器时代考古学,近些年来在旧大陆的西方,也不

---

[1] 张森水:《中国旧石器考古学中的几个问题》,《长江中游史前文化暨第二届亚洲文明学术讨论会论文集》,岳麓书社,1996 年,6~19 页。
[2] 黄慰文:《中国的手斧》,《人类学学报》1987 年第 6 卷第 1 期,61~68 页。
[3] 林圣龙:《中西方旧石器文化中的技术模式的比较》,《人类学学报》1996 年第 15 卷第 1 期,1~20 页。王幼平:《更新世环境与中国南方旧石器文化发展》,北京大学出版社,1997 年,1~170 页。高星、欧阳志山:《趋同与变异:关于东亚与西方旧石器时代早期文化的比较研究》,《演化的实证——纪念杨钟健教授百年诞辰论文集》,海洋出版社,1997 年,63~76 页。

断有新的进展,围绕着早期人类与现代人类起源问题所开展的考古发掘与研究的成果尤为引人注目。这些新的进展也给从整体考虑旧大陆人类演化与旧石器文化发展等问题提供了可能性。因此,近来也可以看到有越来越多的西方学者,对包括东亚地区在内的整个旧大陆的远古人类及其文化的演化模式展开讨论。[1]

(一) 早更新世至中更新世

已有的发现说明,人类最早掌握的是石核-砍砸器技术,大约在距今250万年左右出现在东非。[2] 最晚到距今170万年左右,携带这种技术的人类已经到达亚洲。目前,西亚地区两个最早含石核-砍砸器技术的遗址分别是以色列的乌比迪亚('Ubeidiya)和格鲁吉亚的德马尼斯(Dmanisi)。乌比迪亚石核-砍砸器的时代大约为距今140万年左右,而后者则可以早到距今170万年。[3] 大致在同时或更早,石核-砍砸器文化也发现于东亚地区。在东亚地区属于早更新世的发现,从20世纪60~70年代开始就陆续有所报道。近年来在华北的泥河湾盆地等则有更丰富的发现。东亚这一阶段的旧石器工业,从加工技术到石制品的面貌,与东非及西亚的发现都很一致。[4]

到距今170万年左右,阿舍利或称手斧技术首先出现在东非。阿舍利技术应该是在石核-砍砸器技术的基础上发展起来的。但其加工程序与要求的技术都要比后者复杂。这种新技术也很快就传入西亚地区,在乌比迪亚及其他很多早更新世遗址都有发现。而且还有证据显示,携带阿舍利技术的人并不是一次而是多次

---

[1] Foly R. and M. Lahr. Mode 3 technology and the evolution of the modern humans. *Cambridge Archaeological Journal*, 1997, 7(1): 3~36. Lahr M. and R. Foly. Mode 3, *homo helmei*, and the pattern of human evolution in the Middle Pleistocene. L. Barham and K. Robson-Brown, Human Roots: Africa and Asia In the Middle Pleistocene. England: WASP, 2001, 23~41. Klein R. The Human Career: human biological and cultural origins. Second edition. Chicago: University of Chicago Press, 1999.

[2] Semaw S. Et al. 2.5-million-year-old stone tools from Gona, Ethiopia. *Nature*, 1997, 385: 333~336.

[3] Bar-Yosef O. The Lower Palaeolithic of the near East. *Journal of World Prehistory*, 1994, 8(3): 211~256.

[4] 王幼平:《中国与西亚旧石器时代早、中期文化关系》,《第八届中国古脊椎动物学学术年会论文集》,海洋出版社,2001年,271~280页。

从非洲到达西亚。经过长期的居住适应当地的环境之后,形成了西亚风格的阿舍利工业。[1]

迄今为止,能够证明欧洲的早期人类及其文化遗存都晚于西亚。最早到达欧洲的可能也是石核-砍砸器技术,已有的发现显示可能会超过 100 万年。[2] 阿舍利技术到达欧洲的时代还要更晚。不过阿舍利技术在欧洲却得到了更好更快的发展。[3] 最早的阿舍利技术在欧洲被称为阿布维利,与非洲早期阿舍利技术一样采用硬锤技术,加工简单粗糙。随着软锤技术的使用,大量加工仔细、形态规整且带有地方特点的阿舍利产品在欧洲各地出现并流行。[4]

与阿舍利技术在旧大陆西方广泛流行与发展的盛况相比,东亚地区在此阶段则主要流行的是石核-砍砸器技术。近年来在东亚地区包括华南、华北南部及朝鲜半岛,陆续都有两面器发现的报道。但这些发现大多还是地表采集,在经过正式发掘,发掘面积很大,发现石制品数量也很可观的遗址都还很少有发现。在东亚发现的两面器与西方的阿舍利技术也有比较明显的区别,一般都是硬锤技术的产品,加工较厚重、粗糙,缺乏明显的软锤技术的产品。这些情况至少说明,阿舍利技术在东亚地区并没有得到充分的发展,与旧大陆西方旧石器早期文化的发展过程有很明显的不同。

(二) 晚更新世早期

晚更新世早期与传统分期方案的旧石器时代中期相当。此时在旧大陆西方,是莫斯特技术盛行的阶段。从典型莫斯特文化发现地的西欧一直到西亚、北非,都有很典型的莫斯特技术的流行。与这些地区相邻的中亚、南亚以及非洲撒哈拉沙漠以南的非洲,虽然与典型的莫斯特技术有或多或少的差别,但从整体来看,以预

---

[1] Bar-Yosef O. The Lower and Middle Palaeolithic in the Mediterranaen Levant: Chronology, and cultural entities. *ERAUL*, 1995, 62: 247~263.
[2] Gamble C. The Palaeolithic Societies of Europe. Cambridge: Cambridge University Press, 1999, 115~119.
[3] Roebroeks W. and T. Kolfschoten. The Earliest Occupation of Europe. University of Leiden, 1995. 1~316.
[4] Bordes F. The old stone age. New York: McGraw-Hill Book Company, 1968.

制石核技术(包括勒瓦娄哇技术与盘状石核技术)为标志的莫斯特技术,应该是旧大陆西方本阶段最突出的共同的文化特点。[1]

与预制石核技术广泛流行的西方相比,在本阶段的东亚地区,还是应用前一阶段的石器技术。[2] 华北地区继续是以石片石器为主体的旧石器文化,以锤击技术为主体,直接剥片,加工各类石制品。石制品整体有小型化的趋势,也有原始的盘状与柱状石核存在,如泥河湾盆地的许家窑遗址的发现,但这些与典型的预制石核技术显然不是同一技术系统。华南地区的石器技术也有所发展,出现形制规整,加工程序化的石器类型,如湖北荆州鸡公山遗址发现的大量尖状器。但就整体而言,此时华南仍属于砾石石器工业系统。与本地区早期的石器工业一脉相承,而看不到预制石核技术的影响。

(三) 晚更新世晚期

虽然新近的发现证明石叶技术出现的时间已经大大提前,但其真正广泛的应用与流行还应该是晚更新世晚期的事情。石叶技术、细石叶技术以及骨、角器技术的高度发展,把整个旧石器文化的发展推向最高峰。不过按石器技术发展的线索来追溯,此时的旧大陆两边还是可以看到比较明显的区别。与西方的差别在华南地区表现得尤为清楚。按照遗传学者的研究,华南应该是走出非洲的现代人到达东亚地区的第一站。[3] 然而到目前为止,在已经发现的数量众多的晚更新世晚期或稍早的遗址中,见不到明显的来自西方的技术因素。这里没有发现莫斯特技术、石叶技术和细石器技术。不典型的砾石石器技术与石片石器技术,构成中国南方广大地区晚更新世晚期文化发展的主体。

与南方不同,华北、朝鲜半岛至日本等广大北方地区,则可以看到很典型的石叶与细石器技术。华北地区最重要的石叶工业的发现是宁夏灵武的水洞沟遗址。这里

---

[1] Gamble C. The palaeolithic settlement of Europe. Cambridge: Cambridge University Press, 1986. Wymer J. The Palaeolithic Age. New York: ST. Martin's Press, 1982.

[2] 高星:《关于"中国旧石器时代中期"的探讨》,《人类学学报》1999 年第 18 卷第 1 期,1~16 页。

[3] Chu J. Et al. Genetic relationship of populations in China. *Proc. Natl. Acad. Sci. USA*, 1998, 95: 11763~11768.

特殊的石器技术,从其刚被发现就受到关注。早期的西方学者认为其处于发达的莫斯特向奥瑞纳文化的发展阶段。[1] 中国学者也倾向于将其视为文化交流的产物。[2] 到时代稍晚的细石器文化的发展阶段,华北与周边地区文化交流现象则更明显,如华北与东北亚的楔形石核技术的广泛分布,显然应与文化交流活动密切相关。

综合旧大陆两侧不同时期旧石器文化发展的情况,可以列表一如下:

表一　东亚与旧大陆西侧旧石器文化的发展

年代 Ma B.P.	更新世	旧大陆西侧			东亚地区	
		欧洲、西亚、北非	非洲(撒哈拉以南)		中国北方	中国南方
01	晚期	细石器工业 石叶工业	Capsian(细石器)	青藏高原与中亚沙漠	虎头梁(细石器) 水洞沟(石叶) 板井子(石片)	吊桶环下层(石片) 鸡公山上层(石片)
0.05		莫斯特工业	Magosian(石叶) Howieson's Poort(类莫斯特)			
0.10			Fauresmith(阿舍利)		许家窑(石片) 丁村(石片/砾石)	鸡公山下层(砾石) 陈山上层(砾石)
	中期	欧洲阿舍利工业	Isimila(阿舍利)		周口店1地点(石片)	
0.78			Olorgesailie(阿舍利)			百色(砾石/手斧?) 陈山下层(砾石)
		Geshet Benot Ya'aqov(阿舍利)			公王岭(石片/砾石)	曲远河口(砾石)
1.50	早期	Ubeidiya Dmanisi(石核-砍砸器)	OlduvanII(阿舍利) OlduwanI(石核-砍砸器)		小长梁 马圈沟(石片)	元谋(石片?)
2.50			Gona(石核-砍砸器)			

---

[1] Breuil H. Archeologie. Boule M.et al. Le Paleolithique de la Chine. Paris: Masson, 1928, 103~136.
[2] 张森水:《中国旧石器文化》,天津科学技术出版社,1987年,232~239页。

四、讨论

比较图一和表一,把早期人类及其文化的演化放在上新世末期以来旧大陆环境变迁的背景下做整体观察,可以看到远古人类文化的发展与古环境的变化之间有很明显的相关性。从现有的资料来看,东西方旧石器文化的发展在开始之初并没有很大的区别。以石核-砍砸器技术为特色的石器工业,在旧大陆两边广泛的流行,暗示着此时东西方的交流可能还比较方便。图一显示在更新世早期,青藏高原面的高度尚不足2000米。另据崔之久、施雅风等的研究,此时在高原北侧的塔克拉玛干沙漠还只是零散的沙丘,从昆仑山口到华北的泥河湾盆地,广泛分布着古湖泊。[1] 古生物学的证据也说明早更新世的华北,气候仍较暖湿,适宜早期人类生存。这种情况正好为东西方早期人类与文化的交流提供了很方便的条件。

早更新末到中更新世之初开始,两边的文化发展明显出现分异。旧大陆的西侧逐渐成为阿舍利文化的一统天下。尽管也有一些不含手斧的文化类型发现,但这些可能与遗址的功能或原料的供应相关,从整体看阿舍利文化显然是西方旧石器早期非常鲜明的特色。但在东亚地区则主要流行着石片或砾石石器工业,这两者从技术类型角度来看,都还应属于石核-砍砸器技术的范畴。如前所述,尽管近些年来不断有关于手斧发现的报道,但无论是发现的数量,还是加工技术,都与西方典型的阿舍利工业有比较明显的差别。

上述差别的出现,刚好与昆仑-黄河运动发生的时间吻合,这当不是偶然的巧合,而应该是有很密切的关系。经过激烈的昆仑-黄河运动,高原隆升到3000米以上,并且进入了冰冻圈。这个高度不仅直接阻碍东西方的交流往来,还可能影响到行星风系的调整。这一变化之大,可能带来了全球性气候变化即所谓的"中更新世

---

[1] 崔之久等:《昆仑山垭口地区晚新生代以来的气候构造事件》,《青藏高原形成演化、环境变迁与生态系统研究学术论文年刊(1995)》,科学出版社,1996年,74~84页。施雅风、郑东兴:《青藏高原进入冰冻圈的时代、高度及其对周围地区的影响》,《青藏高原形成演化、环境变迁与生态系统研究学术论文年刊(1995)》,科学出版社,1996年,136~145页。

的革命"。[1] 最直接的变化是塔克拉玛干沙漠的连片形成,与西北至华北之间湖泊的消失,以及黄土堆积的加剧。其结果自然是增加了东西方之间古人类及其文化交流的困难。所以两边的文化发展开始分道扬镳,形成两种不同石器工业传统。东亚地区少量手斧等阿舍利技术因素的发现,也可能反映此时东西方的交流并没有完全阻断。

东西方文化差别最显著之时,当属中更新世晚期到晚更新世早期。此时恰当共和运动阶段,高原的高度已达4000米,东西方的交通应更加困难。所以,当旧大陆西方,以预制石核为特征的莫斯特工业取代了阿舍利,发展到顶峰之际,在东亚地区,却见不到莫斯特技术的发展,而仍然流行着石片或砾石石器工业。两边的差别显然比前一阶段更大。

东西方文化交流得以恢复的阶段是晚更新世晚期,比较明显的事例是华北地区石叶与细石器技术的出现。但此时的交流也难于直接跨越青藏高原与中亚沙漠的巨大屏障,而是当现代人已经出现,智力与技术都得以充分发展,绕经遥远寒冷的北方草原地带进入华北地区。不过到目前为止,在华南地区则还是没有发现西方同期文化的影响。

综上所述,旧大陆两侧旧石器文化的发展道路经历了很明显的统一、分异、最后又趋于统一的过程。这一过程与远古人类自身的演化过程也相吻合。[2] 无论是旧石器文化,还是远古人类本身的发展,在早更新世晚期至中更新世初以后,在东、西方之间,都出现了比较明显的断裂或鸿沟。这一断裂或鸿沟的出现,无论是时间,还是地理位置,都显示出与青藏高原及其隆起过程有着非常密切的关系。

五、结语

关于旧大陆两边旧石器文化发展的这种明显的差别,很早就受到研究者的关

---

[1] 潘保田等:《晚新生代青藏高原隆升与环境变化》,《晚新生代青藏高原隆升与环境变化》,广东科技出版社,1998年,375~414页。
[2] Rightmire P. Comparison of Middle Pleistocene hominids from Africa and Asia. L. Barham and K. Robson-Brown, Human Roots: Africa and Asia in the Middle Pleistocene. England: WASP, 2001, 123~134.

注并进行过讨论。早在 20 世纪 40 年代,美国哈佛大学的考古学者莫维斯(Movius)就提出两个文化圈的假说,用来描述东西方旧石器时代初期文化的差别。[1] 这一假说被概括为莫维斯线(Movius Line),影响了世界史前考古学界长达半个多世纪之久。直到今天,不同国度、不同地区的旧石器考古学者,仍然对其有明显不同意见,以至于围绕此问题的各种讨论长久不断。[2]

对于两个文化圈的界定及其形成原因的认识,也有很大的差别,并且随着时间的推移和新发现的增多而不断发展变化。在 20 世纪 40 年代前后,由于考古发现与历史条件的局限性,在当时以欧洲文明为中心的观念影响下,很自然会有人将手斧与砍砸器文化的区别看成是进化的中心与边缘之别。到 20 世纪 60、70 年代,随着考古发现的增加与考古学理论的发展,学者们已经开始从生态学角度考虑东西方旧石器文化发展的深层原因。[3] 东亚"竹木文化区"假说的提出,就是在这方面进行的尝试。[4] 近 10 多年来,随着多学科合作与跨学科研究的不断深入展开,学者们已开始在古人类学、古环境学与考古学等更广阔的领域内来综合探讨,并且已经开始认识到,东西方文化的明显差别,可能有着石器原料、古生态环境、自然地理障碍、古人类的活动迁徙特点等多方面的复杂背景。[5]

本文希望强调的是,随着对青藏高原隆起及其对全球性环境变化影响的动态过程的认识的逐渐深入,我们应该特别关注早期人类及其文化发展历史与青藏高原隆起过程的相关性。早更新世早期及更早,东西方古人类使用同样的石核-砍砸

---

[1] Movius H. The Lower Palaeolithic cultures of southern and eastern Asia. *Transactions of the American Philosophical Society*, 1948, 38(4): 329~420.

[2] Schick K. The Movius Line reconsidered: Perspectives on the earlier Palaeolithic of eastern Asia. Coruccini R.and R. Ciochon, Integrative paths to the past: Palaeoanthropological advances in honor of F. Clark-Howell. Prentice Hall, Englewood Cliffs, NJ, 1994, 569~596. Hou Y. et al. Mid-Pleistocene Acheulean-like stone technology of the Bose Basin, South China. *Science*, 2000, 287(5458): 1622~1626.

[3] Movius H. Southern and East Asia: Conclusions. Fumiko Ikaea-Smith, Early Palaeolithic in south and east Asia. Hague: Mouton, 1978, 351~356.

[4] Pope G. Bamboo and human evolution. *Natural History*, 1989, 10(89): 49~56.

[5] Schick K. The Movius Line reconsidered: Perspectives on the earlier Palaeolithic of eastern Asia. Coruccini R.and R. Ciochon, Integrative paths to the past: Palaeoanthropological advances in honor of F. Clark-Howell. Prentice Hall, Englewood Cliffs, NJ, 1994, 569~596.

器技术,显示着在当时至少有往来通道与文化交流的存在。早更新世晚期到中更新世以后,两边的差别则越来越大。这种变化显然是与青藏高原的隆起及其所带来的环境效应阻碍了旧大陆两侧的交流密切相关。如果我们把人类演化及其古环境背景作为一个动态系统进行全面观察,那么东西方之间古人类与文化交流中断现象及其出现的时间与过程,也恰好暗示着古环境的巨大变化,即青藏高原与中亚沙漠地理障碍的形成。反之,这一点也可以作为青藏高原在更新世以来,特别是早更新世末到中更新世初经历了比较剧烈隆升的间接证据。青藏高原的隆起与东亚旧石器文化发展之间的相关性,为我们系统认识旧大陆远古人类与文化发展演化全部历史提供了有益的启示。展开多学科的合作与跨学科研究,在上新世以来古环境不断变化的整体背景下,以动态的观点,系统探讨东西方旧石器文化发展所走过的不同道路及其原因,应该是我们继续努力的方向。

(原载《人类学学报》2003 年第 22 卷第 3 期)

关于中国旧石器的工艺类型*

经过 80 多年工作,已经发现的旧石器的分布范围遍及全国绝大部分省区,从距今 100 多万年甚至可能更早的时代开始,一直延续到更新世之末。对于中国旧石器的工艺类型特点,从旧石器考古工作开始之初,就一直受到研究者们的关注。随着考古材料的不断增多,很多学者开始从整体上来认识中国旧石器的特点。有学者提出中国旧石器文化的南北二元结构说,即北方的石片石器工业与南方的砾石石器工业。[1] 也有学者将中国旧石器时代晚期的石器划分为石片石器,石叶,细石器与零台面石片石器等四种类型。[2] 还有学者对中、西方旧石器工业技术模式进行系统比较,认为石器技术模式 1 在中国旧石器时代分布广泛,流行时代漫长,模式 4 与模式 5 仅在北方局部地区出现,而缺乏模式 2 与模式 3。[3]

从总体来看,中国旧石器确实可以划分出不同的工艺类型,包括石片石器工业、砾石石器工业,石叶工业与细石器工业等。不同的工艺类型有着明显的时空分布特点。这些石器工业的差别,也很清楚地表现在各自的石器生产过程中。近年来一些学者提倡的动态类型学或石器生产操作链研究,[4] 强调注重石器生产的动态过程,为认识旧石器文化提供了新的观察角度。本文试从石器生产过程来简要

---

* 本文承国家社科基金(项目编号:98BKG005)的资助。
[1] 张森水:《中国旧石器考古学中的几个问题》,《长江中下游史前文化暨第二届亚洲文明学术讨论会论文集》,岳麓出版社,1996 年。
[2] 李炎贤:《中国旧石器时代晚期文化的划分》,《人类学学报》1993 年第 12 卷第 3 期,214~223 页。
[3] 林圣龙:《中西方旧石器文化中的技术模式的比较》,《人类学学报》1996 年第 15 卷第 1 期,1~19 页。
[4] 盖培:《阳原石核的动态类型学研究及其工艺思想分析》,《人类学学报》1984 年第 3 卷第 3 期,244~252 页。陈淳:《"操作链"与旧石器研究范例的变革》,《第八届中国古脊椎动物学学术年会论文集》,海洋出版社,2001 年,235~244 页。Inizan M-L. Roche H. Tixier J. Technology of Knapped stone. Meudon:CREP, 1992。Andrefsky W. Lithics:Macroscopic Approaches to Analysis. Cambridge:Cambridge University Press, 1998。

讨论上述几类旧石器工艺类型的特点。

一、石片石器

石片石器是中国旧石器中出现的时代最早，延续的时代最长，分布也最为广泛的石器工艺类型。这种工业的突出特点是，以简单剥片方法生产石片为加工工具的基本坯材，石制品以中、小型者居主导地位。然而在不同地区发现的时代不同的石片石器工业之间存在着明显的差异，差异产生的原因当与石器生产过程中所使用的技术与方法有关。

（一）最早的石片石器工业

近年来关于最早的人类与文化遗物发现的报道不断增多，发现的分布也较广泛。但其中材料最丰富，也较典型的石片工业的发现当属泥河湾盆地的一些早更新世的文化遗存。从20世纪70年代末至80年代初开始发现的小长梁、东谷坨等一批位于泥河湾盆地东缘的石器遗址，年代可能为距今100万年左右至更早。最近几年发现的马圈沟遗址的时代更要早到距今150万年或更早。[1] 这些遗址发现的石制品可以大致说明到目前为止在中国大陆已经发现的最早的石器生产的状况与工艺特点。

泥河湾早更新世的旧石器生产有两种情况，一种马圈沟的发现，代表了时代最早的石器生产的特点；另一种则是时代稍晚的小长梁、东谷坨等一批遗址发现的石制品，石器生产的情况已经开始复杂，在不同的遗址间出现明显的分异。

发现于1992年的马圈沟遗址已经过前后几次发掘，发现的石制品有数百件。在出土的石制品中，包括石核、完整石片、残片与断块等。在第一次发掘资料中没有发现有明显加工修理痕迹的石制品。[2] 最近公布的资料中，也仅有一件勉强可

---

[1] 谢飞、李珺：《马圈沟遗址石制品的特征》，《文物春秋》2002年第3期，1~6页。
[2] 河北省文物研究所：《马圈沟旧石器时代早期遗址发掘报告》，《河北省考古文集》，东方出版社，1998年。

以归入精制品者。缺少精制品,是马圈沟石器工业的一个值得注意的现象。这可能并不完全是因为发现的遗物较少,而是与其石器生产的特点直接相关。

马圈沟居民的石器原料,可能完全依靠来自遗址附近出露的基岩碎块。石料有三分之二是燧石,其余还有砂岩、凝灰岩等。从石核与石片的特点来看,他们已经掌握石锤直接打击技术。但更多的是依靠锤击法来剥取石片,第二步加工的活动则不经常进行。这种情况说明这里的居住者的石器生产过程还处于比较简单阶段,仅就地取材,选择比较适合剥片的原料,打下石片就直接投入使用这样三个简单步骤。

到可能晚于马圈沟遗址数十万年之久的小长梁、东谷坨等的时代,早期人类在泥河湾盆地的活动可能更为频繁,所留下的石制品等文化遗物也更多。在一些遗址发现的有关石器生产的情况,与马圈沟相比并没有太大区别,如小长梁、飞梁、岑家湾等地,数量众多的石核、石片、断块等,而经过加工的精制品则很少见到。[1]

然而在东谷坨等地却与前者明显不同。东谷坨发现的石制品在原料选择、加工技术方面与前几者区别并不大。仍是就地取材,以当地丰富的燧石为主要原料。以石锤直接打击方法加工石制品。但是在锤击石核中,除了常见的单台面、双台面与多台面石核外,还发现10件"东谷坨定型石核"。[2] 在石片中,处于剥片晚期阶段的石片占绝对优势。更明显不同的是,这里的石器或称精制品的比例明显增高。石器的种类有边刮器、凹缺器、尖状器等。在距东谷坨只有百米之遥的霍家地的发现也有类似情况,经过修理的精制品的数量较多。

从总体来看,泥河湾盆地东缘晚于马圈沟遗址的石器生产,仍然还是就地取材,主要以当地丰富的燧石为主要的石器原料。其他岩性的原料也或多或少使用,主要受制于附近基岩的出露情况。剥片与加工石器的方法也都以石锤直接打击法为主。这些说明几者具有相同的工艺特点。不过正如前面介绍,石器的

---

[1] 王幼平:《旧石器时代考古》,文物出版社,2000年。
[2] 侯亚梅等:《泥河湾盆地东谷坨遗址再发掘》,《第四纪研究》1999年第2期,139~148页。

精加工情况出现分异。有的遗址发现数量较多的精制品,并且还包括多种不同的石器类型。

(二)石片石器工业的发展

可能是自东谷坨等早更新世的遗址开始,或者是进入中更新世以后,石片石器的生产工艺有所进步,过程也趋于复杂。与早期相比,出现选择石料的能力有所增强,打片技术呈现多样化发展,在修理阶段投入更多精力等显著变化。

上述变化在周口店北京猿人遗址表现得尤为清楚。在北京猿人遗址已经发现的石制品数以万计。石制品的原料多达40余种,但其中以脉石英为最多,差不多近90%,其次是水晶、砂岩和燧石等。石英和水晶是来自距遗址2千米的花岗岩区的风化石英与水晶碎块。其余的石料则主要是选自河滩砾石。[1]

在北京猿人遗址可以看到的打片方法有砸击法、锤击法与碰砧法等三类。广泛使用砸击法,有大量的砸击石片和石核,成为周口店石器工业的鲜明特色,这主要是大量使用劣质的脉石英原料之故。锤击法使用也较多,虽然也用于加工石英原料,但更多见于加工燧石及砂岩等。碰砧法则多用来生产砂岩大石片,使用频率不如前两者高。石片大小均有,但以中、小型者居多。

经过修理的石器数量与比例都明显增加。修理以锤击法为主。修理方式以正向加工为主,反向、错向和复向加工者较少。加工石器主要采用各类石片及断片等片状坯材,小石块、石核和砾石等也有使用。石器可以分为刮削器、尖状器、砍砸器、石锥、雕刻器和石球等6类。其中刮削器的比例高达75%。形体都比较小,以石片坯材为主,修理成直刃、凸刃、凹刃等不同形状的刃口。按刃口的数量或加工部位不同,还可分为单刃、两刃、复刃和端刃等类型。尖状器占石器总数的14%。也多用小石片为坯材,器形较小。按尖刃的位置和数量划分,可分为正尖、角尖和复尖三种。还有专门修理的带有转折的肩部的石锥,用雕刻器技法加工的雕刻器等发现。大型石器以砍砸器为多,占石器总数的5.4%。多选用砂岩或其他岩性的

---

[1] 裴文中、张森水:《中国猿人石器研究》,科学出版社,1985年。

砾石直接加工。加工方法比较简单，单面加工的数量较多，但也有一些两面加工者。石球，发现的数量不多，形状也不十分典型。

周口店石器工业的情况说明，此时石片石器的生产技术已经明显较早期发达。在原料的选择与应用方面，进行更多的尝试，应用不同的资源。从较远处搬运石料已经成为经常性的活动。已经可以选择不同的打片技术来应对不同性质的石料，并且更多地使用片状坯材加工出不同形态的工具，以应对多种需要。加工方法也多种多样，少数标本的加工已很精细。

本阶段石片石器生产的发展还表现在地方性特点的出现与增强。这方面的证据有云贵高原地区的观音洞遗址。这里石制品的原料主要是附近较坚硬的岩块和结核，而很少使用砾石。岩性以硅质灰岩为主，约占三分之二，其次为脉岩、硅质岩，还有燧石、玉髓、细砂岩等使用，但比例均较少。[1]

观音洞居民剥取石片的方法主要为锤击法，有大量的锤击石核与石片；碰砧法则较少，仅发现一些石片。制作石器的坯材有高达80%以上为完整石片或断片等片状材料。石块、断块及石核的比例则较小。加工方式也较有特色，多数标本有两个以上的修理边；大部分刃角在75度以上，刃较钝；并且有很多刃口有多层修理痕迹；修整痕迹多深凹粗大，多不平齐。刃缘以凸、直的为大多数，凹的较少；大部分是单向加工，少数是交互、错向、转向、或对向加工的。石器类型有刮削器、砍砸器、端刮器、尖状器、石锥、雕刻器及凹缺刮器等。其中最多的是刮削器，占石器总数的80%以上。端刮器占7%，尖状器占4%。还有石锥、雕刻器和凹缺刮器等几类，但数量均较少，在整个石器组合中所占的比例很小。砍砸器占石器的总数5%左右。

从总体看，观音洞的大部分石核和石片形状不规则，仅少数石核和石片台面上有修理痕迹；在石制品中，石器所占的比例相当高，在65%以上；石器形状多不规则，石器大小悬殊，最多的为长宽在3～5厘米。这些特点与以周口店为代表的北方地区的石器生产有比较显著的差别。

石器工艺特点也明显受到时间变化的影响。不论在北方地区的周口店还是在

---

[1] 李炎贤、文本亨：《观音洞——贵州黔西旧石器时代初期文化遗址》，文物出版社，1986年。

西南地区的观音洞遗址,在这两个延续时间较长的遗址,都可以看到随着时间的变化,时代越晚,优质原料的利用率越高,修理也趋于更细致。这种情况在离周口店遗址不远的许家窑遗址也有所表现。

许家窑几次发掘所获得的石制品数以万计。石料主要是石英、燧石,还有火山岩及石英岩等。劣质石英的使用,说明优质材料不是很充足。原料的体积不大,应主要来自遗址的附近。许家窑人使用锤击法和砸击法两种方法剥取石片,但以锤击法为基本方法,砸击法仅少量使用并限于石英材料。锤击法剥取的石片多较小、薄,绝大部分是打击台面,自然台面或可能是修理台面的标本都很少。石核的大小相差较大,有单、多台面之分。按形状可分成原始柱状和盘状石核两类。砸击技术的使用不多。修理方法较简单,仅使用锤击法。主要是正向加工,但反向、错向与复向加工也有使用。脉石英等加工的石器很粗糙,但燧石等优质原料加工的则器形规整,刃缘匀称,反映了较高的修理水平。[1]

石器有刮削器、尖状器、石锥、雕刻器与石球等。刮削器超过石器总数的一半以上,多用片状毛坯修制,加工较细致,其中短身圆头刮削器与旧石器晚期的端刮器很相似。尖状器数量不多,均为小型。石锥亦可看成是尖端较长的尖状器。雕刻器数量很少,也不典型。最具特色的是石球,数量相当多,占石器总数的36%,形体大小不一。多与一般的石核的打击方式不同,打击不定向,也无剥片痕。从开始加工到最后成型各阶段的标本都有发现,可很完整地复原其生产过程。

(三) 晚期的石片工业

到晚更新世晚期,也是传统分期方案中的旧石器时代晚期,石片石器的发展亦进入晚期,但却是其发展的高峰与多元化的时代。在本阶段,无论是原料的选择与开发利用,还是打片技术与修理方法,都较前两个阶段更为完善,达到了整个石片石器工艺发展的最高峰。与此同时,由于原料、技术、文化传统与环境适应等多方

---

[1] 贾兰坡、卫奇:《阳高许家窑旧石器时代文化遗址》,《考古学报》1976年第2期,97~114页。

面的因素,晚期各地石片石器生产显现出异彩纷呈的多元化特点。[1]

可能是生计方式与石器原料等因素所致,晚更新世晚期的北方地区石片石器的生产出现了东、西两种不同类型。西部是以使用燧石等硅质岩类为原料,剥取形制较为规整的小型石片为坯材,进而加工成精致的定型工具为特点;东部则是在原料采办、打制石片等阶段仍较多地延续本区早期的传统,但在修理阶段展示出更多努力的石片工业。

山西峙峪遗址石器生产即反映了北方西部的情况。从已经发表的情况看,石器原料主要为脉石英、石英岩、硅质灰岩、石髓及火成岩等,多为砾石。剥片的技术主要为锤击法,但可能已有软锤技术使用;砸击法主要用于石英材料。有修理台面的痕迹存在,石核虽然不很规则,但利用充分。有相当数量的石片较规整,横断面呈梯形、三角形,形近石叶。[2]

石器种类包括边刮器、端刮器、尖状器、雕刻器、石锯等。边刮器的数量居多,长度多在20~30毫米间,修理较细致;还可再分为单直、凹、凸刃、双刃等。端刮器的数量也较多,均属短身类型,长宽相近或宽大于长,修理非常仔细,刃缘规整匀称。尖状器的数量也较多,多用小而薄的石片制作,修理细致。雕刻器有修边、双面及角雕刻器等几类。还有石锯及斧状器,均很少见,也可以视为刮削器中的特殊类型。

海城仙人洞是北方东部旧石器晚期石器工业的代表。这里发现的石制品数量非常之多,1983年的发掘经筛选者就多达万件。原料几乎全部是脉石英砾石或岩块,来源于附近的河床。打片使用锤击和砸击两种方法,砸击技术占有很重要的地位。经过修理的标本数量较多,其中有的刃缘平齐,可能用指垫法加工。

石器种类包括刮削器、尖状器、钻具、雕刻器、砍砸器和石球等。其中刮削器的数量最多,有单、双、圆刃及拇指盖状和吻状等。尖状器有正尖和角尖两类,钻具的数量也较多,单面或错向加工。雕刻器数量很少,但可见到雕刻器打制技法的存

---

[1] 王幼平:《华北旧石器时代晚期石器技术的发展》,《文化的馈赠——汉学研究国际会议论文集(考古卷)》,北京大学出版社,2000年,304~312页。
[2] 贾兰坡等:《山西峙峪旧石器时代遗址发掘报告》,《考古学报》1972年第1期,39~58页。

在。砍砸器占一定的数量和比例,多由脉石英砾石单面或交互打击制成。石球数量较多,多用脉石英砾石加工,形态上属于多面体石球。[1]

南方旧石器晚期石片石器的工艺更为复杂,但整体来看加工的技术尚不如北方发达。就其主体部分来看,可能与当地早期的石器生产技术传统有更多的联系,或者说就是早期的砾石石器工业的发展。这一部分的发展轨迹,可以从三峡地区三级阶地的砾石工业到四川盆地内的资阳人 B 地点,再到铜梁石器工业的发展来看,更十分清楚。晚更新世早期的三峡三级阶地的还是典型的砾石石器工业。但到资阳人 B 地点,特别是铜梁石器工业,已经属于石片石器。虽然在铜梁等地仍然使用砾石为加工石器的原料,还有一部分工具直接以砾石为坯材直接加工而成,但其已不占主导地位。居主导地位者是应用片状坯材加工的刮削器等中、小型工具。[2]

还有一部分石器工业的生产情况与北方的石片工业表现出更多的相似之处,无论是石料的采办,或是剥片与修理等生产环节,都可以找到相应的情况。这在四川汉源富林、江西万年吊桶环下文化层与广西柳州白莲洞下文化层都可以看到。这几处的石器生产均选用燧石等硅质岩类为原料,应用锤击或砸击技术剥去小石片,再将石片加成刮削器等小型工具。其工艺过程与最终产品都与北方同期的发现接近。

零台面石片或称锐棱砸击技法的出现,则是南方晚期石片石器工业的创造。这种技法的使用最早见于距今 5 万年左右的水城硝灰洞遗址,但其繁荣期却在晚更新世末到全新世早期,在西南地区较大的范围都可见到。典型的发现是兴义猫猫洞、普定白岩脚洞及近年来三峡地区一些二级阶地的石器遗存。零台面技法是以剥取扁薄锋利的无台面石片为目的的剥片方法。其选用的石料要求是扁平的砾石,然后通过略倾斜地砸击砾石的侧边,或将砾石猛力摔向固定的石砧,砸下或撞击产生形态比较一致的零台面石片。[3] 通过这种工艺剥取的石片可以直接应用,但也有相当部分被继续加工成各类工具。从石器生产的角度来看,这种工艺还是

---

[1] 张镇洪等:《辽宁海城小孤山遗址发掘简报》,《人类学学报》1985 年第 4 卷第 1 期,70~79 页。
[2] 李炎贤:《中国旧石器时代晚期文化的划分》,《人类学学报》1993 年第 12 卷第 3 期,214~223 页。
[3] 冯兴无:《三峡地区二级阶地中的石器工业》,中国科学院研究生院硕士学位论文,2002 年。

属于简单剥片的范畴,但其采用固定形状原料,获取固定形状的石片产品的工艺思想则远远超出了简单剥片工艺的水平,代表了石片石器工艺在南方地区的新发展。

二、砾石石器

作为中国旧石器"二元结构"的另一重要组成部分的砾石石器工业,其生产在选料及工艺步骤的安排方面都与石片工业有显著不同,分布的空间范围与流行的时代也与石片工业有明显的差别。砾石石器工艺的主要特点是以砾石为石料的来源,直接将砾石加工成各类工具,很少对片状坯材进行加工。生产程序显然要比石片工业更为简单。砾石工业主要分布在南方东部的平原河谷地带,在早更新世差不多与石片工业同时出现,一直延续的晚更新世之初甚至更晚。[1]

时代比较肯定、发现较为丰富的早更新世的砾石工业是湖北郧县曲远河口郧县人地点的发现。经过几次发掘,在该遗址发现的石制品有两百多件,其中包括石核、石片和石器。石制品原料均为砾石,岩性主要是石英,其次是砂岩与灰岩等,与下伏的砾石层情况相近,应该是就地取材。锤击法是主要的剥片手段,砸击法可能也有应用。经过修理的石器有砍砸器、刮削器与大尖状器三类。其中在数量上占主导地位的是砍砸器与大尖状器等重型工具,均使用砾石或石核直接加工而成。使用片状坯材加工的刮削器等轻型工具所占比例十分有限。由此看来,郧县人就地取材,以砾石为原料直接加工重型工具的砾石石器的工艺特点已经表现得十分清楚。[2]

中更新世是砾石工业生产的鼎盛时期,这一时期的砾石工业发现的报道已经有很多,几乎遍布南方东部的各省区。就已经发现的资料看,虽然各地砾石石器工艺的基本特点没有区别,但石器工业面貌表现出比较明显的地方特色。这些说明不同地区的砾石石器生产的工艺细节方面也有一定的差异存在。

---

[1] 王幼平:《更新世环境与中国南方旧石器文化发展》,北京大学出版社,1997年。
[2] 李炎贤等:《郧县人遗址发现的石制品》,《人类学学报》1998年第17卷第2期,94~120页。

首先观察与郧县人相邻的鄂西北与陕南汉中地区,这里中更新世的砾石工业十分发达。研究较多也具有代表性的是汉中南郑的龙岗寺。龙岗寺的石器原料以石英为主,其次是火山岩、石英岩。当时人类可能就在河滩上选择砾石直接打制石器。从石片与石核的特征看,剥片方式以锤击法为主,偶然使用碰砧与砸击法。修理方式也以锤击法为主,石球可能使用特殊的碰击法。砍砸器占石器总数的一半左右,大部分是砾石直接加工,交互加工的比例较高。大尖状器数量不多,但多以砾石单面加工而成;亦可见到少量双面加工成尖者,但底部多保留砾石面。石球数量很多,可高达10%~20%,分正石球和准石球两类。采用片状坯材加工的刮削器等轻型工具则较少出现。[1]

再看砾石工业分布区的南端,广西百色盆地的右江两岸的石器工业,其石器原料均是来自附近河滩的砾石,岩性主要为砂岩与石英岩。锤击法也是其主要的剥片手段。石核的大小相差悬殊;石片形状多为不规则形,背面大多保留砾石面。石器主要是用砾石直接加工而成,单向加工者较多;也有一部分两面加工的,刃口多较平整。加工的部位多数仅限于尖、刃部,而保留带砾石面的底部。各类大型工具占主导地位。以石片为坯材加工的石器则很少见到。与汉中等地相同的是砾石原料与坯材的应用,以及生产石器的基本步骤。但在加工的倾向及精细程度方面则有明显的区别。例如在百色地区几乎见不到石球的加工,但尖刃类工具出现的数量与加工的精细则是前者不能相比的。这些地方性的差别,在长江的中、下游地区同样也可以见到。

砾石石器的工艺同样也受到时间因素的影响。就整体而言,砾石石器的工艺在早更新世到中更新世的早中期表现得较为一致,如上述已经讨论的情况。但到中更新世末至晚更新世之初,则开始出现与前面所述不同的发展趋势。这一阶段的变化比较清楚地出现在湖北荆州鸡公山下文化层的发现。[2]

鸡公山下文化层发现的石制品数以万计。石制品原料均系砾石,也应来自附

---

[1] 王幼平:《更新世环境与中国南方旧石器文化发展》,北京大学出版社,1997年。
[2] 王幼平:《旧石器时代考古》,文物出版社,2000年。

近的河滩。石料岩性有石英岩、石英、砂岩等,也有少量燧石使用。剥取石片的技术仍以锤击法为主,但技术熟练。修理主要也是锤击法,并以单面加工为主。石器中以砍砸器的数量为多,主要是用砾石直接加工。分单面与两面加工两类。按刃缘位置还可以分成边刃与端刃两类。大尖状器最有特色,以整块或从中间纵向剥开的长条形砾石为毛坯,在一端单面加工出一个三棱形的锐尖。长度在 15~20 厘米间,形状规整,加工程序定型。刮削器也有较多发现,按体积与重量可分成重型与轻型两类。重型刮削器与本区更早阶段的发现没有区别;但轻型刮削器采用片状坯材,加工细致,数量也较多,已成为石器组合的重要部分。[1]

打片技术趋于熟练,出现加工程序固定、形态较为一致的大尖状器等特点都反映了砾石工业的工艺的进步。尤其是更多地采用片状坯材加工刮削器等轻型工具,使得砾石工业的生产逐渐与石片石器的程序趋同。进入晚更新世早期以后,这种趋势更加显著。以片状坯材加工的轻型工具所占比重更大,尖状器等大型尖状工具则趋于消失。其结果是非典型砾石石器工业的出现,继而再发展成为保留着砾石工业传统的石片工业。[2]

三、石叶

石叶工艺在旧石器发展史上占有非常重要的地位。因为石叶的生产在旧石器时代晚期的重要地位,以至于石叶工业一词在欧洲与西亚等地成为旧石器时代晚期文化的同义语。在邻近华北的东北亚、朝鲜半岛与日本等地也都有典型的石叶工业。然而在中国大陆的旧石器时代却很少有石叶工艺的发现。到目前为止,中国已经正式发掘并发表了研究成果的典型石叶工业还只有宁夏灵武水洞沟等少数发现。[3]

水洞沟的石器原料主要是来自遗址附近的白云岩砾石,其次还有石英岩和燧石

---

[1] 刘德银、王幼平:《鸡公山遗址发掘初步报告》,《人类学学报》2001 年第 20 卷第 2 期,102~114 页。
[2] 王幼平:《更新世环境与中国南方旧石器文化发展》,北京大学出版社,1997 年。
[3] 王幼平:《华北旧石器时代晚期石器技术的发展》,《文化的馈赠——汉学研究国际会议论文集(考古卷)》,北京大学出版社,2000 年,304~312 页。

砾石,以及少量的玛瑙块。从保留在石制品上的特征来看,锤击法、砸击法、碰砧法和间接打击法等均有使用,但以锤击法为主,并广泛地使用修理台面的技术。打片有一定的程序,利用形体规整的长方体石核、盘状石核来剥取石叶及三角形石片。在锤击石核中还出现"似柱状"和"似楔状"石核,可以剥下与细石器工业相同的产品。[1]

石叶工业是水洞沟文化的主体。包括大量的石叶和三角形石片和以它们为毛坯加工的石器。石器类型包括:尖状器、端刮器、凹缺刮器以及各类刮削器包括单边直刃、双边直刃和半月形等,还有雕刻器和钻具等。尖状器的数量较多,修理细致,采用"指垫法",形状规整。依形状可分为正尖与角尖两类。还发现了尾部经过修理的类型,可能是为装柄所用。端刮器的数量很多,分长身和短身两式,长身类修理精致,疤痕平远、排列整齐、刃口匀称。各类边器也都修理得很仔细,形状规整,显然与毛坯的形状有关。还有数量相当多的石叶断片,应该是用来作复合工具的镶嵌"刀片"的。

水洞沟石器工艺与传统的石片工业有很明显的区别。虽然石料的来源仍是附近的砾石,打片技术也还主要沿用锤击法,但生产的程序或称操作链发生明显的变化。在打片之前,增加预制石核与修理台面的工序,以此剥取形制规整的石叶及三角形石片。修理技术也有发展,采用"指垫法"等进步技术,利用坯材的形状特点,加工出不同类型的工具。其工艺过程较石片工业明显复杂。

与水洞沟类似的发现近年来也陆续有所报道,主要分布在黄河中游各地到冀西北的泥河湾盆地。不过这些发现尚不如水洞沟的石叶工业典型,多与细石叶或石片工业共存,且不占主导地位。出现这种状况的原因尚不清楚。如果能够从石器生产系统或操作链的角度对这些新发现进行全面分析,很可能会有新收获。

四、细石器

细石器工艺是旧石器技术的第五种模式,主要流行于旧石器时代晚期及更晚。这种工艺在华北地区出现较早,分布的地域也较广泛,主要集中分布在晋南区、冀

---

[1] 宁夏博物馆等:《1980年水洞沟遗址发掘报告》,《考古学报》1987年第4期,439~449页。

西北区、冀东北区及鲁西南与苏北区。其中晋南区与冀西北区的发现丰富,研究深入,比较清楚地反映了中国北方地区细石器生产的特点。

晋南及邻近地区是细石器出现最早,细石器工艺多样化的区域。该区的襄汾丁家沟与沁水下川等地的发现,时代早到距今2万多年以上。延续的时代也长,如薛关等遗址的时代已临近更新世结束之时,细石器文化仍然十分繁荣。

下川附近发现的丰富的细石器遗存,可以说明本区细石器的生产情况。由于下川附近有比较丰富的燧石原料,这可能是该地区细石器工业特别发达的因素之一。其加工细石器的原料主要是优质的黑燧石,其他原料如水晶、脉石英、石英岩等均很少使用。石核分为锥状、楔状、柱状、漏斗状等多种。石核的台面和形体都经过细致的修理。锥状石核最多,又分为整锥体和半锥体两种。楔状石核分为宽楔和窄楔两种。柱状石核则是将锥状石核的尖部截去而成。细石叶和石叶的数量很多,其特点是长而薄,台面很小,背面有长远的石片疤,其横断面呈三角形或梯形,均应是间接法打制的产品。[1]

修理方法也明显进步,主要采用间接打击方法,修制出各类精美产品。其中端刮器的数量最多,分为长身、短身和两端3式,以短身型的数量为最多。刮削器类数量也较多,可再分为凹刃、直刃、圆刃等几式。琢背小刀也有一定数量,是将石片的一侧修理成钝厚面,为了便于手握或镶嵌为复合工具。尖状器的加工精制,有两面加工尖状器、扁底三棱尖状器、三棱小尖状器、宽尖尖状器、薄长尖状器和微型尖状器等等多种。石镞分圆底和尖底2式,用压制法修理出锐尖和两边。雕刻器的数量也较多,分为修边、双面和鸟喙状3式,修理很精致。另外还可以见到石锯等。

从上述情况可以窥见下川地区细石器工艺的发展与复杂化。单就细石核的生产来看,就有锥状、楔状、柱状与漏斗状等多种预制方式。另外还可以见到石片与石叶生产操作链同细石器的生产并存。修理技术也达到很高水平,可以修制出上述各类精美的石质产品。

---

[1] 王建、王向前、陈哲英:《下川文化——山西下川遗址调查报告》,《考古学报》1978年第3期,259~288页。

薛关的发现则反映了本区较晚阶段细石器的工艺。薛关的石料仍是附近阶地砾石,岩性以燧石为主,石英岩次之,还有少量的角页岩。间接或可能是压制方法用以制作细石器;锤击法则制作大型石器。细石核石核有楔状、船底形、半锥状、似锥状等类型。漏斗状与不规则形石核则剥取一般石片。修理技术精湛,精制品的种类也很丰富,其中端刮器数量最多,占整个石器组合的半数以上。其次为各类尖状器、边刮器、雕刻器等。这里细石器的生产工艺与产品都与下川相近,可能属于同一工艺传统。[1]

与晋南情况明显有别的是冀西北泥河湾盆地的细石器的工艺。自 20 世纪 60 年代以来,泥河湾盆地一直是华北细石器发现与研究的重要地区之一。早期发现的是虎头梁遗址群,近些年来又有籍箕滩与油坊等新发现。虎头梁与籍箕滩的细石器工业的性质十分接近,类似发现在泥河湾盆地的分布范围很广,甚至在虎头梁遗址以西数十千米处还能见到。[2]

在虎头梁与籍箕滩发现的石制品非常丰富,石器原料的主体部分都是色彩斑斓的粉红色石英岩,显然有着共同的石料产地。此外也有少量燧石、流纹岩与角岩等使用。石制品表面很少见到天然石皮,可能是运输之前在石料原产地已经预先经过处理。初步调查证实石料的原产地至少要在十余千米以外。工艺特点也是直接打击与间接打击并用。与晋南细石器的显著区别是,除楔形石核,几乎不见其他类型的细石核。在虎头梁与籍箕滩发现的石核从选料、预制毛坯到剥片各阶段的标本均可见到,可以清楚地复原其工艺过程。

修理技术也甚为精湛。精制品中仍以端刮器为主体,长身和短身两式的数量比较接近。其次是各类尖状器,也有各种不同的类型。引人注目的还是底部修理的类型,明显是为了加柄所用。再次为各类边刮器,有半月、盘状、双边等,数量都很有限。雕刻器也有一定数量,分修边与双面两式。

尽管有虎头梁类型细石器工业在泥河湾盆地内的广泛分布,但在盆地东缘发现的油坊遗址却有另外的石器生产特点。[3] 油坊的石料主要是就地取材,在附近

---

[1] 王向前等:《山西蒲县薛关细石器》,《人类学学报》1983 年第 2 卷第 2 期,162~171 页。
[2] 王幼平:《旧石器时代考古》,文物出版社,2000 年。
[3] 谢飞等:《河北阳原油房细石器发掘报告》,《人类学学报》1989 年第 8 卷第 1 期,59~68 页。

的冲沟和山坡上采集硅质火山角砾岩或燧石。锤击法与间接加工均有使用。一些单台面石核呈锥状或扁锥状,台面多经过修整,石片疤窄长规整。在经第二步加工的石器中有非常典型的石叶坯材存在,因此可以肯定有石叶技术的存在。细石器技术在油坊遗址更为明确,石核的数量虽然不多,但类型丰富,包括楔形、柱形与船底形等不同类型。与虎头梁细石器技术相比,油坊的柱形与船底形石核更具特色,楔形石核技术也有别于虎头梁。石料也有非常明显的区别,显然不属于同一技术系统。

五、小结

综上所述,从生产过程或操作链的角度来看中国旧石器的工艺技术,可以大致看出以上几种不同的类型。其中石片与砾石石器工艺流行的时代最长,分布的范围也最广。虽然两者均属于简单剥片工艺的范畴,但在石器生产操作的环节上有明显区别。砾石工业的工艺最为简单,包括选取合适的砾石直接进行打片,剥出合适的刃口即进入使用阶段。与砾石工业相比,石片工业增加了剥取片状坯材的环节,修理的方式也稍复杂,尤其是随着时代的发展,晚期的石片石器工艺虽然剥片的程序没有变化,但修理技术更为精细,亦创造了很精彩灿烂的文化。

与前旧大陆西方相比,预制剥片工艺在中国主要还只发现石叶与细石叶两类,且时代很晚,分布的范围也很有局限。从石叶技术分布的地理位置与发展态势来看,研究者们更倾向于将其看作是文化交流的产物。以其生产的工艺特点观察,还很难在石片或砾石工业的操作链中找到有关其源头的线索。细石器在中国北方则有较广泛的分布,工艺类型也更复杂多样。要理清楚其来龙去脉,还需要更多更细致的发掘与研究工作。对于不同类型的细石器工艺,从动态类型学或操作链的研究角度入手进行系统研究,则可能是更便捷的途径。

(原刊《人类学学报》2004年第23卷增刊)

简谈华北旧石器年代学研究的进展与影响

就已有的发现来看,中国境内至少在距今 170 万年左右或更早就有早期人类生活并且留下丰富的旧石器文化。由此开始,旧石器文化的发展绵延不绝,一直延续到距今万年前后。对这样长的时间的旧石器时代进行研究,首先需要建立起比较坚实的编年框架。近年来,得益于考古学、第四纪地质学与年代学等多学科学者的密切协作,中国旧石器考古的年代学研究有了长足进展。其中尤为显著的是华北北部与黄土高原区等新收获。

一、华北北部

华北北部地区的旧石器年代学研究,起步最早,一直是中国旧石器年代学研究的标尺。早在中国旧石器考古起步阶段,周口店龙骨山诸地点的发现即给中国旧石器时代分期与相对年代的确立创造了方便条件。20 世纪 80 年代中期出版的《北京猿人遗址综合研究》报道了对该遗址年代学研究的结果。这项研究是中国旧石器时代考古学首次进行大规模多学科合作。其中年代学研究也采用了铀系法、电子自旋共振、热释光以及古地磁等多种方法,为该遗址建立了相对可靠的年代框架。[1] 随着 ^{14}C 测年技术的应用与不断完善,本地区旧石器晚期的年代数据也在逐渐积累增多。

近年来本地区的旧石器年代学研究的进展尤为明显。最主要成果是对泥河湾盆地早期人类遗址的研究测定。泥河湾盆地以其丰富的旧石器文化遗存与保存良好的第四纪地层剖面,而广受史前考古与第四纪地质研究者的高度重视。多学科

---

[1] 吴汝康等:《北京猿人遗址综合研究》,科学出版社,1985 年。

学者在该地区的共同努力使得这里成为东亚地区早期人类及其文化研究的中心，同时也是第四纪古环境、年代学等多学科研究者展露身手的舞台。中国科学院地质与地球物理研究所的朱日祥等先生与考古工作者密切合作，采用古地磁方法对盆地内时代最早的马圈沟遗址多个文化层进行年代测定并取得成果，为泥河湾盆地旧石器时代早期文化的年代框架的确立奠定了坚实的基础（如图一）。

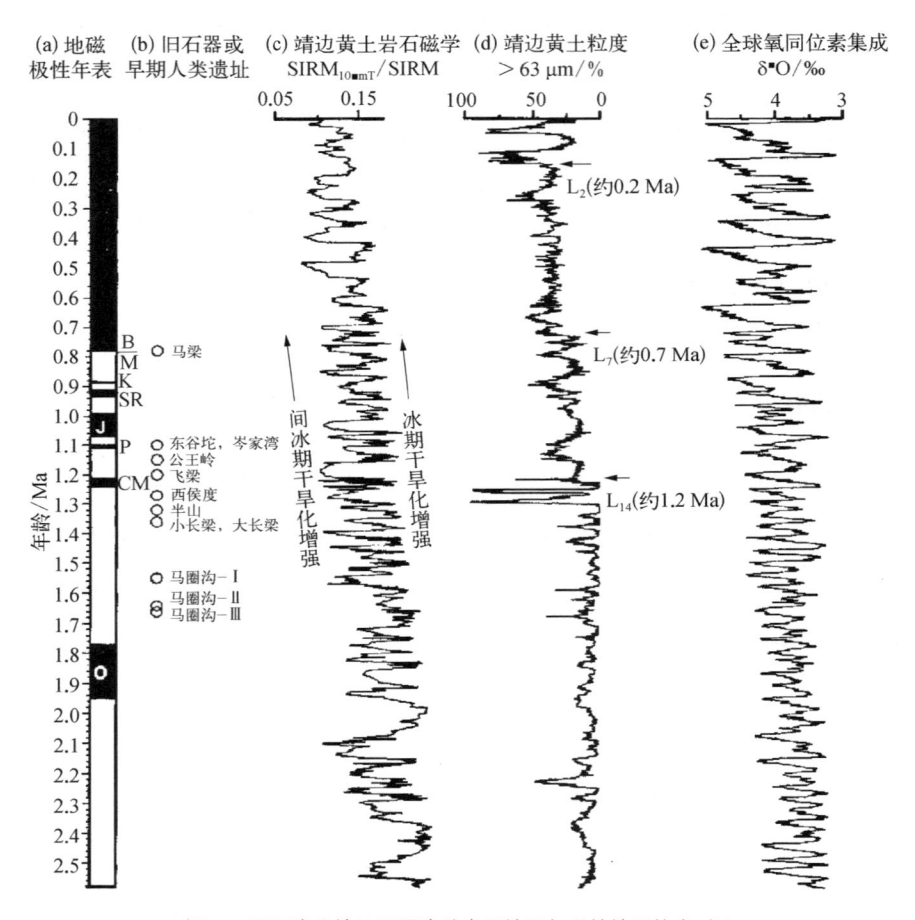

图一　泥河湾盆地旧石器遗址岩石地层与磁性地层综合对比

（据朱日祥等，2007）

自20世纪70年代后期小长梁等早更新世遗址发现以来，这些早期人类活动遗存的时代问题一直是史前学者热切关注的课题。由于该地区没有如东非地区常见的火山灰等适合做早更新世同位素年代测定样品,年代学工作者不得不尝试应用古地磁等方法,并陆续公布了相关的成果。由于古地磁年代学方法本身的局限性,早期研究所获得的数据的分布范围较为宽泛,对于小长梁等遗址的年代认识也因此有较大的分歧。进入21世纪以来,随着对陆相沉积物剩磁复杂性和记录地磁场信息不确定性等基本问题认识的深入,研究者不断尝试综合应用磁极性地层学与岩石磁性地层学,以及岩石地层学和生物地层学相结合的方法,对泥河湾盆地早更新世复杂沉积物进行古地磁定年,使得盆地内一系列著名旧石器时代早期遗址的年代相继得到确定。[1] 这些工作为建立泥河湾盆地早期人类演化与旧石器文化的发展奠定了坚实的年代学基础。

如图一所示,盆地内最早的旧石器遗址是马圈沟遗址的第三文化层,距今1.66 Ma。这一年代数据是目前东亚地区古人类活动的最早记录之一。自此开始,依次有马圈沟-Ⅱ、马圈沟-Ⅰ、小长梁、半山及东谷坨等。另外,位于华北南部地区的西侯度与公王岭等遗址也可以在这一编年框架下重新确定位置。

近年来的工作,还进一步扩展到中更新世。左天文等通过古地磁方法将泥河湾盆地东缘的中更新世遗址后沟的年代确定在距今40万年前后。[2] 刘春茹等则应用ESR测定同处泥河湾盆地东缘的东坡遗址的时代为距今321±15 ka左右。[3] 还有研究者应用古地磁方法探讨位于盆地中部、山西与河北两省交界之处的许家窑遗址的时代,得出该遗址当处在古地磁年代框架距今40万年左右位置。不过,这一新认识与原来的铀系法测定的结果以及哺乳动物群所显示的年代特征都有较大的差距。同时也与长友恒人等学者采用光释光方法所得结果有差距,后者的结果是许家窑的时代要比铀系法的年龄年轻,为距今6.9±0.8 Ka。[4] 所以尽管前一

---

[1] 朱日祥等:《泥河湾盆地磁性地层定年与早期人类演化》,《第四纪研究》2007年第26卷第6期,922~945页。
[2] 左天文等:《泥河湾盆地后沟旧石器时代遗址的磁性地层学定年》,《中国科学》(地球科学)2012年第42卷第1期,94~102页。
[3] 刘春茹等:《泥河湾盆地东坡遗址ESR年代学初步研究》,《第四纪研究》2009年第29卷第1期,166~172页。
[4] 长友恒人等:《泥河湾盆地几处旧石器时代文化遗址光释光测年》,《人类学学报》2009年第28卷第3期,276~281页。

个数据已经发表较长时间,但在旧石器考古研究者中却较少有引用。

关于中更新世遗址年代学的工作,还有北京周口店北京猿人遗址年代的新数据的发表。沈冠军等在英国的《自然》杂志发表了应用铍铝埋藏测年方法测定北京猿人遗址的年代数据。这项工作的特点是在我国首次将石英样品的铍铝埋藏年龄测量方法应用于古人类遗址的年代学研究,其结果是该遗址的第 7~10 层的时代为距今 77.8 万年。这个结果将周口店北京猿人生存的时代向前提早了 20 多万年。不过周口店的最新年代数据也引起广泛关注和讨论。陈铁梅等综合评述了对周口店第一地点的测年结果,着重分析了铍铝埋藏年龄测量方法因假设前提不完全满足而可能引起测年结果偏老的系统误差,仍倾向于相信基于骨化石铀系、裂变径迹、古地磁和牙化石 ESR 测年的老年代框架。[1]

晚更新世,尤其是晚更新世较晚阶段的年代学研究近些年来也有进展。这一阶段的关注点,除了具体遗址的年代测定结果,还关注特定区域的旧石器中、晚期年代序列的确立。这方面比较系统的工作还是前述的长友恒人等在泥河湾盆地尝试用光释光方法对许家窑、油坊与于家沟等遗址的系列工作。如前所述,许家窑遗址文化层约为距今 6.9±0.8 万年,油坊为距今 1.3~1.4 万年(上层)、1.5~1.7 万年,虎头梁遗址上部层位(65039,即于家沟地点)为距今 0.9±0.13 万年。[2] 不过这几个遗址光释光年代数据与原有的年代数据均有所不同,且都是偏年轻,正如作者也指出,可能是由于长石的异常衰变,IRSL 方法测得的年龄一般要偏低。

除了绝对年代的测定以外,近年来,也有学者对本地区旧石器时代晚期考古发现的相对年代位置与编年框架进行过探讨。杜水生讨论华北北部旧石器文化的论著,[3]曾对泥河湾盆地及其他地区旧石器晚期发现有综合分析。他认为,按照地层关系来看,发现桑干河及其支流二级阶地下部砂砾石层堆积的旧石器遗存时代,应该早于埋藏在阶地上部黄土状堆积中的遗存。因此,前者有峙峪、神泉寺与西白

---

[1] 陈铁梅、周力平:《周口店北京猿人遗址的年代综述兼评该遗址的铝铍埋藏年龄》,《人类学学报》2009 年第 28 卷第 3 期。

[2] 长友恒人等:《泥河湾盆地几处旧石器时代文化遗址光释光测年》,《人类学学报》2009 年第 28 卷第 3 期,276~281 页。

[3] 杜水生:《华北北部旧石器文化》,商务印书馆,2007 年。

马营等文化特点是以石片石器为主导;后者则主要是典型的细石器文化,如虎头梁、籍箕滩等。对中国北方旧石器进行研究的国外学者如加藤真二,[1]也有类似的划分。不过加藤先生更关注的则是石器技术或文化内涵的变化,并依此将华北旧石器晚期文化划分为石叶文化与细石器文化前后两期。

无论是关注地层关系的早晚,或是石器技术与文化特征的发展,并以此为根据对区域性的旧石器时代晚期文化发展进行分期,都体现了本地区旧石器考古研究本身的新进展。不过相较于旧石器晚期文化研究系统深入的地区,本地区旧石器晚期年代学研究还有很多工作需要完成。目前最大的问题,仍然是缺乏绝对年代测定数据。随着加速器质谱^{14}C技术的应用,整个旧石器晚期文化甚至一部分中期文化的年代测定,都可以首先用^{14}C方法来解决。近年来,光释光测年技术应用也不断增加,特别是对于一些没有合适^{14}C样品的遗址,或是已经超出^{14}C技术应用的年代范围的早期文化遗存,更是非常重要的年代学研究手段。

不过到目前为止,本地区已经发表的^{14}C年代测定数据依然非常有限。就一些已经发表的数据来看,多数遗址也只有单个或很少几个^{14}C年龄。数据的发表也没有规范统一的格式,往往没有交代是否经过校正。这样的数据对于进一步应用与比较研究都有很大的局限性。还有一些已经发表的光释光的测年数据,也存在着技术方面的问题,往往与已有的^{14}C年代数据存在冲突。这些都是亟待解决的课题。

二、黄土高原区

近年来黄土地层年代的研究进展也为黄土高原及邻近地区旧石器时代遗址的年代判定提供了方便条件。而旧石器考古工作者与关注黄土沉积年代与环境的第四纪地质学者的合作更促进了这项研究的进展。在西起陕南洛南盆地,东至豫西洛阳北郊的洛河流域,近年来有一系列含旧石器文化遗存的黄土剖面,包括洛南上

---

[1] 加藤真二:《中国北部の旧石器文化》,同成社,2000年。

白川、刘湾、卢氏乔家窑与洛阳北窑等,进行过详细的年代学研究。[1] 这些研究经过详细的野外观察取样,采用多种测年技术手段,包括光释光与古地磁等,并与黄土地层进行系统比较,得出可靠的年代数据,为本地区旧石器时代早期以来的年代研究建立起可靠的标尺。[2]

洛河是黄河中游一条重要的支流,流经本区的核心地带。上述几处是从洛河上游向下连续分布的本区旧石器时代早期以来的重要遗址。这些遗址往往都有多个保存有石制品的旧石器文化层。其中有的层位发现的石制品的数量众多,有的只是零星分布。但无论已发现的石制品数量多寡,这些发现都记录着当时人类活动的珍贵信息(如图二)。在洛南盆地的上白川与刘湾遗址,卢氏盆地的乔家窑遗址,早在距今 0.8~0.6 Ma 期间,就有早期人类活动留下的石制品被发现。而在这几处剖面同样也都有多层古人类活动的遗存,一直持续到距今 0.1 Ma 前后甚至更晚。根据对洛南盆地及附近地区已发现的旧石器遗址的年代学系统研究已知,这些发现的时代最晚者为距今 50~30 Ka[3]。

自洛南盆地沿洛河东下,黄土堆积有逐渐减薄的趋势。如图(1.9)所示,最西的上白川虽然也是同处二级阶地之上,但早在 B/M 界限出现之前就有黄土沉积开始形成,但东至洛阳北窑遗址,从其剖面观察,黄土沉积开始形成的时代要远远晚于前者。这种情况也反映在本区东部已经发现的旧石器遗址的年代学研究结果之中。

与陕南与豫西山间盆地的发现不同,自洛阳以东的黄土丘陵与平原区近年来新发现的数量众多的露天旧石器地点,以及早年发现的一些洞穴遗址的时代大多较晚,主要是晚更新世以来古人类文化遗存。由于加速器 ^{14}C 与光释光等测年技术的广泛应用,加之可与本区内广泛分布的黄土堆积的地层研究结果对比,本区晚更

---

[1] 鹿化煜等:《东秦岭南洛河上游黄土地层年代的初步研究及其在旧石器考古中的意义》,《第四纪研究》2007 年第 27 卷第 4 期,559~567 页。

[2] 鹿化煜等:《中国中部南洛河流域地貌、黄土堆积与更新世古人类生存环境》,《第四纪研究》2012 年第 32 卷第 2 期,177 页。

[3] 王社江等:《东秦岭南洛河中游地区发现的旧石器和黄土堆积》,《第四纪研究》2008 年第 28 卷第 6 期,988~999 页。

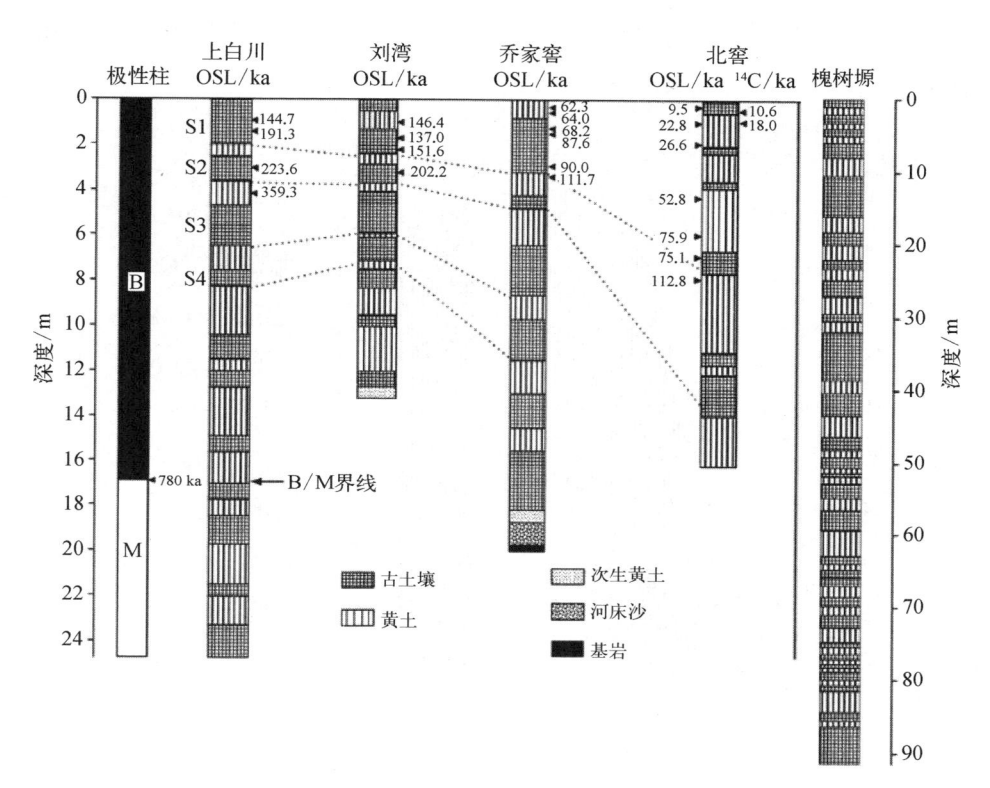

图二 南洛河流域代表性黄土地层

(据鹿化煜等,2012)

新世古人类遗址的年代学研究更为系统与可信。

  光释光测年技术与黄土地层对比的研究成果对本区晚更新世早、中期遗址的年代学研究贡献最大。如前几年新发现的许昌灵井古人类化石及伴生的文化遗存的光释光年代的初步结果为大于距今 80 Ka,而其埋藏层位的岩性特点与层位关系也都与典型黄土堆积的 S1 相吻合。哺乳动物化石也显示出相同的时代特征。光释光测年技术与黄土地层相结合也为长期争论的匼河遗址的时代提供了新证据。[1] 如(图三)所示,匼河 60∶56 地点的时代既不是中更新世的早期,甚至也不

---

[1] 吴文祥等:《匼河旧石器时代遗址群 6056 地点的地层年代》,《海洋地质与第四纪地质》2008 年第 28 卷第 1 期,85~89 页。

是中更新世晚期,而是已经进入晚更新世,石制品出土的层位仅为距今 80 Ka 左右。

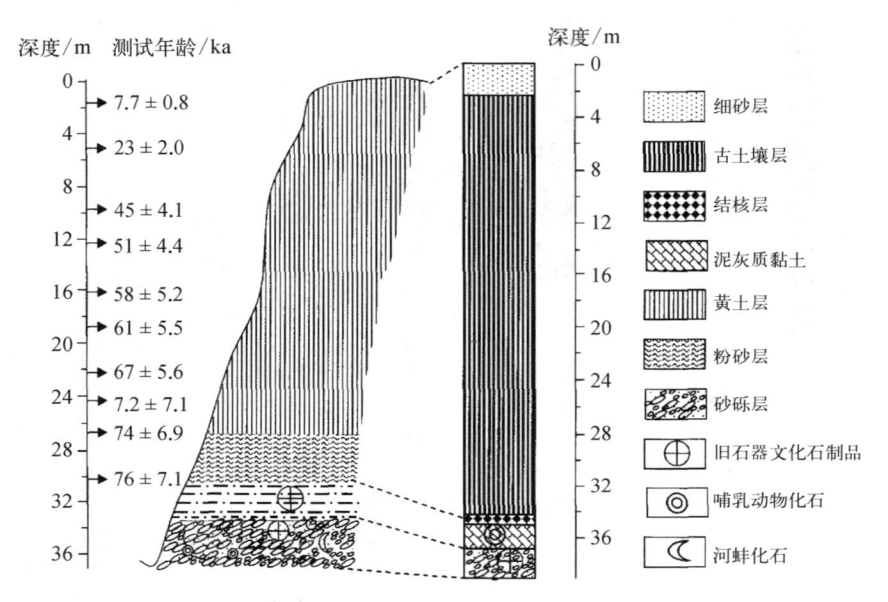

图三 匼河 60∶56 地点剖面及光释光年代

(据吴文祥等,2008)

上述年代学的研究成果与前述的洛河流域的黄土剖面的地层层序也可以对比。如(图四)所示,庄子头地点剖面光释光年代与黄土与古土壤层序,也反映了马兰黄土(L1)到末次间冰期形成的古土壤(S1)的地层序列。[1] 只是庄子头地点出土石制品地层的时代,要晚于前两者。

如果说本地区晚更新世早期遗址的年代测定得益于光释光测年技术的应用以及黄土地层的年代研究的进展,而晚更新世晚期则更有赖于加速器 ^{14}C 新方法。在放射性测年诸技术中,^{14}C 方法在本区旧石器时代遗址年代测定工作中应用最早,很多旧石器时代晚期遗址的年代,都是 ^{14}C 技术的测定结果。

---

[1] 王社江等:《东秦岭南洛河中游地区发现的旧石器和黄土堆积》,《第四纪研究》2008 年第 28 卷第 6 期,988~999 页。

不过，由于早期应用的常规^{14}C方法需要的样品量大，测试的周期也长，多数遗址的年代只有单个或很少几个数据，其可信度往往容易受到质疑。还有很多重要发现由于缺乏或者是碳样品量太少，而无法进行年代测定。近十多年来，由于加速器质普技术应用^{14}C测年，使得所需样品量大为减少，而测试速度大为提高。因而本区很多晚期遗址都已获得可靠的^{14}C年代数据。另一方面，光释光以及黄土地层学的方法也可以进一步配合^{14}C技术的应用，使得本区晚更新世晚期古人类及其文化遗存的年代学基础更为坚实可靠。尤其是在郑州地区近年来新发掘的一批晚更新世遗址，[1]均进行过系统的^{14}C年代测定，并辅以光释光以及黄土地层学等研究结果，使得本区旧石器时代晚期文化发展的序列得以获得更清楚的认识。

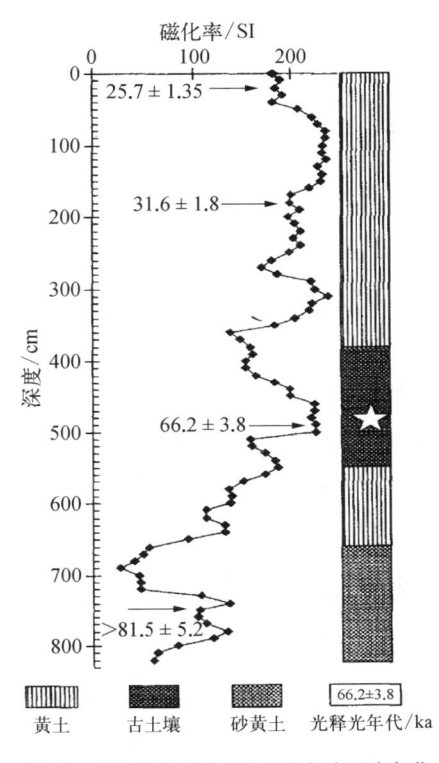

图四　庄子头地点的地层剖面与光释光年代

（据王社江等，2008）

本区地理位置以及黄土沉积广泛分布的特点，尤其是古地磁、光释光、AMS^{14}C等测年方法的综合运用，并与黄土地层年代的系统比较，为本区旧石器文化发展与古人类演化研究确立了坚实可靠的年代框架。新近的古地磁与黄土地层的对比研究结果显示，陕西公王岭蓝田人化石地点及附近所发现的旧石器，还有山西芮城西侯度的时代都处在早更新世晚期，说明早期人类在本区开始活动的时间可能要稍晚于华北高纬地区的泥河湾盆地。洛南盆地的发现与研究则显示，自早、中更新世

---

[1] 王幼平：《华北南部旧石器晚期文化的发展》，《中国考古学会第十四次年会论文集》，文物出版社，2012年。

之交开始,早期人类就持续在盆地内生存活动,一直到距今 50~30 Ka 前后。到豫西洛阳一带向东,则主要是晚更新世以来的大量旧石器遗址或地点的发现。这些发现已经构成本地旧石器文化发展的完整编年序列,是深入认识区域性文化发展与古人类演化历程的基础。

三、结束语

长期以来,关于该地区的旧石器考古发现不断增多,相关的研究也不断进展,但年代问题一直是限制该地区不同时代、不同类型旧石器文化发展与古人类演化等研究课题深入讨论的瓶颈。上述应用在不同时代、不同类型古人类与旧石器文化遗址的多种测年技术及研究结果,极大地改善了华北地区旧石器年代学的现状,突破了束缚瓶颈,为本区古人类与旧石器文化研究提供了新契机。首先,系统的古地磁研究成果为泥河湾盆地及华北南部地区早期人类及其文化出现的时间及发展脉络提供了可靠的依据。古地磁与光释光等技术的综合研究成果则为华北南部地区中更新世以来的古人类旧石器文化发展建立了坚实的年代学框架。光释光与加速器^{14}C 技术的进展与大量测年结果,更为这一地区现代人出现及旧石器时代中晚期文化发展等史前考古关键课题研究提供了重要支持。综上所述,近年来中国旧石器时代考古年代学研究成果与进展非常重要,为建立和完善华北地区古人类演化与旧石器文化与技术的发展框架奠定了非常坚实的基础。

(原刊《砥砺集——丁村遗址发现 60 周年纪念文集》,三晋出版社,2017 年)

华北旧石器晚期环境变化与人类迁徙扩散[*]

一、概述

从距今 60 ka 左右开始的深海氧同位素 3 阶段（MIS3），到距今万年前后，早期人类发展的历史经历了巨大变化。具有解剖学意义上的现代人出现在世界各地。旧石器文化发展也经历巨大变化，以至于被称为旧石器晚期革命。实际上近年来越来越多的考古发现与研究的深入，尤其是年代学技术的进步，正在改变传统认识。所谓的旧石器时代晚期的革命，其实并不是一场突变或非常快速短期的革命，而是经历了漫长的发展与准备。[1] 在此期间，生活在旧大陆各地的早期人类不断繁衍生息，迁徙扩散。同时也发生着一系列的技术创新、认知革命，书写了世界史前史上丰富多彩的篇章。[2] 这一阶段位于旧大陆东部的东亚地区，尤其是地处中纬度的华北地区（本文所用华北一词是指秦岭—淮河一线以北的中国北方地区），更是经历和见证了这场巨变。[3]

与东亚大陆其他地区不同旧石器文化发展阶段相比，华北地区旧石器时代晚期的发现尤为丰富。这些发现与研究成果，特别是近年来的一系列新发现，为探讨中国境内旧石器晚期文化历史、解剖学意义上的现代人的出现与发展等课题，都提

---

[*] 本文承国家社科基金重大项目（项目编号：11&ZD120）、郑州中华之源与嵩山文明研究会重大项目（项目编号：DZ-3）资助。
[1] Mc Brearty S, Brooks AS. The revolution that wasn't: A new interpretation of the origin of modern human behavior. *Journal of Human Evolution*, 2000, 39: 453~563.
[2] Shea JJ. Homo sapiens is as Homo sapiens was: Behavioral Variability versus "Behavioral Modernity" in Paleolithic Archaeology, *Current Anthropology*, 2011, 52: 1~35.
[3] Bae CJ. Late Pleistocene human evolution in Asia: behavioral perspective, *Current Anthropology*, 2017, 58. S514~S526.

供了前所未有的新证据与机遇。[1] 本文拟对华北地区晚更新世 MIS3 阶段以来的环境与旧石器文化,尤其是近年来一些重要新发现及研究成果进行初步梳理,并就相关问题进行简要讨论。

二、MIS3 阶段以来的环境变化

距今约 6 万年以来,就全球范围而言,发生过多次气候波动。多个以千年为尺度的变化,如中国黄土及洞穴高分辨率石笋等记录的气候变化情况。[2] 这些变化给古人类的生存环境带来非常严重的影响。不过就整体来看,此阶段的最显著环境差异仍是表现在以深海氧同位素划分的 MIS3 和 MIS2 两大阶段之间。尽管不同地区,或同一地区应用不同的代用指标所得出的具体研究结论尚有所差别,但在 MIS3 阶段,华北地区的气候仍以暖湿为主,可以看到黄土高原地区,尤其是南部,发育着厚层的古土壤;到 MIS2 阶段,各地普遍进入干冷期,形成厚层的马兰黄土堆积(图一)。

MIS3 较为温暖湿润的环境开始于距今 59 ka,一直持续到距今 29 ka 左右。29 ka 开始进入 MIS2 阶段,气候转冷,黄土堆积开始加剧。深海氧同位素与洞穴石笋等多项指标显示,距今 26.5～19.9 ka 期间,是季风减弱、降水减少,温度降低,进入最后冰期的最盛期阶段。这一阶段的海平面下降约 130～150 米。沿海大陆架地区大面积出露,极大地改变了当时人类的生存条件。最盛期之后至距今万年前后,气候虽有波动,但总体仍是向暖湿方向发展。上述古环境背景与相对年代框架,奠定了认识华北地区 MIS3 阶段以来古人类与旧石器文化发展的基础。[3]

---

[1] 吴新智、徐欣:《从中国和西亚旧石器及道县人牙化石看中国现代人起源》,《人类学学报》2016 年第 35 卷第 1 期,1～13 页。
[2] 张东菊等:《甘肃大地湾遗址距今 6 万年来的考古记录与旱作农业起源》,《科学通报》2010 年第 55 卷第 10 期,887～894 页。
[3] 王幼平:《中国远古人类文化的源流》,科学出版社,2005 年,1～245 页。

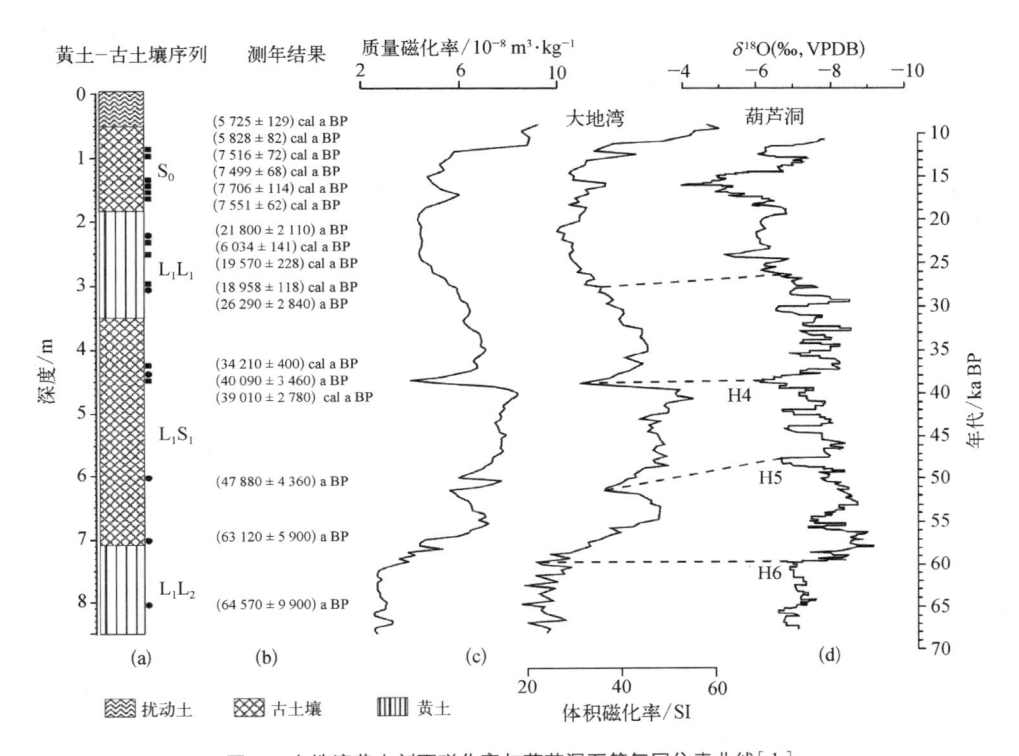

图一 大地湾黄土剖面磁化率与葫芦洞石笋氧同位素曲线[1]
Fig. 1. Dadiwan Loess Profile and Paleoclimate Change Curve[2]

三、华北 MIS3 阶段以来旧石器文化的发现

(一) MIS3 阶段华北东部

华北东部是指太行山以东的地区。该地区东邻海洋,受夏季风影响比同纬度西部地区明显更强。因此湿热条件更好,是更适宜早期人类生活之区。20 世纪 80 年代初发掘的辽宁海城仙人洞,是本区具有代表性遗址之一。近年来出版的该遗

---

[1] 张东菊等:《甘肃大地湾遗址距今 6 万年来的考古记录与旱作农业起源》,《科学通报》2010 年第 55 卷第 10 期,887~894 页。
[2] 同上注。

址发掘报告显示,早期人类开始使用这个洞穴的时间在距今 7 万年前后,更早于 MIS3 开始时间。[1] 晚期阶段为 30~20 kaBP,已进入旧石器晚期晚一阶段。仙人洞的石器组合,也反映出时代特点。除简单石核-石片技术特点外,石器组合中石球的比例接近 20%,盘状器(盘状石核)的比例也有 6%,还有数量较多的手斧、手镐及砍砸器等。这些都与邻近地区旧石器时代中期的石器工业相近,如华北地区以及邻近的朝鲜半岛等地同一阶段的旧石器,都有相同的石器组合发现。[2]

仙人洞遗址更具旧石器晚期文化特征的是骨角器以及装饰品的发现,如渔叉(镖)、骨尖状器、骨针等工具,以及用兽牙穿孔制作的垂饰、圆盘状的装饰品等,均是旧石器时代晚期的典型器物。从出土层位来看,骨角制品及装饰品的时代也当属于旧石器时代晚期。骨角器与装饰品等不见于当地更早阶段的迹象说明,这些与行为复杂化密切相关的特征,更可能是受到外来文化因素的影响。

类似的发现也见于北京周口店山顶洞。该洞穴遗址发现的古人类与旧石器遗存,则一直是华北与中国旧石器时代晚期文化研究的重点。山顶洞遗址发现并发掘于 20 世纪 30 年代,发现了包括 3 具头骨在内的一批晚期智人化石,以及装饰品、赤铁矿等可能与墓葬有关的遗存。石制品发现的数量不多。石器原料主要是石英。工具类型只有加工很简单的刮削器、尖状器与砍砸器等。[3] 骨角器加工得很精致、典型,包括骨针、鹿角棒等。装饰品的数量多,包括穿孔兽牙、骨管、石珠等。

山顶洞遗址发现的石制品仍然是华北地区自旧石器时代早期以来沿用的简单石核-石片技术,或称石器技术模式一。但骨角器与装饰品的制作精良,代表了本阶段该遗址使用者技术水平。装饰品、赤铁矿以及埋葬习俗的存在,均已是行为复杂化的表现。包括头骨在内的人类化石的体质特征,更清楚地反映出其现代人的

---

[1] 黄慰文、傅仁义:《小孤山——辽宁海城史前洞穴遗址综合研究》,科学出版社,2009 年,1~192 页。
[2] Lee H., The Middle to Upper Paleolithic transition and the transition of flake tool manufacturing on the Korean Peninsula. Derevianko AP. The Middle to Upper Paleolithic transition in Eurasia, Novosibirsk: Institute of Archaeology and Ethnography Press, 2005: 486~500.
[3] Pei, W. C., The Upper Cave industry of Choukoudien, 1939, *Pal. Sin. New Ser. D*, 9: 1~41.

特点。无论是其正在形成中的蒙古人种的体质特征，[1]还是带有外来文化因素特点的装饰品与骨角器等发现，以及最新年代测定结果显示其可早到距今 35 ka 左右，[2]都说明本阶段华北地区人类与文化发展的复杂性远远超出了我们原有的认识。还有与山顶洞相距仅数千米，在周口店镇附近的田园洞遗址也曾发现的早期现代人化石。田园洞人化石古 DNA 研究结果更令人吃惊，虽然田园洞人是古东亚人，但却显示出与欧洲、美洲等地个别人类群体有更密切的遗传关系，而不是东亚现代人的直系祖先。[3]

类似的洞穴遗址在华北东部由北向南，沿燕山山区至太行山东麓有更多发现，如河北承德四方洞、[4]山西和顺当城[5]乃至到河南的荥阳织机洞[6]与栾川龙泉洞等洞穴遗址。[7] 这些遗址虽然没有找到人类化石遗存，却均发现更丰富的以石英为原料的简单石核-石片石器工业。不过随着地理位置的向南移动，典型的骨角器则越来越少见，装饰品尚未有发现。这种情况的出现，可能是随着与欧亚大陆草原带的距离逐渐增大，以及受到纬度较低地区环境变化等因素的影响所致。

（二）MIS3 阶段华北西部

在 MIS3 阶段的华北西部乃至西北地区，也有数量众多的发现，包括中国旧石器时代考古最早发现并发掘的宁夏灵武水洞沟遗址群，还有内蒙古东乌珠穆沁旗的金斯太，以及近两年刚发现的新疆吉木乃通天洞。这些遗址，尤其是后两者，均发现典型的莫斯特文化遗存，包括典型的勒瓦娄哇石核、石片，以及各类典型的莫

---

[1] 吴新智：《周口店山顶洞人化石的研究》，《古脊椎动物与古人类》1961 年第 3 期，181~203 页。
[2] Li, F., et. al., Re-dating Zhoukoudian Upper Cave, northern China and its regional significance. *Journal of Human Evolution*, 2018. https://doi.org/10.1016/j.jhevol.2018.02.011.
[3] 付巧妹：《四万年前中国地区现代人基因组揭示亚洲人类复杂遗传历史》，《化石》2017 年第 4 期，77~78 页。
[4] 王峰：《承德市四方洞旧石器文化遗址发掘简报》，《文物春秋》1992 年第 2 期，1~4 页。
[5] 吴志清、孙炳亮：《山西和顺当城旧石器时代洞穴遗址群初步研究》，《人类学学报》1989 年第 8 卷第 1 期，39~48 页。
[6] 王幼平：《织机洞的石器工业与古人类活动》，《考古学研究》（七），科学出版社，2008 年，136~148 页。
[7] 杜水生等：《河南栾川龙泉洞遗址 2011 年发掘报告》，《考古学报》2017 年第 2 期，227~248 页。

斯特尖状器、边刮器等。[1]

经过多次发掘的水洞沟遗址群的发现更为丰富，既有典型的勒瓦娄哇技术产品，及各类带有明显旧石器中期文化特点的石器；[2]也有典型的石叶遗存；还有近十多年来新发现的简单石核-石片工业与细石叶工业遗存。这里发现勒瓦娄哇技术产品，以及典型的莫斯特工业石器类型的时代也偏早。最新的年代测定结果显示其可能早到距今 40 ka 以上。这与通天洞、金斯太的莫斯特文化遗存的年代更为接近。后者的时代可以早到距今 45 ka 左右。上述几处典型的莫斯特文化的发现均分布在中国北部沿边境地区，也是欧亚大陆草原带及其毗邻地区，显示出本阶段东西方人类与文化应有很密切的关系。[3]

属于 MIS3 阶段早期，在地理位置更向东向南的地区，也有较多的重要发现，如早年发现的内蒙古乌审旗萨拉乌苏，近年来发现的鄂尔多斯乌兰木伦及赤峰三龙洞等。尤其是地理位置更靠东北的三龙洞遗址，虽未见典型的勒瓦娄哇技术产品，但盘状石核与典型的基纳型边刮器等发现，也显示出与旧大陆西部同期文化的密切联系。[4] 乌兰木伦等遗址则见更多的三角形石片、锯齿刃器等旧石器中期文化常见的技术特点。[5] 不过随着地理位置的南移，典型的旧石器中期文化的特点则渐少出现，更流行的是简单石核-石片技术的石器工业，如甘肃庄浪徐家城、陕西蓝田地区至河南豫西新发现属于 MIS3 阶段的砾石或石片石器工业，以及郑州二七区老奶奶庙等发现，都不见莫斯特文化因素的影响。[6]

本区还有数量众多的晚于 40 kaBP 的旧石器遗存，如宁夏水洞沟第 2 地点、山

---

[1] Li F, et. al., The easternmost Middle Paleolithic (Mousterian) form Jinsitai Cave, North China. *Journal of Human Evolution*, 2018, 114: 76~84.

[2] 宁夏文物考古研究所：《水洞沟——1980 年发掘报告》，科学出版社，2003 年，1~227 页。

[3] 李锋、高星：《东亚现代人来源的考古学思考：证据与解释》，《人类学学报》2018 年第 37 卷第 2 期，176~191 页。

[4] 陈福友等：《内蒙古赤峰三龙洞发现 5 万年前旧石器遗址》，《中国文物报》2017 年 10 月 20 日第 8 版。

[5] 王志浩等：《内蒙古鄂尔多斯市乌兰木伦旧石器时代中期遗址》，《考古》2012 年第 7 期，579~588 页。

[6] 陈宥成：《嵩山东麓 MIS3 阶段人群石器技术与行为模式探究——以郑州老奶奶庙遗址为中心》，北京大学博士学位论文，2015 年，1~284 页。

西朔州峙峪、山西陵川塔水河等发现。这些发现的特点是以燧石等各类硅质岩为主要原料加工石制品,虽然仍以简单石核-石片技术为主导,但已经可以见到形制规整、近似石叶的石制品。尤其是在地理位置靠北的水洞沟第2地点,其下文化层还有典型的窄台面扁体石叶石核发现。[1] 同一阶段以及稍晚的石器遗存中,单台面定向剥片、形态较为规整的石核也有较多发现。峙峪遗址也有类似的情况,如报告中所称的小长石片、漏斗状石核也均反映出同样的特点。[2] 同样的发现也见于塔水河遗址。[3] 这些与简单石核-石片技术明显有别于较早旧石器遗存,清楚地反映出该地区长期流行的简单石核-石片技术已经开始出现变化。不过对于这种变化的性质与意义,则尚无统一认识。有学者倾向于把峙峪与塔水河的发现放入石叶技术体系来讨论,[4] 但更多研究者还是将类似的发现仍归为简单石核-石片技术的东亚传统。

(三) MIS2 阶段早期

随着MIS2阶段的来临,华北地区的旧石器文化面貌也发生变化。最明显的转变首先出现在冀西北阳原泥河湾盆地,如盆地东缘的油房遗址。该遗址埋藏在大田洼台地上被现代冲沟切开的次生黄土堆积中。最下部的石制品仍是典型的石片石器,时代应为MIS3阶段之初。其上则有典型的石叶技术产品发现。从20世纪80年代末期发表的材料看,油房的石器组合既有典型的石叶技术遗存,也有细石核、细石叶等。[5] 因此,早期研究者将其归入细石器文化类型。近年来随着这类发现的增多,与油房遗址类似的石叶技术问题也逐渐引起研究者的关注。尤其是在河南登封西施遗址发现可以复原完整的石叶生产操作链的大量石制品,确切证

---

[1] 李锋:《"文化传播"与"生态适应"——水洞沟遗址第2地点考古学观察》,中国科学院古脊椎动物与古人类研究所博士学位论文,2012年,1~150页。

[2] 贾兰坡、盖培、尤玉柱:《山西峙峪旧石器时代遗址发掘报告》,《考古学报》1972年第1期,39~58页。

[3] 陈哲英:《陵川塔水河的旧石器》,《文物季刊》1989年第2期,1~12页。

[4] 加藤真二:《中国的石叶技术》,《人类学学报》2006年第25卷第4期,343~351页。

[5] 谢飞、成胜泉:《河北阳原油房细石器发掘报告》,《人类学学报》1989年第8卷第1期,59~68页。

明本阶段石叶技术已扩散到中原腹地。[1] 类似的发现也显示,华北地区的石叶技术与细石叶产品同时存在的现象,是本阶段石器工业的突出特点。

如西施遗址,是一处典型的石器加工场,生产石叶的各类产品包括石叶石核及预制品、鸡冠状石叶、修理台面及再生台面的产品均可见到。[2] 石叶及生产石叶的各类副产品占据了西施石器组合的主体,但与此同时,该遗址也发现少量锥状、半锥状细石核,以及细石叶。两者明显属于同一时代、同一组合,这种情况与泥河湾油房遗址的发现也很一致。

与两者时代相同的山西吉县柿子滩遗址则有所区别。新近发表的柿子滩29地点是一处分布面积巨大,沿用时代漫长的旧石器时代晚期遗址。该遗址的文化层厚达十余米,从上向下可分出8个文化层。[3] 其时代最早的是第8文化层,属典型的石核-石片工业,校正后的^{14}C年代为28 kaBP。距今约26 ka左右的第7文化层开始,柿子滩遗址细石器技术开始出现。在该阶段,有数量众多细石叶、细石叶石核等发现的同时,也发现有很典型的石叶遗存,只是比例较低。尤为引人注目的是该阶段还有数十件鸵鸟蛋皮制作的串珠发现。

虽然柿子滩第7文化层之上的几个文化层,仍是细石器文化因素占据主导地位,但细石器技术却发生显著变化。从第6文化层开始,早期(第7层)锥形、半锥形细石核占主导地位的局面被船型细石核整体取代。从石器技术的发展特点来看,锥形、半锥形的细石叶技术与石叶技术并没有明显的技术区别,两者的不同仅表现在石核体积大小的变化。这种情况意味着,从剥取石叶开始,随着剥片的进展,石叶石核的体积会越来越小,很自然转变为同样形状的锥形或半锥形细石叶石核,继续剥取的产品则成为细石叶。这可能是华北地区MIS2早期阶段石叶与细石叶技术共存现象出现的原因。而船型细石核的出现,显然不需要一定有掌握锥形

---

[1] 王幼平、汪松枝:《MIS3阶段嵩山东麓旧石器发现与问题》,《人类学学报》2014年第33卷第3期,304~314页。
[2] 高霄旭:《西施旧石器遗址石制品研究》,北京大学硕士学位论文,2011年。
[3] 山西大学历史文化学院、山西省考古研究所:《山西吉县柿子滩遗址S29地点发掘简报》,《考古》2017年第2期,35~51页。

（棱柱状）石叶技术的工匠。实际上只要掌握单台面定向连续剥片技术，即可从简单石核-石片技术发展出船型细石叶技术。在本区时代稍早的塔水河等遗址，亦均可找到类似的形制规整，单台面定向剥片的石制品。[1]

柿子滩遗址第 7 至第 6 文化层细石叶技术的变化背后的原因可能正是与此相关。第 7 层与石叶技术共存的锥形、半锥形细石叶技术，有可能是外来人群突然到达本区的表现。这种情况也可用该层有数量众多的鸵鸟蛋皮饰品出现来佐证。具有石叶技术传统与鸵鸟蛋皮饰品为族群标识的人群在距今 26 ka 左右突然到达晋西南地区。随后，可能是仍然生活在本地区使用简单石核-石片技术的土著与新来人群接触交流，受石叶定向剥片技术的影响，发展出单台面定向剥片的船型细石核技术，并以此为主要技术剥取细石叶，继续生活在柿子滩地区。这一推测也可以从第 6 层之后没有鸵鸟蛋皮饰品发现的情况得到旁证。原住民与新来者除了石器技术的差别，族群标识也不一样。

伴随着石叶-细石叶技术在华北地区由北向南的扩散，船型细石核技术有一个与锥形、半锥形石叶-细石叶技术传播方向逆向传播的趋势。[2] 如前所述，船型细石核技术约距今 24 ka 左右在晋西南等地率先出现，在华北北部的出现则明显较晚，如泥河湾盆地的二道梁遗址的船型细石叶技术，时代为距今 21 ka 左右，玉田孟家泉也大概是同样的时代。同样的情况也见于冀东北的一些发现，[3] 说明船型细石核技术的传播方向应该是由南向北。

（四）MIS2 阶段晚期

到距今 18 ka 左右，随着最后冰期的最盛期结束，在华北南部仍然流行着以船型、锥形或宽楔形细石核技术，如柿子滩 29 地点的最后阶段、柿子滩 9 地点等发

---

[1] 卫奇：《塔水河遗址发现原始细石器》，《"元谋人"发现三十周年纪念暨古人类国际学术研讨会文集》，云南科技出版社 1998 年，131~134 页。

[2] 李昱龙：《华北地区石叶技术源流——河南登封西施遗址的发现及相关研究》，北京大学博士学位论文，2018 年，1~209 页。

[3] 谢飞：《河北旧石器时代晚期细石器遗存的分布及在华北马蹄形分布带中的位置》，《文物春秋》2000 年第 2 期，15~25 页。

现。还有河南新密李家沟、舞阳大岗等,一直到鲁西南、苏北等地的发现皆与此类似。[1] 向西北则有水洞沟12地点、甘肃张家川石峡口第1地点等发现。

与此不同的是泥河湾盆地以虎头梁地区为中心的细石器工业的发现。虎头梁遗址群发现于20世纪60年代,随后于70年代进行发掘,先后发掘9个地点,发现数以万计的石制品、动物骨骼及残片,以及鸵鸟蛋皮装饰品等。[2] 随后在与其隔河相望的籍箕滩遗址,也发现同样的细石器遗存。[3] 虎头梁遗址细石器工业的技术特征独特,其细石核的预制程序是首先用两面加工方法,加工出扁薄的两面器毛坯;其后在毛坯的长边纵向打击,打下一雪橇状削片,形成台面;然后在毛坯新形成的台面一端打下一鸡冠状小石叶,形成细石叶加工的工作面。这种细石核技术即是东北亚至北美地区,更新世末期以来广泛流行的典型楔形细石核技术,在日语中也称涌别技术。[4] 在虎头梁地区已发现的细石器组合中,典型楔形细石核技术占据主导地位,其他细石核技术则很少或不见。如盆地内较早阶段的油房与二道梁遗址的锥形、半锥形或船型细石核,就很少在虎头梁遗址发现。到目前为止,虎头梁类型的细石器组合的分布地域,向西到山西境内的阳高,东至河北怀来盆地都有发现。再向东北方向,则是与东北地区大致同一时期的数量众多的细石器组合,[5] 如吉林和龙大洞遗址、[6] 黑龙江的桃山遗址等。[7] 向更北更东,更与俄罗斯远东、日本东北地区,乃至通过白令海峡与北美地区的楔形细石核传统联结起来。[8]

---

[1] 赵潮:《登封东施遗址石制品研究》,北京大学硕士学位论文,2015年,1~178页。
[2] 盖培、卫奇:《虎头梁旧石器时代晚期遗址的发现》,《古脊椎动物与古人类》1977年第15卷第4期,57~70页。
[3] 谢飞、李珺:《籍箕滩旧石器时代晚期细石器遗址》,《文物春秋》1993年第2期,1~22页。
[4] Inizan. M., Roche. H, Tixier.J. et al. Technology of knapped Stone. Meudon:CREP. 1992:1~120.
[5] 李有骞:《黑龙江省旧石器遗存的分布、年代与工艺类型》,《华夏考古》2014年第3期,33~43页。
[6] 万晨晨等:《吉林和龙大洞遗址的调查与研究》,《考古学报》2017年第1期,1~24页。
[7] 岳建平等:《黑龙江省桃山遗址2014年发掘报告》,《人类学学报》2017年第36卷第2期,180~192页。
[8] Hiroyuki Sato, Takashi Tsutsumi. (2007). The Japanese Microblade Industries:Technology, Raw Material Procurement, and Adaptations. Origin and Spread of Microblade Technology in Northern Asia and Nothern America. Burnaby:Archaeology Press, Simon Fraser University, 53~78.

四、讨论

如前所述,放眼华北地区旧石器时代晚期,或更早从 MIS3 阶段开始,旧石器文化的发展明显受到更新世环境变迁的影响。文化是史前人类适应生存环境的重要手段。华北 MIS3 阶段以来的旧石器文化遗存自然是该阶段在东亚北部地区古人类生产生活留下的印记。通过这些旧石器文化发现,以及其分布的时空格局,显然可以追索当时人类活动的踪迹,复原其演化发展的历史。

(一) MIS3 阶段的纬向性移动

从旧石器时代晚期之初或更早至 MIS3 阶段的开始来看,华北及邻近地区旧石器文化及其所反映的古人类群体的迁徙扩散就清晰可见。简单石核-石片技术,早在更新世的早、中期就开始流行于华北北部地区。[1] 进入晚更新世以后,更向北东方向扩散,如从吉林桦甸的仙人洞到黑龙江哈尔滨阎家岗的石片石器组合的发现,[2] 都记录了东亚本地人群北上的历史。到 MIS3 阶段,中国境内的北部沿边地区,开始见到来自不同方向的新移民,如近年来新发现的黑龙江中部山区旧石器遗存,[3] 以及前述的内蒙古金斯太与新疆通天洞等,都发现了典型的勒瓦娄哇-莫斯特文化遗存,显示出与东亚大陆长期流行的简单石核-石片技术完全不同的技术传统。如果加上蒙古境内类似的发现,则清楚说明在 MIS3 阶段有很确切的来自旧大陆西侧旧石器文化及人群的迁徙扩散。不过就其分布态势来看,其主体部分显然是沿着高纬地区欧亚大陆草原带自西向东的发展。这些发现都属于 MIS3 阶段的早期,即在距今 45 ka 左右或更早。[4]

---

[1] Wang, Y. Late Pleistocene human migrations in China. *Current Anthropology*, 2017, 58. S504~S513.
[2] 张森水:《管窥新中国旧石器考古学的重大发展》,《人类学学报》1999 年第 18 卷第 3 期,193~214 页。
[3] 李有骞:《黑龙江省中部山区旧石器遗存的发现与认识》,《草原文物》2016 年第 1 期,62~69 页。
[4] Jaubert J. The Paleolithic Peopling in Mongolia. Kaifu, Y. et.al. Emergence and Diversity of Modern Human Behavior in Paleolithic Asia. College Station: Texas A&M University Press, 2015: 453~469.

时代稍晚到 MIS3 阶段的晚期,如距今 40 ka 的水洞沟第 1 地点的勒瓦娄哇-莫斯特与石叶技术仍然是上述扩散的余波。[1] 水洞沟地区近年来的发现,尤其是第 2 地点等发现的连续堆积,更进一步记录了整个 MIS3 阶段晚期外来因素与本地文化及人群的互动过程。从第 2 地点最下层发现的零星但典型的石叶石核来看,晚于莫斯特文化的石叶仍然影响到水洞沟地区。但第 2 地点上部的堆积,则主要是简单石核-石片技术的石器组合,反映出仍应是东亚本地人群占据生活在本地区。但其石器工业面貌明显受到外来因素的影响,如硅质岩原料的选择习惯,尤其是单台面定向剥片的石核,以及形态规整的、接近于石叶的长石片的存在,都可能是与较早阶段到达该地区的石叶技术人群的接触交流有关。类似的发现,在本阶段华北地区西北部的几处遗址,如山西峙峪、塔水河等也都可以见到,以至于后两者也被有的研究者视为石叶技术遗存。在地理位置更靠东的一些洞穴居民,虽然石器工业未见变化,但装饰品、骨角质工具的使用,则也反映出外来因素的影响。

不过就总体而言,整个 MIS3 阶段,华北地区旧石器文化发展格局仍然延续着自早更新世以来的发展趋势,以简单石核-石片技术,也称奥杜韦技术或石器技术模式一为主。[2] 外来的文化与人群只是沿着高纬度欧亚大陆草原带或邻近区域向东移动,仅在北部边疆及毗邻地区与东亚原住民有所接触,并发生文化互动。[3]

(二) MIS2 的两波南下浪潮

进入 MIS2 阶段,随着最后冰期的最盛期到来,华北地区旧石器晚期文化格局发生急剧变化。原有的石片石器工业迅速消退,代之而起的是石叶、细石叶技术的流行。这一变化首先发生在泥河湾盆地,如前述的油房遗址发现了典型的石叶技术与细石器技术共存的石器组合,其最早可能在距今 28 ka 前后或稍晚开始出现。

---

[1] 彭菲:《中国北方旧石器时代石叶遗存研究——以水洞沟与新疆材料为例》,中国科学院古脊椎动物与古人类研究所博士学位论文,2012 年,1~222 页。

[2] 高星、张晓凌、杨东亚等:《现代中国人起源与人类演化的区域性多样化模式》,《中国科学:地球科学》2010 年第 40 卷第 9 期,1287~1300 页。

[3] 李锋、陈福友等:《晚更新世晚期中国北方石叶技术所反映的技术扩散与人群迁移》,《中国科学:地球科学》2016 年第 46 卷第 7 期,891~905 页。

其后在盆地内又有二道梁类型的细石器文化的出现。在太行山脉以西靠南部地区,有山西吉县柿子滩诸地点、襄汾丁村7701地点、沁水下川,以及陕西宜川龙王辿和河南登封西施等发现。这些发现的共同特点是典型的石叶技术与细石器技术的共存。虽然有的石器组合中石叶技术的比重不大,但典型的锥形与半锥形的细石核技术仍反映出其与石叶技术的一脉相承。[1]

伴随着MIS2尤其是LGM开始而到来的石叶-细石叶技术,其源头明显与俄罗斯阿尔泰至蒙古-贝加尔湖一带的同类旧石器文化遗存有关。[2] 与MIS3阶段西方人群沿高纬度草原地区东迁的情况不同,本阶段的移动方向是自北向南,石叶-细石器技术不仅越过北部边境地区,已发现的最南地区更进入中原腹地。与MIS3阶段晚期的局部交流,少量外来因素与典型石片工业共存的情况不同,石叶-细石器技术已成为本阶段华北地区的主导。

不过关于上述巨变的原因,是延续早期以来的交流融合,抑或是新来文化与人群的替代,则依然是有待深入探讨的课题。就目前已有的发现来看,既可看到外来人群的迁入,也可见到本地居民交流学习,逐渐掌握新技术,适应LGM严酷环境的努力。如柿子滩第7层发现典型的锥状、半锥状细石核技术,伴随着数量众多鸵鸟蛋皮饰品等,明显标志着一批带有不同文化传统的新移民到来。但时代稍晚的第6层的细石器技术发生明显变化,船型细石核技术取代锥形、半锥形细石器技术,成为其后占据该遗址居民的主导石器技术的变化过程,则应该是在当地文化交流发展的证据。由此可见,在整个旧石器时代晚期,华北地区人类迁徙与技术扩散的过程远比以往的认识更为复杂多变。

继船型细石核技术在华北南部出现之后,从已发现的细石器遗存的年代学研究成果来看,船型细石核技术有一个自南向北、自西向东的扩散传播过程。向北如前述距今21 ka的泥河湾盆地二道梁,距今20 ka左右的河北玉田孟家泉遗址。向

---

[1] 李昱龙:《华北地区石叶技术源流——河南登封西施遗址的发现及相关研究》,北京大学博士学位论文,2018年,1~209页。
[2] Derevianko A. P. The Middle to Upper Paleolithic Transition in the Altai. Derevianko, A. P., The Middle to Upper Paleolithic transition in Eurasia. Novosibirsk:Institute of Archaeology and Ethnography Press, 2005:183~217.

西北有距今 20 ka 的甘肃张家川石峡口第 1 地点。向东有苏北、鲁西南细石器发现。更东则有隔海相望的日本列岛西南部的诸多以船型细石核技术为主导的细石器文化发现。[1]

与华北细石器文化相对应的是北方系的细石器技术在华北北部的出现,即虎头梁类型的细石器在泥河湾盆地和邻近地区,乃至东北地区同类发现。结合这些发现分布的时空态势来看,较明显是随着最后冰期最盛期的发展,北方系细石器有一个从北向南的发展过程。而以虎头梁地区为代表的华北北部,则可能是其扩散的南界。在晚更新世末期的华北南部少数细石器组合中,偶尔也可见到两面器技术加工出毛坯的楔形细石核,但其出现的时代,及在石器组合中所占的分量,都说明并不是典型的楔形石核技术人群或技术的整体迁徙扩散所致,而只是少量交流的产物。北方系细石器在华北北部的繁荣,以及在华北南部零星出现,反映了MIS2 阶段北方人群与技术第二波南下的态势,也是旧石器时代晚期华北地区不同人群迁徙扩散过程的一部分。

(三) 影响机制

从华北旧石器晚期文化发展的时空格局观察,晚更新世以来,全球气候变化所导致的环境变化与该地区旧石器文化发展、人类迁徙扩散的耦合性十分清晰。尤其是进入晚更新世后半段,当 MIS3 阶段气候转暖期间,此时的环境仍较稳定,各地古人类也比较稳定地生活在各自熟悉的区域。如长期生活在高纬欧亚草原带西部的莫斯特文化人群,还是延续原有的适应方式,扩散的方向仍是沿欧亚草原带向东的纬向性移动。因此,才有中国北方沿边境地区,以及蒙古境内一系列莫斯特文化遗存的发现。东进的莫斯特文化人群虽有向南的移动,但幅度有限,当与遇到东亚原有的石片石器的人群障碍有关。如宁夏水洞沟遗址两种文化类型的交替出现,显然与此相关。[2]

从 MIS3 阶段晚期华北地区旧石器文化变化的特点亦可见端倪。如前所述,华

---

[1] 加藤真二:《试论华北细石器工业的出现》,《华夏考古》2015 年第 2 期,56~67 页。
[2] 宁夏文物考古研究所:《中国科学院古脊椎动物与古人类研究所水洞沟——2003~2007 年度考古发掘与研究报告》,科学出版社,2013 年,1~377 页。

北 MIS3 阶段晚期的旧石器文化虽受到外来因素的影响，如单台面同向剥片石核的出现，硅质岩原料的增多，特别是有窄面石核剥取的石叶或长石片的出现等，但此时该地区以石片石器技术为主导的态势仍十分明显。这种情况当与来自高纬草原带的狩猎采集人群，尚不具备替代原住民并继续南下的环境条件有关。而原住民也未受到环境变化形成的压力，尚能以原有的生活方式继续生活在原地。只是新来人群所带来的石器技术、骨角器技术，以及装饰品的使用等新文化因素，也会引发兴趣，产生交流互动，逐渐出现并传入华北内地。

随着 MIS2 阶段的到来，受到最后冰期的最盛期寒冷气候的影响，暖期分布在高纬度地区的动植物群落大幅向低纬度方向移动。原来生活在高纬草原带的狩猎-采集人群，要维持生计和种群的繁衍，显然也要随此移动，由北向南，向低纬地区移动。由此带来的文化变化也特别显著。此时的华北由北向南，普遍出现了石叶-细石叶工业取代石片或砾石石器工业的局面。不过就已发现的考古学材料来看，这一取代可能并不是新老人群的完全替代。如前所述，应该既有新来者的迁入，如柿子滩 29 地点第 7 文化层所代表的情况。但更多可能还是新老居民的融合与交流学习，如以船型细石器技术为代表的华北细石器工业的兴起，当是这种情况的反映。

当然，随着气候变化与环境变迁，特定群体与文化的整体进退的情况也有出现。如以典型的楔形细石核技术为标志的北方系的细石器工业在华北地区北部的出现与消失，则显然与此相关。

如上所述，华北地区旧石器晚期文化发展格局应该主要是与更新世环境变迁密切相关。但该地区所处的地理位置也当是另一重要因素。华北地区地处东亚大陆北端与欧亚大陆草原带相接的前沿地带。东亚地区是世界上最大的季风区，受太平洋与印度洋季风的影响，夏季风可长驱直入，到达华北西北部，与来自亚洲内陆的冬季风相遇。两者相遇交汇地带，也恰是东亚简单石核-石片文化传统与旧大陆西侧的旧石器文化的分界线。华北地区的前沿与交汇区的地理位置，再叠加晚更新世晚期的气候变化与环境变迁的严重影响，以及处于不同地区旧石器遗址所面对的不同环境，则共同铸就了华北地区 MIS3 阶段以来旧石器文化发展演变格局的一系列特点。

五、小结

如前所论，位于东亚北端与欧亚大陆高纬草原带相接的华北，是早期人类生存繁衍的重要地区。受到该区独特地理区位与MIS3阶段以来气候波动所带来的巨大环境变迁的双重影响，原住民与新来者迁徙扩散，及其他们所创造的旧石器文化的发展，均表现出前所未见的复杂局面。以简单石核-石片技术为特色的原住民文化在本地长期发展，并不断与新来者文化交流融合，创造了以华北细石器技术为特色的旧石器晚期文化，达到华北地区也是中国旧石器时代文化发展的高峰。与此同时，来自欧亚大陆西侧的新移民与其携带的莫斯特与石叶文化，也与华北地区的原住民不断互动，对当地文化发展产生催化作用。在气候较为稳定的MIS3阶段，新来者的影响仅表现为在高纬地区纬向性的东渐，与华北原住民的接触与交流尚很有限。然而在MIS2阶段最后冰期最盛期的环境压力下，不同人类群体的迁徙与文化的交流则表现出更为复杂多向的态势。从旧石器文化角度观察，在MIS2阶段发生了两波明显的来自高纬地区的南迁浪潮，即石叶与北方系细石器文化的先后南下。面对LGM所导致的环境变迁，华北地区原住民亦在努力调整生存适应手段，集中表现在与新来者的交流学习，发展出适应高流动性需要的船型细石核技术，更好地维系了族群繁衍与社会发展。

MIS3阶段以来华北地区旧石器文化发展的上述历史，清楚地展示了旧石器文化发展与更新世环境变迁之间的密切关系，反映出其背后的古人类群体迁徙扩散的复杂经历。对上述发展的观察，也带给研究者启示，即古人类学、古环境与旧石器时代考古等多学科综合研究视角，对探讨史前人类发展历史，尤其是现代人的出现与发展等课题的研究，都具有十分重要的意义。

谨以此文恭祝吴新智先生九十华诞。

（原刊《人类学学报》2018年第37卷第3期）

人类起源的考古发现与探索

100多年来在非洲、亚洲与欧洲发现的大量古人类化石与旧石器文化材料,已经比较清楚地勾画出人类起源与演化的路线。最早制作和使用工具的人属成员诞生在距今260万年左右的非洲东部。更多的考古证据显示,早期人类在距今200~150万年期间才逐渐走出非洲,扩散到亚洲和欧洲的广大地区,揭开了更加辉煌壮丽的人类演化历史新篇章。

一、最早人类的发现

自从19世纪中期史前考古学科确立以来,史前考古与古人类学者就没有停止寻找人类远古的祖先及其文化遗存的探索。早期的工作主要是在欧洲。19世纪下半叶到20世纪之初,先后确立了以克鲁马努人为代表的晚期智人与尼安德特人在人类演化历史上的地位。19世纪末,一位坚信达尔文进化论学说的荷兰军医在东南亚的印尼爪哇岛上的搜寻,使得爪哇直立人的化石得以面世。不过这位名为杜布瓦的荷兰青年的工作与他刚发现的直立人化石,并没有马上得到承认。一直到三十年后北京猿人的发现,才拯救了爪哇人,使得直立人在人类演化历史上的系统地位得以确认。[1]

由于晚期智人、尼安德特人与直立人相继发现在欧洲与亚洲,特别是当时年代最古老的直立人化石在亚洲的发现,这就使得20世纪前期的学者相信最早的人类应该起源于亚洲。这种局面一直延续到20世纪中叶。20世纪20年代以后,开始有南方古猿化石在非洲的相继被发现,尤其是到20世纪60~70年代以后,随着南

---

[1] 吴汝康:《古人类学》,文物出版社,1989年。

方古猿化石发现数量的增多与研究工作的深入，学术界逐渐把寻找人类最早的祖先的视线转移到非洲，早期人类非洲起源说的观点得以提出，并得到越来越多化石及相关证据的支持。[1]

尽管早期人类起源于非洲的假说的流行已久，但一直到 20 世纪 90 年代的初期，在非洲除了数量众多的南方古猿的化石，还缺少时代更早的人科成员化石的发现。在南方古猿与已经发现的人猿超科化石之间还存在着一个漫长的时间的缺环，也就是在距今 600 万年到 1000 万年之间的空白。有学者将这段空白称为人类起源过程中的"黑洞"。

令人振奋的是最近 10 年来，不断有关于早期人类起源发现与研究方面的新进展。1994 年，美国学者怀特等公布了他们在埃塞俄比亚中阿瓦什地区的阿拉米斯地点发现的一批人科成员化石，年代有距今 440 万年之久。[2] 他们最初将这批化石命名为南方古猿始祖种，后来又改订为地猿始祖种。2000 年以后，他们在同一地区又发现年代更早、体质特征也更原始的化石。这些化石的年代为距今 580~520 万年，与前者可能有亚种之别，因而被命名为地猿始祖种家族祖先亚种。与地猿始祖种差不多同时发现的还有南方古猿湖畔种。湖畔种发现于肯尼亚北部的图卡纳湖附近的卡纳波依与阿利亚湾两地点。化石的年代为距今 410 万年左右。[3]

进入 2000 年以后，在肯尼亚中部的图根山区又有早期人类的新发现。法国学者皮克福德等学者在纽基诺地点找到距今 600 万年的人类化石，包括下颌骨残段、股骨、肱骨及牙齿等。股骨的形态显示这些化石所代表的个体已经适应在陆地两足行走，但同时仍具有攀缘的功能。牙齿与颌骨的特征则呈现出非洲大猿与人类共有的原始特征。这些特点使得发现者认为，这些化石应归入人科系统，命名为原初人图根种。[4]

---

[1] Klein, R.G., 1989, *The Human Career*. Chicage：University of Chicage Press.
[2] White, T.D.et al., 1994. Australopithithecus ramidus, a new species of early hominid from Aramis, Ethiopia. *Nature*, 371：306~312.
[3] Leakey, M.G., et al., 1998, New specimens and confirmation of an early age for Australopithecus anamensis. *Nature*, 363：62~66.
[4] 刘武：《追寻人类祖先的足迹》，《大自然》2004 年第 1 期，5~10 页。

尤为令人惊讶的是在非洲中部乍得的新发现。这里已在原来寻找人类起源的热点地区的东非与南非以外。新发现在乍得北部的现代沙漠地区。化石包括一个保存较好的头骨、二件下颌骨及几枚牙齿。头骨化石表现出猿与人类的混合特征，所以研究者认为其是人、猿分开之后最早的人科成员。这批化石被命名为撒海尔人乍得种。遗憾的是没有头后骨，特别是没有肢骨发现，因而还很难确定这一化石新种能否直立行走。一些学者也置疑将其归入人科系统的合理性，认为它们可能只是早期的大猩猩。[1]

尽管最近十多年来有上述一系列激动人心的新发现，这些发现也部分地填补起人类起源过程的黑洞，然而我们也不能不看到，有关这些新发现的系统分类地位，以及它们对人类起源研究的意义等问题，在古人类学者之间还没有达成完全一致的共识。有关早期人类起源的研究仍然还有很多问题有待于进一步的探讨。

从目前已经发现的资料来看，最早的人科成员还只有在非洲的发现。在距今300多万年至200多万年期间，南方古猿的几个种类已经很广泛地分布在南非到东非的很多地方。近十多年来新报道的南方古猿湖畔种、地猿以及图根原初人等，可以把人类出现的时间追溯到更早的距今600~700万年。这个年代已经接近用分子生物学方法所计算的人类与其最近灵长类近亲分开的时间。不过由于发现的资料所限，还有许多问题尚未理清。

根据目前的资料，最早的人属成员可能还应该是能人。确切的能人化石也只是发现于非洲，并且分布的范围比南方古猿更有局限。与能人同时代的其他人属未定种的情况还需要更多的发现来探讨。

稍晚于能人，直立人也出现于东非。而差不多同时，在亚洲的几个地区有直立人出现。直立人是目前在非洲以外发现的最早的人类化石。目前在西亚与东南亚都已经有时代很早的直立人化石发现。这些地区的发现，对于认识中国境内早期人类的来源与发展等问题，无疑是非常重要的线索。

---

[1] Leakey, M.G., et al., 1998, New specimens and confirmation of an early age for Australopithecus anamensis. Nature, 363: 62~66.

二、人类最早的工具与行为特点

　　古人类学者将制作与使用工具看作是人属的标志。从会制作与使用工具开始,才可以说具有社会学意义的人类才真正诞生。因此从史前考古学诞生之日开始,考古学者就没有停止对人类最初的文化遗物的寻求。长期以来,非洲自然也是寻找的重点地区。早年曾有人根据南非汤恩与南方古猿化石共存的一些动物化石材料,提出"骨、角、牙器"文化说。也有人根据马卡潘斯盖特的发现,认为南方古猿可以用火。不过近年来的埋藏学研究,已经证明古、角、牙器文化并不存在,南方古猿用火的提法也有误。到目前为止,最早期的文化遗物的发现地并不是南非,而是在赤道两侧的东非地区。

　　东非肯尼亚图卡纳湖以东地区发现曾发现"KRS 工业",应该是人类最早期的文化遗存之一。这里也地处东非大裂谷带,良好的地质条件保存了很多早期人类遗址。KBS 工业发现于数个地点,其中一个经过发掘的地点,可能是位于古河滩上的营地遗址。共有 100 多件石制品发现,包括石核、石片、砍砸器及经过修理的石片。同时还有破碎的动物骨骼发现。另一个则可能是一处屠宰地,此处仅发现属于同一个河马的骨骼,以及一些以片状为主体石制品。根据火山灰的年代测定,KBS 工业的时代至少为距今 180 万年,也有学者曾认为是 260 万年。[1]

　　年代没有争议,也是到目前为止最早的旧石器文化发现,是埃塞俄比亚的 Kada Gona 遗址的发现。钾氩法及地层学的证据都显示这里的年代为距今 250～260 万年。这里发现的石制品主要是石核、石片、砍砸器与刮削器等。这些石制品的技术特点与在肯尼亚发现的时代稍晚的奥杜韦工业十分相似。[2]

　　由于非洲大裂谷得天独厚的地质条件,这里很早就引起地质与考古学者

---

[1] Wymer, J.J., 1982, The Palaeolithic Age. New York：ST. Martin's Press.
[2] Semaw S., 2000, The World's oldest stone Artefacts from Gona, Ethiopia：Their Implications for Understanding Stone Technology and Patterns of Human Evolution Between 2.6～1.5 Million Years Agao. *Journal of Archaeological science*, 27：1197~1214.

的关注。早在 20 世纪初,就有学者开始在这里进行地质与史前考古学的考察与研究。20 世纪 30 年代,路易斯·利基一家开始在奥杜威峡谷的发掘,发现并命名了奥杜韦文化。经过连续数十年辛勤地发掘与研究,发现了数量众多的早期人类化石与旧石器文化遗存,使得奥杜威峡谷成为早期人类考古学研究的圣地。

奥杜威峡谷位于坦桑尼亚的北部,东非大裂谷的西缘。这里晚第三纪到第四纪的堆积巨厚,保存了丰富的早期人类及其文化遗存。人类化石包括南方古猿鲍氏种(粗壮种)、能人与直立人。旧石器文化可以分为三种类型,即奥杜韦文化、发展的奥杜韦文化与早期阿舍利文化。奥杜韦文化出现得最早,其后是发展的奥杜韦文化与阿舍利文化。

根据玛丽·利基的研究,典型的奥杜韦文化的石器组合中砍砸器的数量最多,其次是刮削器,包括重型与轻型刮削器两类。另外多边形器、盘状器与石球的数量也较多。而发展的奥杜韦文化中,砍砸器的比例明显降低,一般是 2%~30% 之间。石球的比例增高,可达 30%。轻型刮削器的比例也明显增加,为 10%~50%。另外,偶尔可见到手斧。奥杜韦文化的石器工业是最早、最原始的石器工业,其特点是使用最简单的剥片技术,在打片之前不对石核做任何预制处理,对于剥片的产品的形状没有规划控制。[1] Clark 将其划分为石器技术模式 1。[2] 在奥杜威地区典型的奥杜韦文化流行的时代是距今 180~160 万年左右,其后的发展的奥杜韦文化流行的时代要更晚一些,与早期的阿舍利文化并行了较长一段时间。关于后两者并存的原因,有人认为是不同人群的产物,但也有人认为不能排除有不同活动而出现不同类型的工具组合的原因。

早期的阿舍利文化在奥杜威地区出现在距今 150 万年前后。其石器组合与前两者最显著之处是手斧的大量出现,在有的阿舍利石器组合中手斧的比例可高达 50%。手斧是一种定型的两面工具,其加工技术与程序一致,需要加

---

[1] Leakey, M. D., 1971, Olduvai Gorge: excavations in Beds 1 and 2. 1961~1963. Cambridge: Cambridge University Press.
[2] Clark, G., 1969, World Prehistory: in New Perspective. Cambridge: Cambridge University Press.

工者按照概念型板操作完成。因此,手斧或称阿舍利技术的出现,标志着石器技术的进步。Clark将其划分为石器技术模式2。从模式1到模式2的发展,可能也反映了早期人类自身的演化发展。在奥杜威遗址模式1与能人化石共存,能人是奥杜韦文化的主人应该是比较确切的事实。而对于阿舍利文化,一般则认为应该是直立人的产品。因为虽然在奥杜韦并没有发现完全肯定的与最早的阿舍利文化共存的直立人化石,但恰好在同一时期直立人却已经开始出现在东非的其他地点。

典型的奥杜韦石器工业是人类最早制作与使用的石质工具。这种技术出现在东非的时间已经可以追溯到距今250万年左右,从那时开始以后的近百万年的时间里,直至阿舍利工业出现之前几乎没有变化。关于最初期的石器的形态与功能,在20世纪70、80年代以后,Isaac等一些学者给予了更多的关注。奥杜韦石制品可以简单分为4大类,包括石料、石锤、石核与石片。加工方法是决定继续分类的重要依据,如边缘经过修理的石片,可以继续分成不同类型的刮削器;砾石或石块经过打片,可以修成砍砸器、石球或原手斧等不同类型的工具,或只是为了生产石片的石核。可以分成的种类虽然不多,但形态变异却非常大,这是最初期石器工业的突出特点。[1]

奥杜韦石器工业的特点显然是由当时人类所掌握的技术所决定的。根据认知考古学研究,奥杜韦文化阶段的人类还只具有前运算智力与部分初级具体运算的能力。因此他们所生产的工具,更主要是受石器原料的性质以及坯材的形状的影响。在奥杜韦石器各类型之间,并看不到严格的界限,没有预先设计的类型,而更多是受坯材的形状所控制。同样在东非各地已经发现的奥杜韦文化之间,随时空变化,各地之间的差异也很大。这些差异也明显受到石器原料的影响。如在奥莫盆地的早期石器工业,主要使用小型的石英原料,因此那里主要流行小型的工具。在奥杜韦地区,主要使用的是大型的熔岩作为石器原料,这当是奥杜韦的石器工业多大型工具的原因。

---

[1] Klein, R.G., 1989, The Human Career. Chicage: University of Chicage Press.

奥杜韦石器的功能也是近些年来史前学者研究的重要问题。石器使用的实验研究，特别是石制品使用痕迹的显微镜观察，更提供了石器功能的直接证据。早期的石器研究，集中于经过修理的石片与石核工具，而不太关注一般的石片。近些年来的微痕分析显示，很多未经加工的石片都带有使用痕迹。原来所关注的石核工具则仅仅是用于剥取石片。根据对库比弗拉 56 件石片的显微镜观察，可以确定 9 件标本有清楚的使用痕迹。经过与实验标本对比，还可以进一步确定其中 3 件用于刮或锯木质材料，4 件用于切肉，另两件用于切割草本植物。在奥杜威进行的石器使用的实验研究证明，具有锐刃的石核工具在肢解大型动物的工作中更为耐用，同时也较未经修理的石片更便于把握。实验工作也证明石核类工具更适用于敲骨吸髓、砸击坚果以及投掷狩猎等。[1]

早期人类开始制作与使用工具的意义，并不仅局限于他们获取食物，生存竞争能力得以增强，重要的是由于制作与使用活动的出现与发展，更促进人类自身体质与心智的加速发展。根据实验研究与对奥杜威类型石器剥片情况的观察与统计分析，可以看出当时人类已经比较固定地使用右手进行打片工作，由此可以推断大脑不同部位的功能也可能出现分化，某种形式的语言交流也可能产生。另一方面，工具的使用，可以减少早期人类对于下颌的使用。不能使用工具的南方古猿类依靠粗壮的下颌，强大的咬肌来帮助自己进食。而早期人属成员则用工具取代了其祖先对下颌功能的依赖，这样更有利于脑量的增加，进一步加速其自身的进化。

奥杜威峡谷的发现，除了最早人类的石器工业，还有数量众多的动物骨骼碎片，早期人类的活动遗迹以及不同类型的遗址。玛丽·利基将早期人类的遗址分为营地、屠宰地、垃圾堆、石器加工场等。在早期的研究中，奥杜威峡谷的 FLK 与 DK 等地点曾被划入营地遗址类型。近些年来，随着实验考古学、动物考古学、埋藏学与古环境等多学科的合作研究的展开与深入，对于遗址的形成以及与早期人类行为特点的认识也在不断更新。对于 FLK 地点的埋藏学研究充分反映了这方面

---

[1] Klein, R.G., 1989, The Human Career. Chicage：University of Chicage Press.

的进展。[1]

位于奥杜威古湖滨的 FLK 地点发现数量众多的石制品与动物骨骼碎片,玛丽·利基将其分类为营地遗址。[2] 近些年来的综合研究显示,该地点动物骨骼的风化等情况说明这些骨骼的积累时间至少经历了 5~10 年。动物考古学的分析说明,该地点 60000 件骨骼碎片中,可以鉴定出的大型哺乳类主要是羚羊,仅代表数十个个体。从骨骼的部位与带有的被石器切割的痕迹来看,这里显然有早期人类剔割动物肉类的活动。而从部分动物骨骼碎片上的食肉类动物的咬痕来看,在人类到来之前与走后,这里也有动物的活动。大量的小型动物的骨骼的存在,则与人类或大型食肉类的活动皆无直接关系。在炎热的非洲,奥杜威古湖滨树丛与芦苇为人类与各类动物提供了乘凉与庇护的良好场所。所以有学者提出,这里可能是早期人类与各类动物共同活动之处,而非单纯的营地遗址。石制品可能是人类预先贮存在此,在获得带肉的动物骨骼后就携带至此进行美餐。[3]

对奥杜威等东非早期人类遗址的新研究清楚地显示,早期人类确实与食肉活动有关。但现阶段还不完全清楚这些肉食是来自早期人类自己狩猎成果,还是拣拾大型食肉类的剩余猎物。因此学者们对于早期人类的狩猎能力的估计也有较大的差别。尽管奥杜威的证据证实了早期人类的食肉行为,但由于自身的条件限制以及与高等灵长类行为的比较说明,早期人类可能更主要的还是要依靠采集活动,植物性食物资源应当占据很重要的地位,然而植物类的遗存却很难在如此古老的地层中保存。奥杜威的新研究也还告诉我们,早期人类的活动与行为特点实际上可能与我们原有的认识有很大的距离。在考虑这种差距之时,必须首先认识到古代遗址形成的复杂性。只有充分考虑到各种成因的作用与影响,才能对早期人类的生活与社会作出合理的解释与判断。

---

[1] Klein, R.G., 1989, The Human Career. Chicage:University of Chicage Press.
[2] Leakey, M. D., 1971, Olduvai Gorge:excavations in Beds 1 and 2. 1961~1963. Cambridge:Cambridge University Press.
[3] Klein, R. G., 1989, The Human Career. Chicage:University of Chicage Press.

三、走出非洲

在非洲以外,发现早更新世或更早的古人类及其文化遗存的地区,除了中国外,还有与非洲紧邻的西亚地区,以及东南亚地区。

西亚位于旧大陆的核心地带,尤其是地中海东岸的黎凡特(Levant)地区,恰好是亚非欧三大洲交通的十字路口,对于早期人类与文化的交流与传播十分重要。这里及邻近地区也一直是早期人类考古学工作的重点,长期以来不同国度的考古学者们在此进行不懈的发掘与研究,为认识早期人类及其文化的起源与发展提供了很多重要的材料。

地处地中海走廊的乌比迪亚('Ubeidiya)遗址,是西亚地区最早期的旧石器遗址之一。由于其地处三大洲之交的地理位置,这里被史前考古学者誉为早期人类走出非洲的第一站。乌比迪亚位于以色列境内的约旦河谷,是一处古代湖滨遗址。1960年代就已经发现,并经过长期的发掘与研究。[1] 乌比迪亚的堆积巨厚,文化遗存丰富,是早期人类较长时间活动的产物。根据其哺乳动物群的时代特征,以及古地磁的研究,乌比迪亚的时代应为距今100~140万年。与德玛尼斯的旧石器不同的是,乌比迪亚的石制品反映了两种技术传统。时代最早的层位的文化特点与德玛尼斯一致。石制品种类有石核、砍砸器、石球及石片等。然而在稍晚的文化层的巨厚堆积中,手斧等阿舍利工业传统的特征则十分显著,因而被归入发展的奥杜韦或阿舍利文化。

近些年来,在西亚地区,又有时代更早的早期人类与旧石器文化遗存的发现。新的发现位于地中海东北方向欧亚大陆分界处的德玛尼斯(Dmanisi)遗址。这处位于格鲁吉亚首都第比利斯附近的早期人类与文化遗址,早在1980年代即有早期人类的下颌骨化石与石制品发现。由于其伴生的化石动物群的古老性质以及下伏

---

[1] Bar-Yosef O, Goren-Inbar N., 1993, The Lithic Assemblages of 'Ubeidiya: a Lower Palaeolithic Site in the Jorden Valley. Jerusalem: The Hebrew University of Jerusalem.

的火山熔岩钾氩法年代数据为距今 180 万年,德玛尼斯的发现一直受到关注。[1]最近在这里又有人类头盖骨化石及新的文化遗物被发现。德玛尼斯靠近非洲,其人类化石与文化遗物的时代也与非洲最早的直立人接近。这里发现的石制品的数量不多,属于石核-砍砸器传统。包括石核、石片、砍砸器等。经过修理的石片,则可以划入刮削器类型。

与西亚早期人类及其文化遗存的时代差不多同时的,在东亚、东南亚也有发现。东南亚的良好自然条件也很适合人类的化石与现生近亲的繁衍生存。与人类亲缘关系最近的 4 种现生大猿,其中就有猩猩与长臂猿两种生活仍然在本区。在本区也有很多高等化石灵长类的发现。所以这里也一直是古人类学者关注和寻找与人类起源相关资料的重要地区。早在 19 世纪末,荷兰年轻的军医杜布瓦就来到此地寻找人类的祖先,并且发现了著名的爪哇人化石。整整一个世纪的时间已经过去,尽管目前在旧大陆各地,尤其是非洲已经发现更多的早期人类化石与文化的资料,但东南亚地区与早期人类有关的发现对于早期人类起源与演化发展的研究仍然十分重要。

尽管爪哇人化石中可以肯定有出自早更新世地层者,近些年来的绝对年代测定可达距今 180 万年,但很遗憾,一直没有发现与早期人化石共存的文化遗物。早年曾经报道的发现在印度尼西亚的爪哇岛与马来西亚等地的一些旧石器时代早期的石器工业,经过后来的研究可知都是晚更新世以后的产品。[2] 到目前为止,真正属于旧石器时代早期,特别是早更新世阶段的旧石器文化遗存还非常有限。比较可靠的早更新世的石制品是 Pope 等人在泰国北部的 Mea Tha 地点发现。这里只有少量的砾石石器的发现。石器地点的分布与埋藏条件都与中国南方广泛分布的砾石石器工业相近。[3] 石制品形体粗大,加工简单,多是单面加工,也与华南的

---

[1] Bar-Yosef O., 1994, The Lower Palaeolithic of the Near East. *Journal of world Prehistory*, 8(3): 211~265.
[2] 王幼平:《中国南方与东南亚旧石器工业的比较》,《考古学研究》(三),科学出版社,1997 年。
[3] Pope, G. G., et al., 1986, Earlist raddiometrically dated artifacts from Southeast Asia. *Current Anthropology*, 27: 275~279.

砾石工业很相近。古地磁的年代数据显示石制品当属早更新世之末。尽管材料还很少,但其与中国南方同时代旧石器文化的联系还是清晰可见。东亚与东南亚的这些发现,也是早期人类走出非洲的发展。

四、"莫维斯线"与中国旧石器文化

从现有的资料观察,阿舍利文化在东非出现最早。差不多与直立人同时出现在东非赤道附近的热带干草原区,然后向不同方向扩散。除了西非热带雨林区较晚外,中更新世的非洲各地,都是阿舍利文化盛行的乐土。阿舍利文化在各地的发展,有着大致相同的历程:早期的阿舍利手斧使用硬锤技术,加工粗糙,器形不规整;中、晚期则主要应用软锤技术,手斧等典型器物加工细致,器形规整。不同地区阿舍利文化的发展也有明显的差异。从整体来看,非洲大陆的东部与南部地区阿舍利文化面貌较一致。在越过撒哈拉沙漠的非洲北部地区,则与前者有比较明显的区别,如石器组合中缺乏薄刃斧,较多地采用典型的勒瓦娄哇技术等等,都与非洲大陆典型的阿舍利文化有所区别,而更接近相邻的欧洲同期文化。

青藏高原以西的广大地区,包括一般所说的西亚、南亚与中亚各地。中更新世期间本区也是早期人类活动的重要地区。到目前为止,属于本阶段的人类化石的发现则不如非洲与欧洲大陆,但已经发现的旧石器遗存有很多。旧石器文化主要分布在地中海东岸以及邻近地区,印巴次大陆的南端等。

在印巴次大陆还有一个有趣的发现,就是在次大陆北部,手斧在石器工业中出现的频率逐渐降低。如典型的索安文化,发现于印巴次大陆西北部旁遮普地区的索安河沿岸阶地上。其石器工业以石英岩为原料,各类砍砸器成为石器组合的主体部分。虽然也有手斧的发现,但数量很有限,加工技术也不典型。故有学者将此与阿舍利文化区别开来,在次大陆北端划出一条手斧与非手斧文化区的界限,即有名的"莫维斯线",在此两边,分别为手斧文化区与砍砸器文化区。手斧文化区向西与西亚、非洲及欧洲连成一片,形成旧大陆的手斧文化区;砍砸器文化区则向东与喜马拉雅山、青藏高原以东的东亚地区的砾石与石片石器分布区连接起来,成为与前者不同的文化区。[1]

比较本阶段旧大陆西侧与东南亚地区的旧石器文化可以看到,半个世纪前莫维斯所划定的两个文化圈的界限,在今天依然清晰可见。东南亚与中国同旧大陆西侧早期旧石器文化相比,有着截然不同的文化面貌。这里缺乏旧大陆西侧广泛分布的手斧工业。而砍砸器等大型的砾石石器工业则很流行。然而,由于当年所发现的材料的局限性,莫维斯当年所概括的砍砸器工业却不能全面反映本地区旧石器时代早期文化的完整面貌。在幅员辽阔的中国大陆与东南亚的不同地区,存在着不同类型的早期文化。从距今100多万年起就可以看到早期人类生活在该地区,到距今13万年左右,旧石器时代早期结束,这一百多万年的时间里,旧石器文化也有发展变化。到目前为止,可以看得清楚的是在中国南方东部的河谷平原地区流行的是典型的大型砾石石器工业,而在西部山区则是小型的石片石器。前者均为露天类型的遗址或地点,后者则主要发现于洞穴堆积。尽管东南亚地区的发现有限,但也可以见到同样分布与埋藏条件的两类遗址或地点。石器工业的情况也大致一样。时代变化对石器文化的影响同样反映在两个地区。时代较早的发现均为露天类型,洞穴遗址在各地普遍出现较晚。就石器工业的变化看,大型的砾石石器的时代更早。石片石器,或修理较为细致的砾石石器的时代较晚。[2]

五、"非洲夏娃"与现代中国人的祖先

20世纪80年代中期以来,首先是遗传学者根据现代人群线粒体DNA的研究结果,提出非洲夏娃说的假说,认为当今世界各地的人类都是距今10多万至20万年期间,起源于非洲的一位女性祖先的后代。[3] 近些年来在西亚、非洲以及欧洲的考古学发现与研究,也有很多证据支持这一假说。尤其是2000年前后,有学者

---

[1] 王幼平:《中国南方与东南亚旧石器工业的比较》,《考古学研究》(三),科学出版社,1997年。
[2] 王幼平:《中国远古人类文化的源流》,科学出版社,2005年。
[3] Frayer, D. W., et al., 1993, The Theories of Modern Human Origins: The Paleontological Test. American Anthropologist, 95(1): 14~50.

根据对尼安德特人化石提取的 DNA 样品的分析,也说明尼人不可能是现代人的直系祖先。近些年来在非洲以及西亚地区发现的具有现代人体质特征的人类化石,也倾向于支持上述观点。

然而,在中国及东亚地区发现的古人类与旧石器考古资料却与上述观点有所不同。中国过渡时期的古人类化石延续的时代较长,但主要还是属于晚更新世早期或稍晚,有丁村人、许家窑人、马坝人、长阳人、涞水人与柳江人等。从已经发现的化石材料看,中国境内的早期智人与现代人应该主要是中国大陆更早的古人类在本地区进化的结果。虽然在进化过程中也存在着与外地人群的基因交流,但这种交流的程度可能是比较有限的。由于自然环境的变化,自早更新世末以来,中国大陆与旧大陆西侧的人类及其文化的交流变得越来越困难。这种因素促使中国境内的早期智人与现代人同世界其他地区同时代人类之间存在着明显的地区间的差异。这些差异如铲形门齿,与中国发现的直立人与现代中国人的门齿特征一致,在中国发现的早期智人的门齿也都有这种特征。还有印加骨与矢状脊等特征,在几件保留了此部位的中国的早期智人的化石上均有存在。面部的特征是鼻骨不甚隆起,高颧骨和较宽阔的脸庞。这些都是现代蒙古人种的特点,而更早的直立人化石也有类似的发现。这些特点很清楚地说明中国境内所发现的古人类化石在进化上的连续性。[1]

另一方面,虽然中国境内的古人类更可能是以区域性的进化为主,但也并不是完全处于隔离的状态。在早期智人阶段,与中国以外的地区的基因的交流也可以明显看到。如马坝人的一些特征较接近同时代欧洲典型的尼安德特人,如圆形的眼眶与较锐的眶下缘等。除了上述的中国早期智人进化的一般特征或是说基本趋势外,在不同地区发现的化石标本,也存在着一些比较明显的差异,如与同时代的化石标本相比,许家窑人有特别厚的头骨壁等特点。不过由于目前中国境内已经发现的属于过渡阶段的古人类化石标本的数量还很有限,年代学工作也不够完善,现在还很难说明这些差异是时代的原因,或者还是中国境内确实存在过不同类型

---

[1] 吴汝康等:《中国远古人类》,科学出版社,1989 年。

的人类所导致。

如前所述,中国大陆也包括整个东亚地区所发现的过渡阶段的古人类化石,与欧洲及西亚等地发现的尼安德特人有着明显的区别。到目前为止,东亚地区还没有发现与西亚或非洲时代同样早的早期现代人的标本。在西亚地区,最早的现代人出现在距今10万年以上,并且与尼安德特人并存长达数万年的时间。近年来也有证据显示,非洲的早期现代人出现的时代可能还要更早。如果年代测定结果没有问题的话,柳江人则可以代表东亚地区目前已经发现的最早的现代人,其时代仅为距今5万年左右。大约在同时或更晚,这一地区可能也还存在着体质特征更原始的人类,如印度尼西亚爪哇岛上的昂栋人,还有前些年发现在河北涞水县北边桥的涞水人。按照古人类学者的意见,昂栋人属于早期智人甚至是直立人。[1] 涞水人化石也具有明显的早期智人体质特征。

与旧大陆西方,尤其是尼安德特人的发现相比,东亚地区过渡阶段的人类化石的发现还很有限,时代上也存在着明显的缺环。也有学者认为,这种情况正好说明是现代人从非洲迁来替代了本地区原有的居民。不过从上述中国境内古人类体质特征所表现出的进化方面连续性的特点来看,还很难找到外来人口突然到来的迹象。[2] 少量与尼安德特人等西方同时代古人类相似的特征,更可能是基因交流的结果,而并不太可能是完全的替代。然而就目前已经发现的化石材料来说,无论是要肯定"替代说"或是"区域连续进化"的理论,都还没有足够充分的证据。这些给我们认识中国及东亚地区现代人类的起源问题带来困难。[3] 遗传学等相关学科研究的进展与认识自然值得我们重视,但是继续努力开展田野考古发掘与调查工作,发现更多的古人类化石与旧石器文化遗存等直接的证据还应该是解决问题的关键。

综上所述,经过100多年来的辛勤探索,考古学的发现与研究成果已经可以告诉我们,我们最早的祖先是来自非洲。大约在距今600~700万年期间,人类与其最

---

[1] 吴汝康:《古人类学》,文物出版社,1989年。
[2] 吴汝康等:《中国远古人类》,科学出版社,1989年。
[3] 王幼平:《旧石器时代考古》,文物出版社,2000年。

亲近的灵长类亲属——黑猩猩的祖先分道扬镳，开始站立起来，直立行走。在接下来的几百万年漫长岁月中，我们的祖先一直生活在非洲热带草原地区。大约到距今 200 万年左右或稍晚，早期人类才开始他们走出非洲的遥远征程。至少到距今 160 万年左右，我们的祖先已经开始生活在东亚大陆，在中国北方的泥河湾盆地，留下了他们生活的清晰印记。自此以来，在中国大地上远古人类及其文化的发展，生生不息，从未间断，书写了世界史前史上的辉煌壮丽篇章。

（原刊《鹤鸣濠江——中国考古名家讲谈录 2010—2011》，澳门民政总署文化康体部，2011 年）

旧石器时代考古回顾与展望

中国从 1920 年第一件出自地层的旧石器发现开始,中国旧石器时代考古已经走过 80 年的发展道路。如果按照 1903 年所报道的从中药铺买来的似"人"牙齿等零星的发现计算,则已近百年。无论按照哪种算法,中国旧石器时代考古的发展都与 20 世纪的历史进程密切相关。在这个世纪里,经历了诞生、发展到逐渐走向成熟等不同发展阶段。许多学者曾经从不同角度对中国旧石器时代考古的发展史进行过讨论。[1] 回顾 20 世纪中国旧石器时代考古在不同时期的发展过程与工作特点,大致可以看出三个比较明显的发展阶段:从 20 年代或更早开始,到 40 年代末,是本学科的开端或者称初创阶段;50 年代到 80 年代末,是 20 世纪中国旧石器时代考古蓬勃发展的重要时期,期间还可以划分出前、中、后几个小的阶段来;90 年代以来,则是本学科逐步走向成熟,继续发展的新阶段。以下拟按时间顺序,分别回顾 20 世纪中国旧石器时代考古的阶段性成就与发展特点,并展望本学科所面临的重要课题与亟待努力的诸方面。

一、初创阶段(20 世纪 20~40 年代末)

(一)最早的发现

1903 年,德国古生物学家 Schlosser,M.记述从中药铺买来的似"人"的牙齿,这是关于中国早期人类的最初的报道。[2] 明确出自地层的最早的旧石器则是 1920 年 6 月发现的。法国天主教神父、古生物学家桑志华(E.Licent)在甘肃庆阳县城北

---

[1] 张森水:《中国旧石器文化》,天津科学技术出版社,1987 年。贾兰坡、黄慰文:《周口店发掘记》,天津科学技术出版社,1984 年。

[2] 林圣龙:《中国古人类学的历史回顾》,《中国远古人类》,科学出版社,1989 年。

55千米辛家沟(今属华池县)的黄土层中部和城北35千米处赵家岔(今亦属华池县)的黄土底部砾石层分别采到3件石制品,前者是一件石英岩多面体石核,后者为两件石英岩石片。[1]

1922年7~10月,桑志华在河套地区进行地质调查,在内蒙古乌审旗大沟湾附近发现大量的哺乳动物化石。1923年桑志华与另一位法国学者德日进(Teilhard de charlin,P.)两人在河套地区进行更广泛的调查,并在宁夏灵武的水洞沟和前述的大沟湾附近进行发掘。水洞沟附近发现有五处旧石器地点,采集了大量的旧石器、少量哺乳动物化石,并有用火遗迹发现。大沟湾附近也有动物化石与石制品的发现。另外还在运回室内整理时发现了一枚幼童的左上外侧门齿,即后来所称的"河套人"。

上述发现由桑志华、德日进、布日耶(Breuil,H.)及步勒(Boule,M.)等人进行研究,研究成果发表于1928年出版的法文版《中国旧石器文化》(Le Paleolithique de la China)。布日耶等人认为水洞沟发现的旧石器与欧洲旧石器相比,既有与莫斯特文化相似之处,亦有与旧石器时代晚期最初阶段的奥瑞纳文化接近的地方,当处在由前者向后者发展的半路上。到40年代前后,裴文中先生将这些发现放在一起称为"河套文化"。[2]

1929~1931年期间,德日进与中国古生物学家杨钟健到山西、陕西、内蒙古、甘肃与新疆等地进行新生代地层考察,也曾采集到石制品,其中包括发现于黄土与黄土底部砾石层的几十件旧石器。[3]

(二)周口店遗址的发现与研究

与上述工作同时,北京猿人遗址也被发现并开始早一阶段的工作。早在1918

---

[1] Teilhard de Chardin, P. and E. Licent: On the discoveiy of a Palaeolithic industry in northern China, *Bull. Geol. Soc. China*, 3: 45~50, 1924.

[2] 张森水:《中国旧石器文化》,天津科学技术出版社,1987年。

[3] a. Teilhard de Chardin, P. and C. C. Young, Preliminary Observation on the Pre-Loessic and Post-Pontion Formation in western Shansi and northern Shensi, *Mem. Geol. Sur. China*, Ser. A, 8, 173~202. 1930. b. Teilhard de Chardin, P. and W. C. Pei, On some Neolithic (and possibly Palaeolithic) finds in Mongolia, Sinkiang and West China, *Bull. Geol. Soc. China*, 12: 83~104. 1932.

年,周口店附近鸡骨山发现的古生物化石即引起当时在北洋政府任矿政顾问的瑞典学者安特生(Andersson,J.)的注意,最初的短暂考察虽然并无重要发现,但却揭开了周口店工作的序幕。[1] 1921 年,安特生再与美国古生物学家格兰阶(Granger,W.)、奥地利古生物学家斯丹斯基(Zdansky,O.)赴周口店地区考察时发现了龙骨山北京猿人遗址的洞穴堆积。他们不仅发现了动物化石,而且安特生还注意到堆积中的石英石片,认为可能与古人类的活动有关。随后,斯丹斯基于 1921 年和 1923 年进行两次短期发掘,发现了两枚早期人类的牙齿。[2]

从 1927 年开始,由中国地质调查所主持,开始正式发掘周口店北京猿人遗址。当年的工作由中国地质学者李捷与瑞典古生物学者步林(Bohlin,B.)主持。发掘的面积东西长 17 米,南北宽 14 米。发现了大量的哺乳动物化石与一枚保存完好的人类左下第一臼齿化石。步达生(Black,D.)将人类牙齿命名为中国猿人北京种(*Sinanthropus pekinensis*)。1928 年的发掘工作由步达生、杨钟健与裴文中负责,开掘了一个 20 米长、12 米宽的探方。收获非常丰富,除了大量的哺乳动物化石外,还有很多直立人化石。直立人化石除多枚牙齿外,还有顶骨、额骨、下颌骨、肱骨与月骨等。[3] 不过在这两年的发掘中,仅集中精力于人类化石,堆积中丰富的石制品与用火的遗物、遗迹并未受到关注。

1929 年,农矿部准予在中国地质调查所设立新生代研究室,并聘德日进为顾问。该所主持周口店的发掘与研究。1929 年是北京猿人遗址发掘史上最重要的一年。这一年的工作由裴文中先生主持,发现了北京猿人的第一个头盖骨。与此同时,裴文中先生还注意到堆积中烧过和炭化的动物骨骼碎片,并发现一件具有打击痕迹的石英片。遗憾的是这个发掘项目的负责人步达生还没有马上认识到这些文化遗物发现的意义。[4] 在 1930 年的继续发掘中,更多的有颜色的骨片与鹿角片被发现,同时又有人工打击痕迹清楚的数件石制品发现。同年冬季,由德日进带回

---

[1] Andersson, J. G., Children of the Yellow Earth, 94~97, London, 1934.
[2] Zdansky, O., Preliminary notice on two teeth of a hominid from a cave in Chihli (China), *Bull. Geol. Soc. China*, 5: 281~284. 1927.
[3] 贾兰坡、黄慰文:《周口店发掘记》,天津科学技术出版社,1984 年。
[4] 张森水:《中国旧石器文化》,天津科学技术出版社,1987 年。

欧洲对骨片与鹿角标本进行比较与化学分析,这些发现的重要性方才开始得到肯定。

1931年的发掘在周口店第一地点鸽子堂区发现更多的石制品、烧骨、烧石及灰烬等。仅在石英Ⅱ层,就有数千件石英及其他岩性的石制品发现于54平方米的发掘区内。其中灰土的化学分析结果与在欧洲的同类标本完全一致,使得直立人用火的能力得以确认。布日耶先生访问周口店遗址,肯定了裴文中先生的发现成果。[1] 1933年同时发掘周口店的第一地点(即北京猿人遗址)、第十三地点与山顶洞。山顶洞遗址发现于1930年。由于其堆积有别于前者,而未被马上发掘。经裴文中先生的努力,遂成为本年度的发掘重点。1933年到1934年头一季度的发掘,发现了丰富的人类化石与文化遗物。其中有三个完整的晚期智人头骨、部分头后骨及共存的文化遗物,可能是一处旧石器时代晚期的墓葬。为研究人类进化与蒙古人种的起源与演化问题,认识中国旧石器时代晚期文化的发展提供了非常重要的材料。[2]

1934年的工作重点重新转到第一地点,同时也开始对十五地点的发掘。第二年由贾兰坡先生主持,继续这两个地点的工作。在第一地点有非常丰富的石制品与用火遗迹的发现。十五地点也发现了大量的脊椎动物化石与旧石器。1936年是周口店遗址发掘又一个大丰收的年头。在属于下文化层的第二十五水平层,仅半个月时间里,就连续发现了三个直立人的头盖骨。[3] 与此同时,也有丰富的哺乳动物化石、石制品发现。1937年的发掘仍有丰富的人类化石、石制品与用火遗物、遗迹的发现。不幸的是由于卢沟桥事变的战火燃起,连续进行了10年的周口店发掘工作不得不停止。由此开始,中国旧石器时代考古的发掘工作中断了长达10余年。

北京猿人遗址经过1927~1937年的10年工作,共发掘了20000立方米的堆积,获得5具完整的直立人头盖骨,140余枚牙齿及一些肢骨等,共约代表40个左

---

[1] 贾兰坡、黄慰文:《周口店发掘记》,天津科学技术出版社,1984年。
[2] Pei, W. C., The Upper Cave Industry of Choukoudian, *Pal. Sin. New Ser. D*, 9: 1~41. 1939.
[3] 贾兰坡、黄慰文:《周口店发掘记》,天津科学技术出版社,1984年。

右个体。还有数万件石制品与上百种哺乳动物化石发现。这些资料为研究北京猿人的体质与文化特征提供了直接的证据。在这一阶段的工作中,魏敦瑞(F. Weidenreich)对北京猿人体质特征所做的详细研究十分重要。他所发表的五本专著,为北京猿人化石材料全部遗失以后的古人类学研究留下了宝贵的科学依据。[1]

中外学者对北京猿人的石制品、用火遗存以及动物化石等也进行研究并取得丰硕成果。1932年裴文中与德日进合作,对已经发现的北京猿人的石制品进行了比较系统的研究。他们指出,北京猿人的石器系粗大的砾石石器与细小石器并存,而不见手斧;对原料的依赖性大,但已经懂得选用不同的方法与原料来加工不同用途的石器;依地层划分出A、B、C三个文化带,可以看出石器工业经历了从粗大向细小、精致的发展过程。[2] 1933年还出版了周口店工作的第一本综合性研究报告,即《中国猿人史要》(Fossil Man in China),简要地介绍了周口店遗址的发现与研究历史、地层与古生物、人类化石与旧石器文化等方面的主要研究成果。[3] 随着研究成果的不断发表,周口店北京猿人遗址在世界史前史上的重要地位逐步得以确立。

周口店遗址工作,也奠定了中国旧石器时代考古发掘方法的基础。从1932年开始,裴文中先生总结以前的发掘工作,认识到"漫掘法"的局限性,开始尝试采用探沟与探方相结合的水平发掘法。发掘山顶洞遗址时,针对堆积的特点,采用1米×1米的探方,以50厘米为一水平层,进行更为仔细的发掘。到1934年发掘第一地点与第十五地点时,开始采用系统、规范的发掘方法,即一般所称的打格分方法。以2米×2米为一探方,每1米厚为一个水平层。每一件标本上均标上发掘年份、工作日累计数、方格号与水平层号。这种方法可以系统、准确地记录考古发现的遗物,因而在中国旧石器时代考古发掘中一直使用到最近。[4]

---

[1] 李传夔:《中国古人类学研究的回顾与展望》,《人类学学报》1990年第9卷第4期。
[2] Teilhard de Chardin, P. and W. C. Pei, The lithic industry of the Sinanthropus in Choukoutien, *Bull. Geol. Soc. China*, 11: 315~364.
[3] 张森水:《中国旧石器文化》,天津科学技术出版社,1987年。
[4] 贾兰坡、黄慰文:《周口店发掘记》,天津科学技术出版社,1984年。

（三）小结

在 1920 年到 1949 年的 30 年间，中国旧石器时代考古的发掘工作仅仅局限于华北、西北地区几个地点，参与工作的人员也很有限。然而这一阶段发现与研究成果的意义却非常重大，奠定了中国旧石器时代考古发展基础，成为本学科发展的良好开端。西北地区旧石器的发现，打破了中国没有旧石器时代的认识，周口店的发现则证明早在直立人阶段，早期人类即已生活在中国大陆。周口店的发掘与研究工作培养了中国第一代旧石器时代考古学家，裴文中、贾兰坡先生等中国旧石器时代考古学奠基人的名字，不但已载入中国考古学发展史册，也享誉国际史前学界。在周口店发掘中确立的"水平方格法"，到 80 年代的旧石器考古发掘还在沿用。多条腿走路的多学科合作研究的传统，也一直影响到今天。

作为中国史前考古学的重要组成部分，20~30 年代期间，西北、华北地区，特别是周口店地区远古人类及其文化遗存的发现，也是中国史前考古学得以确立的重要支柱。

在世界史前考古学发展史上，中国旧石器时代考古的起步虽然较晚，但其起点却较高。周口店的发掘与北京猿人的发现，使得刚刚起步的中国旧石器时代考古就受到世人瞩目。中国远古人类与旧石器的发现具有非常重要的学术意义。在北京猿人之前，已有爪哇猿人的发现。然而，关于爪哇猿人（*Pithecanthropus erectus*）在人类演化历史上的系统地位问题一直争论不休。周口店遗址的发掘，发现北京猿人化石，特别是大量的石制品与清楚的人类用火遗物、遗迹的发现，大量共生的古生物化石的发现及明确的地质年代，使得直立人是人是猿的争论结束，其在人类演化史上的地位得以承认。

二、发展阶段前期（20 世纪 50~60 年代初期）

（一）周口店的继续发掘与研究

周口店的继续发掘与研究是本阶段主要的工作。北平解放伊始，停顿了长达

12年之久的周口店发掘工作即得以恢复。当时的华北人民政府十分重视周口店遗址这处宝贵的历史文化遗产,组织专业人员,着手整理标本,随后又制定发掘计划,拨出专款,重新开始发掘工作。并且修建了遗址陈列馆与有关的建筑设施。为改善交通状况,专门修筑了从广安门至周口店的京周公路。

从1949年秋季开始的发掘工作,由贾兰坡与刘宪亭先生主持。这一年的发掘,首先清理了1937年回填的土石,然后又发掘了125立方米的原生堆积。除了在坍塌的堆积物中发现的3颗北京猿人牙齿外,还有马、犀、猪及鹿类的牙齿,食肉类动物的粪便化石、碎骨片及截断的鹿角等发现。有些碎骨片与鹿角带有明显的人工打击痕迹。在1951年的发掘中,又有两颗直立人牙齿发现,同时还有动物化石与少量的石制品。与此同时,在清理碎骨标本时,还找到直立人的肱骨、胫骨各一小段。[1]

1958年,再度发掘工作仍由贾兰坡先生主持。分别发掘了"东小洞",洞穴堆积中部的第13层与鸽子堂西部。这一年的发掘,对地层有了进一步的认识。洞穴堆积底部发现的扁角鹿化石及石制品,说明该层的时代应与十三地点相当,是周口店地区已知的最早的人类活动记录。[2] 1959年在第10层发现了一件比较完整的女性直立人下颌骨,同时在该层还发现扁角鹿与肿骨鹿共存的现象。[3]

在整个50年代到60年代初,除了上述几次发掘工作外,周口店工作更多集中于资料整理与研究方面。在1954年和1959年举行的北京猿人第一个头盖骨发现25周年和30周年纪念会的报告和有关的学术书刊上,有很多研究成果陆续发表。

关于北京猿人遗址堆积的划分,裴文中先生根据石器材料提出,至少可以分为前后两期,并认为分期的界限应在第5层与第6层之间。根据1958年的发掘与地层的观察,贾兰坡先生则提出划分为三个部分的意见,即下部(A组),包括第11~13层,含石制品很少,没有明确的北京猿人化石发现,亦不见肿骨鹿化石;中部(B

---

[1] 贾兰坡、黄慰文:《周口店发掘记》,天津科学技术出版社,1984年。
[2] 贾兰坡:《中国猿人化石产地1958年发掘报告》,《古脊椎动物与古人类》1959年第1卷第1期。
[3] 赵资奎、李炎贤:《中国猿人化石产地1959年发掘报告》,《古脊椎动物与古人类》1960年第2卷第1期。

部),包括 4~10 层,哺乳动物的种类基本一致,石制品亦无明显变化;上部(C 组),包括 1~3 层,最后鬣狗等较新的哺乳动物出现,也有加工较进步的石器如似"石锥"的燧石尖状器发现。[1] 黄万波、卡尔克等先生也曾就堆积层位的划分及时代等问题发表意见。

在《对中国猿人石器的新看法》文中,贾兰坡先生提出,北京猿人曾用砸击法、锤击法与碰砧法三种方法进行剥片。修理石器的方法不仅有锤击法,也有碰砧法。除了一定的打片与修理方法外,石器还有一定的类型。工具应已有一定的分工,即刮削器不能用于砍伐,尖状器也不会用于锤砸。[2]

在 50 年代的中后期到 60 年代初,对于北京猿人的文化发展水平的认识尚有较大的分歧。分歧集中表现在北京猿人石器的进步性与原始性的争论。从 1957 年始,到 1962 年止,围绕此论题,前后有 20 余篇文章发表。尽管由于当时的发现与研究水平所限,讨论并没有取得一致意见,但对于推动中国旧石器时代考古工作发展仍具非常重要的意义。

关于北京猿人体质特征的研究也有新进展。北京猿人的股骨、胫骨、肱骨、锁骨和月骨化石表明,其上、下肢骨的性质已经十分接近现代人,但其头骨则带有很多明显的原始特征。对此现象,步勒等曾提出,周口店北京猿人地点有原始的和进步的两种人类同时存在。但周口店多年的发掘结果,并无法证实步勒的观点。根据劳动创造人类的理论,吴汝康先生等对北京猿人的体质形态显示人体各部分发展的不平衡性,提出了新的解释。他们认为,在人类演化的过程中,两足直立行走的姿势应首先确立,手从原来的支持作用中解放出来,因而可以制作和使用工具进行劳动。而人脑则是在直立行走的姿势确立之后,经过长期的劳动实践逐渐发展的。这种情况证明了劳动创造人类的理论。[3]

---

[1] 贾兰坡:《中国猿人化石产地 1958 年发掘报告》,《古脊椎动物与古人类》1959 年第 1 卷第 1 期。
[2] 贾兰坡:《对中国猿人石器的新看法》,《考古通讯》1956 年第 6 期。
[3] 吴汝康、贾兰坡:《周口店新发现的中国猿人化石》,《古生物学报》1954 年第 2 卷第 3 期;吴汝康:《中国猿人体质发展的不平衡性及其对"劳动创造人类"理论的意义》,《古脊椎动物与古人类》1960 年第 2 卷第 1 期。

(二) 大规模建设中的发现

在周口店发掘与研究进行的同时,50年代的大规模经济建设也带来一系列旧石器文化与古人类化石的发现。其中重要的有丁村文化、马坝人、柳江人、资阳人等。

1953年,在山西省襄汾县的丁村附近取土工程中发现了哺乳动物化石与石制品。1954年9~11月,进行调查发掘。在丁村附近的汾河沿岸南北长约15千米范围内,发现了10个含化石与石制品的地点。其中的54:100地点还发现有3枚人类牙齿化石。根据地层堆积情况与共生的哺乳动物化石,丁村人及其石器工业的时代被确定为晚更新世之初。在丁村共发现2000多件石制品。石制品的原料多为角页岩。石器的主要类型有刮削器、砍砸器、大尖状器与石球等。其中的厚三棱尖状器较为特殊,被称为丁村尖状器。丁村的石片有一些比较规则的,石器的类型也有比较明显的区别,部分尖状器修理得很平整,显示出明显的进步性。不过与北京猿人文化相比,丁村文化也仍保留着一些相同的文化或技术传统,如石片石器占据比较重要的地位,单面加工居多,尖状器在石器组合中有比较重要的分量等特点。[1] 但总体说来,丁村的石器工业与随后在华北南部晋、陕、豫交界地区发现的一些旧石器时代早、中期文化更为接近。

配合三门峡与万家寨水库等建设工程,50年代后期到60年代初,在晋南与豫西北、晋西北、陕北与内蒙古南部地区也发现一些旧石器地点。其中经过发掘的有匼河、西侯度与南海峪等。匼河位于山西省芮城县风陵渡西北约7千米的黄河东岸。1959年发现,第二年再作调查并发掘,有11个地点发现动物化石与石制品。石制品有100多件,原料主要为石英岩。石制品中大部分是石核与石片。[2] 据研究者的观察,这里的石片也有碰砧法的产物。石器仅发现19件,但包括砍砸器、刮削器、三棱大尖状器、小尖状器与石球等。对这里的时代问题虽有不同意见,但原

---

[1] 裴文中、吴汝康等著:《山西襄汾县丁村旧石器时代遗址发掘报告》,科学出版社,1958年。
[2] 贾兰坡、王择义、王建:《匼河——山西西南部旧石器时代初期文化遗址》,科学出版社,1962年。

研究者主张将其放在中更新世偏早的阶段。西侯度及其他晋南露天地点的发现与匼河也大致相近。[1]

在50年代的大规模经济建设中,还有一批人类化石发现。在这些化石中,资阳人发现得最早。1951年修建成渝铁路时,在四川资阳的黄鳝溪大桥桥墩工程中发现一具保存比较完好的老年妇女头骨化石。[2] 头骨虽颅底部分缺失比较严重,但颅顶保存完好。头骨个体较小,但仍在现代中国人的变异范围之内。其眉弓较发达,枕骨内面的大脑窝比小脑窝深且广等特点,说明仍较原始。与人类化石同时发现的一些动物化石也证明资阳人的时代较早,应属于晚更新世晚期。

另一重要晚期智人化石是1958年在广西柳江县新兴农场通天岩洞穴发现的柳江人。[3] 化石包括一具保存完好的头骨和部分头后骨,应属于同一个中年男人。化石头骨较长,眉脊粗壮,额部向后倾斜,面部短而宽,颅盖指数低于现代人的下限,都反映了柳江人的原始性。但头骨同时也有很明显的蒙古人种的特点,如颜面上部、鼻梁和嘴部向前突出的程度与现代蒙古人种一致,门齿亦呈铲形等。80年代通过铀系法测定,其年代可能为距今50000年以上,是到目前为止,中国以至东亚地区最早的晚期智人化石。

50年代重要的发现还有马坝人头盖骨,发现于广东曲江县马坝狮子山。[4] 马坝人的头盖骨眉脊粗壮并显著突出,在眉脊后方的额骨部分明显缩窄,与直立人相似。头骨的厚度则小于直立人,而与尼安德特人相近。眼眶上缘呈圆弧形,与尼人相似。头骨的高度与额倾斜度亦在尼安德特人的变异范围之内。这些特征说明马坝人是比较典型的早期智人,首次填补了我国早期智人化石发现的空白。

(三) 小结

50年代到60年代初期,是中国旧石器时代考古学发展阶段的初期。这一时期

---

[1] 贾兰坡、王择义、邱中郎:《山西旧石器》,科学出版社,1961年。
[2] 裴文中、吴汝康:《资阳人》,科学出版社,1957年。
[3] 吴汝康:《广西柳江发现的人类化石》,《古脊椎动物与古人类》1959年第1卷第3期。
[4] 吴汝康、彭如策:《广东韶关马坝发现的早期古人类型人类化石》,《古脊椎动物与古人类》1959年第1卷第4期。

的旧石器考古工作带有明显的承前启后的特点。如前所述，从1949年开始，中断了12年的周口店发掘工作又得以恢复。周口店遗址的发掘与研究工作，成为这一时期旧石器考古的中心。成立于20年代末长期主持周口店工作的地质调查所新生代研究室，在50年代先改为中国科学院古脊椎动物研究室，后为古脊椎动物与古人类研究所，研究力量不断扩大。

从田野考古发掘工作来看，有计划的主动发掘主要集中在周口店。周口店以外的发掘与调查工作主要是配合当时大规模兴起的经济建设。就这一时期所发表的研究成果观察，北京猿人及其文化仍是学者们关注的中心。在50年代发表的论文中，与周口店遗址或北京猿人及其文化有关的内容占相当大的比重。特别是围绕北京猿人文化的性质与骨器问题展开的两场讨论，所涉及的学者、持续的时间及其规模，在中国旧石器考古学史上都是少见的。尽管由于当时所积累的资料所限，更主要是由于学科发展所处的阶段，讨论在当时并没有取得一致的意见。但这两次讨论对于中国旧石器时代考古学发展的影响则是远远大于所讨论问题的本身。

随着研究力量的成长，特别是大规模经济建设所带来的发现机会，使得50年代并没有仅仅局限在周口店。丁村与晋南其他旧石器遗址的调查与发掘，资阳人、柳江人与马坝人等化石的发现也是本阶段的重要成果。在这些发现与研究中，丁村的发掘与研究成果尤为重要。1954年丁村的发掘，是当时周口店遗址以外最大规模的发掘。独具特色的文化面貌丰富了中国旧石器文化的内容。它的发现引起学者们的关注，推动了旧石器考古工作从周口店向华北其他地区的发展，成为随后华北地区旧石器一系列发现的前奏。1958年发表的《山西襄汾县丁村旧石器时代遗址发掘报告》是50年代以来第一本资料详尽、研究深入的旧石器发掘报告，对中国旧石器时代考古学研究的发展产生了非常重要的影响。

本阶段中国旧石器时代考古学发展的另一显著特点是中国学者独立自主进行发掘与研究。与前一阶段众多国际学者参与，甚至连发掘经费也有国外基金会提供，因而发掘与研究工作均不能自主的情况相比，中国旧石器时代考古学进入了独立自主的发展时代，对学科的继续发展有着非常重要的影响。

三、发展阶段中期(20 世纪 60~70 年代)

进入 60 年代,特别是 60 年代中期以后,中国旧石器时代考古学的发展进入一个新阶段,开始由华北走向全国。在原来工作基础良好的华北与西北地区,继续有重要的古人类化石与旧石器文化发现。与此同时,在西南、华南与东北等地区,也陆续发现旧石器时代不同阶段的人类化石与文化遗存。

(一) 华北与西北

在 60~70 年代,华北与西北仍然是中国旧石器时代考古工作的重点地区。先后发现了蓝田人、许家窑人与大荔人等一批重要的古人类化石及其文化遗存。还有属于旧石器时代不同阶段的文化遗址,如小南海、峙峪、下川与虎头梁等。这些发现使得我们对该地区古人类文化的发展脉络有了比较清晰的认识,同时也为建立中国旧石器时代文化的发展序列提供了参考标尺。

华北与西北地区时代最早,发现较早的古人类化石是蓝田人。通常所说的蓝田人包括了 1963 年在陕西蓝田县泄湖陈家窝发现的直立人下颌骨,和 1964 年在蓝田县城东约 17 千米的公王岭发现的直立人头盖骨。[1] 根据近年来的研究,公王岭人化石的时代为距今 110 多万年,是目前中国已经发现的最早的直立人头骨化石。头骨属于一个约 30 多岁的女性个体。头骨形态特征明显比北京猿人头骨更为原始,如额骨前部的眶上圆枕硕大粗壮,在眼眶上方形成一横脊;头骨壁极厚;头骨的高度很小;脑量仅约 780 毫升等。但也有一系列与北京猿人相近的特征,如有矢状脊、鼻额缝与额上颌缝相互连续约成水平位;鼻根骨部较低平而宽等等。

蓝田人化石的发现受到非常重视。1965 和 1966 年在人化石发现地点及附近

---

[1] 吴汝康:《陕西蓝田发现的猿人下颌骨化石》,《古脊椎动物与古人类》1964 年第 8 卷第 1 期;吴汝康:《陕西蓝田发现的猿人头骨化石》,《古脊椎动物与古人类》1966 年第 10 卷第 1 期。

又进行大规模的发掘工作,相继发现一些石制品。[1] 石制品的数量不多,主要是用石英岩或脉石英制作的。第二步加工的石器数量很少,形制也很不规整。石器类型有刮削器、砍砸器等。另外在附近还采集到大尖状器。石器加工技术与石器工业的整体面貌与前述邻近地区的匼河与丁村的发现更为接近。

大荔人是 1978 年在陕西大荔县段家乡解放村附近发现一具比较完好的早期人类头骨。[2] 头骨硕大,前额向后倾斜,眉脊粗壮,骨壁厚,脑量只有 1120 毫升左右。其整体形态特点介于直立人与智人之间。从伴生的哺乳动物化石看,当处于中更新世晚期。铀系法年代测定的数据为距今 20 万年左右。1978、1980 年的发掘还发现数百件石制品。石制品的形体较小,石器的主要类型为刮削器。[3]

这一阶段另一个重要的发现是许家窑人及其文化。许家窑遗址位于山西省阳高县许家窑与河北省阳原县之间的梨益沟畔。1974 年发现,经 1976、1977 和 1979 年几度大规模的发掘,已经发现顶骨、枕骨、上颌骨及零星的牙齿等早期智人化石,约分别属于 10 多个个体。头骨骨壁很厚,顶骨曲度则介于北京猿人与现代人之间。牙齿也很粗大。许家窑遗址发现的旧石器文化材料尤为丰富,几次工作所获的石制品数量已超过万件[4]。石器原料以脉石英、燧石等岩性居多,还有玛瑙、石英岩、变质灰岩等多种。剥片技术以锤击法为主,间或有砸击技术使用。在已报道的石核中,原始柱状、盘状石核数量较多,引人注目。石器类型包括刮削器、尖状器、雕刻器、石球等。数量超越千件的石球是许家窑石器组合的突出特点。除石球外,其他石器形体均很细小。从原料利用、石器制作技术到工具组合,许家窑文化都与周口店北京猿人文化有更多的相似性。

---

[1] 吴新智、袁振新、韩德芬等:《陕西蓝田公王岭猿人地点 1965 年发掘报告》,《古脊椎动物与古人类》1966 年第 10 卷第 1 期;戴尔俭、许春华:《蓝田旧石器的新材料和蓝田猿人文化》,《考古学报》1973 年第 2 期。

[2] 吴新智:《陕西大荔县发现的早期智人古老类型的一个完好头骨》,《中国科学》1981 年第 2 期。

[3] 吴新智、尤玉柱:《大荔人遗址的初步观察》,《古脊椎动物与古人类》1979 年第 17 卷第 4 期;张森水、周春茂:《大荔人化石地点第二次发掘简报》,《人类学学报》1984 年第 3 卷第 1 期。

[4] 贾兰坡、卫奇:《阳高许家窑旧石器文化遗址》,《考古学报》1976 年第 2 期;贾兰坡、卫奇、李超荣:《许家窑旧石器时代文化遗址 1976 年发掘报告》,《古脊椎动物与古人类》1979 年第 17 卷第 3 期;吴茂霖:《许家窑遗址 1977 年出土的人类化石》,《古脊椎动物与古人类》1980 年第 18 卷第 3 期。

在 60~70 年代,有更多的旧石器时代晚期文化在华北地区发现。其中发现较早的是河南安阳小南海与山西朔县峙峪。小南海是一处有着多层堆积的洞穴遗址,发现并发掘于 1960 年,1978 年再度发掘。1960 年的发掘发现石制品 7000 余件,另有一件装饰品。[1] 石制品中大量是石片与碎屑,有加工痕迹的石器仅百余件。石器原料绝大部分为燧石。石核与石片均不见修理台面者。剥片的方法有锤击与砸击两种,而砸击法仍占有比较重要的地位。石器组合比较单调,数量最多的是不同类型的刮削器,尖状器也有一定数量。石器的形体细小。

1963 年发现的峙峪遗址与小南海有相似之处,都是形体较小的石片石器工业或称小石器工业。峙峪的剥片技术也有锤击与砸击法两类。从数量较多的小长石片来看,已掌握了比较进步的技术。石器的形体亦较小,但类型更丰富。刮削器的数量最多,形制复杂,除了常见的边刮器、端刮器外,还有齿状者。另有尖状器与雕刻器等。在数量众多的石制品以外,还有一件石墨原料穿孔制成的扁圆形装饰品。动物化石非常丰富,仅各类牙齿即多达 5000 多枚。[2] ^{14}C 年代测定的结果为距今 29000 年左右,处在旧石器时代晚期的较早阶段。

1970 年在山西南部的沁水县下川盆地发现细石器,1973 年与 1976~1978 年进行两次发掘。1978 年发表了第一次调查与发掘报告。下川发现的石制品非常丰富,绝大部分是用燧石等优质原料加工的细石器。细石核的种类丰富,加工精致,以锥形石核为最多,其次是半锥形,也有部分楔形与柱状者。石器组合中,短身端刮器的数量最多,长身端刮器及各类边刮器也占有一定比例。但独具特色的是各式琢背刀与"石核式石器"。加工仔细、形制典型的雕刻器、石镞等也有发现。[3] 如此丰富多彩的石器工业,在已发现的中国旧石器文化中尚不多见。根据 ^{14}C 年代测定数据,下川文化的时代大致在距今 24000~16000 年之间。

从 1965 年开始,在冀西北泥河湾盆地的虎头梁村附近也陆续发现丰富的细石器文化遗存,1972~1974 年期间进行发掘。在虎头梁村附近发掘的 9 个地点,发现

---

[1] 安志敏:《河南安阳小南海旧石器时代洞穴堆积的试掘》,《考古学报》1965 年第 1 期。
[2] 贾兰坡、盖培、尤玉柱:《山西峙峪旧石器时代遗址发掘报告》,《考古学报》1972 年第 1 期。
[3] 王建、王向前、陈哲英:《下川文化——山西下川遗址调查报告》,《考古学报》1978 年第 3 期。

的石制品数量多达数万件。[1] 石制品中最引人注目的是数量众多的各式楔形石核。这种楔形石核的加工技术稳定、规范,在经过仔细预制的石核上,可连续高效地剥取细石叶,其分布的范围在东北亚地区也比较广泛。石器组合中数量最多的是端刮器,也常见边刮器、雕刻器与尖状器等。一些底部经过仔细修复的尖状器,应是用作矛头或箭头。虎头梁发掘另一项重要的收获是注意到遗址的平面布局,在报告中发表了火塘与周围遗物关系的平面图。

(二) 西南与华南

从 60 年代中期开始,中国旧石器时代考古工作也扩展到西南地区。1964 年首先在贵州黔西县观音洞遗址发现旧石器,次年又在云南元谋县的上那蚌发现两枚直立人牙齿化石。进入 70 年代,考古发掘与研究工作进一步展开。

元谋人的化石材料包括左、右上内侧门齿各一颗。其形态特征与北京猿人的很相似,但对其时代仍有不同看法。一说产元谋人化石地层的时代应为早更新世,通过古地磁法测定为距今 170 万年;另一说为距今 50 万~60 万年的中更新世。[2] 无论按哪种意见,元谋人化石材料都很重要,是早期人类在西南地区活动历史悠久的重要证据。1973 年的发掘在发现人化石的同一地层又发现 3 件石英岩打制的刮削器。[3]

观音洞遗址是西南地区发现最早、规模较大的旧石器时代遗址。从 1964 年冬季发现以后到 1973 年,前后经过了 4 次发掘,发现石制品 3000 多件。[4] 石器原料主要是硅质灰岩,其次为脉岩、硅质岩及少量的燧石等。剥片主要采用锤击法,少量标本是采用一定程序剥片的产品。制作石器的素材主要是石片、断片或碎片,但石块与断块亦占一定比例。石器以中、小型者居多,多数刃缘较钝厚。石制品中

---

[1] 盖培、卫奇:《虎头梁旧石器时代晚期遗址的发现》,《古脊椎动物与古人物》1977 年第 15 卷第 4 期。
[2] 刘东生、丁梦林:《关于元谋人化石地质时代的讨论》,《人类学学报》1983 年第 2 卷第 1 期;钱方:《关于元谋人的地质时代问题——与刘东生等同志商榷》,《人类学学报》1985 年第 4 卷第 4 期。
[3] 文本亨:《云南元谋盆地发现的旧石器》,《古人类论文集》,科学出版社,1978 年。
[4] 李炎贤、文本亨:《观音洞——贵州黔西观音洞旧石器时代初期文化遗址》,文物出版社,1986 年。

成品率很高,石器占整个石制品组合的近三分之二。石器组合以刮削器为主,占80%以上,其次为端刮器、尖状器与砍砸器等。从伴生的哺乳动物化石分析,时代当为中更新世。但铀系法年代测定结果则显示其时代延续较长,从中更新世之末一直到晚更新世中期。[1]

70 年代初期,在贵州桐梓县的岩灰洞还发现过两枚人类牙齿、10 余件石制品及一批哺乳动物化石。[2] 人牙属于早期智人或直立人类型。石制品主要是用石块加工的刮削器。其时代大致与观音洞早期相当或稍早。

70 年代的旧石器考古工作也开始扩大到华南地区。1971~1972 年在湖北大冶县石龙头残留的洞穴堆积中发现一批石制品及动物化石。石器的原料主要是石英岩砾石,还有少量的石英与砂岩砾石及燧石结核。剥片技术以锤击法为主,间或使用砸击技术。石器只有砍砸器与刮削器两类,且两者的数量大致相当。加工石器的素材多直接使用砾石,加工也较简单粗糙。石器形体多较粗大。[3]

属于旧石器时代晚期的发现有富林遗址。该遗址位于四川汉源县富林镇,发现于 1960 年,1972 年进行发掘,发现 5000 多件石制品以及用火遗迹。[4] 石器原料绝大部分是来自附近山上的燧石结核。锤击法是最主要的剥片方法。锤击石片的数量虽很多,但半数以上的石器却是选用块状毛坯加工的。石器可分为刮削器、端刮器、尖状器与雕刻器几类。其中刮削器的比例近 80%,端刮器与尖状器的数量虽都不多,但加工较细致。雕刻器则数量很少,亦不典型,多数仅是具有雕刻器技法的标本。石制品的形体细小,很少有超过 30 毫米者。富林的发现增进了对中国南方旧石器时代晚期文化的认识。

---

[1] 沈冠军、金林红:《贵州黔西观音洞钟乳石样的铀系年龄》,《人类学学报》1992 年第 11 卷第 2 期。
[2] 吴茂霖、王令红、张银运等:《贵州桐梓发现的古人类化石及其文化遗物》,《古脊椎动物与古人类》1975 年第 13 卷第 1 期。
[3] 李炎贤、袁振新、董兴仁等:《湖北大冶石龙头旧石器时代遗址发掘报告》,《古脊椎动物与古人类》1974 年第 12 卷第 2 期。
[4] 张森水:《富林文化》,《古脊椎动物与古人类》1977 年第 15 卷第 1 期。

（三）东北地区

东北地区的旧石器考古发掘与研究工作起步于 70 年代。陆续发现旧石器时代不同阶段的文化遗存。其中早期的有辽宁营口金牛山和本溪庙后山；中期有辽宁喀左鸽子洞；晚期地点的数量则更多，分布也更广泛。

金牛山是距辽宁大石桥市（原营口县）西南约 8 千米的一座孤立的小山，山周围分布一些岩溶洞穴与裂隙。20 世纪 40 年代就曾发现过动物化石，1974 年由于开山采石再次发现化石而进行发掘。到 1978 年共发现 2 处旧石器文化地点，即一般所称的金牛山 A 地点与 C 地点。两个地点均发现有石制品、用火遗迹及丰富的哺乳动物化石，A 地点还发现有人类化石。两个地点发现的石制品都不多，加起来尚不足 40 件。石器原料主要是脉石英，还有石英岩及变质岩。采用锤击与砸击两种技术剥片。石器中刮削器数量最多，还有尖状器和雕刻器等。[1] 从整体看来，无论是加工技术还是石器组合，都很接近北京猿人文化。

1978 年在辽宁本溪还发现庙后山遗址，将旧石器时代早期遗址的分布范围扩大到辽宁省的中部。不过这个遗址的主要发掘和综合研究工作均是在 80 年代以后完成的。

鸽子洞发现于 1964 年，是东北地区首次发现的旧石器时代洞穴遗址。发掘于 1973 和 1975 年，发现 280 多件石制品，还有用火遗迹以及包括最后鬣狗、披毛犀等 30 多种哺乳动物化石。石器原料主要是石英岩。剥片方法有锤击法与砸击法两种。刮削器数量占石器组合的 80% 以上，其次是尖状器，占 10% 左右，砍砸器仅见数件。[2] 从整体看来，鸽子洞的石器工业无论是石器制作技术，还是石器组合与形体的大小都与周口店的第一地点和十五地点更为接近，因而被看作是北京猿人文化的延续和发展。

属于旧石器时代晚期文化地点在本阶段发现的有辽宁凌源西八间房与黑龙江

---

[1] 张森水：《中国北方旧石器时代早期文化》，《中国远古人类》，科学出版社，1989 年。
[2] 鸽子洞发掘队：《辽宁鸽子洞旧石器遗址发掘报告》，《古脊椎动物与古人类》1975 年第 13 卷第 2 期；张森水：《中国旧石器文化》，天津科学技术出版社，1987 年。

呼玛十八站。两者均是露天地点,文化遗存不及前两者丰富。西八间房地点位于大凌河的低阶地上,发现石制品近50件。其中也以刮削器的数量为最多,还有尖状器与"琢背小刀"。两端截断的细石叶,可能是用作复合工具。这些特点与华北地区同期的发现十分接近。[1] 位于黑龙江支流呼玛河2级阶地的十八站地点发现的楔形石核则更清楚地反映了华北与东北亚地区细石器文化的密切关系。

(四) 小结

在20世纪60~70年代期间,中国旧石器时代考古经历了从华北向全国发展的过程。60年代开始,主要田野考古发掘与研究工作仍集中在华北地区。60年代中期,从观音洞遗址的发掘开始,中国南方旧石器时代考古工作得以迅速发展。进入70年代以后,东北地区的旧石器时代考古工作也开展起来。在此阶段,从事旧石器时代考古发掘与研究工作的人员继续增加。除了北京的专门研究机构得以继续扩展,许多省、区的文物考古工作机构也陆续增添主要从事旧石器考古工作者。

随着专业人员的增加,田野发掘与研究工作在华北地区的深入发展,并不断向全国各地推进,中国旧石器时代考古在这一阶段的最主要收获是全国旧石器文化发展序列的进一步完善。发展序列的建立与完善是旧石器时代考古学研究的基础工作。与中国旧石器时代考古走过的前两个发展阶段相比,新发现的旧石器地点的数量在本阶段迅速增加。分布的范围也不断扩大,在全国已有24个省、市和自治区发现了旧石器时代的文化或人类化石遗存。在华北与西南地区都有时代更早的旧石器与古人类化石发现,将中国早期人类的历史追溯到更古老的年代。与此同时,不同地区与不同时代的旧石器时代文化遗存的发现与研究工作的深入,也进一步增进对中国旧石器时代文化发展过程的认识。正是在这些工作的基础上,中国旧石器文化的发展序列逐步得以确立。

文化序列的确立也得益于年代学研究的进展。70年代以后,^{14}C年代测定方

---

[1] 辽宁省博物馆:《凌源西八间房旧石器时代文化地点》,《古脊椎动物与古人类》1973年第11卷第3期。

法的应用开始为旧石器时代晚期的发现提供绝对年代数据。与此同时,古地磁年代学方法也开始应用于一些年代久远的早期遗址,并陆续取得成果。

随着田野考古资料的积累,中国旧石器时代文化发展序列的确立,中国旧石器时代文化发展所独具的特点也逐渐显露出来。进入 70 年代以后,一些学者陆续对已经发现的旧石器材料进行观察总结,开始讨论中国旧石器文化发展特征等问题。[1]

华北旧石器文化发展两大系统说的提出,是本阶段,也是中国旧石器时代考古发展史上的一个重要事件。早在 50 年代丁村文化发现之时,人们就已开始意识到在华北地区还有与周口店不同的旧石器文化存在。进入 60 年代以后,随着考古发现继续增多,华北地区存在着不同类型的旧石器文化的事实变得越来越清晰。正是在这种背景下,贾兰坡先生等在 1972 年提出华北旧石器时代文化的发展至少有两个系统,即"匼河-丁村系"或称"大石片砍砸器-三棱大尖状器传统","周口店第一地点-峙峪系"或称"船头状刮削器-雕刻器传统"。[2] 对于日益增多的考古发现进行概括总结,是中国旧石器时代考古发展的必然趋势。两大系统说的可贵之处,正在于其将中国旧石器时代考古研究从单个遗址与简单的器物描述分类提高到区域性文化与技术传统的综合研究层次。从这个意义上来说,两大系统说的提出对中国旧石器时代考古研究的发展具有十分重要的贡献。然而也不能不看到,从两大系统说开始提出,不同的看法即已存在。随着考古发现的增多与研究工作的不断深入,两大系统说的局限性也逐渐显露出来。在地域辽阔,自然环境各异,古人类生活历史长达百万年以上的华北地区,仅以大、小石器两个传统来概括,还难以全面反映文化发展的复杂性与多样性。[3]

60 年代前后,世界史前考古学的发展进入了一个新阶段。旧石器时代考古学研究的理论与方法也迅速发展,不断更新。然而此时的中国旧石器时代考古研究

---

[1] 邱中郎、李炎贤:《二十六年来的中国旧石器时代考古》,《古人类论文集》,科学出版社,1978 年。

[2] 贾兰坡、盖培、尤玉柱:《山西峙峪旧石器时代遗址发掘报告》,《考古学报》1972 年第 1 期。

[3] 高星、欧阳志山:《趋同与变异:关于东亚与西方旧石器时代早期文化的比较研究》,《演化的实证》,海洋出版社,1997 年。

却处于一个相对封闭的环境下,与国际同行间的学术交流活动几乎处于停顿状态,使得中国旧石器时代考古学走着一条独立发展的道路。以至于在 80 年代改革开放以来的很长一段时间里,在与国际同行间进行交流之时,仍因为缺乏共同使用的术语而苦恼。

四、发展阶段后期(20 世纪 80 年代)

80 年代的 10 年,是中国旧石器时代考古发展最快的时期。在这期间,田野考古调查与发掘的区域与规模继续扩大,相继有很多重要的新发现。一些重要遗址的多视角的综合研究也开始于本阶段,并陆续取得成果。这些发现与研究成果进一步揭示了中国旧石器时代文化复杂的面貌与多元化的发展过程。

(一) 北方的发现

这一阶段在包括华北、西北与东北在内的中国北方地区,旧石器时代考古工作的进展主要表现在发现、发掘了一批重要的新遗址。其中有河北阳原县的小长梁与东谷坨,晋南汾河流域丁村附近的新发现,还有以辽宁海城仙人洞为代表的一批晚期的发现。

泥河湾盆地旧石器时代早期地点发现始于 70 年代末,但主要的发现与研究成果的发表均是在 80 年代。这些早期地点主要集中在河北省阳原县境内,泥河湾盆地的东缘。其中有 1978 年发现的大田洼乡官亭村小长梁,1981 年发现于小长梁东侧不到千米远的东谷坨,还有稍晚发现于东谷坨遗址以北约 700 米的岑家湾等。东谷坨与小长梁遗址所在的层位接近于泥河湾组的顶部,通过古地磁法测定的年代,距今约在 100 万年左右。[1]

泥河湾盆地自 60 年代中期以来,就不断有旧石器时代文化发现,但都属于时

---

[1] 卫奇:《泥河湾盆地旧石器遗址地质序列》,《中国科学院古脊椎动物与古人类研究所参加第十三届国际第四纪大会论文选》,北京科学技术出版社,1991 年。

代较晚的旧石器时代中、晚期。时代如此之早,明确属于泥河湾组的发现,是从此开始的。这几个遗址均发现了丰富的石制品与动物化石等遗物。其中的东谷坨遗址分布面积大,文化层厚,发现的文化遗物也较为丰富。仅在 1981 年试掘面积为 15 平方米的第一探方文化层上部,即获得石制品 1100 多件。[1] 石制品包括石核、石片与石器。石器的比例很高,差不多占石制品总数的三分之一。数量最多的是刮削器,绝大部分是用石片加工的,根据加工的部位与刃缘的形态,还可以分成更多式别。尖状器也有一定的数量,亦可分出不同的式别,其中有的加工相当精致。石器的加工方法,既有锤击法,也有砸击法。石器的基本特征是小型而加工精细。在早更新世地层中有如此进步的发现,揭示了中国旧石器时代早期文化丰富多彩的面貌。

80 年代期间,泥河湾盆地旧石器时代中、晚期的发现也不断增多。属于中期的有板井、新庙庄遗址等,晚期有西白马营、油坊等。板井的文化面貌与许家窑相近,只是不见石球。但晚期的发现则不同于已报道的虎头梁文化。位于盆地东缘的油坊遗址,虽然也发现有细石核、细石叶等细石器文化因素,但石核为锥形或柱形,楔形石核少见且不典型。与虎头梁的细石器明显属于不同技术传统。发现于桑干河二级阶地砂砾石层的西白马营的石制品则与前两者完全不同,不见细石器,系典型的小石器文化。同一盆地内发现三种不同文化面貌的晚期旧石器工业,显示了该地区旧石器晚期文化发展的复杂性。[2]

华北南部,晋陕豫交界及邻近地区的田野考古发掘与研究工作也进展很大。在 50 年代工作的基础上,汾河流域丁村及其附近从 70 年代后期又进行了大规模的田野考古调查和发掘工作。在早于丁村文化的中更新世地层新发现了"前丁村文化",在晚于丁村文化的晚更新世晚期地层也发现了典型的细石器文化,找到丁村文化的来龙去脉。[3] 在研究发现于陕西长武县窑头沟地点发现的基础上,盖培

---

[1] 卫奇:《东谷坨旧石器初步观察》,《人类学学报》1985 年第 4 卷第 4 期。
[2] 谢飞:《泥河湾盆地旧石器文化研究新进展》,《人类学学报》1991 年第 10 卷第 4 期。
[3] 王建、陶富海、王益人:《丁村旧石器时代遗址群调查发掘简报》,《文物季刊》1994 年第 3 期。

先生等提出,在旧石器时代中期,大致以吕梁山为界,西为"泾渭文化",东为"汾河文化"。[1] 尽管对此尚有不同意见,但上述划分的提出及随后进行的讨论,则反映了这一地区旧石器时代中期文化的发现与研究已经进入了新的阶段。

本地区旧石器时代晚期的发现也很丰富,发现或公布了多个主要遗址的材料,包括甘肃环县刘家岔、陕西韩城禹门口和山西蒲县薛关。前两者均以石英岩等为原料,以锤击法为主要剥片手段来加工石器。石器组合中也均以刮削器为主,其次为尖状器,形体较大的砍砸器则基本不见,系典型的小石器文化类型。薛关的发现则是典型的细石器工业。薛关也发现楔形石核,但数量较少,形制也不典型,与泥河湾盆地的发现在技术上可能有区别。半锥形和似锥形石核的数量也很有限。占主导地位的是船底形石核。[2] 这种情况说明薛关细石器既不同于华北北部的虎头梁,也不同于晋南的下川,是一个新型的细石器工业。

北方地区本阶段另一项重要的发现是辽宁海城仙人洞。仙人洞遗址发现于1981年春,同年及1983年进行了两次发掘,发现了丰富的旧石器时代晚期文化遗物与用火遗迹。以脉石英为原料的石制品数以万计,加工技术与石器的基本类型均与周口店山顶洞的发现相近,唯加工精致者较多,类型更丰富,填补了山顶洞文化在石器发现方面的缺憾。[3] 与山顶洞文化相同的还有多件用动物牙齿、石质原料等加工的装饰品、骨针、骨锥等。比山顶洞更为精彩的是带有双排倒刺的鱼镖等生产用具的发现。

(二) 南方的发现

从80年代初开始,在北起陕南的汉中盆地,南到广西的百色盆地,发现了数以百计的砾石石器地点。这些发现,是20世纪中国旧石器时代考古学发展史上最重要的事件之一,填补了中国南方东部露天地点旧石器发现的空白。

---

[1] 盖培、黄万波:《陕西长武发现的旧石器时代中期文化遗物》,《人类学学报》1982年第1卷第1期。
[2] 王向前、丁建平、陶富海:《山西蒲县薛关细石器》,《人类学学报》1983年第2卷第2期。
[3] 张镇洪、傅仁义、陈宝峰等:《辽宁海城小孤山遗址发掘简报》,《人类学学报》1985年第4卷第1期。

汉中与百色两盆地是最先开始工作的两个地区。早在50年代就曾有在汉中盆地发现打制石器的报道,不过正式的考古调查与研究的报告则始见于80年代之初。在汉水及其支流的三级阶地堆积陆续发现多处含砾石石器的地点。各地点发现石制品数量虽有区别,多者数以千计,少者仅数件,但均分布在近河的阶地上。石制品的原料主要是来自附近河流的各种岩性的砾石。锤击法是最主要的剥片手段。数量最多的是各种类型的砍砸器,其次是石球与大尖状器,刮削器则数量很少。石器主要是用砾石作毛坯直接加工而成,也有使用石核或大石片毛坯加工者,中、小型石片坯材加工的工具则很少见。[1]

百色盆地最早报道的是70年代中期发现于盆地西缘上宋村附近的两件砾石石器。大量的发现也是在80年代以后陆续才有。这里石器地点的埋藏与分布情况与汉中类似。石器工业面貌也很接近。粗大砾石加工的各类砍砸器是石器组合的主体,只是全然不见石球的踪影,而大尖状器的数量却很多,特别是两面加工者尤为引人注目。80年代期间,在盆地内发现含石器的地点数以百计,采集的石制品数量更多达数千件。从第四纪地质研究的情况看,百色与汉中的情况类似,可能属于中更新世以前,是旧石器时代早期的产品。[2]

1987年,首先在湘西的㵲水阶地上发现旧石器,接着在湖南境内迅速发现很多砾石石器地点,尤其在湘西北的澧水流域更为集中。湖南的发现使得在南方东部各地调查寻找旧石器的工作再掀高潮,相继在安徽、湖北与江西各地也有多处露天地点发现砾石石器。长江中、下游各地这些砾石石器地点的发现,恰好把处于南北两端的百色和汉中的发现连接起来,使得中国南方东部的砾石石器工业的分布区成为一个整体。[3]

新发现的砾石石器工业与百色、汉中的石器工业面貌一致,从石器原料的选择、加工技术的应用,到石器组合的构成都很接近。石器形体粗大,大部分石制品保留着砾石面,砍砸器是石器组合中的主要成员,其次是大尖状器。石球与两面加

---

[1] 黄慰文、祁国琴:《梁山旧石器遗址的初步观察》,《人类学学报》1987年第6卷第3期。
[2] 黄慰文:《南方砖红壤层的早期人类活动信息》,《第四纪研究》1991年第4期。
[3] 王幼平:《更新世环境与中国南方旧石器文化发展》,北京大学出版社,1997年。

工的大尖状器或称手斧者出现的频率有明显的地区性差异,刮削器等轻型工具则均很少发现。这些特点与西南地区的旧石器工业不同,与北方地区北部以北京猿人文化为代表的旧石器时代早期文化的差异更明显,但却与晋陕豫交界及其邻近地区露天遗址的发现显示出较多的一致性。

华南新发现的砾石工业不但分布面积广大,其延续的时代也十分久远。从更新世中期甚至更早即开始流行,一致延续到晚更新世较晚的时候。这种情况很清楚地反映在本地区 80 年代发现的几个晚期石器工业中。从岭南地区桂林宝积岩的发现看,到距今 3 万年左右的旧石器时代晚期之初,该地区还继续使用砾石石器。已临近更新世结束之际,在汉水流域的湖北房县樟脑洞遗址,虽已发展为典型的石片石器工业,但仍保留着很明显的砾石工业技术传统影响的痕迹。粗犷的华南砾石工业以其鲜明的特色长期占据着旧石器时代中国南方的半壁江山。然而揭开这一神秘面纱的机会却姗姗来迟,一直等到 80 年代。正是由于这一面纱的揭开,中国旧石器时代文化"南北二元结构"说得以提出,[1] 中国旧石器时代文化发展多元性特点的认识进一步深化。

(三) 古人类化石的发现与研究

80 年代也是古人类化石丰收的 10 年。期间先后发现和县人、巢县人、沂源人与金牛山人等一批重要的古人类化石材料。

和县人是以 1980 年在安徽和县龙潭洞发现的一个保存完好的头骨化石为代表的直立人。和县人头骨的颅穹隆低长,颅最大宽位于乳突上脊水平;额骨扁平,后倾;眉脊粗壮,大致呈"一"字形;脑量约为 1025 毫升左右。其形态与北京猿人既相似,又有区别,为研究中国境内直立人的形态与变异提供了重要的化石证据。[2] 与和县人共生的哺乳动物群的时代应为中更新世,与深海氧同位素的第 8 阶段相当。热释光的年代为在距今 20 万年以内,铀系法的结果为距今 19 万~15 万年。

---

[1] 张森水:《中国旧石器考古几个问题》,《长江中下游史前考古暨第二届亚洲文明学术讨论会论文集》,岳麓书社,1996 年。
[2] 吴汝康、董兴仁:《安徽和县猿人化石的初步研究》,《人类学学报》1982 年第 1 卷第 1 期。

这些情况显示,和县人是中国已经发现的年代最晚的直立人。

就在和县人发现后两年,在与和县相距不足百里之遥的巢湖市银屏区银山村附近一处裂隙或洞穴堆积中又发现巢县人(亦称银山人)化石。[1] 巢县人化石材料不及和县人完整、丰富,仅有枕骨和上颌骨各一块。这两件化石的形态特征与测量数据都显示出与直立人有较大的差异,应属于早期智人。共生的哺乳动物群与北京猿人晚期及和县人的情况区别不大,铀系法测定的年代为距今 20 万~16 万年,也大致与和县人相当。年代相近或稍早,但体质特征却属于不同类型的人类发现在同一地区的现象向已有的人类进化模式提出了疑问。

1984 年秋天,在辽宁大石桥金牛山 A 地点发现金牛山人。金牛山人化石材料包括一具保存完好的头骨及属于同一个体的 50 余件头后骨。[2] 保存如此完好,数量如此之多的属于同一个体的早期人类化石材料同时发现的情况十分难得。金牛山人头骨低矮,眉脊粗壮,眶后缩窄显著,面骨的高、宽与北京猿人相近,牙齿亦硕大;然而其颅盖却显著增高,颅宽的位置上移,颅骨的厚度减薄,吻部后缩,脑量明显增大。共生的哺乳动物群显示其时代应与北京猿人的中、晚期相当,铀系法测定的年代数据也与此大致吻合。这种原始与进步体质特点交织在一起的现象,尤其是其年代的古老性使得学者们颇为疑惑,并引起讨论。

此间还有很多重要的早期人类化石发现,如山东沂源人、重庆巫山龙骨坡的发现等。这些发现进一步扩展了对中国早期人类分布的时空范围的认识。

(四) 研究进展

田野考古新发现的增加与研究工作的不断深入,使得中国旧石器时代文化的复杂面貌与多元化的发展进程进一步展现出来。《中国旧石器文化》与《中国远古人类》等著作相继问世,正是研究进展的结果。

随着田野考古资料的不断积累,综合与专题研究的相继展开成为本阶段的显

---

[1] 许春华、张银运、陈才弟等:《安徽巢县发现的人类枕骨化石和哺乳动物化石》,《人类学学报》1984 年第 3 卷第 3 期。
[2] 吕遵谔:《金牛山猿人的发现及意义》,《北京大学学报(哲学社会科学版)》1985 年第 2 期。

著特点之一。最主要的一项是开始于 70 年代末的北京猿人遗址综合研究。参加这项工作的科研机构和高等院校的有关单位多达 17 个,包括了古人类、旧石器、古生物、地层、冰川、岩溶、古土壤、孢粉、沉积环境及年代测定等学科领域的 100 多位学者。80 年代中期出版的《北京猿人遗址综合研究》一书所收的 17 篇论文,对于北京猿人生存时代、生活环境、体质特征与狩猎行为及对洞穴的使用等多方面问题进行探讨,集中反映了多学科、不同研究领域综合研究的最新成果。[1] 在本阶段,还有辽宁本溪庙后山、黑龙江哈尔滨阎家岗遗址也组织过多学科的合作研究,并且发表了有关的综合研究成果。[2] 专题研究主要集中于重要遗址的石器工业,其中两项重要的成果是《中国猿人石器研究》与《观音洞——贵州黔西旧石器时代初期文化遗址》。前者采用定量分析的方法,对北京猿人遗址发现的石制品进行分层研究,概括其石器工业的特点,并进而对文化发展趋势及其在中国旧石器文化发展中的地位等问题进行讨论。[3] 后者也以石器工业为中心,详细讨论了观音洞文化的特点、时代、分期及其在中国旧石器文化中的地位等问题。[4] 综合与专题研究的展开也是本学科深入发展的标志。

本阶段的另一显著特点是旧石器文化的研究已经逐渐摆脱以田野考古调查、发掘资料的报道为中心的情况,研究内容与领域不断扩展,成果的数量与质量都有较大幅度的提高。进入 80 年代以后,每年所发表与旧石器考古有关的论述,大约在 60 篇左右,远远超过前几个阶段的年均数。研究的内容也扩大到旧石器的技术与类型、区域性的文化传统、理论与方法等多方面。

自觉进行理论与方法的探讨也是学科开始迈向比较成熟阶段的标志。本阶段所开始的这方面的努力,实际上也是学科长期发展的必然结果。石器研究中定量分析方法的提倡,建立严格、详细的分类标准,注重动态类型学的研究,等等,都是

---

[1] 吴汝康、任美锷、朱显谟等:《北京猿人遗址综合研究》,科学出版社,1985 年。
[2] 辽宁省博物馆、本溪市博物馆:《庙后山——辽宁本溪市旧石器文化遗址》,文物出版社,1986 年;黑龙江省文物管理委员会等:《阎家岗——旧石器时代晚期古营地遗址》,文物出版社,1987 年。
[3] 裴文中、张森水:《中国猿人石器研究》,科学出版社,1985 年。
[4] 李炎贤、文本亨:《观音洞——贵州黔西观音洞旧石器时代初期文化遗址》,文物出版社,1986 年。

非常重要的变化。石器微痕分析的理论与方法也在 80 年代开始受到重视，并逐步付诸研究实践。这些努力与实践对于提高研究水平，促进中国旧石器时代考古学的进一步发展有着非常重要的作用。

80 年代的大发展有着多方面的因素。这首先是几代旧石器考古学者长期辛勤工作的结果。裴文中、贾兰坡等中国旧石器时代考古的奠基人仍辛勤耕耘不止，50~60 年代后步入旧石器研究领域的一代学者也进入了他们学术生涯的黄金时代。70 年代到本阶段，从北京到全国各省、区增加了更多的从事旧石器工作人员，这些都是学科发展的主要动力。80 年代以来，改革开放，重视科学之风，则是发展得以实现的重要保证。国际学术交流活动的展开，中外学者间的重新对话，中国早期人类及其文化发现的意义受到国际同行的重视。近几十年来国际史前考古学理论与实践的飞速发展也使得中国学者耳目一新，为学科的发展增添了新的活力，并为进一步的发展奠定了基础。

五、继续发展的新阶段（20 世纪 90 年代以来）

80 年代的快速发展推动中国旧石器时代考古进入继续发展的新阶段。90 年代以来，中国旧石器时代考古从田野考古发掘的实践，到研究的内容、理论与方法都在不断发展变化。

（一）田野考古的重要收获

进入 90 年代以后，中国旧石器时代考古的重要发现仍然是接连不断。引起世人瞩目的湖北郧县人头骨与南京汤山人头骨相继面世，泥河湾盆地早期旧石器遗址的继续发现与发掘，湖北江陵鸡公山与贵州盘县大洞遗址的新发现等，都已成为 90 年代中国旧石器时代考古继续发展的标志与成果。

1990 年 5~6 月间，在湖北省郧县曲远河口学堂梁子的发掘，发现一具早期人类的头骨化石，同时发现的还有哺乳动物化石与石制品。这具头骨与前一年在同一地点发现的另一头骨具有同样的体质特征：颅顶低平；眉脊粗壮并左右相连；眶后缩窄明显;前额低平且向后倾斜;颅骨最大宽度位置较低;吻部较向前突;牙齿粗壮硕大等。关于这两具头骨是属于直立人还是早期智人尚有不同看法,其时代也还在研究中。而已有的测年数据与古生物学方面的证据则都说明其非常古老,甚至可能会与蓝田人相当。[1] 如此古老的化石竟然显示出许多与早期智人相似的体质特征,早期人类演化历史上这种扑朔迷离现象的发现,使得中国大陆再次成为国际古人类学界关注的焦点。

无论古人类学者关于直立人是否为我们直系祖先的争论结果如何,直立人在人类演化历史上的繁荣一页却不会被遗忘。1993年春天发现在南京汤山一溶洞中的南京人头骨,又一次向世人展示直立人的形象,为深入研究直立人提供了难得的新资料。

90年代以来,华南的砾石石器工业仍然是中国旧石器时代考古工作的重点。新发现的砾石石器地点的数目仍然如滚雪球般继续快速增加,分布地区也在不断扩大。然而此时的发掘与研究工作的重点与前一阶段相比,已经有了显著的变化,在继续认识砾石工业在华南地区时空分布的同时,更加注重通过发掘了解遗址的平面布局与埋藏特点,认识遗址群内各地点间的关系与总体分布规律。湖北江陵鸡公山遗址的发现与长江中、下游一些地点的发掘与研究就充分反映了这方面的收获。

鸡公山遗址发掘于1992年10~12月。遗址位于长江北岸的二级阶地上,分上、下两个文化层。上文化层是小型石片石器工业,发掘前已受到严重破坏,仅发现500余件石制品。下文化层是遗址的主体部分,典型的砾石石器工业,已揭露出一个近500平方米的早期人类生活面。生活面以几个直径2米左右的石圈为中心,分布着数以万计的各类石制品与未加工的砾石等。这个平面布局反映了砾石石器工业主人的生活场景,为研究早期人类适应中国南方亚热带季风区环境,在河谷平原地区活动的行为特点提供了直接的证明。[2]

---

[1] 李炎贤、计宏祥、李天元等:《郧县人遗址发现的石制品》,《人类学学报》1998年第17卷第2期。
[2] 王幼平:《更新世环境与中国南方旧石器文化发展》,北京大学出版社,1997年。

在长江下游的水阳江流域近来也发现早期人类的活动面。皖南宁国毛竹山遗址的砾石环带，其长径近 10 米，由搬运来的不同岩性的砾石堆积而成。砾石上则分布着各类石制品。据发掘者研究，这个遗迹现象也可能与人类的居住活动有关。经过近 10 年的工作，在水阳江流域已经发现十余个旧石器地点。这些地点大部分仅有零星的石制品发现，但位于较中心部位的陈山遗址一处所发现却多达千件以上。陈山地点石器数量多，种类齐全，应是一处活动复杂，占据时间较长的中心营地。而多数只有零星发现的地点，虽然可能与工作开展程度有关，但更可能是当时的占用时间短，仅是临时活动地点的原因。这些中心营地与临时活动地点均分布在古代河流旁边，各地点疏密相间，反映了早期人类在本地区活动的特点。[1] 类似的情况在华南其他石器地点集中分布地区也有发现。

贵州盘县大洞是 90 年代中国旧石器时代考古的另一项重要发现。大洞是个名副其实的大洞，洞口的高宽均以数十米计，洞室的面积达 8000 平方米以上。大洞的堆积厚近 20 米，延续的时代可能从中更新世的晚期一直到晚更新世。自 1992 年以来连续进行过多次发掘，发现石制品已多达数千件，还有大量的哺乳动物化石及人类用火的遗迹等。[2] 参加大洞发掘与研究的有多家单位、不同学科的许多学者。这项多学科的合作发掘与研究项目目前仍在进行中。

80 年代泥河湾盆地的一系列发现使其成为国际史前学界关注的焦点。90 年代以来，中国科学院古脊椎动物与古人类研究所、河北省文物研究所与美国伯克利加州大学、印第安纳大学等单位的学者联手合作，对泥河湾盆地东缘的早更新世遗址进行有计划的发掘，获得数量众多的石制品、动物化石等，为了解早期人类在东亚地区的活动提供了新的信息。[3] 泥河湾的合作项目也已连续多年，目前仍在进行中。无论发掘的收获将会如何，上述几项计划完善、多学科国际合作项目顺利启动运作的本身，就充分说明中国境内进行的旧石器时代考古发掘已同世界史前史

---

[1] 房迎三、杨达源、韩辉友等：《水阳江旧石器地点群埋藏学初步研究》，《人类学学报》1992 年第 11 卷第 2 期。

[2] 黄慰文、侯亚梅、斯信强：《盘县大洞的石器工业》，《人类学学报》1997 年第 16 卷第 3 期。

[3] 中美泥河湾考古队：《飞梁遗址发掘报告》，《河北省考古文集》，东方出版社，1998 年。

上重大课题的解决密切相关。

90年代以来另一项重要收获是对旧石器向新石器时代过渡问题的探索。在江西万年县仙人洞、吊桶环与河北阳原县虎头梁-西水地的发掘中,都发现了从旧石器时代晚期向新石器时代过渡的明确地层关系与丰富的文化遗存。这两个项目目前仍在研究中,详细资料尚待发表。

(二) 继续发展的新阶段

90年代以来,中国旧石器时代考古出现了多方面的变化。最显著的变化之一是工作重点的转移。自20年代旧石器时代考古诞生以来到80年代,认识中国旧石器文化的时代与空间分布的特点,一直是田野考古发掘与研究工作的重心。随着文化发展序列的确立,和中国远古文化的复杂面貌与多元发展道路的揭示,寻求对中国旧石器文化发展道路特殊性的解释便成为90年代旧石器时代考古所面临的新课题。考古发掘与调查工作的重点不再仅仅是为了解不同时代与不同地区的文化差别,而更重要的则是需要认识形成差别的多方面原因,认识中国远古人类与文化发展规律及其在世界史前史上的地位与作用。这一变化在90年代以来所进行的主要考古发掘与研究项目上都有所体现。

本阶段另一显著变化是中国旧石器时代考古在世界史前史的框架下的重新定位。50年代以后,中国的旧石器时代考古学研究基本上是处于一种封闭状态下运作。这种情况一直延续到80年代改革开放之初。改革开放带来国际学术交流的机会,80年代以来重新展开的学术交流增加了中外同行间的相互了解,取得新的共识。早期人类及其文化在中国大陆的发展过程是世界史前史的重要组成部分,要全面认识早期人类与现代人类的起源等问题,也无法离开中国的证据。正是基于这种认识,中国学者开始在世界史前史的框架下来重新审视中国境内发现的旧石器文化。80年代中期开始,特别90年代以后,东西方文化关系成为许多中国学者的研究课题,如手斧问题的讨论,东西方旧石器技术传统的比较,等等。很多西方学者,包括一些很有影响的旧石器考古学者也纷纷把目光投向中国。正是如此,才促成近年来多项中外联合发掘与研究项目实施。

工作重点的转移及与国际的研究课题接轨,也促进了发掘与研究方法的改进。一直到80年代后期,中国旧石器时代考古的发掘工作仍然沿用30年代周口店发掘所创建的"水平方格法"。这种发掘方法为确立中国旧石器文化的发展序列曾作出重要贡献,但随着研究重点的转移,水平方格法的局限性逐渐显露出来。寻求探索新的发掘方法成为本阶段的重要任务。泥河湾早更新世的遗址发掘工作,开始采用 D. Clark 教授在非洲早期遗址发掘中所用的方法。[1] 在鸡公山遗址的发掘中,为了完整展示早期人类的活动面,则采用了大面积平面揭露的方法。严格遵守田野考古发掘规程,根据发掘对象特点,选取合适的发掘方法已经逐渐成为本阶段田野工作的特点。发掘方法的改进与埋藏学研究的结合为实现研究重点的转移创造了有利的条件。

如前所述,从80年代开始,随着国际学术交流的增进,国际同行所应用的一些研究方法与技术也逐渐介绍到国内。为了更方便的交流,进行比较研究,一些学者继续在介绍基本概念与规范术语方面努力工作,发表许多论文或综述文章。工作重点的转移,使得改进传统的以石器分类描述为中心的研究模式更为迫切。在继续进行石器制作、使用实验与微痕分析的基础上,石器拼合研究也得以重新重视,并被赋予新的使命。泥河湾盆地的岑家湾遗址的拼合研究已经成为这一方面的范例。可拼合石制品的比率高达百分之十几,不但可以复原石器的制作经过,还进一步反映了遗址的埋藏条件,以及石器制作者在遗址内的活动,等等。[2] 聚落形态研究的思想也开始引入,通过对早期人类栖居形式的观察研究,来进一步认识旧石器时代社会结构及其发展规律。[3]

多学科合作的研究方法在本阶段得到更进一步的发展。一些重要项目从计划到实施,都充分注意与相关学科的合作。多学科与跨学科的研究成果,不但促进旧石器时代考古学研究的进步,也为相关学科的发展提供了条件。近几年来皖南宣

---

[1] 卫奇:《泥河湾盆地半山早更新世旧石器遗址初探》,《人类学学报》1994年第13卷第3期。

[2] 谢飞、李珺:《岑家湾旧石器时代早期文化遗物及地点性质研究》,《人类学学报》1993年第12卷第3期。

[3] 王幼平:《更新世环境与中国南方旧石器文化发展》,北京大学出版社,1997年。

州陈山剖面的研究成果,就不但为华南砾石石器工业发展的研究提供了古环境背景与年代学框架,同时也为中国南方第四纪研究建立标准剖面。因而受到旧石器考古、第四纪地质、古地理、古土壤等多学科研究者的重视。[1]

六、世纪之交的展望

在 20 世纪的漫长岁月里,经过几代学者的不懈努力,终于奠定了本学科发展的坚实基础。中国旧石器时代文化的发展序列已经得以确立,早期人类及其文化面貌的复杂性与多元化发展道路也已充分展示。中国所拥有的数量众多的远古人类与文化地点与资料,其内容之丰富,时代跨度长而发展却表现出高度连续性则是世界上其他国家、地区所罕见的,成为研究早期人类及其文化起源与发展的最重要地区之一。在即将迎来的新世纪,中国旧石器时代考古学不但仍将是中国史前考古学发展的重要支柱,而且会继续在解决世界史前史的重大课题方面作出其特殊的贡献。在即将跨入新世纪之际,展望中国旧石器时代考古的前景,依然是任重而道远,面临着一系列重要课题和亟待努力的诸方面。

(一)面临的重要课题

1. 早期人类与文化的起源

早期人类与文化的起源是 20 世纪国际学术界最关心的问题之一。经过长期努力,世界各地有越来越多的证据发现。20 世纪后半叶以来,早期人类化石与文化材料发现最多的地区是非洲,特别是东非赤道两侧。因而在目前那里是早期人类及其文化起源地的呼声最高。然而,人们也不得不注意到,在非洲已经发现的最早的人科成员化石记录,与在中新世晚期发现的可能属于人猿超科共同祖先的化石之间还有长达数百万年的缺环。在距今 1000 万年至 500 万年左右,是人类起源

---

[1] 房迎三、杨达源、韩辉友等:《水阳江旧石器地点群埋藏学初步研究》,《人类学学报》1992 年第 11 卷第 2 期。

的最关键时期,这一阶段在非洲很少有有关的化石证据发现,因而有关早期人类非洲起源的假说还有待于更多证据的发现。

在我国南方也有很丰富的古猿材料。特别是 70 年代中期以来,大批禄丰古猿化石的发现引起国内外学术界的高度关注。也有学者认为其可能是非洲大猿与人科成员的共同祖先。近年来有关古猿化石发现的报道依然不断。与此同时,有关早期人类与文化的发现也有多处。自 60 年代山西芮城西侯度与云南元谋上那蚌的报道以来,近年来又有重庆巫山龙骨坡和皖南繁昌的发现。这些发现是研究早期人类及其文化起源的重要线索。遗憾的是上述几处发现的材料数量都还比较有限,也有学者对其持不同看法。因此就目前的发现来看,认为中国是早期人类起源地的结论也还需要寻找更多的证据。这项工作是中国旧石器时代考古目前最紧迫的课题之一。

2. 现代人类起源与中国旧石器中期文化发展

现代人类起源是近十多年来国际史前学界一直讨论的热点。认为现代人类单中心起源的"非洲夏娃说"与坚持多中心起源的"区域渐进"两种观点相持不下,东亚特别是中国的发现日渐成为双方争论的焦点。前者认为,距今 20 万年左右起源于非洲的一个人类支系逐渐发展、迁徙到世界各地,取代了当地原有的早期人类,演化为主导当今世界的现代人。在他们看来,无论是以北京猿人为代表的直立人,还是金牛山、大荔人等早期智人,都已被来自非洲的进步人类所取代。后者则持相反的看法,认为当今居住在世界的不同地区的人类,都与本地区更古老的人类有直接关系,是由前者逐渐演化而来。各地区间虽有迁徙、交流,但仍以区域进化为主。而中国的发现就是支持区域进化的重要证据之一。

然而中国早期智人化石材料的发现还很有限,尤其缺少距今十多万年到数万年之间的早期智人及其文化材料,难以更深入地参与上述讨论。寻找更多的早期智人化石,全面认识中国旧石器时代中期文化的发展特点,是当前面临的另一项重要的课题。

3. 新、旧石器时代过渡与农业起源

在最近几年来,新、旧石器时代的过渡与农业起源是中国史前考古学界关注的重要课题。围绕这一课题进行了多项有计划的考古发掘与研究,并已取得可喜的成果。江西万年仙人洞、吊桶环遗址,湖南道县玉蟾岩遗址与河北阳原西水地-虎头梁遗址群等重要发现,已经展露出中国旧石器向新石器时代过渡的轨迹。还有更多的旧石器时代晚期和新石器时代早期文化的发现也为这一课题的研究提供了重要的资料。但是地域辽阔的中国大陆自然地理环境复杂多变,从华南的热带雨林到东北的寒温带草原,从东南沿海湿润的季风区到西北地区欧亚大陆中心的干旱荒漠带,原始人类所要面对的环境千差万别。已经发现的这一阶段的原始文化的面貌,也带有明显的多元化发展趋势。因而在更新世末到全新世之初的巨大变化过程中,原始人类如何适应当地的环境,完成从旧石器向新石器时代过渡,何种原因促使人们放弃传统的狩猎采集经济而逐渐转向农业,这一转变在不同地区的具体过程等等依然都需要继续深入研究。

(二) 亟待努力的诸方面

1. 发掘工作的科学规划与遗址的严格保护

旧石器时代遗址是我们祖先在上万年乃至上百万年前留下的宝贵遗产。与进入农业社会以后人类所留下的丰富文化遗存相比,旧石器时代的遗址数量非常有限。然而旧石器时代考古则是要通过这有限的遗存去了解、复原人类历史的99.5%。所以必须要十分珍惜有限的遗址,加强对遗址,尤其是一些重要遗址的保护。所有的主动发掘,都应该有详细的科学规划,明确所要解决的学术问题,制定相应的发掘计划。没有明确学术目的的盲目发掘,不应该再出现于21世纪的中国旧石器时代考古工作中。

2. 继续推进研究重点的转移

在90年代以来中国旧石器时代考古已经开始的研究重点转移的基础上,田野

考古发掘与专门研究仍应深入发展。要继续注意摆脱以遗物为中心，以建立文化发展序列为目的的传统模式的影响。在发掘工作中全面收集有关早期人类活动的各种信息，研究早期人类的生产、生活方式与行为特点，总结认识早期人类社会历史及其发展规律，应该切实成为新世纪中国旧石器时代考古发掘与研究工作的中心。

3. 加强基础研究

近 80 年来几代学者的努力，已经为中国旧石器时代考古学科的发展奠定了坚实的基础。然而也必须看到，中国的旧石器考古虽然起步较早，但走过的却是一条比较特殊的发展道路。尤其是在 50～70 年代后期这一重要的发展阶段，主要注重于新发现、填补文化发展序列的缺环，基础研究工作并没有得到充分地展开。同一时期正是 20 世纪里国外旧石器时代考古学理论与方法发展最快的阶段，而我们则基本上处于与国际同行隔绝的环境中。这些客观条件使得基础研究相对薄弱。进入 80 年代以来，随着研究工作的深入与国际交往的增多，很多学者都注意到这种情况，并不断呼吁要加强基础研究。[1] 需要加强的基础研究范围很广，从人工与非人工制品的确认界定，到旧石器的分类与定名，等等，都有待于研究讨论，从而在同行间取得共识。旧石器考古是一门国际性学科，因此加强基础研究的工作也应该注意与国际标准的接轨，对国外同行习用的名词术语有所了解与借鉴。

4. 注重多学科与跨学科方法的应用

注重多学科的合作是本学科自创立以来即保持的传统。近几十年来科学技术的发展突飞猛进，学科间相互渗透，多学科、跨学科研究方法不断更新进步，在传统的"四条腿走路"的基础上，还应加强与更多相关学科的配合协作，促进本学科的

---

[1] 贾兰坡、黄慰文、卫奇：《三十六年来的中国旧石器考古》，《文物考古论集》，文物出版社，1986 年；张森水：《关于西侯度的问题》，《人类学学报》1998 年第 17 卷第 2 期。

更快发展。在今后还应继续加强多种年代测定技术的应用,为旧石器文化编年框架奠定更坚实的基础;注意孢粉学、埋藏学、古土壤与沉积环境等研究,更详细地复原远古人类的生活环境;充分发挥计算机、高倍显微镜等先进技术在资料分析与信息处理方面的作用。尤其应注重展开跨学科研究。近年来,国内、外史前考古学界已有环境考古学、动物考古学、社会考古学与认识考古学等跨学科研究的成功实践。这些也应是中国旧石器时代考古加速努力的方向。作为中国考古学的一个组成部分,旧石器考古研究还应更多注意与其他分支,尤其是新石器时代考古在理论与实践方面的配合。

5. 加强国际交流与合作,巩固提高学科的国际地位

旧石器时代考古的学科特点是其国际性。前述几项重要课题,也正是世界史前考古学界当前所面临的共同课题。这些课题的解决,需要国际间同行的共同努力。在今后的发掘与研究工作中继续加强与国际同行间的交流与合作依然是非常重要的。交流与合作也有利于人才培养,加快提高中国旧石器时代考古学的研究水平,巩固提高学科的国际地位。

6. 加速专业人才的培养

加速人才培养是推动 21 世纪中国旧石器时代考古发展的关键。经过几代学者 80 年来的不懈努力,中国旧石器时代考古经历了从无到有的发展,取得了一系列令世人瞩目的成就,奠定了其在中国与世界史前史上的重要地位。然而中国旧石器时代考古依然面临着非常复杂、繁重的课题。与所面临的课题相比,专业人员的缺乏已是非常突出的矛盾。加速培养造就一批能够推动 21 世纪中国旧石器时代考古学事业不断前进的专门人才,已经成为目前一项非常紧迫的任务。

(原刊《中国考古学跨世纪的回顾与前瞻(1999 年西陵国际学术研讨会文集)》,科学出版社,2000 年)

北京大学考古学丛书

◈ 旧石器时代考古研究
　　王幼平　著

◈ 史前文化与社会的探索
　　赵辉　著

◈ 史前区域经济与文化
　　张弛　著

◈ 多维视野的考古求索
　　李水城　著

◈ 夏商周文化与田野考古
　　刘绪　著

◈ 礼与礼器
　中国古代礼器研究论集
　　张辛　著

◈ 行走在汉唐之间
　　齐东方　著

◈ 汉唐陶瓷考古初学集
　　杨哲峰　著

◈ 墓葬中的礼与俗
　　沈睿文　著

◈ 科技考古与文物保护
　原思训自选集
　　原思训　著

◈ 文物保护技术：理论、教学与实践
　　周双林　著

上海古籍出版社

图书在版编目(CIP)数据

旧石器时代考古研究 / 王幼平著. —上海：上海古籍出版社，2022.10
（北京大学考古学丛书）
ISBN 978-7-5732-0396-0

Ⅰ.①旧… Ⅱ.①王… Ⅲ.①旧石器时代考古—研究—中国 Ⅳ.①K871.114

中国版本图书馆 CIP 数据核字（2022）第 139320 号

北京大学考古学丛书
旧石器时代考古研究
王幼平 著
上海古籍出版社出版发行
（上海市闵行区号景路 159 弄 1-5 号 A 座 5F 邮政编码 201101）
（1）网址：www.guji.com.cn
（2）E-mail：guji1@guji.com.cn
（3）易文网网址：www.ewen.co
苏州市越洋印刷有限公司印刷
开本 710×1000 1/16 印张 29.5 插页 3 字数 447,000
2022 年 10 月第 1 版 2022 年 10 月第 1 次印刷
ISBN 978-7-5732-0396-0
K·3230 定价：148.00 元
如有质量问题，请与承印公司联系